Frankfurter Studien zum Datenschutz

Veröffentlichungen der Forschungsstelle
für Datenschutz an der Goethe-Universität,
Frankfurt am Main

Herausgegeben von
Prof. Dr. Dr. h.c. Spiros Simitis
Prof. Dr. Indra Spiecker genannt Döhmann, LL.M.

Band 52

Philip Uecker

Extraterritoriale Regelungshoheit im Datenschutzrecht

Nomos

Die Deutsche Nationalbibliothek verzeichnet diese Publikation in der Deutschen Nationalbibliografie; detaillierte bibliografische Daten sind im Internet über http://dnb.d-nb.de abrufbar.

Zugl.: Kiel, Univ., Diss., 2017

ISBN 978-3-8487-4547-0 (Print)
ISBN 978-3-8452-8800-0 (ePDF)

1. Auflage 2017
© Nomos Verlagsgesellschaft, Baden-Baden 2017. Gedruckt in Deutschland. Alle Rechte, auch die des Nachdrucks von Auszügen, der fotomechanischen Wiedergabe und der Übersetzung, vorbehalten. Gedruckt auf alterungsbeständigem Papier.

Meiner Familie

Vorwort

Die vorliegende Arbeit wurde von der Rechtswissenschaftlichen Fakultät der Christian-Albrechts-Universität zu Kiel im Sommersemester 2017 als Dissertation angenommen.

Besonderer Dank gebührt meinem Doktorvater, Herrn Prof. Dr. Andreas von Arnauld, für seine sofortige Begeisterung für das Thema und die unschätzbar wertvolle Unterstützung bei der Entstehung dieser Dissertation. Herrn Prof. Dr. Thomas Hoeren danke ich nicht nur für die rasche Erstellung des Zweitgutachtens, sondern insbesondere dafür, dass er mein ursprüngliches Interesse am Informations-, Telekommunikations- und Medienrecht geweckt und mir die Gelegenheit gegeben hat, diesen Interessen durch langjährige Tätigkeit an seinem Institut nachzugehen, sowie für den ursprünglichen Anstoß zur Entstehung dieser Arbeit.

Den Herausgebern, Frau Prof. Dr. Spiecker gen. Döhmann und Herrn Prof. Dr. Simitis, danke ich für die freundliche Aufnahme in die Schriftenreihe.

Frau Rektorin a.D. Angelika Fischer, Frau Dr. Alice Overbeck und Herrn RA Dr. Andreas Rehder danke ich für die gewissenhafte Durchsicht des Manuskripts und ihre konstruktiven Anmerkungen.

Meinen Eltern danke ich für ihre fortwährende, vorbehaltlose und tatkräftige Unterstützung; ein ganz besonderer Dank gilt ebenso meiner Lebensgefährtin Lea.

Langeoog, im September 2017

Philip S. Uecker

Inhaltsübersicht

Abkürzungsverzeichnis 17

A. Problemaufriss 21
    I. Gegenstand der Arbeit 21
    II. Gang der Untersuchung 23
    III. Grundlagen der Analyse 24
    IV. Notwendigkeit der Begrenzung extraterritorialer
        Regelungshoheit im Datenschutzrecht 72
    V. Alternativen zu extraterritorialen Regelungen 79

B. Vergleichende Analyse aktueller
Internetdatenschutzgesetzgebung und ihrer jurisdiktionellen
Grundlagen 98
    I. Untersuchung ausgewählter Datenschutzregelungen 98
    II. Erkenntnisse der Untersuchung 165

C. Kritik und eigener Lösungsvorschlag 206
    I. Anforderungen an eine Lösung 206
    II. Defizite des datenschutzspezifischen Auswirkungsprinzips 208
    III. Eigener Vorschlag: das modifizierte Schutzprinzip im
        Datenschutzrecht 212
    IV. Begründung des Vorschlags 214
    V. Ausblick 245

Inhaltsübersicht

D. Ergebnis in Thesen   248

Relevante Gesetzestexte   253
    I. Australien   253
    II. Indien   255
    III. Kanada   257
    IV. Russland   257
    V. Südafrika   260
    VI. USA   263

Literaturverzeichnis   269

Inhaltsverzeichnis

Abkürzungsverzeichnis	17
A. Problemaufriss	21
I. Gegenstand der Arbeit	21
II. Gang der Untersuchung	23
III. Grundlagen der Analyse	24
1. Begriffsklärung: Jurisdiktion/Regelungshoheit	24
2. Extraterritoriale Regelungshoheit	26
a) Zum Begriff der Extraterritorialität	27
b) Völkerrechtliche Zulässigkeit der Ausübung extraterritorialer Regelungshoheit	28
c) Konfliktpotential extraterritorialer Regelungen	32
d) Zwischenergebnis	33
3. Verhältnis der Regelungshoheit zum Kollisionsrecht	34
4. Anlass extraterritorialer Regelung	35
a) Internationale Datenverarbeitung im Wandel	36
aa) Technische Entwicklung	36
bb) Wirtschaftliche Bedeutung	39
b) Rechtliche Herausforderungen	41
aa) Technische Entwicklung erfordert neue Lösungen	41
bb) Territoriale Regelungen nicht mehr zeitgemäß	43
cc) Internationale Kooperation bisher ungenügend	45
c) Zwischenergebnis: Gründe für die Ausübung extraterritorialer Regelungshoheit im Datenschutzrecht	46
5. Kriterien zulässiger Ausübung extraterritorialer Regelungshoheit im Datenschutzrecht	49
a) Anknüpfungspunkte	49
aa) Territorialitätsprinzip	51
bb) Auswirkungsprinzip	52
cc) Personalitätsprinzip	55
dd) Schutzprinzip	57
ee) Weltrechtsprinzip	60

Inhaltsverzeichnis

ff) Weitere Anknüpfungspunkte	61
gg) Zwischenergebnis: Anknüpfungspunkte	61
b) Interventionsverbot und Interessenabwägung	61
c) Zwischenergebnis: Kriterien zulässiger Ausübung extraterritorialer Regelungshoheit	65
6. Folgen unzulässiger Jurisdiktionsausübung	66
7. Abwehr extraterritorialer Regelungsansprüche	67
8. Methoden unilateraler Durchsetzung extraterritorialer Regelungsansprüche	69
9. Zwischenergebnis	71
IV. Notwendigkeit der Begrenzung extraterritorialer Regelungshoheit im Datenschutzrecht	72
1. Rechtliche Notwendigkeit	73
2. Wirtschaftliche Notwendigkeit	75
3. Durchsetzungsproblematik	76
V. Alternativen zu extraterritorialen Regelungen	79
1. Post privacy: Verzicht auf Regelungen	79
2. Das Internet als eigener Rechtsraum	82
3. Restriktionen des grenzüberschreitenden Datenverkehrs	85
4. Re-Territorialisierung des Internets	88
5. Selbstregulierung des Marktes	90
6. Harmonisierung des Datenschutzrechts	93
B. Vergleichende Analyse aktueller Internetdatenschutzgesetzgebung und ihrer jurisdiktionellen Grundlagen	98
I. Untersuchung ausgewählter Datenschutzregelungen	98
1. Europäische Union	100
a) Datenschutz-Richtlinie	101
aa) Ausgangslage	101
bb) Jüngere Entwicklungen	105
(1) SWIFT-Abkommen	105
(2) Google./.AEPD	108
(3) Schrems./.Data Protection Commissioner	110
b) Datenschutz-Grundverordnung	112
aa) Der Kommissionsvorschlag	113
bb) Die Änderungsvorschläge des EU-Parlaments	120

cc) Die Änderungsvorschläge des Europäischen
   Rates ... 121
dd) Die endgültige Fassung der DSGVO ... 122
c) Zwischenergebnis: Europäische Union ... 123
2. Australien ... 126
3. Indien ... 130
4. Kanada ... 134
5. Russland ... 139
6. Südafrika ... 144
7. USA ... 147
   a) Children's Online Privacy Protection Act (COPPA) ... 150
   b) California Online Privacy Protection Act
      (CalOPPA) ... 151
   c) Privacy Rights for California Minors in the Digital
      World ... 154
   d) Zugriff von US-Strafverfolgungsbehörden auf
      Microsoft-Server in der Europäischen Union ... 155
   e) Zwischenergebnis USA & Bundesstaat Kalifornien ... 159
8. Internationale Abkommen und Dokumente ... 160
   a) Asia-Pacific Economic Cooperation (APEC) ... 160
   b) Europarat ... 162
   c) Organisation for Economic Co-Operation and
      Development (OECD) ... 163
   d) Vereinte Nationen (UN) ... 164
II. Erkenntnisse der Untersuchung ... 165
 1. Zulässigkeit extraterritorialer Regelungen ... 167
 2. Anlass extraterritorialer Regelung ... 167
 3. Gewählte klassische Anknüpfungen ... 169
    a) Territorialitätsprinzip ... 169
    b) Personalitätsprinzip ... 169
    c) Auswirkungsprinzip ... 173
 4. Neue Anknüpfung im Datenschutzrecht: Das
    datenschutzspezifische Auswirkungsprinzip ... 176
    a) Das datenschutzspezifische Auswirkungsprinzip als
       zulässige Anknüpfung ... 177
       aa) Personales Element ... 179
       bb) Ökonomisches Element ... 182
       cc) Wirksame Verhinderung von Missbrauch ... 183
       dd) Konfliktvermeidung ... 184

    ee) Mindestmaß an Einsichtigkeit   185
   b) Zwischenergebnis: datenschutzspezifisches
     Auswirkungsprinzip   185
 5. Datenschutz im Spannungsfeld zwischen Ökonomie
   und Demokratie   186
   a) Allgemeine Erwägungen zur Interessenabwägung
     i.R.d. Ausübung extraterritorialer Regelungshoheit
     im Datenschutzrecht   188
     aa) Datenschutz- und Demokratieinteresse   188
     bb) Ökonomische Interessen   190
     cc) Sicherheitsinteresse   193
     dd) Zwischenergebnis: Allgemeine Erwägungen 194
   b) Operationalisierung der Interessensabwägung:
     Svantessons „layered approach"   195
     aa) „abuse prevention layer" (Missbrauchsschutz) 196
     bb) „rights layer" (Betroffenenrechte)   197
     cc) „administrative layer" (Verfahrensvorschriften) 197
     dd) Vorstellung eines Modellartikels   197
     ee) Bewertung des Vorschlags   198
   c) Interessenabwägung in concreto: DSGVO als
     Beispiel für das datenschutzspezifische
     Auswirkungsprinzip   200
 6. Zwischenergebnis   205

C. Kritik und eigener Lösungsvorschlag   206

 I. Anforderungen an eine Lösung   206
 II. Defizite des datenschutzspezifischen Auswirkungsprinzips 208
 III. Eigener Vorschlag: das modifizierte Schutzprinzip im
    Datenschutzrecht   212
 IV. Begründung des Vorschlags   214
   1. Das „modifizierte Schutzprinzip" als zulässige
     Anknüpfung im Datenschutzrecht   214
    a) Schutz wichtiger inländischer Rechtsgüter   216
     aa) Datenschutz als wichtiges Rechtsgut für den
       Einzelnen   216
     bb) Datenschutz als wichtiges inländisches
       Rechtsgut und Bestandsgarantie freiheitlicher
       Demokratie   220

	cc) Das Recht auf Datenschutz als Vereinigung subjektiver und staatlicher Interessen	227
	b) Schutz wesentlicher wirtschaftlicher Interessen	227
	c) Die datenschutzrechtliche Modifikation	230
2. Umsetzungsbeispiel für das modifizierte Schutzprinzip		233
3. Das „modifizierte Schutzprinzip" garantiert angemessene Ergebnisse		237
4. Durchsetzung / flankierende Maßnahmen		242
5. Anwendung des modifizierten Schutzprinzips auf die DSGVO		244
V. Ausblick		245

D. Ergebnis in Thesen — 248

Relevante Gesetzestexte — 253

    I. Australien — 253
   II. Indien — 255
  III. Kanada — 257
  IV. Russland — 257
   V. Südafrika — 260
  VI. USA — 263

Literaturverzeichnis — 269

Abkürzungsverzeichnis

Adel. L. Rev.	Adelaide Law Review
Am. J. Comp. L.	The American Journal of Comparative Law
Appeal: Rev. Current L. & L. Reform	Appeal: Review of Current Law and Law Reform
Brook. J. Corp. Fin. & Com. L.	Brooklyn Journal of Corporate, Financial & Commercial Law
Brook. J. Int'l L.	Brooklyn Journal of International Law
Cal. L. Rev.	California Law Review
CalOPPA	California Online Privacy Protection Act
Can. J. Educ.	Canadian Journal of Education
Chi. J. Int'l L.	Chicago Journal of International Law
CML Rev.	Common Market Law Review
Colum. L. Rev.	Columbia Law Review
Comp. L. & Sec. Rev.	Computer Law & Security Review
Comp. L. & Sec. Rep.	Computer Law and Security Report
Comp. & Int'l L. J. S. Afr.	Comparative and International Law Journal of South Africa
Conn. L. Rev.	Connecticut Law Review
COPPA	Children's Online Privacy Protection Act
DSGVO	Verordnung (EU) 2016/679 des Europäischen Parlaments und des Rates vom 27. April 2016 zum Schutz natürlicher Personen bei der Verarbeitung personenbezogener Daten, zum freien Datenverkehr und zur Aufhebung der Richtlinie 95/46/EG (Datenschutz-Grundverordnung)
DSGVO-EK	Datenschutz-Grundverordnung, i.d.F. Vorschlag für Verordnung des Europäischen Parlamentes und des Rates zum Schutz natürlicher Personen bei der Verarbeitung personenbezogener Daten und zum freien Datenverkehr (Datenschutz-Grundverordnung), KOM (2012) 11 endgültig v. 25.1.2012

Abkürzungsverzeichnis

DSRL	Richtlinie 95/46/EG des Europäischen Parlaments und des Rates vom 24. Oktober 1995 zum Schutz natürlicher Personen bei der Verarbeitung personenbezogener Daten und zum freien Datenverkehr (Datenschutz-Richtlinie)
Eur. J. Int'l L.	European Journal of International Law
EJLT	European Journal of Law and Technology
Geo. J. Int'l L.	Georgia Journal of International Law
Geo. Wash. Int'l L. Rev.	George Washington International Law Review
GroJIL	Groningen Journal of International Law
Hous. L. Rev.	Houston Law Review
IDPL	International Data Privacy Law
Ind. J. Global Legal Stud.	Indiana Journal of Global Legal Studies
IJLIT	International Journal of Law and Information Technology
Inform. Syst. Manage.	Information Systems Management
Inform. Syst. Res.	Information Systems Research
IT-Act	The Information Technology Act, 2000
IT-Rules	Information Technology (Reasonable security practices and procedures and sensitive personal data or information) Rules, 2011
JCMS	Journal of Common Market Studies
J. Int'l Com. L. & Tech	Journal of International Commercial Law and Technology
J. L. Inf. & Sci.	Journal of Law, Information and Science
J. Nat'l Ass'n Admin. L. Judiciary	Journal of the National Association of Administrative Law Judiciary
J. Soc. Issues	Journal of Social Issues
Masaryk U. J. L. & Tech.	Masaryk University Journal of Law and Technology
McGeorge L. Rev.	McGeorge Law Review
Melb. J. Int'l L.	Melbourne Journal of International Law
Nat'l L. Sch. India Rev.	National Law School of India Review
NILR	Netherlands International Law Review

Abkürzungsverzeichnis

NZJPIL	New Zealand Journal of Public and International Law
NZULR	New Zealand Universities Law Review
PIPEDA	Personal Information Protection and Electronic Documents Act
POPI	Protection of Personal Information Act
rDSG	Russisches Datenschutz-Gesetz
RIS	Review of International Studies
Santa Clara J. Int'l L.	Santa Clara Journal of International Law
Sc. St. L.	Scandinavian Studies in Law
Stan. L. Rev.	Stanford Law Review
Tex. Int'l L. J.	Texas International Law Journal
THRHR	Tydskrif vir Hedendaagse Romeins-Hollandse Reg
UNSWLJ	University of New South Wales Law Journal
U. Pa. L. Rev.	University of Pennsylvania Law Review
Yale J. Int'l. L.	Yale Journal of International Law

Im Übrigen wird verwiesen auf *Kirchner*, Hildebert, Abkürzungsverzeichnis der Rechtssprache, 8. Aufl. Berlin 2015.

A. Problemaufriss

I. Gegenstand der Arbeit

Extraterritoriale Regelungen im Datenschutzrecht stellen ein vermehrt auftretendes Regelungsinstrument dar, das bisher hinsichtlich der Zulässigkeit, Ausgestaltung und zulässigen Abwehrmöglichkeiten nur geringe Aufmerksamkeit erfahren hat.[1] Ob und unter welchen Voraussetzungen die Ausweitung des Anwendungsbereiches nationaler Datenschutzgesetze überhaupt zulässig ist, ist bisher ungeklärt.[2]

Erstes Ziel der Arbeit ist es, die Zulässigkeit, Voraussetzungen und Grenzen der Ausübung extraterritorialer Regelungshoheit im gegenwärtigen internationalen Datenschutzrecht herauszuarbeiten. Hierzu werden theoretische Grundlagen dargestellt, Übereinstimmungen und Gegensätze zwischen den einzelnen nationalen Regelungsansätzen analysiert, sowie die Folgen extraterritorialer Regelungen und die daraus entstehenden Jurisdiktionskonflikte untersucht. Zweites Ziel der Arbeit ist es zu untersuchen, ob derzeit geeignete Alternativen zu extraterritorialen Regelungen bestehen.

Drittes Ziel der Arbeit ist es, auf der Grundlage der gewonnenen Erkenntnisse, Möglichkeiten für die zukünftige Ausübung extraterritorialer Regelungshoheit zu untersuchen und schließlich ein für datenschutzrechtliche Zwecke modifiziertes Schutzprinzip als geeignete Lösung für die Ausübung extraterritorialer Regelungshoheit zu präsentieren.

Für die Erreichung dieser Ziele werden schwerpunktmäßig die datenschutzrechtlichen Regelungen von Australien, der Europäischen Union, Indien, Kanada, Russland, Südafrika und den Vereinigten Staaten untersucht. Die Untersuchung der Staatenpraxis dieser vergleichsweise geringen Anzahl von Staaten reicht zwar für den Nachweis von völkerrechtlich verbindlichen Schranken bei der Hoheitsausübung im Datenschutzrecht nicht aus. Gleichwohl kann aufgrund der geographischen, rechtlichen und

---

[1] *Kuner/Cate/Millard/Svantesson*, 3 IDPL 147, 147 (2013); *Svantesson*, EU Data Privacy Law, p. 53.
[2] *Kuner*, FS Hustinx, p. 213, 221; *Kuner/Cate/Millard/Svantesson*, 3 IDPL 147, 148 (2013); *Svantesson*, Extraterritoriality, p. 19 f.

A. Problemaufriss

kulturellen Verschiedenartigkeit der Länder ein repräsentativer Charakter der Untersuchung erreicht werden, der mit Hilfe der induktiven Methode einen Rückschluss auf die Grundsätze des internationalen Datenschutzrechts ermöglicht.[3] In der Informationsgesellschaft wird die Zukunft des Datenschutzes wesentlich durch das Internet bestimmt.[4] Besondere Beachtung finden in dieser Arbeit daher die durch die Ubiquität der vernetzten Datenverarbeitung entstehenden Herausforderungen, die eine Klärung der Fragen zur Regelungshoheit im Datenschutzrecht unabdinglich werden lassen.[5] Das Internet stellt derzeit den Hauptanwendungsfall für extraterritoriale Regelungen dar.[6] Es ist dementsprechend Schwerpunkt der nachfolgenden Betrachtungen. Die vorliegende Arbeit betrachtet die Fragestellungen zur extraterritorialen Regelungshoheit aus europäischer Perspektive und vor dem Hintergrund aktueller Reformbemühungen im europäischen Datenschutzrecht, bezieht aber notwendigerweise die globale Entwicklung in die Betrachtung ein.

Die Ermittlung der gegenwärtig geltenden Regeln zur Ausübung extraterritorialer Regelungshoheit im Datenschutzrecht ist für Deutschland und die Europäische Union von besonderer Bedeutung. Es gilt der Grundsatz des völkerrechtsfreundlichen Verhaltens, sodass nationales und europäisches Recht unter besonderer Beachtung der allgemeinen Regeln des Völkerrechts anzuwenden und auszulegen ist.[7] Die Europäische Union hat sich selbst zur strikten Einhaltung und Weiterentwicklung des Völkerrechts verpflichtet, Art. 3 Abs. 5 EUV.[8] Die Ermittlung des internationalen Datenschutzrechts als Teil des Völkerrechts ist somit bei der Verabschie-

---

3   *von Arnauld*, Völkerrecht, § 3 Rn. 297 ff.; *Herdegen*, Völkerrecht, § 17 Rn. 1; *Ziegenhain*, Extraterritoriale Rechtsanwendung, S. 6 ff.
4   *Corbett*, 29 Comp. L. & Sec. Rev. 246, 246 (2013); *Erd*, Zeit Online v. 18.11.2011, http://www.zeit.de/digital/datenschutz/2011-11/spiros-simitis-datenschutz, alle Links zuletzt abgerufen am 20.04.2016; *Maspoli*, NZZ.ch v. 10.10.2014, http://www.nzz.ch/mehr/digital/jan-philipp-albrecht-interview-1.18401257; *Narayanan*, 12 Chi. J. Int'l L. 783, 786 ff. (2011-2012); *Prantl*, SZ.de v. 17.5.2010, http://www.sueddeutsche.de/digital/spiros-simitis-datenschutz-muss-auch-im-internet-greifen-1.479161.
5   Zu Fragen der Regelungshoheit im Internet allg. siehe *Schmahl*, AVR 2009, 284, 291.
6   *Kuner/Cate/Millard/Svantesson*, 3 IDPL 147, 147 (2013).
7   *Herdegen*, in: Maunz/Dürig, GG Art. 25 Rn. 6, 72; *Lavranos*, in: von der Groeben/Schwarze/Hatje, AEUV Art. 351 Rn. 24; *Jarass*/Pieroth, GG Art. 25 Rn. 5 f.; *Schmalenbach*, in: Calliess/Ruffert, AEUV Art. 351 Rn. 21.
8   EuGH, U. v. 21.12.2011 – Rs. C-366/10 = NVwZ 2012, 226, 231.

dung von Rechtsnormen ebenso von Relevanz,⁹ wie bei deren Anwendung und Auslegung durch staatliche Organe.¹⁰ Das Völkerrecht regelt die Ausübung von Hoheitsgewalt und insbesondere die Zulässigkeit extraterritorialer Regelungen.¹¹ Erkenntnisse hinsichtlich der Zulässigkeit extraterritorialer Regelungen im Datenschutzrecht, der anerkannten und geeigneten Anknüpfungspunkte für eine Hoheitsausübung, der im Rahmen einer Interessenabwägung zu berücksichtigenden Interessen und eines möglichen Verstoßes gegen das Interventionsverbot sind somit von unmittelbarer Bedeutung für Normerlass- und Anwendung.

II. Gang der Untersuchung

Die Arbeit teilt sich im Wesentlichen in drei Abschnitte. Im ersten Abschnitt erfolgt eine Darstellung der theoretischen Grundlagen der vergleichenden Analyse aktueller Internetdatenschutzgesetzgebung und möglicher alternativer Entwürfe zur Zuteilung extraterritorialer Regelungshoheit im Datenschutzrecht. Daran schließt sich eine Untersuchung der gegenwärtigen Entwicklungen im internationalen Datenschutzrecht mit schwerpunktmäßiger Betrachtung der Fragestellungen zur extraterritorialen Regelungshoheit an. Im zweiten Abschnitt findet eine Analyse und Bewertung der möglichen Alternativen zur extraterritorialen Regelungshoheit statt. Es wird zudem ein eigener Lösungsvorschlag vorgestellt. Schließlich wird ein Ausblick auf die weitere Entwicklung gegeben.

---

9 EuGH, U. v. 21.12.2011 – Rs. C-366/10 = NVwZ 2012, 226, 231.
10 *Jarass*/Pieroth, GG Art. 25 Rn. 5 f.; *Lavranos*, in: von der Groeben/Schwarze/Hatje, AEUV Art. 351 Rn. 24; *Schmalenbach*, in: Calliess/Ruffert, AEUV Art. 351 Rn. 21.
11 *Herdegen*, Völkerrecht, § 23 Rn. 1 ff., § 26 Rn. 1 ff.; *Kempen/Hillgruber*, Völkerrecht, § 20 Rn. 36 ff.; *Herdegen*, in: Maunz/Dürig, GG Art. 25 Rn. 50; *Stein/von Buttlar/Kotzur*, Völkerrecht, § 35 Rn. 601 ff.

A. Problemaufriss

III. Grundlagen der Analyse

1. Begriffsklärung: Jurisdiktion/Regelungshoheit

Unter dem Begriff der Jurisdiktion wird im Völkerrecht die Hoheitsgewalt des souveränen Staates in Bezug auf Personen, Sachen und alle sonstigen Vorgänge verstanden.[12] Umfasst ist alles, was sich innerhalb des Staatsgebietes befindet, sowie ferner alle sich außerhalb des Staates befindlichen Staatsbürger.[13] Diese Befugnis findet ihren Ursprung in der Souveränität des einzelnen Staates,[14] die sich wiederum von dessen Staatsgebiet ableitet.[15] Man unterteilt zwischen Regelungshoheit (*jurisdiction to prescribe*) und Durchsetzungshoheit (*jurisdiction to enforce*).[16] Von der Durchsetzungshoheit kann ferner die Gerichtshoheit (*jurisdiction to adjudicate*) abgegrenzt werden.[17]

Die Regelungshoheit ist die Befugnis zur Normsetzung und die Durchsetzungshoheit regelt die Möglichkeiten zur legitimen Vollstreckung einer Norm.[18] Dabei fallen Regelungs- und Durchsetzungshoheit nicht notwendigerweise zusammen: Ein Staat kann die Regelungshoheit für einen Sachverhalt besitzen, ohne die Befugnis zur Durchsetzung dieser Normen zu haben und umgekehrt.[19] Es steht jedem souveränen Staat frei, auf seinem Gebiet Hoheitsakte zu erlassen und öffentliche Gewalt auszuüben.[20] Die Abgrenzung der Jurisdiktionsbefugnisse erfolgt demnach grundsätz-

---

12 *Coughlan/Currie/Kindred/Scassa*, Extraterritorial Jurisdiction, p. 4; *Mann*, Studies, p. 1, 2; *Schmahl*, AVR 2009, 284, 292.
13 *Herdegen*, Völkerrecht, § 23 Rn. 1, § 25 Rn. 1, § 26 Rn. 1 ff.; *Mann*, RdC 186 (1964-III), p. 9, 20.
14 *Mann*, RdC 186 (1964-III), p. 9, 20; *Stein/von Buttlar/Kotzur*, Völkerrecht, § 35 Rn. 601 f.
15 Handl/*Zekoll*/Zumbansen, Beyond Territoriality, p. 341, 341.
16 Auslandswirkung von Hoheitsakten (*Breuer*) in: Schöbener, Völkerrecht, S. 34; *Mann*, Studies, p. 1, 6; *Stein/von Buttlar/Kotzur*, Völkerrecht, § 35 Rn. 609; *Volz*, Extraterritoriale Terrorismusbekämpfung, S. 40.
17 *Kohl*, Jurisdiction, p. 16 f.; *Miller*, 10 Ind. J. Global Legal Stud. 227, 228 f. (2003); *Svantesson*, Extraterritoriality, p. 68.
18 *Stein/von Buttlar/Kotzur*, Völkerrecht, § 35 Rn. 609; *Volz*, Extraterritoriale Terrorismusbekämpfung, S. 40 f.
19 *Buxbaum*, 57 Am. J. Comp. L. 631, 665 (2009); Auslandswirkung von Hoheitsakten (*Breuer*) in: Schöbener, Völkerrecht, S. 35 f.; *Mann*, Studies, p. 1, 7; *Mann*, RdC 186 (1984-III), p. 9, 34 ff.
20 von *Arnauld*, Völkerrecht, § 4 Rn. 336, 344; *Baier*, Auswirkungsprinzip, S. 24.

lich aufgrund gebietsbezogener Kriterien.[21] Die Souveränität des einzelnen Staates legt die Grenzen für die Jurisdiktionsausübung der anderen Staaten fest; sie sind einander zur Wahrung ihrer Souveränität verpflichtet.[22]

Die Regelungshoheit eines Staates ist Mittel zur Herausbildung einer eigenen staatlichen Identität, indem Festlegungen zu Rechten und Pflichten der Bürger, zur Wirtschafts- und Rechtsordnung getroffen werden.[23] Es ist daher prinzipiell zu vermeiden, die eigene Gesetzgebung auf Auslandstaten von Ausländern zu erstrecken.[24] Eine früher vertretene absolute Beschränkung staatlicher Regelungshoheit auf das eigene Staatsgebiet existiert jedoch nicht mehr.[25]

Das Staatsgebiet stellt heute nicht mehr die einzige Grundlage für die Begründung von Regelungshoheit dar.[26] Vielmehr wird Territorialität als ausschlaggebendes Kriterium zur Abgrenzung von Regelungshoheit aufgrund der Globalisierung zunehmend kritisch gesehen.[27] Regelungshoheit ist demnach nicht ausschließlich, je nach Sachverhalt kann mehr als einem Staat diese Berechtigung zukommen.[28] Konkurrierende Regelungsansprüche werden dann durch das Kollisionsrecht in Einklang gebracht.

Allein aus der faktischen Möglichkeit zur Ausübung von Regelungshoheit ergibt sich noch keine Berechtigung hierzu.[29] Diese Befugnisse werden ebenso wie die Konsequenzen einer unberechtigten Ausübung vom Völkerrecht reguliert.[30] Der jeweilige Staat übt insoweit im Rahmen sei-

---

21 *Kohl*, Jurisdiction, p. 4; *Stein/von Buttlar/Kotzur*, Völkerrecht, § 35 Rn. 601, 604, 608.
22 *Bauchner*, 26 Brook. J. Int'l L. 689, 692 f. (2000-2001); *Mann*, RdC 186 (1984-III), p. 9, 20; *Volz*, Extraterritoriale Terrorismusbekämpfung, S. 40.
23 *Miller*, 10 Ind. J. Global Legal Stud. 227, 251 (2003).
24 *Mann*, RdC 186 (1984-III), p. 9, 21.
25 *Wildhaber*, in: Schweizerisches Jahrbuch für internationales Recht Bd. XLI 1985, S. 103.
26 *von Arnauld*, Völkerrecht, § 4 Rn. 347; *Mann*, RdC 186 (1984-III), p. 9, 67.
27 *Buxbaum*, 57 Am. J. Comp. L. 631, 632 (2009).
28 *Coughlan/Currie/Kindred/Scassa*, Extraterritorial Jurisdiction, p. 5; *Mann*, Studies, p. 1, 3; *Stein/von Buttlar/Kotzur*, Völkerrecht, § 35 Rn. 602.
29 *von Arnauld*, Völkerrecht, § 4 Rn. 347; *Mann*, Studies, p. 1, 3.
30 *von Arnauld*, Völkerrecht, § 4 Rn. 348; *Mann*, Studies, p. 1, 4, 9 f.; *Volz*, Extraterritoriale Terrorismusbekämpfung, S. 39.

ner Souveränität die ihm durch internationalen Rechtsrahmen zugewiesenen Regelungskompetenzen aus.[31]

2. Extraterritoriale Regelungshoheit

Ein wesentliches Problem der Regelungshoheit ist die Frage nach der Zulässigkeit extraterritorialer Regelungen.[32] *„Primo, utrum statutum porrigatur intra territorium ad non subditos? Secundo, utrum effectus statuti porrigatur extra territorium statuentium?"*[33], so skizzierte der Rechtsgelehrte *Bartolus de Saxoferrato* bereits im 14. Jahrhundert das Grundproblem extraterritorialer Regelung: Erstens, wann kann ein Ausländer im Inland dem inländischen Recht unterworfen werden und zweitens, wann kann ein Gesetz außerhalb des Inlands Geltung beanspruchen?[34] Der Erlass extraterritorialer Regelungen durch einzelne Staaten ist grundsätzlich gestattet.[35] Regelungshoheit über einen Sachverhalt kann daher mehr als einem Staat zukommen.[36] Die Begrenzung von Regelungsansprüchen ist daher zur Vermeidung von Konflikten notwendig.[37]

Die Durchsetzung extraterritorialer Regelungen außerhalb des eigenen Staatsgebietes ist zudem regelmäßig ausgeschlossen.[38] Um die Befolgung der aufgestellten Normen im Ausland sicherzustellen, können nur innerhalb des eigenen Staatsgebietes geeignete Maßnahmen ergriffen werden.[39] Aufgrund der fortschreitenden Vernetzung der Informationsgesellschaft ist die Ausübung extraterritorialer Regelungshoheit für moderne Staaten mitt-

---

31 *Herdegen*, Völkerrecht, § 26 Rn. 1; *Mann*, Studies, p. 1, 9; *Stein/von Buttlar/Kotzur*, Völkerrecht, § 35 Rn. 601 ff.
32 *Mann*, RdC 186 (1984-III), p. 9, 27.
33 Zitiert nach: *Mann*, Studies, p. 1, 17.
34 *Ziegenhain*, Extraterritoriale Rechtsanwendung, S. 28.
35 *Stein/von Buttlar/Kotzur*, Völkerrecht, § 35 Rn. 605; *Ziegenhain*, Extraterritoriale Rechtsanwendung, S. 3.
36 *Herdegen*, Völkerrecht, § 26 Rn. 17.
37 *Baier*, Auswirkungsprinzip, S. 23; *Herdegen*, Völkerrecht, § 26 Rn. 17 ff.; *Müller/Wildhaber*, Praxis des Völkerrechts, S. 373; *Rudolf*, in: BerDGVR 11 (1973), S. 7, 22; *Weber*, IDPL, 117, 125.
38 von *Arnauld*, Völkerrecht, § 4 Rn. 346; *Kohl*, Jurisdiction, p. 26 f.; *Mann*, RdC 186 (1984-III), p. 9, 35, 47.
39 *Mann*, RdC 186 (1984-III), p. 9, 47, 78 f.; *Ziegenhain*, Extraterritoriale Rechtsanwendung, S. 2 f.

lerweile unabdingbar geworden.[40] Die damit zusammenhängenden Fragestellungen haben nichts von ihrer Relevanz und Aktualität eingebüßt.

a) Zum Begriff der Extraterritorialität

Zunächst ist der Begriff der Extraterritorialität näher zu definieren. Eine Regelung ist extraterritorial, wenn sich der zu regelnde Sachverhalt nicht nur innerhalb des eigenen Territoriums, sondern auch darüber hinaus ereignet.[41] Es wird zwischen der sachlichen und räumlichen Auslandserstreckung unterschieden.[42] Die sachliche Auslandserstreckung meint dabei eine tatbestandliche Anknüpfung an Auslandssachverhalte (Erstreckung des Anwendungsbereiches), während aufgrund der räumlichen Auslandserstreckung ein tatsächlicher Geltungsanspruch im Ausland, d.h. auf fremdem Staatsgebiet beansprucht wird (Erstreckung des Geltungsbereiches).[43] Eine derartige Unterscheidung wird ebenso wie die Trennung von Anwendungs- und Geltungsbereich vor allem von deutschen Völkerrechtlern vorgenommen.[44] International hat sich die Kategorisierung in Regelungshoheit (*jurisdiction to prescribe*) und Durchsetzungshoheit (*jurisdiction to enforce*) etabliert.[45] Im Ergebnis unterscheiden sich die Kategorisierungen praktisch nicht.[46] Im Rahmen der vorliegenden Arbeit wird Regelungshoheit im Sinne der *jurisdiction to prescribe* verstanden. Extraterritoriale Regelungshoheit wird in verschiedenen Formen ausgeübt: Zunächst kann sich das Sachgebiet einer Regelung auf das Ausland beziehen, ferner können natürliche oder juristische Personen außerhalb des Staatsgebietes Regelungsgegenstand sein und schließlich können im Ausland aus-

---

40 *Schmahl*, AVR 2009, 284, 305; *Ziegenhain*, Extraterritoriale Rechtsanwendung, S. 3.
41 *Coughlan/Currie/Kindred/Scassa*, Extraterritorial Jurisdiction, p. 4; *Meng*, Extraterritoriale Jurisdiktion, S. 85.
42 *von Arnauld*, Völkerrecht, § 4 Rn. 346; *Stein/von Buttlar/Kotzur*, Völkerrecht, § 35 Rn. 601.
43 *von Arnauld*, Völkerrecht, § 4 Rn. 346; *Schwarze*, Jurisdiktionsabgrenzung, S. 21; *Stein/von Buttlar/Kotzur*, Völkerrecht, § 35 Rn. 601.
44 *von Arnauld*, Völkerrecht, § 4 Rn. 346; *Schwarze*, Jurisdiktionsabgrenzung, S. 21.
45 *Mann*, Studies, p. 1, 6; Auslandswirkung von Hoheitsakten (Breuer) in: Schöbener, Völkerrecht, S. 34; *Stein/von Buttlar/Kotzur*, Völkerrecht, § 35 Rn. 609; Volz, Extraterritoriale Terrorismusbekämpfung, S. 40.
46 *von Arnauld*, Völkerrecht, § 4 Rn. 346.

A. Problemaufriss

geübte Handlungen von (ausländischen) Personen Ziel der Regelung sein.[47] Der für die Extraterritorialität notwendige Auslandsbezug kann daher entweder durch die Einbeziehung von Personen mit Staatsbürgerschaft von Drittstaaten oder (Unternehmens-)Sitz in diesen entstehen oder sich durch die Einbeziehung von Sachverhalten mit Auslandsbezug in den Anwendungsbereich einer Regelung ergeben.[48]

b) Völkerrechtliche Zulässigkeit der Ausübung extraterritorialer Regelungshoheit

Historisch ging man im Völkerrecht unter Anknüpfung an die Lehren *Grotius'* und *Hubers* von einer strikten Beschränkung staatlicher Jurisdiktion auf das jeweilige Territorium aus.[49] Auf dem europäischen Kontinent wurde diese Auffassung im 19. Jahrhundert unter Hinweis auf das immer enger werdende Geflecht zwischenstaatlicher Beziehung durch *Binding*[50] und *Savigny*[51] verworfen.[52] Länger konnte sich die Lehre streng territorial beschränkter Jurisdiktion nur im System des anglo-amerikanischen Rechts halten, wo im Laufe des letzten Jahrhunderts eine langsame Aufgabe dieses Prinzips begann.[53]

Heute findet sich in bewusster Abkehr von diesen Auffassungen eine Vielzahl von Regelungen, die einen Auslandsbezug aufweisen. Die Grundlage hierfür findet sich im sog. „Lotus-Fall"[54] des *Ständigen Internationalen Gerichtshofes (StIGH)*.[55] In dieser Sache setzt sich das *Gericht* bereits 1927 grundlegend mit der Frage auseinander, ob und in wieweit

---

47 *Coughlan/Currie/Kindred/Scassa*, Extraterritorial Jurisdiction, p. 15; *Stein/von Buttlar/Kotzur*, Völkerrecht, § 35 Rn. 605.
48 *Mann*, Studies, p. 1, 7; *Stein/von Buttlar/Kotzur*, Völkerrecht, § 35 Rn. 605.
49 *Epping*, in: Ipsen, Völkerrecht, § 5 Rn. 59; *Ziegenhain*, Extraterritoriale Rechtsanwendung, S. 28 f.
50 *Binding*, Strafrecht, S. 372.
51 *von Savigny*, System des heutigen Römischen Rechts, S. 24 ff.
52 *Ziegenhain*, Extraterritoriale Rechtsanwendung, S. 29.
53 *Ziegenhain*, Extraterritoriale Rechtsanwendung, S. 29 f.
54 StIGH, Lotus Case (France v. Turkey), PCIJ Ser. A, No. 10 (1927).
55 *Epping*, in: Ipsen, Völkerrecht, § 5 Rn. 69 f.; *Stein/von Buttlar/Kotzur*, Völkerrecht, § 35 Rn. 603; *Wildhaber*, in: Schweizerisches Jahrbuch für internationales Recht Bd. XLI 1985, S. 103.

extraterritoriale Regelungen zulässig sind.[56] Der *StIGH* stellte fest, dass es souveränen Staaten grundsätzlich freistehe, mit Wirkung über das eigene Staatsgebiet hinaus gesetzgeberisch tätig zu werden, also extraterritoriale Regelungen zu erlassen.[57] Eine derart weit verstandene Möglichkeit zur extraterritorialen Gesetzgebung kann jedoch zu erheblichen Konflikten mit Drittstaaten führen.[58]

In dieser Absolutheit wird die Freiheit zum Erlass extraterritorialer Regelungen daher nicht mehr vertreten.[59] Vielmehr wird angenommen, dass die Auslandserstreckung des Anwendungsbereiches nur zulässig ist, sofern und soweit eine hinreichende Anknüpfung zum Inland besteht, sog. *genuine link* oder *sufficient connection*.[60] *F. A. Mann* spricht in diesem Zusammenhang auch vom „*paramount principle of international jurisdiction*"[61], nämlich dem Erfordernis einer „*close connection between the legislating State and the subject-matter of the legislation*"[62]. Als Nachweis für diese geforderte enge und substantielle Verbindung zum Inland, der sog. *genuine link*[63], werden die anerkannten Anknüpfungspunkte Territorialitäts-, aktives und passives Personalitätsprinzip, Auswirkungs,- Schutz- und Weltrechtsprinzip herangezogen.[64] Bei Vorliegen eines geeigneten Anknüpfungspunktes ist im Vorfeld einer Hoheitsausübung ferner auf die Interessen anderer Staaten im Rahmen einer abschließenden Abwägung

---

56 *Epping*, in: Ipsen, Völkerrecht, § 5 Rn. 69 f.; *Stein/von Buttlar/Kotzur*, Völkerrecht, § 35 Rn. 603.
57 *Epping*, in: Ipsen, Völkerrecht, § 5 Rn. 69 f.; *Herdegen*, Völkerrecht, § 26 Rn. 6; *Kuner*, 18 IJLIT 176, 185 (2010); *Mann*, Studies, p. 1, 26; *Narayanan*, 12 Chi. J. Int'l L. 783, 789 (2011-2012); *Rudolf*, in: BerDGVR 11 (1973), S. 7, 18.
58 *Wildhaber*, in: Schweizerisches Jahrbuch für internationales Recht Bd. XLI 1985, S. 104; *Ziegenhain*, Extraterritoriale Rechtsanwendung, S. 3.
59 Auslandswirkung von Hoheitsakten (Breuer) in: Schöbener, Völkerrecht, S. 36 f.; *Herdegen*, Völkerrecht, § 26 Rn. 6; *Kempen/Hillgruber*, Völkerrecht, § 20 Rn. 36; *Mann*, Studies, p. 1, 26 f.
60 *Epping*, in: Ipsen, Völkerrecht, § 5 Rn. 71; *Herdegen*, Völkerrecht, § 26 Rn. 1; *Kempen/Hillgruber*, Völkerrecht, § 18 Rn. 25; *Mann*, RdC 186 (1984-III), p. 9, 28; *Rudolf*, in: BerDGVR 11 (1973), S. 7, 19; *Schwarze*, Jurisdiktionsabgrenzung, S. 19; *Ziegenhain*, Extraterritoriale Rechtsanwendung, S. 4.
61 *Mann*, Studies, p. 1, 83.
62 *Mann*, Studies, p. 1, 83.
63 *Epping*, in: Ipsen, Völkerrecht, § 5 Rn. 71; *Kempen/Hillgruber*, Völkerrecht, § 20 Rn. 39; *Stein/von Buttlar/Kotzur*, Völkerrecht, § 35 Rn. 629.
64 *Epping*, in: Ipsen, Völkerrecht, § 5 Rn. 72 f.; *Ryngaert*, Jurisdiction, p. 7; *Schmahl*, AVR 2009, 284, 293.

A. Problemaufriss

Rücksicht zu nehmen.[65] Im Ergebnis kann (extraterritoriale) Regelungshoheit aufgrund der verschiedenen Anknüpfungspunkte mehr als einem Staat zukommen.[66]

Liegt die geforderte enge Verbindung zum Regelungsstaat nicht vor, handelt es sich um eine übermäßige Beanspruchung von Regelungshoheit, ein sog. *excess of jurisdiction*.[67] Dadurch kommt es regelmäßig zu einem Verstoß gegen das völkergewohnheitsrechtliche Nichteinmischungsgebot (Interventionsverbot).[68] Ein Verstoß gegen das Interventionsverbot wäre eine Einmischung in das Selbstbestimmungsrecht anderer souveräner Staaten und führte zur völkerrechtlichen Unzulässigkeit der jeweiligen Hoheitsausübung.[69]

Anders als die Zulässigkeit des Erlasses von Regelungen mit extraterritorialem Anwendungsbereich (*jurisdiction to prescribe*) wird jedoch die Zulässigkeit der Durchsetzung dieser Regelungsansprüche *(jurisdiction to enforce)* beurteilt. Staaten ist es zwar gestattet, Regelungen mit extraterritorialem Anwendungsbereich zu erlassen, die Durchsetzung dieser Regelungen außerhalb ihres jeweiligen Territoriums kommt regelmäßig nicht in Betracht und kann nur aufgrund besonderer Ermächtigung extraterritorial erfolgen.[70]

Die zulässige Erstreckung eines Regelungsanspruches (Anwendungsbereiches) ist getrennt von dessen zulässigem Geltungsbereich zu beurteilen, so dass der Anwendungsbereich einer Norm und die rechtliche Möglichkeit zur Durchsetzung dieser Regelung auseinanderfallen können.[71] Die

---

65 *Stein/von Buttlar/Kotzur*, Völkerrecht, § 35 Rn. 629; *Wildhaber*, in: Schweizerisches Jahrbuch für internationales Recht Bd. XLI 1985, S. 104; *Ziegenhain*, Extraterritoriale Rechtsanwendung, S. 242 ff.
66 *Herdegen*, Völkerrecht, § 26 Rn. 17.
67 *Mann*, Studies, p. 1, 131.
68 BVerfGE 63, 343, 369 – Vollstreckung ausländischer Titel in der Bundesrepublik Deutschland; *Epping*, in: Ipsen, Völkerrecht, § 5 Rn. 75; *Schmahl*, AVR 2009, 284, 293.
69 *Kempen/Hillgruber*, Völkerrecht, § 20 Rn. 37; *Volz*, Extraterritoriale Terrorismusbekämpfung, S. 50 ff.
70 *Ryngaert*, Jurisdiction, p. 9; *Schwarze*, Jurisdiktionsabgrenzung, S. 21; *Stein/von Buttlar/Kotzur,* Völkerrecht, § 35 Rn. 601; *Ziegenhain*, Extraterritoriale Rechtsanwendung, S. 3.
71 *Coughlan/Currie/Kindred/Scassa*, Extraterritorial Jurisdiction, p. 9; *Epping*, in: Ipsen, Völkerrecht, § 5 Rn. 70; *Kuner*, 18 IJLIT 176, 185 (2010); *Stein/von Buttlar/Kotzur*, Völkerrecht, § 35 Rn. 609; *Volz*, Extraterritoriale Terrorismusbekämpfung, S. 40.

mangelnde Durchsetzbarkeit beeinflusst zwar die tatsächlichen Auswirkungen einer Regelung mit extraterritorialem Charakter.[72] Die Möglichkeit zur Anwendung von Befehl und Zwang ist jedoch kein notwendiger Bestandteil der Regelungshoheit, vielmehr kann der bloße psychische Druck einer Regelung bereits die notwendige Durchsetzungskraft erzeugen,[73] wobei die Grenze zulässiger Handlungen durch das Interventionsverbot bestimmt wird.[74] Selbst wenn eine Regelung keine Aussicht auf Durchsetzung im Ausland hat, so kann ihr doch der Wert einer programmatischen Ansage und Absichtserklärung innewohnen.[75]

Die Rechtmäßigkeit extraterritorialer Regelungen ist insbesondere von Bedeutung, wenn gerichtliche Urteile oder behördliche Anordnungen darauf gestützt werden sollen – dies ist nur möglich, sofern und soweit ihr Inhalt nach den völkerrechtlichen Maßstäben der Regelungshoheit zulässig ist.[76] Dies ergibt sich für die Bundesrepublik Deutschland aus Art. 25 GG, nach dem die allgemeinen Regeln des Völkerrechts unmittelbar Bestandteil des Bundesrechts sind und den allgemeinen Gesetzen vorgehen.[77] Die EU ist ebenfalls zu einem völkerrechtsfreundlichen Verhalten verpflichtet.[78] Das Völkerrecht ist somit bei der Bestimmung des zulässigen Anwendungsbereiches eines Gesetzes und der Anwendung entsprechender Gesetze durch Gerichte und Behörden von besonderer Bedeutung.[79]

Ob nationale Datenschutzregime aufgrund der grenzenlosen Datenverarbeitung auf extraterritoriale Sachverhalte ausgeweitet werden dürfen und unter welchen Voraussetzungen dies geschehen kann, ist bisher weitestgehend ungeklärt.[80] Grundsätzlich stellt die Regelungshoheit aufgrund des

---

72 *Svantesson*, Extraterritoriality, p. 168.
73 Auslandswirkung von Hoheitsakten (Breuer) in: Schöbener, Völkerrecht, S. 35 f.; *Volz*, Extraterritoriale Terrorismusbekämpfung, S. 42.
74 *von Arnauld*, Völkerrecht, § 4 Rn. 356 ff.
75 *Coughlan/Currie/Kindred/Scassa*, Extraterritorial Jurisdiction, p. 72; *Svantesson*, Extraterritoriality, p. 69.
76 *Mann*, Studies, p. 1, 129; *Ziegenhain*, Extraterritoriale Rechtsanwendung, S. 241 ff.
77 *Heintschel von Heinegg*, in: BeckOK GG, Art. 25 Rn. 18 ff., 24 ff.; *Jarass*/Pieroth, GG Art. 25 Rn. 5 f.
78 EuGH, U. v. 21.12.2011 – Rs. C-366/10 = NVwZ 2012, 226, 231; *Lavranos*, in: von der Groeben/Schwarze/Hatje, AEUV Art. 351 Rn. 24.
79 *Buxbaum*, 57 Am. J. Comp. L. 631, 653 (2009); *Herdegen*, in: Maunz/Dürig, GG Art. 25 Rn. 50, 72; *Jarass*/Pieroth, GG Art. 25 Rn. 5 f.; *Lavranos*, in: von der Groeben/Schwarze/Hatje, AEUV Art. 351 Rn. 24.
80 *Kuner*, FS Hustinx, p. 213, 221; *Svantesson*, Extraterritoriality, p. 19 f.

Territorialprinzips den Regelfall dar und die Extraterritorialität aufgrund weiterer Prinzipien die Ausnahme.[81] Extraterritoriale Regelungen im Datenschutzrecht werden allerdings zunehmend für zulässig gehalten (siehe Teil B. II. 1.).[82] Mit der Fortentwicklung des Internets gab es bereits zahlreiche Versuche mit Hilfe unterschiedlicher Anknüpfungspunkte Regelungshoheit über Vorgänge im Internet zu beanspruchen.[83] Für das Datenschutzrecht als relativ junge Rechtsdisziplin ist es aufgrund der wachsenden internationalisierten Datenverarbeitung von großer Bedeutung, Regeln für die Ausübung von Regelungshoheit aufzustellen und ein Kollisionsrecht zu entwickeln.[84]

Gegenwärtig wird oftmals eine Ab- und Begrenzung der Regelungshoheit durch völkerrechtliche Verträge vorgenommen.[85] Sofern und soweit eine vertragliche Regelung fehlt, ist auf die klassischen Anknüpfungspunkte zurückzugreifen.[86] Derzeit gibt es keine völkerrechtlich verbindlichen Regelungen oder ein Vertragswerk, das die Zuteilung von Regelungshoheit im internationalen Datenschutzrecht erfasst.[87] In Ermangelung weiterer Regelungen ist im Datenschutzrecht auf das „*genuine link*"-Erfordernis und die klassischen Anknüpfungspunkte zurückzugreifen.

c) Konfliktpotential extraterritorialer Regelungen

Die Ausübung extraterritorialer Regelungshoheit ist ein Aspekt der Ausübung staatlicher Hoheitsgewalt.[88] Die extraterritorialen Regelungen entfalten Wirkungen im Hoheitsbereich anderer Staaten, wodurch der Effekt des sog. „*cross border spillover*"[89] entsteht. Aufgrund dieses Phänomens

---

81 *Kobrin*, 30 RIS 111, 112 (2004); *Schwarze*, Jurisdiktionsabgrenzung, S. 23; *Wildhaber*, in: Schweizerisches Jahrbuch für internationales Recht Bd. XLI 1985, S. 103.
82 *Spindler*, GRUR 2013, 996, 1003.
83 *Schmahl*, AVR 2009, 284, 299 ff. m.w.N.; *Miller*, 10 Ind. J. Global Legal Stud. 227, 254 (2003).
84 Vgl. *von Arnauld*, Völkerrecht, § 10 Rn. 853 f.; *Kuner*, 18 IJLIT 227, 246 (2010).
85 *Schmahl*, AVR 2009, 284, 293; *Stein/von Buttlar/Kotzur*, Völkerrecht, § 35 Rn. 607.
86 *Schmahl*, AVR 2009, 284, 293; *Stein/von Buttlar/Kotzur*, Völkerrecht, § 35 Rn. 608.
87 *Kuner*, 18 IJLIT 176, 186 f. (2010); *Svantesson*, Extraterritoriality, p. 19 f.
88 *Coughlan/Currie/Kindred/Scassa*, Extraterritorial Jurisdiction, p. 12.
89 *Kobrin*, 30 RIS 111, 111 (2004).

kann es zu Konflikten mit weiteren Regelungen anderer Staaten und damit ggf. auch mit der Souveränität dieser Staaten kommen.[90] Die aufgrund der eigenen Souveränität beanspruchte Regelungshoheit darf jedoch nicht zur Verletzung der Souveränität eines anderen Staates führen.[91] Die mit Hilfe extraterritorialer Regelungshoheit regulierten Handlungen haben ihren Ursprung im Territorium anderer Staaten.[92] Extraterritoriale Regelungen berühren in einem auf Territorialität basierenden System somit auch die Interessen und das Binnenleben anderer Staaten.[93] Diese Interessen müssen sich dabei nicht notwendigerweise auf das eigene Staatsgebiet beziehen, sondern können auch internationale bzw. internationalisierte Angelegenheiten betreffen.[94]

Eine Begrenzung der Regelungsansprüche ist daher zur Vermeidung von Konflikten notwendig.[95] Die zulässige Reichweite einer extraterritorialen Regelung ist daher zu beachten;[96] Einschränkungen können sich aus Völkergewohnheitsrecht oder völkerrechtlichen Verträgen ergeben.[97] Rückausnahmen können für besonders schutzwürdige Sachverhalte gelten.[98] Sachverhalte ohne jedweden Bezug zum eigenen Staatsgebiet unterfallen der staatlichen Regelungshoheit regelmäßig nicht.[99]

d) Zwischenergebnis

Extraterritoriale Regelungen stellen ein Problem der Jurisdiktionsabgrenzung zwischen souveränen Staaten dar. Eine Regelung ist extraterritorial, wenn durch sie Regelungshoheit derart ausgeübt wird, dass ihr auch Personen, Sachen usw. außerhalb des eigenen Staatsgebiets unterworfen wer-

---

90 *Herdegen*, Völkerrecht, § 26 Rn. 17 ff.; *Kobrin*, 30 RIS 111, 125 (2004); *Miller*, 10 Ind. J. Global Legal Stud. 227, 251 (2003).
91 *Coughlan/Currie/Kindred/Scassa*, Extraterritorial Jurisdiction, p. 5.
92 *Buxbaum*, 57 Am. J. Comp. L. 631, 654 (2009); *Stein/von Buttlar/Kotzur*, Völkerrecht, § 35 Rn. 605.
93 *Coughlan/Currie/Kindred/Scassa*, Extraterritorial Jurisdiction, p. 4; *Stein/von Buttlar/Kotzur*, Völkerrecht, § 35 Rn. 628 f.
94 *Coughlan/Currie/Kindred/Scassa*, Extraterritorial Jurisdiction, p. 4 f.
95 *Herdegen*, Völkerrecht, § 26 Rn. 17 ff.
96 *Epping*, in: Ipsen, Völkerrecht, § 5 Rn. 71.
97 *Epping*, in: Ipsen, Völkerrecht, § 5 Rn. 70.
98 *Coughlan/Currie/Kindred/Scassa*, Extraterritorial Jurisdiction, p. 16.
99 *Bär*, Internationales Privatrecht, S. 327 f.

den. Eine extraterritoriale Regelung ist nur zulässig, wenn ihr Regelungsgegenstand eine hinreichend enge und sinnvolle Beziehung zum Inland aufweist. Dieser Nachweis wird aufgrund akzeptierter Anknüpfungspunkte erbracht. Vor einer Hoheitsausübung bedarf es zudem einer Interessenabwägung. Übermäßige Beanspruchung von Regelungshoheit stellt einen *excess of jurisdiction* dar, wodurch es zu einer Verletzung des Nichteinmischungsgebotes kommt. Extraterritoriale Regelungen können zu Konflikten mit den Interessen anderer souveräner Staaten führen. Die Inanspruchnahme extraterritorialer Regelungshoheit kann sich aufgrund des Völkerrechts als unzulässig erweisen.

3. Verhältnis der Regelungshoheit zum Kollisionsrecht

Die Regelungshoheit ist vom Kollisionsrecht zu unterscheiden. Am Anfang steht die völkerrechtliche Frage nach der Jurisdiktion, also danach, welcher Staat grundsätzlich einen Sachverhalt mit seiner Regelung erfassen darf.[100] Sodann ist zu ermitteln, ob mehr als ein Staat berechtigterweise eine Regelung treffen durfte. Hat mehr als ein Staat von diesem Recht Gebrauch gemacht, sind dem Völkerrecht jedoch keine Regeln mehr über die Anwendung einer bestimmten Rechtsordnung zu entnehmen.[101]

Zu diesem Zweck ist im Anschluss ein Kollisionsrecht zu erarbeiten. Es regelt, welches zulässigerweise erlassene Sachrecht in einem bestimmten Fall zur Anwendung gelangt.[102] Die mit berechtigter Regelungshoheit erlassenen Gesetze verschiedener Rechtsordnungen werden also in ein Verhältnis der Vor- und Nachrangigkeit eingeordnet.[103] Kollisionsrecht dient folglich ebenfalls der internationalen Ab- und Begrenzung von Regelungen, sein Ursprung liegt jedoch im nationalen Recht.[104] Als solches ist es wieder internationalen Regeln der Jurisdiktion unterworfen.[105] Jurisdiktion ist nicht immer einem Staat exklusiv zugeordnet, vielmehr kann in be-

---

100 *von Arnauld*, Völkerrecht, § 4 Rn. 348; *Mann*, Studies, p. 1, 10 ff.
101 *von Arnauld*, Völkerrecht, § 4 Rn. 348; *Mann*, Studies, p. 1, 12; *Stein/von Buttlar/Kotzur*, Völkerrecht, § 35 Rn. 628.
102 *Kuner*, 18 IJLIT 176, 179 (2010); *Mann*, Studies, p. 1, 12; *Ziegenhain*, Extraterritoriale Rechtsanwendung, S. 13.
103 *Wieczorek*, DuD 2013, 644, 648.
104 *Mann*, Studies, p. 1, 10 ff., 15; *Graf Vitzthum*/Proelß, Völkerrecht, 1. Abschn. Rn. 34; *Ziegenhain*, Extraterritoriale Rechtsanwendung, S. 12.
105 *Mann*, Studies, p. 1, 12 f.

stimmten Fällen mehr als einem Staat die Regelungshoheit zukommen.[106] Das Zusammenspiel aus völkerrechtlichen Jurisdiktionsregeln und nationalem Kollisionsrecht löst die daraus entstehenden Probleme.[107]

4. Anlass extraterritorialer Regelung

Die Globalisierung führt zu einer steigenden Interdependenz nationaler Märkte untereinander und deren Integration in einen Weltmarkt.[108] Die Globalisierung wird dabei bestimmt von der grenzüberschreitenden Kommunikation, die aufgrund der technischen Entwicklung nie gekannte Ausmaße angenommen hat.[109] Hierdurch löst sich die traditionelle Verbindung zwischen Gebiets- und Regelungshoheit auf und es bedarf zunehmend extraterritorialer Regelungen, um staatliche Regelungsansprüche und somit staatliche Souveränität durchzusetzen.[110] Nicht jeder Staat wird die ihm theoretisch zustehenden extraterritorialen Regelungsmöglichkeiten ausüben wollen.[111] Die Motive für eine Inanspruchnahme sind vielschichtig, grundsätzlich sollen eigene staatliche Interessen bestmöglich durchgesetzt werden.[112] Eine extraterritoriale Regelung kann dazu genutzt werden, die internationale Politik und somit das Verhalten anderer Länder ebenso zu beeinflussen, wie Personen oder Unternehmen.[113]

Als Beispiel für eine derartige Einflussnahme wird regelmäßig die europäische Datenschutz-Richtlinie mit den Bestimmungen über den Datenexport in Drittstaaten und das angemessene Schutzniveau herangezogen.[114] Der EU sei es mit Hilfe dieser Bestimmungen gelungen, zahlreiche Drittländer zur Verabschiedung ähnlicher Datenschutzgesetze zu bewe-

---

106 *Kuner*, 18 IJLIT 227, 237 (2010); *Schmahl*, AVR 2009, 284, 298.
107 *Mann*, Studies, p. 1, 12.
108 *Buxbaum*, 57 Am. J. Comp. L. 631, 632 (2009); *Kadelbach*, ZaöRV 2004, 1, 3.
109 *Lodder*, 5.2 EJLT 1, 1 ff. (2014); *Manyika/Lund/Bughin/Woetzel/Stamenov/ Dhringra*, Digital Globalization, p. 23 ff., 30 ff.
110 *Buxbaum*, 57 Am. J. Comp. L. 631, 632 (2009).
111 *Coughlan/Currie/Kindred/Scassa*, Extraterritorial Jurisdiction, p. 6.
112 *Schwarze*, Jurisdiktionsabgrenzung, S. 13.
113 *Coughlan/Currie/Kindred/Scassa*, Extraterritorial Jurisdiction, p. 10, 77; *Poullet*, 2 J. Int'l Com. L. & Tech. 141, 145 (2007).
114 *Coughlan/Currie/Kindred/Scassa*, Extraterritorial Jurisdiction, p. 12; *Poullet*, 2 J. Int'l Com. L. & Tech. 141, 145 (2007).

gen.[115] Dabei spielt einerseits die wirtschaftliche Bedeutung des Datenaustausches mit der EU eine entscheidende Rolle,[116] andererseits werden die Datenschutzregelungen als funktionierendes Vorbild für eigene Gesetze wahrgenommen.[117] Abhängig vom Anlass der extraterritorialen Regelung bedarf es zudem nicht zwingend einer Durchsetzung der aufgestellten Regeln, ihnen kann bereits als programmatische Aussage und Einflussnahme eigenständige Bedeutung zukommen.[118] Schließlich kann zulässiges Ziel einer extraterritorialen Regelung die Vermeidung rechtsfreier Räume sein.[119] Zu klären ist somit, ob und aus welchem Anlass extraterritoriale Regelungen im Datenschutzrecht überhaupt erforderlich sind.[120] Es bedarf der Untersuchung, aufgrund welcher Entwicklungen das Bedürfnis für extraterritoriale Regelungen im Datenschutzrecht entstand und welche Regelungsinteressen damit verfolgt werden.

a) Internationale Datenverarbeitung im Wandel

aa) Technische Entwicklung

Die Datenverarbeitung hat sich in den letzten Jahrzehnten stark gewandelt. Während noch in den 1970'er Jahren eine geographische Bindung der Datenverarbeitung an das Herkunftsland der Daten existierte, hat sich diese aufgrund der Entwicklung des Internets und der Globalisierung der Weltwirtschaft praktisch aufgelöst.[121] Die internationalisierte, d.h. von Grenzen losgelöste, Verarbeitung und Nutzung von Daten ist aufgrund der durch das Internet ermöglichten Verbindung von Computern und Telekommuni-

---

115 *Bygrave*, 47 Sc. St. L. 319, 334 (2004); vgl. *Stauder*, ZD 2014, 188, 189.
116 *Poullet*, 2 J. Int'l Com. L. & Tech. 141, 145 (2007).
117 Parliament of the Republic of South Africa – National Council of Provinces, Select Committee on Security and Justice: Protection of Personal Information Bill, 13.02.2013, p. 1.
118 *Coughlan/Currie/Kindred/Scassa*, Extraterritorial Jurisdiction, p. 72; *Svantesson*, Extraterritoriality, p. 69.
119 *Coughlan/Currie/Kindred/Scassa*, Extraterritorial Jurisdiction, p. 34.
120 Vgl. *Coughlan/Currie/Kindred/Scassa*, Extraterritorial Jurisdiction, p. 71.
121 *Kuner*, Transborder Data Flows, p. 2 f.; *Wuermeling*, Handelshemmnis Datenschutz, S. 1.

kationsnetzen zur Normalität geworden.[122] Grenzüberschreitender Datenverkehr bzw. grenzüberschreitende Datenverarbeitung ist als Folge weltweiter Vernetzung nicht mehr eine bewusst vorgenommene Entscheidung des einzelnen Nutzers, sondern oftmals bloße Folge verfügbarer Serverkapazitäten.[123]

Mit der fortschreitenden technischen Entwicklung entsteht eine virtualisierte Datenverarbeitung, die zeitgleich auf einem weltweit verteilten, dezentralen Netzwerk von Servern ausgeführt wird.[124] In der Folge ist der territoriale Bezug dieser Datenverarbeitungen häufig unklar und beliebig.[125] Oftmals kann nicht mehr nachvollzogen werden, ob ein grenzüberschreitender Datenverkehr stattgefunden hat oder die Daten nur durch inländische Server verarbeitet wurden.[126] Die Staatsangehörigkeit des Datensubjekts und das Herkunftsland der Daten sind für die Bestimmung des Verarbeitungsortes praktisch bedeutungslos, regelmäßig werden irgendwo Daten ausländischer Staatsbürger verarbeitet.[127]

Neben der Globalisierung der Datenverarbeitung ist das Vordringen der Technik in den Alltag von großer Bedeutung. Die fortschreitende Digitalisierung führt dazu, dass eine Verarbeitung personenbezogener Daten durch Gegenstände des täglichen Gebrauchs Normalität wird.[128] Kommunikation findet fortwährend statt, sie ist ohne die Zuhilfenahme internationaler Datennetze jedoch mittlerweile undenkbar.[129] Aufgrund dieser Entwicklung stehen Millionen von Nutzern weltweit nicht nur zur gleichen Zeit personenbezogene Daten zur Verfügung,[130] für deren Zugang und Verarbeitung ist sogar ein einfacher Computer oder ein Smartphone ausreichend.[131] Der

---

122 *Höffe*, FG Büllesbach, S. 257, 257; *Kuner*, Transborder Data Flows, p. 3; OECD Guidelines on the Protection of Privacy and Transborder Flows of Personal Data, Explanatory Memorandum, I, 3; *Spiecker gen. Döhmann/Eisenbarth*, JZ 2011, 169, 169.
123 *Kuner*, Transborder Data Flows, p. 3; *Nordmeier*, MMR 2010, 151, 152.
124 *Kuner*, Transborder Data Flows, p. 1 ff.; *Masing*, NJW 2012, 2305, 2309; *Nordmeier*, MMR 2010, 151, 152; *Reidenberg*, 52 Stan. L. Rev. 1315, 1317 (2000); *Svantesson*, Extraterritoriality, p. 48.
125 *Masing*, NJW 2012, 2305, 2309; *Nordmeier*, MMR 2010, 151, 152.
126 *Kuner*, Transborder Data Flows, p. 6.
127 *Kuner*, FS Hustinx, p. 213, 213.
128 *Heckmann*, K&R 2010, 770, 776; *Simitis*, BDSG Einl. Rn. 108.
129 *Hoffmann-Riem*, JZ 2014, 53, 55.
130 OECD Guidelines on the Protection of Privacy and Transborder Flows of Personal Data, Explanatory Memorandum, I, 3.
131 *Reidenberg*, 52 Stan. L. Rev. 1315, 1317 (2000).

A. Problemaufriss

grenzüberschreitende Datenverkehr ist aufgrund der Möglichkeiten des Internets zudem mit nur geringen Kosten verbunden.[132] Er hat folglich in den letzten Jahren rasant zugenommen.[133] Diese Rahmenbedingungen haben zur Entstehung einer „transnational agierende[n] Internet-Gesellschaft"[134] geführt, die durch ubiquitäre und standortflexible Datenverarbeitung kennzeichnet ist.[135]

Der Bedarf dieser Informationsgesellschaft nach größerer und flexibel verfügbarer Rechenkapazität wird in Zukunft im Wesentlichen durch online-basierte Dienste wie dem Cloud Computing erfüllt werden.[136] Dadurch können Unternehmen und Privatpersonen ihre Datenanwendungen flexibel verwalten, sodass keine eigene Soft- und/oder Hardware benötigt wird, sondern über das Internet ein Rückgriff auf technische Einrichtungen Dritter erfolgt.[137] Der Datenumgang erfolgt dann auf einem international verteilten Servernetzwerk.[138] Der konkrete Verarbeitungsort bestimmt sich nach verfügbarer Speicher- und Rechenkapazität,[139] sodass sich nicht genau sagen lässt, wo sich Daten zu einem bestimmten Zeitpunkt befinden.[140] Zugleich wird die simultane Bearbeitung eines Datensatzes durch verschiedene Personen an unterschiedlichen Orten möglich.[141] Es kann somit trotz Vorliegens eines Bearbeitungsvorgangs zu einem Auseinanderfallen der Rechtsordnung von Betreiber und Nutzer sowie der Nutzer untereinander kommen, sodass unterschiedliche Regeln im Rahmen einer einheitlichen Datenverarbeitung zur Anwendung gelangen.[142]

Zugleich führt die Entwicklung zu neuen Herausforderungen im Datenschutzrecht. Es entsteht ein wachsendes Bewusstsein für die Gefährdun-

---

132 *Kuner*, Transborder Data Flows, p. 6.
133 Vorschlag für Verordnung des Europäischen Parlaments und des Rates zum Schutz natürlicher Personen bei der Verarbeitung personenbezogener Daten und zum freien Datenverkehr (Datenschutz-Grundverordnung) v. 25.1.2012, KOM (2012) 11 endg., S. 6; *Kuner*, Transborder Data Flows, p. 1.
134 *Hoeren*, ZD 2014, 325, 326.
135 *Simitis*, BDSG Einl. Rn. 108.
136 *Narayanan*, 12 Chi. J. Int'l L. 783, 785 ff. (2011-2012).
137 *Nägele/Jacobs*, ZUM 2010, 281, 281; *Narayanan*, 12 Chi. J. Int'l L. 783, 784 (2011-2012).
138 *Spies*, MMR 2009/5, XI, XI.
139 *Narayanan*, 12 Chi. J. Int'l L. 783, 786 f. (2011-2012).
140 *Spies*, MMR 2009/5, XI, XI f.; *Ward/Sipior*, 27 Inform. Syst. Manage. 334, 334 (2010).
141 *Nägele/Jacobs*, ZUM 2010, 281, 281.
142 *Toy*, 24 NZULR 222, 222 (2010).

III. Grundlagen der Analyse

gen der informationellen Selbstbestimmung durch den weltweiten Datenaustausch.[143] Nicht mehr allein der Staat kommt als vorrangiger Adressat der Datenschutzregelungen in Betracht, sondern die Bewältigung der Missbrauchsgefahr durch Private wird entscheidend.[144] Die Bedeutung des Datenschutzes für eine demokratische Informationsgesellschaft nimmt damit insgesamt zu.[145]

bb) Wirtschaftliche Bedeutung

Mit der Entstehung der Informationsgesellschaft hat die Anzahl potentieller Datennutzer dramatisch zugenommen.[146] Während im Jahr 2007 nur 55% der europäischen Haushalte über einen häuslichen Internetzugang verfügten, waren es 2015 schon 83%.[147] Die Nutzung von Informationen kann zudem mit einer Vielzahl von mobilen Endgeräten durchgeführt werden.[148] Daten werden nicht mehr nur zwischen zwei Kommunikationspartnern ausgetauscht, oftmals ist eine größere Zahl von Nutzern und Anbietern an der Datenverarbeitung beteiligt.[149] So lassen sich etwa Beiträge eines Nutzers bei der Foto-Plattform *Instagram* nicht nur auf dem dortigen Profil veröffentlichen, sondern über Funktionen in der App auch in dessen jeweiligem Profil bei *Facebook, Twitter* oder *Tumblr* einbinden, sodass sie dort ebenfalls kommentiert und geteilt werden können.[150]

Die erweiterten Möglichkeiten des Datenumgangs führen dazu, dass Daten eine immer größere wirtschaftliche Bedeutung erlangen:[151] Inhalte werden im Netz zwar nicht mit klassischer Währung bezahlt, sie sind aber

---

143 *Kuner*, Transborder Data Flows, p. 4.
144 Wolff/*Brink*, Datenschutzrecht, Syst. C Rn. 138.
145 *Simitis*, 98 Cal. L. Rev. 1989, 1999 (2010).
146 *Reidenberg*, 52 Stan. L. Rev. 1315, 1317 (2000); *Spindler*, GRUR 2013, 996, 996.
147 *Eurostat*, Haushalte mit häuslichem Internetzugang, letzte Aktualisierung: 22.12.2015.
148 Generalanwalt *Jääskinen*, Schlussanträge v. 25.06.2013 – Rs C-131/12, Rn. 27 – Google ./. AEPD.
149 *Kuner*, Transborder Data Flows, p. 2.
150 https://help.instagram.com/365696916849749.
151 *Edwards*, in: Brown, Governance of the Internet, p. 309, 309; *Gunasekara*, 15 IJ-LIT 362, 366 (2007); *Wuermeling*, Handelshemmnis Datenschutz, S. 1.

A. Problemaufriss

keinesfalls ohne Gegenleistung zu bekommen.[152] Die Gegenleistung der Nutzer liegt in der Preisgabe personenbezogener Daten und der Einwilligung in eine Datenverarbeitung, wodurch personenbezogene Daten als neue Währung des Internets etabliert werden.[153] Oftmals ist den Nutzern diese Art der „Bezahlung" nicht bewusst. Die Datengewinnung durch die Internet-Unternehmen wie Google oder Facebook erfolgt beinahe unbemerkt, indem sie u.a. eine automatische Analyse der über E-Mail-Konten oder soziale Netzwerke erfolgten Kommunikation durchführen.[154] Die gewonnenen Daten dienen etwa zur zielgruppenorientierten Werbung, die auf diese Weise zu höheren Preisen verkauft werden kann.[155]

Daten sind zum wichtigen Rohstoff der Weltwirtschaft geworden: Sie gelten als „das neue Öl"[156].[157] Die zur Datengewinnung notwendige Nutzerüberwachung bildet somit die Grundlage für den wirtschaftlichen Erfolg der digitalen Wirtschaft.[158] Deren Unternehmen haben daher in diesem Zusammenhang ein nur untergeordnetes Interesse an restriktiver Datenschutzgesetzgebung.[159] Die Übermittlung riesiger Datenmengen von einer Rechtsordnung in die nächste ist ohne erhöhten technischen Aufwand möglich.[160] Der grenzüberschreitende Datenverkehr ist in der Folge notwendiger Bestandteil moderner, globalisierter Gesellschaften geworden und hat große wirtschaftliche Bedeutung erlangt.[161] Der Zugang zum (Informations-)Markt eines Staates steht damit auf einfache Weise auch ausländischen Firmen offen. Hierdurch kann ein wachsendes Missverhältnis

---

152 *Erd*, NVwZ 2011, 19, 19; *Heckmann*, K&R 2010, 770, 771; *Rogosch*, Einwilligung, S. 18.
153 *Edwards*, in: Brown, Governance of the Internet, p. 309, 319; *Heckmann*, K&R 2010, 770, 771; *Hoeren*, WuW 2013, 463, 463; *Spindler*, GRUR 2013, 996, 999.
154 Bayern 2 v. 15.6.2015, http://www.br.de/radio/bayern2/gesellschaft/notizbuch/datenschutz-eu-europa-gesetz-100.html.
155 *Erd*, NVwZ 2011, 19, 19.
156 *Banse*, Deutschlandradio Kultur v. 11.4.2013, http://www.dradio.de/dkultur/sendungen/forschungundgesellschaft/2070726/.
157 *Kuner*, Transborder Data Flows, p. 1 f.
158 *Lobo*, Spiegel-Online v. 1.10.2014; http://www.spiegel.de/netzwelt/web/sascha-lobo-ueber-werbung-im-internet-a-994764.html; *Naughton*, Der Freitag v. 28.8.2014; https://www.freitag.de/autoren/the-guardian/geschaeftsmodell-ueberwachung.
159 *Edwards*, in: Brown, Governance of the Internet, p. 309, 319; *Hoeren*, WuW 2013, 463, 463.
160 *Greenleaf*, in: Brown, Governance of the Internet, p. 221, 221.
161 *Kobrin*, 30 RIS 111, 113 (2004); *Svantesson*, Policy&Internet 2011/3, Art. 7, 4.

zwischen den Regelungen des Territorialstaates und seinen geographisch vielfältigeren Wirtschaftsbeziehungen entstehen.[162] Für den Territorialstaat ist es angesichts dieser Entwicklung von Bedeutung, die Belange der datenverarbeitenden Wirtschaft zu berücksichtigen und ihre Entwicklung zu befördern und zugleich einen wirksamen Datenschutz für seine Bevölkerung sicherzustellen.

b) Rechtliche Herausforderungen

aa) Technische Entwicklung erfordert neue Lösungen

Die Möglichkeiten der automatisierten Datenverarbeitung wurden bei ihrer Entstehung als Bedrohung der Rechte des Einzelnen wahrgenommen.[163] Anfang der 1970'er befürchtete man sogar eine „[r]estlose Zerstörung der Rechtsordnung"[164]. Derartige Annahmen erscheinen heute zwar übertrieben, dennoch ist durch die Möglichkeiten der modernen Datenverarbeitung eine neue Gefährdungslage entstanden.[165] Die technische Entwicklung hat zu erweiterten Nutzungsmöglichkeiten geführt, die längst nicht von allen Nutzern überblickt werden können.[166] Die mit der Entwicklung des Cloud Computing verbundene internationalisierte und standortflexible Datenverarbeitung führt dazu, dass die Kontrolle einmal preisgegebener Daten im Ausland weniger effektiv erfolgen kann als im Inland.[167] Aufdeckung und Verhinderung von Missbrauch sind nur erschwert möglich.[168]

Mittlerweile existiert ein Bewusstsein der Öffentlichkeit für die Risiken dieser Entwicklung.[169] Ohne die Sicherstellung von Datenschutzstandards

---

162 *Kobrin*, 30 RIS 111, 111 (2004).
163 *Birnhack*, 24 Comp. L. & Sec. Rev. Comp. L. & Sec. Rev. 508, 510 (2008); Europarat, Recommendation 509 (1968) Nr. 3.
164 *Simitis*, NJW 1971, 673, 673.
165 *di Fabio*, in: Maunz/Dürig, GG Art. 2 Rn. 190; *Spiecker gen. Döhmann*, AnwBl 2011, 256, 259.
166 *Heckmann*, K&R 2010, 770, 771.
167 *di Fabio*, in: Maunz/Dürig, GG Art. 2 Rn. 190; *Kuner*, 18 IJLIT 176, 180 f. (2010); *Svantesson*, Policy&Internet 2011/3, Art. 7, 12.
168 *di Fabio*, in: Maunz/Dürig, GG Art. 2 Rn. 190; *Kuner*, 18 IJLIT 176, 180 f. (2010); *Svantesson*, Policy&Internet 2011/3, Art. 7, 12.
169 *Bygrave*, 47 Sc. St. L. 319, 330 (2004); *Heckmann*, K&R 2010, 770, 771.

A. Problemaufriss

im Rahmen internationaler Datenverarbeitung bestünde somit das Risiko, dass bei der Bevölkerung ein Gefühl der Machtlosigkeit und Resignation und damit ein Vertrauensverlust in die eigene Rechtsordnung einträten.[170] Es ist daher notwendig, mit den Mitteln des Datenschutzrechts regulativ einzugreifen.[171] Sie müssen in die Lage versetzt werden, die Folgen ihres Handelns in der Informationsgesellschaft abschätzen zu können.[172] Die Eigenart der digitalen Revolution bedingt, dass die Entwicklung der Informationsgesellschaft äußerst vielschichtig und kaum vorhersehbar verläuft.[173] Das Vertrauen des Einzelnen ist in dieser Situation entscheidend für die weitere Entwicklung der digitalen Gesellschaft, sodass dessen Gewährleistung vorrangiges Ziel der Rechtsordnung sein muss.[174] Ohne ein hinreichendes Maß an Vertrauen kann sich weder die demokratische Informationsgesellschaft, noch die digitale Wirtschaft entsprechend entwickeln.[175] Dem Datenschutzrecht kommt aufgrund seiner vertrauensbildenden Eigenschaft eine zentrale Funktion für die Stärkung der digitalen Wirtschaft zu, deren Wachstum besonders vom Verbrauchervertrauen abhängig ist.[176]

Die veränderten Möglichkeiten der Datenverarbeitung haben auch die Entwicklung der Demokratie beeinflusst: Teilhabe und Partization finden in zunehmendem Maße im Internet statt.[177] Die digitale Demokratie erlaubt und erleichtert Interaktion über Grenzen hinweg und gibt (neuen) Bevölkerungsgruppen weitere Möglichkeiten zur Teilhabe.[178] Der Deutsche Bundestag[179] bietet z.B. die Möglichkeit von Online-Petitionen, Parteien[180] eröffnen Möglichkeiten digitaler Mitwirkung und zahlreiche ande-

---

170 *Kühling*, EuZW 2014, 527, 530; *Heckmann*, K&R 2010, 770, 774 f.
171 *Bergmann*, Datenschutz, S. 239; *Wuermeling*, Handelshemmnis Datenschutz, S. 1.
172 *Heckmann*, K&R 2010, 770, 771 f.
173 Vgl. *Rieß*, FG Büllesbach, S. 253, 253 ff.
174 *Boehme-Neßler*, MMR 2009, 439, 439 ff.; *Heckmann*, K&R 2010, 770, 777; *Kühling*, EuZW 2014, 527, 527.
175 *Albrecht*, DuD 2013, 655, 655; *Boehme-Neßler*, MMR 2009, 439, 440 ff.
176 *Albrecht*, DuD 2013, 655, 655; *Boehme-Neßler*, MMR 2009, 439, 439; *Heckmann*, K&R 2010, 770, 777.
177 *Kuner*, Transborder Data Flows, p. 2 f.
178 *Heckmann*, K&R 2010, 770, 773; *Reinbold*, Spiegel-Online v. 28.6.2013, http://www.spiegel.de/politik/deutschland/liquid-friesland-und-digitale-demokratie-in-deutschland-a-908028.html.
179 https://epetitionen.bundestag.de/.
180 https://wiki.piratenpartei.de/Liquid_Democracy.

re Projekte haben zu einer größeren Transparenz des Regierungshandelns geführt.[181] Erst das Vorhandensein von Vertrauen ermöglicht es, diese Möglichkeiten der Informationsgesellschaft voll auszunutzen.[182] Der Gewährleistung des Datenschutzes und damit des notwendigen Vertrauens für die Weiterentwicklung der digitalen Gesellschaft insgesamt kommt eine besondere Bedeutung zu.[183]

bb) Territoriale Regelungen nicht mehr zeitgemäß

Das Territorialitätsprinzip bildet gegenwärtig den Ausgangspunkt des weltweiten Datenschutzrechts.[184] Die Globalisierung und der technische Fortschritt haben die Gesellschaft jedoch stark verändert und es ist eine durch tiefgreifende und staatliche Grenzen überwindende Vernetzung und Interaktion gekennzeichnete transnationale Informationsgesellschaft entstanden.[185] Diese Entwicklung führt dazu, dass Angebote für den Konsumenten leicht zugänglich und jederzeit verfügbar sind, deren Ursprungsmarkt nicht nur territorial weit entfernt ist, sondern dessen Regelungskultur sich fundamental von der gewohnten rechtlichen Umgebung unterscheiden kann.[186] Es kommt zu einem Auseinanderfallen zwischen der Staatsangehörigkeit des Datensubjekts und der Rechtsordnung des Verantwortlichen für die Datenverarbeitung.[187] Die besondere Struktur das Internets fordert damit die Rechtsetzung heraus: Territorial gebundene Konzepte sind in einem systematisch-technisch gegliederten und nicht räumlich organisierten System einigermaßen wirkungslos.[188]

Aufgrund der Weiterentwicklung der Informationstechnologie ist es möglich, Datensätze binnen Sekunden von einem Territorium und somit

---

181 *Kuner*, Transborder Data Flows, p. 3.
182 *Boehme-Neßler*, MMR 2009, 439, 440.
183 *Heckmann*, K&R 2010, 770, 777.
184 *Nägele/Jacobs*, ZUM 2010, 281, 289; *Tinnefeld/Buchner/Petri*, Datenschutzrecht, S. 222.
185 *Hoeren*, ZD 2014, 325, 326.
186 *Rieß*, FG Büllesbach, S. 253, 254.
187 *Kuner*, FS Hustinx, p. 213, 213.
188 *Bauchner*, 26 Brook. J. Int'l L. 689, 690 (2000-2001); *Boele-Woelki,* in: BerDGVR 39 (2000), S. 307, 309; *Kuner*, Transborder Data Flows, p. 6.

einer Rechtsordnung in die nächste zu verschieben.[189] Der Anwendungsbereich einzelner Datenschutzgesetze lässt sich folglich nicht eindeutig bestimmen oder hat sich deutlich ausgeweitet, die damit einhergehende Vollzugsproblematik zu erheblichen Schutzlücken für die Betroffenen.[190] Die standortflexible Datenverarbeitung geht damit mit Unsicherheiten hinsichtlich des tatsächlichen Anwendungsbereiches eines Gesetzes einher, sie eröffnet Möglichkeiten des gezielten Rechtsmissbrauchs durch das sog. *forum shopping*, also des gezielten Ausnutzens nebeneinander bestehender Regelungszuständigkeiten.[191]

Man fasst ein verwandtes Problem unter dem Begriff der „Daten-Oasen" zusammen: Um der Anwendbarkeit nationalen Rechts zu entgehen, wird die Datenverarbeitung in ein Land ohne oder mit nur sehr rudimentären Datenschutzbestimmungen verlagert.[192] Eine Verarbeitung personenbezogener Daten im Inland findet nicht statt, sodass ein auf gebietsbezogenen Kriterien basierendes Datenschutzrecht nicht anwendbar ist.[193] Ein rein national-territorial orientiertes Schutzregime ist daher aufgrund der internationalisierten Datenverarbeitung für die Gewährleistung von Vertrauen nicht mehr ausreichend.[194] Ein globales Netz benötigt eine global wirkende Vertrauensstruktur. Um dennoch vertrauensvolle Transaktionen zu ermöglichen, bedarf es einer Grundlage, die Risiken minimiert und Chancengleichheit zwischen den Handelnden herstellt.[195] Extraterritoriale Regelungen sind hierfür unabdingbar, um in Ermangelung internationaler Regelungen den Schutz des Einzelnen durch die nationalen Gesetze sicherzustellen.[196]

Eine eindeutige Bestimmung des anzuwendenden Rechts ist insbesondere für die Wirtschaft erforderlich, um rechtliche Komplikationen zu vermeiden.[197] Ob Geolokalisierungs-Methoden geeignet sind, eine räumliche

---

189 *Greenleaf*, in: Brown, Governance of the Internet, p. 221, 221; *Narayanan*, 12 Chi. J. Int'l L. 783, 784 (2011-2012).
190 *Gunasekara*, 15 IJLIT 362, 364 (2007); *Spies*, MMR 2009/5, XI, XII, *Spindler*, GRUR 2013, 996, 1002.
191 *Nägele/Jacobs*, ZUM 2010, 281, 289 f.
192 *Ellger*, Datenschutz, S. 95; *Hoeren*, Internetrecht, S. 485 f., 541; *Lavranos*, DuD 1996, 400, 403.
193 *Hoeren*, Internetrecht, S. 485.
194 *Boehme-Neßler*, MMR 2009, 439, 442.
195 *Boehme-Neßler*, MMR 2009, 439, 440 f.
196 *Narayanan*, 12 Chi. J. Int'l L. 783, 789 (2011-2012).
197 *Ward/Sipior*, 27 Inform. Syst. Manage. 334, 334 f. (2010).

Abgrenzung im Internet zu erhalten bzw. wiederherzustellen ist noch unklar.[198] Dies führt in der Praxis dazu, dass bereits die Anwendbarkeit europäischen Datenschutzrechts auf Facebook trotz Millionen europäischer Nutzer lange umstritten war, da das Unternehmen seine Netzwerk-Infrastruktur in den USA betreibt.[199] Die Europäische Union will diese mit der Entterritorialisierung verbundene Rechtsunsicherheit und Schutzlücken für Betroffene und Anbieter mit der neuen Datenschutz-Grundverordnung vermeiden.[200]

Die Möglichkeiten territorial begrenzte Hoheitsgewalt zu vermeiden, werden immer vielfältiger. So hat Google Inc. ein Patent für eine schiffsbasierte Serverfarm eingereicht, die in internationalen und damit hoheitsfreien Gewässern operieren soll, um so jeglicher staatlicher Kontrolle zu entgehen.[201]

Ein nur territorial abgesicherter Datenschutz des Einzelnen ist nicht mehr ausreichend, solange im Ausland oder gar staatenfreiem Gebiet ein ungehinderter und unbeschränkter Gebrauch personenbezogener Daten stattfinden kann.[202] Es bedarf neuer regulativer Handlungsformen.

cc) Internationale Kooperation bisher ungenügend

Die Auswirkungen einer Handlung im Internet lassen sich kaum mehr räumlich beschränken, was zunehmend Jurisdiktionskonflikte entstehen lässt.[203] Die technische Entwicklung führt dazu, dass sich mit den zunehmenden Verwendungsmöglichkeiten der Datenverarbeitung der räumliche Anwendungsbereich einzelner Datenschutzgesetze bereits faktisch ausgedehnt hat.[204] Das derzeit geltende Datenschutzrecht wird jedoch als nicht mehr zeitgemäß angesehen, um diesen Herausforderungen der Internetgesellschaft zu begegnen.[205] Das Datenschutzniveau differiert zwischen den

---

198 *Kohl*, Jurisdiction, p. 13.
199 *Hoeren*, ZRP 2010, 251, 252; *Nolte*, ZRP 2011, 236, 239.
200 *Albrecht*, ZD 2013, 587, 588. *Gola*, EuZW 2012, 332, 334.
201 *Swanson*, 43 Conn. L. Rev. 709, 709 ff. (2011).
202 *Svantesson*, Policy&Internet 2011/3, Art. 7, 6.
203 *von Arnauld*, Völkerrecht, § 10 Rn. 854; *Kobrin*, 30 RIS 111, 112 (2004).
204 *Ehmann*, jurisPR-ITR 4/2012, Anm. 2, S. 1; *Kuner*, 18 IJLIT 176, 176 (2010); *Svantesson*, EU Data Privacy Law, p. 82.
205 *Spindler*, GRUR 2013, 996, 996.

A. Problemaufriss

einzelnen Staaten zum Teil immerhin erheblich.[206] Ein effektiver Datenschutz muss somit über die Grenzen des Nationalstaates hinaus Wirkung entfalten und kann nicht allein territorial bestimmt werden.[207] Für die Regelung des grenzüberschreitenden Datenverkehrs werden dementsprechend grenzüberschreitende Regelungskonzepte angedacht.[208] Deren globaler Geltungsanspruch müsse dabei mit einer tatsächlichen Durchsetzbarkeit im IT-Bereich einhergehen.[209] Internationale Kooperation im Bereich des Datenschutzes lässt sich bisher kaum realisieren und vermag die Wahrung grundlegender Standards derzeit nicht zu gewährleisten.[210] Dies gilt vor allem im transatlantischen Verhältnis, wo sich europäische und US-amerikanische Vorstellungen von der Regelung und Sicherstellung eines angemessenen Datenschutzniveaus als sehr unterschiedlich erweisen.[211] Die Abwesenheit eines allgemeinen Datenschutzgesetzes in den USA ist hierfür symptomatisch.[212]

Auf internationaler Ebene geht es jedoch nicht um Detailfragen, sondern es fehlt bereits an einer grundsätzlichen globalen Zusammenarbeit oder einer Übereinkunft, wie dies etwa durch die WIPO für das Urheberrecht oder mit Hilfe der ICANN-Organisation für die Verwaltung der Domains erreicht wurde.[213] Die Zukunft des internationalen Datenschutzrechts hängt damit nicht zuletzt von der weiteren Entwicklung des Völkerrechts ab.[214]

c) Zwischenergebnis: Gründe für die Ausübung extraterritorialer Regelungshoheit im Datenschutzrecht

Die grenzenlose Datenverarbeitung im Informationszeitalter führt dazu, dass einzelne Vorgänge gleichzeitig Auswirkungen auf eine Vielzahl be-

---

206 *Ward/Sipior*, 27 Inform. Syst. Manage. 334, 335 (2010).
207 *Kobrin*, 30 RIS 111, 112 (2004); *Nägele/Jacobs*, ZUM 2010, 281, 290; *Spies*, MMR 2009/5, XI, XII.
208 *Kohl*, Jurisdiction, p. 259.
209 *de Maizière*, FAZ v. 18.08.2014, S. 6.
210 *Albrecht*, FS Hustinx, p. 119, 120.
211 *Masing*, NJW 2012, 2305, 2310.
212 *Reidenberg*, 52 Stan. L. Rev. 1315, 1318 (2000).
213 *Greenleaf*, in: Brown, Governance of the Internet, p. 221, 222.
214 *Artikel 29-Datenschutzgruppe*, WP 56 (5035/01/DE/endg.), S. 2.

troffener Länder und deren Belange haben.[215] Der Zugriff auf Nutzerdaten und die Überwachung von Nutzerverhalten kann mit Hilfe verschiedener technischer Mittel ohne bewusste Interaktion des Nutzers über territoriale Grenzen hinweg geschehen.[216] Damit entsteht ein wachsendes Bewusstsein für die Gefährdungen der informationellen Selbstbestimmung durch den grenzüberschreitenden Datenverkehr.[217]

Zugleich stellt die informationelle Selbstbestimmung ein wesentliches Funktionselement moderner demokratischer Gesellschaften dar.[218] Zur Ermöglichung und Gewährleistung demokratischer Teilhabe in der modernen Informationsgesellschaft ist ein funktionierendes Datenschutzrecht somit unerlässlich.[219] Der moderne Staat der Informationsgesellschaft muss hierzu die Ausübung extraterritorialer Regelungshoheit für sich in Anspruch nehmen.[220] Nicht nur über Grenzen hinweg kann eine Gefährdung der informationellen Selbstbestimmung eintreten, auch die alleinige Verarbeitung personenbezogener Daten im Ausland kann für sich genommen eine Gefährdung des Schutzes dieser Daten darstellen.[221] Ein bewusster Transfer personenbezogener Daten ins Ausland ist für den Eintritt dieser Gefährdungen längst nicht mehr erforderlich.[222]

Dementsprechend kann in einer Gesellschaft grenzenloser Datenverarbeitung der Datenschutz nicht mehr territorial beschränkt sein, sondern muss zur Entfaltung einer nachhaltigen Schutzwirkung ebenfalls grenzüberschreitend wirken.[223] Extraterritoriale Maßnahmen dienen der Wahrung von Betroffenenrechten und der Sicherstellung von Verfahrensstandards bei der Datenverarbeitung.[224] Sie werden als effektives Mittel des Staates angesehen, um den Schutz der personenbezogenen Daten der Bevölkerung grenzüberschreitend sicherzustellen und ein sog. *forum shopping* der Datenverarbeiter ebenso wie deren Flucht in sog. Daten-Oasen zu

---

215 *Harris*, ZD 2013, 369, 369.
216 *Poullet*, 2 J. Int'l Com. L. & Tech. 141, 144 (2007).
217 *Kuner*, Transborder Data Flows, p. 4.
218 *Simitis*, 98 Cal. L. Rev. 1989, 1997 f. (2010).
219 BVerfGE 65, 1, 43 – Volkszählungsurteil; *Simitis*, FS Simon, S. 511, 527.
220 *Schmahl*, AVR 2009, 284, 305.
221 *Poullet*, 2 J. Int'l Com. L. & Tech. 141, 144 (2007).
222 *Poullet*, 2 J. Int'l Com. L. & Tech. 141, 144 (2007).
223 *Höffe*, FG Büllesbach, S. 257, 257 f.; *Hoffmann-Riem*, JZ 2014, 53, 61 f.; *de Maizière*, FAZ v. 18.08.2014, S. 6.
224 Vgl. *Kühling*, EuZW 2014, 527, 527.

A. Problemaufriss

verhindern.[225] Insbesondere mit Hilfe extraterritorialer Regelungen im Datenschutzrecht kann das Verhalten eines im Ausland befindlichen Datenverarbeiters beeinflusst und ein Unterbietungswettbewerb der Staaten verhindert werden.[226]

Aufgrund der technischen Entwicklung und der damit verbundenen rechtlichen Herausforderungen wird es in Zukunft zunehmend Gründe für die Ausübung extraterritorialer Regelungshoheit im Datenschutz geben.[227]

Zusammenfassend lässt sich daher feststellen:
1. Datenverarbeitung findet heute virtualisiert und grenzenlos statt, das von territorialen Strukturen unabhängige Internet ist entscheidend für die weitere Entwicklung der Weltwirtschaft.
2. Der Territorialstaat kann diese Entwicklung nicht mehr effektiv mit geographisch gebundenen Regelungen erfassen, grenzüberschreitende Datenverarbeitung erfordert grenzüberschreitenden Datenschutz.[228]
3. Anlass für extraterritoriale Regelungen im Datenschutz ist daher der Bedarf zur Verhinderung gezielter Umgehung nationalen Rechts durch Outsourcing und *forum shopping* und zur Einbeziehung ausländischer Datenverarbeiter in den Anwendungsbereich nationalen Rechts.

---

225 *Greenleaf*, in: Brown, Governance of the Internet, p. 221, 238 f.; vgl. *Schmahl*, AVR 2009, 284, 305.
226 Vgl. *Coughlan/Currie/Kindred/Scassa*, Extraterritorial Jurisdiction, p. 10 ff.
227 *Svantesson*, Extraterritoriality, p. 210.
228 *Svantesson*, Policy&Internet 2011/3, Art. 7, 6.

5. Kriterien zulässiger Ausübung extraterritorialer Regelungshoheit im Datenschutzrecht

Seit der Lotus-Entscheidung des *StIGH* haben sich einige Kriterien für die zulässige Ausübung von Regelungshoheit etabliert,[229] die im Folgenden näher erläutert werden.

a) Anknüpfungspunkte

Es existieren verschiedene anerkannte Anknüpfungspunkte zum Nachweis einer Verbindung zum handelnden Staat, die je nach Rechtsgebiet variieren.[230] Anerkannte Anknüpfungspunkte für die Ausübung von Regelungshoheit sind das Territorialitäts-, Wirkungs-, Personalitäts-, Schutz- und Weltrechtsprinzip.[231] Das Vorliegen eines der letzten vier Punkte wird als mehr oder weniger starke Rechtfertigung zur Inanspruchnahme von Regelungshoheit gesehen.[232] Ist eine solche Anknüpfung nicht gegeben, liegt regelmäßig ein Verstoß gegen das Nichteinmischungsgebot vor.[233] Die Anknüpfungspunkte werden zunehmend nicht mehr als alleinige Rechtfertigung für die Inanspruchnahme von Regelungshoheit gesehen, sondern dienen vielmehr als standardisierter Nachweis innerhalb der Abwägung, ob eine hinreichend enge und substantielle Verknüpfung (*„real and sub-*

---

[229] *Kempen/Hillgruber*, Völkerrecht, § 20 Rn. 36 f.; *Schmahl*, AVR 2009, 284, 293; *Wildhaber*, in: Schweizerisches Jahrbuch für internationales Recht Bd. XLI 1985, S. 103.
[230] *Schmahl*, AVR 2009, 284, 294; *Stein/von Buttlar/Kotzur*, Völkerrecht, § 35 Rn. 609.
[231] *von Arnauld*, Völkerrecht, § 4 Rn. 347; *Baier*, Auswirkungsprinzip, S. 24; *Stein/von Buttlar/Kotzur*, Völkerrecht, § 35 Rn. 610; *Svantesson*, EU Data Privacy Law, p. 58 f.
[232] *Coughlan/Currie/Kindred/Scassa*, Extraterritorial Jurisdiction, p. 8; *Stein/von Buttlar/Kotzur*, Völkerrecht, § 35 Rn. 606 ff.; *Wildhaber*, in: Schweizerisches Jahrbuch für internationales Recht Bd. XLI 1985, S. 104.
[233] BVerfGE 63, 343, 369 – Vollstreckung ausländischer Titel in der Bundesrepublik Deutschland; *Epping*, in: Ipsen, Völkerrecht, § 5 Rn. 75; *Kempen/Hillgruber*, Völkerrecht, § 20 Rn. 37; *Schmahl*, AVR 2009, 284, 293.

*stantial connection"*²³⁴) eines Sachverhaltes mit dem Inland gegeben ist.²³⁵

Besondere Bedeutung hat in diesem Zusammenhang das *Restatement (Third) of the Foreign Relation Law of the United States*,²³⁶ wonach sich gem. § 402 die Regelungshoheit eines Staates wie folgt erstreckt:

> "(1) (a) conduct that, wholly or in substantial part, takes places within its territory;
> (b) the status of persons, or interests in things, present within its territory;
> (c) conduct outside its territory that has or is intended to have substantial effect within its territory;
> (2) the activities, interests, status, or relations of its nationals outside as well as within its territory; and
> (3) certain conduct outside its territory by persons not its nationals that is directed against the security of the state or against a limited class of other state interests."²³⁷

Das *Restatement* ist als Wiedergabe der relevanten Lehrmeinungen in den USA und der dortigen Rechtsprechung eine weltweit wichtige Erkenntnisquelle.²³⁸ Für die internationale Entwicklung in diesem Bereich ist es von großer Bedeutung.²³⁹ Die einzelnen Punkte des *Restatement* stimmen daher im Wesentlichen mit den hier besprochenen Anknüpfungspunkten überein.

Von besonderem Interesse für die vorliegende Untersuchung ist, ob und unter Berufung auf welche Anknüpfungspunkte im gegenwärtigen internationalen Datenschutzrecht extraterritoriale Regelungshoheit beansprucht wird. Aufgrund der dargestellten technischen und rechtlichen Entwicklung erscheint es fraglich, ob alle traditionellen Anknüpfungspunkte für die Beanspruchung extraterritorialer Regelungshoheit im Datenschutzrecht in Betracht kommen. Die folgende Untersuchung gibt Auskunft darüber, ob einerseits die Beanspruchung extraterritorialer Regelungshoheit im Datenschutzrecht überhaupt anerkannt ist und andererseits sich einer der anerkannten Anknüpfungspunkte zum Standard entwickelt hat. Dabei ist zu

---

234 *Coughlan/Currie/Kindred/Scassa*, Extraterritorial Jurisdiction, p. 8.
235 *Coughlan/Currie/Kindred/Scassa*, Extraterritorial Jurisdiction, p. 8; *Epping*, in: Ipsen, Völkerrecht, § 5 Rn. 73 ff.; *Schwarze*, Jurisdiktionsabgrenzung, S. 29.
236 *Herdegen*, Völkerrecht, § 26 Rn. 3; *Meng*, AVR 1989, 156, 156 ff.
237 Restatement (Third) of the Foreign Relations Law of the United States, § 402.
238 Rechtserkenntnisquellen (*Kempen*) in: Schöbener, Völkerrecht, S. 340; *Meng*, AVR 1989, 156, 157 f.; *Schaub*, ZaöRV 2011, 807, 811, 819 f.
239 *Herdegen*, Völkerrecht, § 26 Rn. 3, 19.

bedenken, dass der Katalog der zulässigen Anknüpfungen keinesfalls abschließend, sondern der Weiterentwicklung zugänglich ist.[240] Von entscheidender Bedeutung ist letztlich der Nachweis einer hinreichend engen, substantiellen und sinnvollen Verbindung zum Regelungsstaat.[241] Im Folgenden werden zunächst die Anknüpfungspunkte vorgestellt und eine mögliche Anwendung im Datenschutzrecht erörtert.

aa) Territorialitätsprinzip

Das Territorialitätsprinzip bildet den hergebrachten Anknüpfungspunkt im Völkerrecht und wird im Kontext staatlicher Zuständigkeit als Standard betrachtet.[242] Ihm liegt die Vorstellung des Staates als souveränem Herrn über sein Staatsgebiet zugrunde.[243] Die Gebietshoheit erlaubt es, alle Vorgänge auf dem eigenen Staatsgebiet mittels Hoheitsakten zu regeln und diese ggf. mit Befehl und Zwang durchzusetzen.[244] Dies gilt sowohl mit Hinsicht auf dort befindliche Gegenstände, sowie auf sich in diesem Territorium aufhaltende Personen ohne Rücksicht auf deren Staatsangehörigkeit.[245]

Im Umkehrschluss ist die Gebietshoheit anderer Staaten anzuerkennen und somit der Erlass von Hoheitsakten mit Bezug auf fremdes Territorium grundsätzlich zu unterlassen.[246] Konflikte mit anderen Staaten werden aufgrund der klaren Anknüpfung bei Anwendung des Territorialitätsprinzips weitestgehend vermieden.[247] Durchsetzungshoheit geht im Fall des Terri-

---

240 *Kempen/Hillgruber*, § 20 Rn. 39; *Schwarze*, Jurisdiktionsabgrenzung, S. 19.
241 IGH, Nottebohm Case (Liechtenstein v. Guatemala) ICJ Rep. 1955, S. 4, 23; *Epping*, in: Ipsen, Völkerrecht, § 5 Rn. 71; *Mann*, RdC 186 (1984-III), p. 9, 29; *Schwarze*, Jurisdiktionsabgrenzung, S. 19 f. m.w.N.
242 *Rudolf*, in: BerDGVR 11 (1973), S. 7, 23; *Schwarze*, Jurisdiktionsabgrenzung, S. 19, 23.
243 *Baier*, Auswirkungsprinzip, S. 24; *Herdegen*, Völkerrecht, § 23 Rn. 1 ff.; *Miller*, 10 Ind. J. Global Legal Stud. 227, 230 f. (2003); *Schmahl*, AVR 2009, 284, 294.
244 *Baier*, Auswirkungsprinzip, S. 24; *Epping*, in: Ipsen, Völkerrecht, § 5 Rn. 59; *Habscheid*, in: BerDGVR 11 (1973), S. 47, 48; *Kuner*, 18 IJLIT 176, 188 (2010); *Miller*, 10 Ind. J. Global Legal Stud. 227, 230 (2003).
245 *Epping*, in: Ipsen, Völkerrecht, § 5 Rn. 59; *Herdegen*, Völkerrecht, § 23 Rn. 4; *Kegel/Schurig*, Internationales Privatrecht , S. 1095; *Schwarze*, Jurisdiktionsabgrenzung, S. 19.
246 *Epping*, in: Ipsen, Völkerrecht, § 5 Rn. 60.
247 *Baier*, Auswirkungsprinzip, S. 24.

A. Problemaufriss

torialitätsprinzips regelmäßig mit der Regelungshoheit einher, weshalb der territorialen Anknüpfung insgesamt ein Vorzug zukommen soll.[248]

Das Territorialitätsprinzip ist demnach generell die klassische Anknüpfung zur Beanspruchung von Regelungshoheit und stellt auch den gegenwärtigen Normalfall im internationalen Datenschutzrecht dar.[249] Dieser territoriale Ansatz soll das Entstehen verworrener Rechtslagen zuverlässig verhindern.[250] Als Anknüpfung böte sich in diesem Zusammenhang der Ort der Datensammlung oder Datenverarbeitung an, da hier zumindest ein Teil der Handlung stattfände und somit eine klassische Anknüpfung möglich wäre.[251]

Das rechtliche Umfeld ist jedoch nicht mehr vergleichbar mit den wirtschaftlichen und politischen Umständen, unter denen das Prinzip einst entstand.[252] Das Territorialitätsprinzip benötigt aufgrund der technischen Entwicklung (siehe bereits A. III. 4. b)) der Ergänzung durch Möglichkeiten der Beanspruchung extraterritorialer Regelungshoheit, für das es keine Grundlage bietet. Es erweist sich daher unter den Bedingungen der Informationsgesellschaft als Anachronismus und unzureichend für die Gewährleistung eines wirkungsvollen Datenschutzes.[253]

bb) Auswirkungsprinzip

Das Auswirkungsprinzip erlaubt es Staaten Regelungshoheit über Vorgänge auszuüben, die sich nicht auf dem jeweiligen Staatsgebiet selbst abspielen, wohl aber Auswirkungen auf das inländische Territorium entfalten.[254]

---

248 *Schwarze*, Jurisdiktionsabgrenzung, S. 29.
249 *Kuner*, 18 IJLIT 176, 188 (2010); *de Maizière*, FAZ v. 18.08.2014, S. 6; vgl. *Mann*, Studies, p. 1, 19 ff. m.w.N.; *Tinnefeld/Buchner/Petri*, Datenschutzrecht, S. 222.
250 Supreme Court of Canada - SOCAN v. CAIP, 2004 SCC 45, Rn. 54; *Kuner*, 18 IJLIT 227, 237 f. (2010).
251 *Kuner*, 18 IJLIT 227, 238 (2010); *Narayanan*, 12 Chi. J. Int'l L. 783, 792 (2011-2012).
252 *Mann*, Studies, p. 1, 28.
253 *Ellger*, Datenschutz, S. 74; *Hoffmann-Riem*, JZ 2014, 53, 56; *Kohl*, Jurisdiction, p. 3; *Kuner*, 18 IJLIT 176, 188 (2010); *de Maizière*, FAZ v. 18.08.2014, S. 6; *Maspoli*, NZZ.ch v. 10.10.2014, http://www.nzz.ch/mehr/digital/jan-philipp-albrecht-interview-1.18401257.
254 *Herdegen*, Völkerrecht, § 26 Rn. 5; *Rudolf*, in: BerDGVR 11 (1973), S. 7, 23; *Ryngaert*, Jurisdiction, p. 76 f.; *Schwarze*, Jurisdiktionsabgrenzung, S. 25.

III. Grundlagen der Analyse

Von Bedeutung sind insbesondere wirtschaftliche Auswirkungen.[255] Was im Einzelfall eine relevante Auswirkung darstellt, bestimmt sich primär anhand des Schutzzwecks des jeweiligen Gesetzes.[256] Regelungshoheit kommt somit den Staaten zu, in deren Hoheitsgebiet sich eine Handlung auswirkt; wo die Handlung ursprünglich ausgeführt wurde, ist unbeachtlich.[257] Eine Handlung kann Wirkung in mehreren Territorien entfalten, sodass sich Konflikte aufgrund der Regelungshoheit von mehr als einem Staat ergeben können.[258] Bei der Anwendung des Auswirkungsprinzips bedarf es nach Ansicht des *BGH* „einer Eingrenzung und Konkretisierung der maßgebenden Inlandsauswirkungen nach dem Schutzzweck des [Gesetzes] (...) allgemein und der jeweils in Frage kommenden speziellen Sachnormen"[259]. Eine relevante Auswirkung soll „unmittelbar, wesentlich und vorhersehbar"[260] („*direct, substantial and reasonably foreseeable*"[261]) sein.[262]

Das Auswirkungsprinzip ist nicht unumstritten, da durch seine Anwendung oftmals Konflikte zwischen den Regelungsansprüchen zweier Staaten entstehen.[263] Ein und dieselbe Handlung kann durch einen Staat aufgrund seiner Territorialhoheit gestattet werden, während sie durch einen weiteren Staat aufgrund des Auswirkungsprinzips untersagt wird.[264] Die Mehrzahl der westlichen Staaten hat dieses Prinzip jedoch anerkannt, soweit es sich auf wirtschaftliche Auswirkungen bezieht.[265] Anwendung fin-

---

255 *Narayanan*, 12 Chi. J. Int'l L. 783, 795 (2011-2012); *Stein/von Buttlar/Kotzur*, Völkerrecht, § 35 Rn. 615.
256 BGH, B. v. 12.7.1973 – KRB 2/72 = NJW 1973, 1609, 1610 – Anwendungsbereich des GWB auf auslandsbezogene Sachverhalte; *Ziegenhain*, Extraterritoriale Rechtsanwendung, S. 120.
257 *Baier*, Auswirkungsprinzip, S. 26; *Herdegen*, Völkerrecht, § 26 Rn. 5; *Stein/von Buttlar/Kotzur*, Völkerrecht, § 35 Rn. 613.
258 *von Arnauld*, Völkerrecht, § 10 Rn. 859; *Baier*, Auswirkungsprinzip, S. 27.
259 BGH, B. v. 29.5.1979 – KVR 2/78 = NJW 1979, 2613, 2613.
260 *Baier*, Auswirkungsprinzip, S. 26 m.w.N.
261 *Buxbaum*, 57 Am. J. Comp. L. 631, 639 (2009).
262 *von Arnauld*, Völkerrecht, § 4 Rn. 347; *Mann*, Studies, p. 1, 33; *Miller*, 10 Ind. J. Global Legal Stud. 227, 231 (2003); *Rudolf*, in: BerDGVR 11 (1973), S. 7, 24.
263 *von Arnauld*, Völkerrecht, § 10 Rn. 859; *Reed*, Cyberspace, p. 31.
264 *Reed*, Cyberspace, p. 31.
265 *Kuner*, 18 IJLIT 227, 241 (2010); *Schwarze*, Jurisdiktionsabgrenzung, S. 25.

det das Auswirkungsprinzip somit insbesondere im Wettbewerbs- und Kartellrecht.[266]

Die Anwendung des Auswirkungsprinzips hat mit der Entwicklung der Informationsgesellschaft deutlich zugenommen.[267] Einerseits wird es insbesondere aufgrund der durch das Internet und Cloud Computing bedingten Standortflexibilität als angemessene Anknüpfung betrachtet und angewandt.[268] Andererseits wird zu Bedenken gegeben, dass aufgrund der Allgegenwärtigkeit des Internets praktisch durch jeden Staat der Erde eine Auswirkung behauptet und auf Grundlage dieser Anknüpfung Regelungshoheit beansprucht werden könnte.[269]

Eine schrankenlose Anwendung des Auswirkungsprinzips könne somit zu einer Vielzahl gleichzeitiger Regelungsansprüche und aufgrund dieser Überregulierung zum Ende des freien, grenzüberschreitenden Informationsflusses im Internet führen.[270] Eine notwendige Eingrenzung der relevanten Auswirkung soll erreicht werden können, indem der Ort der Zielperson als Anknüpfung dient.[271] Ferner müsse es einen konkreten Willen zur Zugänglichmachung in dem Staat gegeben haben, der Regelungshoheit beansprucht.[272] Nicht eindeutig geklärt ist, ob aus der unbeschränkten Veröffentlichung eines Angebotes im Internet auf den Nachweis für den konkreten Willen eines Datenverarbeiters geschlossen werden kann, eine Auswirkung in einem anderen Land zu verursachen.[273] Die genaue Benennung der zur Anwendbarkeit führenden Auswirkungen stellt insoweit ein taugliches Mittel zur Begrenzung der Regelungsansprüche dar.[274]

Ausgehend vom Zweck des Datenschutzrechts als Schutz personenbezogener Daten lassen sich relevante Auswirkungen für die Beanspruchung extraterritorialer Regelungshoheit im Datenschutzrecht eindeutig eingren-

---

266 *Baier*, Auswirkungsprinzip, S. 26; *Herdegen*, Völkerrecht, § 26 Rn. 7; *Svantesson*, Extraterritoriality, p. 137.
267 *Kuner*, 18 IJLIT 176, 190 (2010); *Schmahl*, AVR 2009, 284, 305; *Svantesson*, Extraterritoriality, p. 139.
268 *Kuner*, 18 IJLIT 176, 190 (2010); *Svantesson*, EU Data Privacy Law, p. 66.
269 *von Arnauld*, Völkerrecht, § 10 Rn. 859; *Kohl*, Jurisdiction, p. 47; *Reed*, Cyberspace, p. 31, 69; *Schultz*, 19 Eur. J. Int'l L. 799, 812 (2008).
270 *von Arnauld*, Völkerrecht, § 10 Rn. 859; *Schultz*, 19 Eur. J. Int'l L. 799, 812 f. (2008); Handl/*Zekoll*/Zumbansen, Beyond Territoriality, p. 341, 345 f.
271 *Miller*, 10 Ind. J. Global Legal Stud. 227, 235 (2003).
272 Handl/*Zekoll*/Zumbansen, Beyond Territoriality, p. 341, 346.
273 *Miller*, 10 Ind. J. Global Legal Stud. 227, 237 (2003).
274 *Reed*, Cyberspace, p. 39.

zen. Die Bedeutung von personenbezogenen Daten als Rohstoff der Informationswirtschaft lässt deren Verarbeitung personenbezogener Daten zudem zu einem wirtschaftlich beachtenswerten Vorgang i.S.d. Auswirkungsprinzips werden. Das Auswirkungsprinzip stellt mit seiner Fokussierung auf konkrete Folgen einer Handlung somit eine denkbare Anknüpfung im Datenschutzrecht dar.

cc) Personalitätsprinzip

Das Personalitätsprinzip zeichnet sich durch die Anknüpfung an die Staatsangehörigkeit oder den Sitz einer Person aus.[275] In Kontinentaleuropa ist die Anknüpfung an die Staatsbürgerschaft verbreitet,[276] wohingegen im *common law* zumeist der Sitz einer Person herangezogen wird.[277] Das aktive Personalitätsprinzip knüpft an die Handlung des eigenen Staatsbürgers an, während das passive Personalitätsprinzip an Handlungen Dritter gegen die eigenen Staatsbürger anknüpft und so deren Schutz bezweckt.[278] Die Anwendung des Schutzgedankens über das Strafrecht hinaus wird jedoch kritisch bewertet und das passive Personalitätsprinzip nicht vollumfänglich anerkannt.[279] Es soll bspw. der Verbraucherschutz von Inländern im Ausland auf diese Weise nicht erreicht werden können.[280]

Insbesondere in wirtschaftlichen Zusammenhängen ist das aktive Personalitätsprinzip auch als Nationalitätsprinzip bekannt und bezeichnet die Anknüpfung an den Sitz einer juristischen Person.[281] Aufgrund der Anknüpfung an den Sitz eines Unternehmens kann auch bei Auslagerung unternehmerischer Aktivitäten ins Ausland Regelungshoheit über diese

---

275 *Baier*, Auswirkungsprinzip, S. 25; *Miller*, 10 Ind. J. Global Legal Stud. 227, 230 (2003); *Rudolf,* in: BerDGVR 11 (1973), S. 7, 11; *Schwarze*, Jurisdiktionsabgrenzung, S. 15; *Volz*, Extraterritoriale Terrorismusbekämpfung, S. 82 f.
276 *Kropholler*, Internationales Privatrecht, § 38 I, S. 269.
277 *Baier*, Auswirkungsprinzip, S. 25.
278 *Herdegen*, Völkerrecht, § 26 Rn. 2; *Kuner*, 18 IJLIT 176, 188 (2010); *Schwarze*, Jurisdiktionsabgrenzung, S. 24.
279 *Mann*, Studies, p. 1, 30 f.; *Narayanan*, 12 Chi. J. Int'l L. 783, 799 (2011-2012); *Volz*, Extraterritoriale Terrorismusbekämpfung, S. 86 f.
280 *Schwarze*, Jurisdiktionsabgrenzung, S. 24.
281 *Kau*, in: Graf Vitzthum/Proelß, Völkerrecht, 3. Abschn. Rn. 116.; *Volz*, Extraterritoriale Terrorismusbekämpfung, S. 83 f.

A. Problemaufriss

Handlungen beansprucht und so eine Umgehung nationaler Regelungen durch Outsourcing verhindert werden.

Der Schutz der personenbezogenen Daten des Einzelnen ist ein wesentlicher Zweck des Datenschutzrechts.[282] Diesen Gedanken setzen bereits zahlreiche Datenschutzgesetze um, indem sie zur Beanspruchung von Regelungshoheit auf die Verarbeitung von Daten der eigenen Staatsbürger oder von Personen mit vergleichbar enger Inlandsbeziehung (passives Personalitätsprinzip) bzw. die Datenverarbeitung durch diese Personen abstellen (aktives Personalitätsprinzip). Die Anknüpfung an juristische Personen im Rahmen des aktiven Personalitätsprinzips ist grundsätzlich unproblematisch.[283] Im Einzelnen ist streitig, welcher Art und Schwere die gegen Inländer gerichteten Handlungen sein müssen, um das passive Personalitätsprinzip als Anknüpfung für eine extraterritoriale Regelung heranziehen zu können.[284] Eine Grundrechtsverletzung stellt jedoch eine derart schwerwiegende Handlung dar, die eine Anknüpfung möglich machen soll.[285] Stellenwert und Inhalt des Datenschutzrechts unterscheiden sich in den einzelnen Ländern allerdings zum Teil erheblich, sodass sich hieraus auch eine unterschiedlich zu beurteilende Zulässigkeit der Anknüpfung an das passive Personalitätsprinzip ergeben kann.

Im Zusammenhang mit rechtlichen Fragestellungen des Internets wird die Anwendung des Personalitätsprinzips zunehmend befürwortet,[286] da durch eine eindeutige Zuordnung und Bindung der Regelungshoheit an Personen ein erhebliches Maß an Rechtssicherheit geschaffen werden könne.[287] Allerdings ist zu beachten, dass die Staatsangehörigkeit oder der Sitz einer natürlichen Person konstant sein mag; in Zeiten der Informationsgesellschaft können juristische Personen jedoch leicht den Ort ihrer Niederlassung wechseln oder neue Tochtergesellschaften in sog. Daten-Oasen aufbauen, sodass eine zuverlässige Anknüpfung im Rahmen des aktiven Personalitätsprinzips wiederum erschwert wird.[288]

---

282 *Kühling/Seidel/Sivridis*, Datenschutzrecht, Rn. 151.
283 *Kau*, in: Graf Vitzthum/Proelß, Völkerrecht, 3. Abschn. Rn. 116.
284 *Herdegen*, Völkerrecht, § 26 Rn. 11; *Narayanan*, 12 Chi. J. Int'l L. 783, 799 (2011-2012); *Stein/von Buttlar/Kotzur*, Völkerrecht, § 35 Rn. 620.
285 *Narayanan*, 12 Chi. J. Int'l L. 783, 799 (2011-2012).
286 *Narayanan*, 12 Chi. J. Int'l L. 783, 795, 799 (2011-2012); *Spiecker gen. Döhmann*, AnwBl 2011, 256, 258.
287 *Miller*, 10 Ind. J. Global Legal Stud. 227, 253 f. (2003).
288 Vgl. *Meessen*, Völkerrechtliche Grundsätze, S. 99 f.

Zudem ist auf vermeintlich eindeutige Zuordnungskriterien wie die Länderkennung bei einer E-Mail-Adresse kein Verlass, sodass Fehler kaum vermeidbar sind.[289] Die Digitalisierung des Alltags sowie ein hohes Maß an Freizügigkeit lassen zudem eine Gleichsetzung zwischen Rechnerstandort einerseits und Wohnort bzw. Staatsangehörigkeit andererseits nicht mehr zu.[290] Dies lässt die Geeignetheit des Personalitätsprinzip als zuverlässige Anknüpfung für die Informationsgesellschaft fraglich erscheinen.

Eine Anwendung des passiven Personalitätsprinzips außerhalb des klassischen strafrechtlichen Anwendungsbereichs sah sich in der Vergangenheit zwar immer wieder Kritik gegenüber, ist an sich aber nichts Neues und hat sich z.B. im Steuerrecht seit längerem etabliert.[291] Anwendung fand es bis 2006 auch im griechischen Datenschutzrecht, das von ausländischen Datenverarbeitern ohne Niederlassung in Griechenland die Bestellung eines Repräsentanten in Griechenland verlangte, sofern sie personenbezogene Daten von griechischen Staatsbürgern verarbeiteten.[292] Eine Anwendung im Datenschutzrecht ist somit trotz einiger tatsächlicher Bedenken grundsätzlich möglich.

Das Personalitätsprinzip erlaubt eine Anknüpfung an die Person des Handelnden bzw. Betroffenen und stellt damit grundsätzlich ein geeignetes Kriterium für die Zuordnung von Regelungshoheit dar. Die fortschreitende technische Entwicklung erschwert die Ermittlung von Wohnort bzw. Staatsangehörigkeit der Anknüpfungsperson jedoch zunehmend, sodass die Eignung des Personalitätsprinzips in Frage steht.

dd) Schutzprinzip

Ungeachtet des Handlungsortes und der Staatsangehörigkeit begründet das Schutzprinzip die Regelungshoheit eines Staates für jegliche Sachverhalte, soweit es um den Schutz wichtiger inländischer Rechtsgüter,[293] oder die

---

289 *Kuner*, FS Hustinx, p. 213, 218 f.
290 *Kuner*, FS Hustinx, p. 213, 219.
291 *Kuner*, 18 IJLIT 176, 188 (2010).
292 *Kuner*, 18 IJLIT 176, 188 f.
293 *von Arnauld*, Völkerrecht, § 4 Rn. 347; *Epping*, in: Ipsen, Völkerrecht, § 5 Rn. 74; *Herdegen*, Völkerrecht, § 26 Rn. 2; *Kempen/Hillgruber*, Völkerrecht, § 20 Rn. 39; *Mann*, Studies, p. 1, 80; *Stein/von Buttlar/Kotzur*, Völkerrecht, § 35 Rn. 621 f.

A. Problemaufriss

Sicherheit des Staates an sich geht.[294] Es könne von keinem Staat erwartet werden, der Verletzung wichtiger Interessen tatenlos zuzusehen – selbst wenn deren Verletzung im Ausland durch einen Ausländer stattfindet.[295] Zur Aufrechterhaltung des nationalen *ordre public* in der globalen Informationsgesellschaft wird vermehrt an das Schutzprinzip angeknüpft.[296] Beispiele finden sich auch bei der extraterritorialen Anwendung von Umweltgesetzen und der Anti-Terror-Gesetzgebung, ebenso erscheint die Anwendung zur Vermeidung von Steuerbetrug nicht ausgeschlossen.[297] Das Schutzprinzip soll jedenfalls dann auf wirtschaftliche Sachverhalte anwendbar sein, sobald wesentliche wirtschaftliche Interessen des Regelungsstaates betroffen sind.[298] Insoweit ist auch ein Zusammenfallen mit den Kriterien des Auswirkungsprinzips möglich.[299]

Regelungen gemäß des Schutzprinzips erlauben ebenso wie solche nach dem Weltrechtsprinzip eine grundsätzlich weltweite und somit auch extraterritoriale Erfassung eines Sachverhaltes. Der wesentliche Unterschied besteht jedoch darin, dass Regelungen nach dem Weltrechtsprinzip die gemeinsamen Interessen aller Staaten betreffen, während nach dem Schutzprinzip die Interessen des jeweiligen Regelungsstaates geschützt werden sollen.[300] Besonders zu beachten ist, dass die Anknüpfung an das Schutzprinzip nicht zu einer Verletzung des Interventionsverbotes führen darf.[301]

Bereits Anfang des 20. Jahrhunderts wurde erkannt, dass es aufgrund der zunehmenden wirtschaftlichen und gesellschaftlichen grenzüberschreitenden Verflechtung und dem erleichterten Verkehr zwischen den Staaten ein immer größer werdendes Interesse an extraterritorialen Regelungen geben würde.[302] Neue technische Entwicklungen waren Anlass für Staaten, zunächst ihren strafrechtlichen Regelungen extraterritorialen Anspruch zu verleihen – auch um den Schutz der Interessen ihrer Bürger ef-

---

294 *Baier*, Auswirkungsprinzip, S. 25; *Herdegen*, Völkerrecht, § 26 Rn. 12; *Stein/von Buttlar/Kotzur*, Völkerrecht, Rn. 621 f.; *Schwarze*, Jurisdiktionsabgrenzung, S. 28.
295 *Mann*, Studies, p. 1, 80.
296 *Schmahl*, AVR 2009, 284, 301.
297 *Swanson*, 43 Conn. L. Rev. 709, 723 f. (2011).
298 *Schwarze*, Jurisdiktionsabgrenzung, S. 28.
299 *Schwarze*, Jurisdiktionsabgrenzung, S. 28.
300 *von Arnauld*, Völkerrecht, § 4 Rn. 347; *Mennacher*, Schutzprinzip, S. 2.
301 *von Arnauld*, Völkerrecht, § 4 Rn. 347.
302 *Mennacher*, Schutzprinzip, S. 4; *Traub*, Schutzprinzip, S. 23.

fektiv zu gewährleisten.³⁰³ Das Schutzprinzip dient somit seit jeher dem Schutz des Staates, seiner Interessen und seiner Bürger vor neuen, durch den technologischen Fortschritt bedingten Herausforderungen. Die digitale Revolution, die nunmehr zum grenzenlosen Datenverkehr und zur Entstehung der transnationalen Informationsgesellschaft geführt hat,³⁰⁴ erscheint somit als konsequente Fortsetzung der Entwicklungen, die zur Entstehung des Schutzprinzips geführt haben. Vor diesem Hintergrund erscheint eine räumliche Begrenzung des Datenschutzes anachronistisch.³⁰⁵

Dem Datenschutzrecht kommt heute nicht zuletzt die Aufgabe zu, die sozialen und politischen Folgen der Datenverarbeitung zu regulieren.³⁰⁶ In der Informationsgesellschaft besteht eine Verpflichtung des Staates zum Schutze seiner Bevölkerung vor den neuen Gefährdungen der Digitalisierung.³⁰⁷ Dies gilt insbesondere aufgrund der Bedeutung des Datenschutzes als Grundrecht.³⁰⁸ Schützte der Staat seine Bevölkerung nicht ausreichend vor Verletzungen ihres Grundrechtes auf Datenschutz, so läge darin eine dementsprechend schwere Pflichtverletzung. Die Beanspruchung extraterritorialer Regelungshoheit im Datenschutzrecht aufgrund des Schutzprinzips erscheint somit möglich.³⁰⁹

Das Schutzprinzip dient prinzipiell nicht dem Schutz des Einzelnen, sondern des Staates und seiner Interessen.³¹⁰ Der Staat soll gegen von außen kommende Angriffe auf seine Souveränität geschützt werden.³¹¹ Das Schutzprinzip wird allerdings zunehmend weiter verstanden, sodass eine

---

303 *Mennacher*, Schutzprinzip, S. 4 ff., 11 ff.; *Traub*, Schutzprinzip S. 22 f.
304 *Hoeren*, ZD 2014, 325, 326.
305 *de Maizière*, FAZ v. 18.08.2014, S. 6; *Poullet*, 2 J. Int'l Com. L. & Tech. 141, 152 (2007).
306 *Bergmann*, Datenschutz, S. 239; *Wuermeling*, Handelshemmnis Datenschutz, S. 1.
307 *di Fabio*, in: Maunz/Dürig, GG Art. 2 Rn. 190; *Gurlit*, NJW 2010, 1035, 1040; *Kuner*, 18 IJLIT 176, 180 (2010); *de Maizière*, FAZ v. 18.08.2014, S. 6; *Masing*, NJW 2012, 2305, 2307 f.; *Miller*, 10 Ind. J. Global Legal Stud. 227, 245 (2003); *Roßnagel*, MMR 2003, 693, 694.
308 *Bernsdorff*, in: Meyer, GRCh Art. 8 Rn. 19; *Hoffmann-Riem*, JZ 2014, 53, 60 f.; *Kuner*, FS Hustinx, p. 213, 213; *Masing*, NJW 2012, 2305, 2305 ff.; *Schmahl*, JZ 2014, 220, 221, 226; *Simitis*, BDSG Einl. Rn. 246; *Taeger/Schmidt*, in: Taeger/Gabel, BDSG Einf. Rn. 45.
309 *Colonna*, 4 IDPL 203, 211 (2014); *Kuner*, 18 IJLIT 176, 190 f. (2010); *Kuner*, 18 IJLIT 227, 239 (2010); *Narayanan*, 12 Chi. J. Int'l L. 783, 800 f. (2011-2012).
310 *Kuner*, 18 IJLIT 176, 190 (2010).
311 *Kuner*, 18 IJLIT 176, 190 (2010).

A. Problemaufriss

Anwendung im Bereich des Datenschutzrechts nicht mehr ausgeschlossen ist.[312] Eine Anknüpfung kommt insbesondere in Betracht, wenn schlüssig dargelegt werden kann, dass die extraterritorialen Regelungen im Bereich des Datenschutzrechts zum Schutz wichtiger Sicherheits- und Wirtschaftsinteressen notwendig sind.[313]

ee) Weltrechtsprinzip

Das Weltrechtsprinzip, auch Universalitätsprinzip[314] genannt, kommt vor allem im Strafrecht zur Anwendung und erlaubt es Staaten, Delikte unabhängig von Begehungsort, Staatsangehörigkeit oder sonstiger Beziehung zum Inland ihrer Regelungshoheit zu unterwerfen.[315] Es gestattet somit als einzige Anknüpfung einen Verzicht auf das Erfordernis des *„genuine link"*.[316] Bei dem Delikt muss es sich um einen Verstoß gegen die gemeinsamen Interessen der internationalen Staatengemeinschaft handeln und daher weltweit als verfolgungswürdig anerkannt sein.[317] Hierzu zählen u.a. Völkermord, Piraterie, Kriegsverbrechen und Terrorismus.[318] Eine datenschutzrechtliche Regelung auf dieser Grundlage scheitert allerdings bereits daran, dass sich bisher weder ein universelles Verständnis von Datenschutz herausgebildet hat, noch ein gemeinsamer Wille zur Verfolgung von Rechtsverletzungen besteht. Eine Anknüpfung an das Weltrechtsprinzip scheidet daher aus.

---

312 *Colonna*, 4 IDPL 203, 211 (2014); *Kuner*, 18 IJLIT 176, 190 f. (2010); *Narayanan*, 12 Chi. J. Int'l L. 783, 800 f. (2011-2012).
313 *Narayanan*, 12 Chi. J. Int'l L. 783, 800 (2011-2012).
314 *Mann*, Studies, p. 1, 81; *Meng*, Extraterritoriale Jurisdiktion, S. 617.
315 *Baier*, Auswirkungsprinzip, S. 25; *Mann*, Studies, p. 1, 31; *Schwarze*, Jurisdiktionsabgrenzung, S. 29.
316 *Schmahl*, AVR 2009, 284, 296.
317 *Epping*, in: Ipsen, Völkerrecht, § 5 Rn. 74; *Meng*, Extraterritoriale Jurisdiktion, S. 617; *Schwarze*, Jurisdiktionsabgrenzung, S. 29.
318 *Herdegen*, Völkerrecht, § 26 Rn. 13 ff.; *Mann*, Studies, p. 1, 31; *Stein/von Buttlar/Kotzur*, Völkerrecht, § 35 Rn. 624.

ff) Weitere Anknüpfungspunkte

Grundsätzlich soll die Herausbildung weiterer Anknüpfungspunkte möglich sein, soweit sie einen systematisierten Nachweis einer hinreichend engen Verbindung eines Sachverhaltes mit dem Inland erbringen.[319] Allgemein anerkannte Jurisdiktionsregeln entstehen über längere Zeit in einem kontinuierlichen Prozess.[320] Es ist daher nicht ausgeschlossen, dass sich weitere Anknüpfungspunkte spezifisch für das Datenschutzrecht entwickeln.

gg) Zwischenergebnis: Anknüpfungspunkte

Das Territorialitätsprinzip stellt derzeit zwar den Normalfall im internationalen Datenschutzrecht dar, ist für sich genommen jedoch den Herausforderungen der Zukunft nicht gewachsen. Es bedarf der Ergänzung durch Anknüpfungspunkte für die Ausübung extraterritorialer Regelungshoheit. Unter Berücksichtigung der Besonderheiten der Informationsgesellschaft kommen hierfür Auswirkungs-, Personalitäts- und Schutzprinzip in Betracht.

Es handelt sich jedoch um keinen abschließenden Kanon, auch die Neu- und Weiterentwicklung zulässiger Anknüpfungen ist denkbar.[321] Die in der transnationalen Informationsgesellschaft zwangsläufig stattfindende weltweite Vernetzung führt dazu, dass immer mehr Sachverhalte auch mit einem ausländischen Staat eng verbunden sind.[322] Insoweit ist es möglich, dass sich spezielle Anknüpfungskriterien für das Datenschutzrecht entwickeln.

b) Interventionsverbot und Interessenabwägung

Ergeht eine extraterritoriale Regelung, ohne dass sich der Regelungsstaat auf eine genuine Verbindung zum Regelungsgegenstand berufen könnte,

---

319 *Schwarze*, Jurisdiktionsabgrenzung, S. 29.
320 *Mann*, Studies, p. 1, 29.
321 *Kempen/Hillgruber*, Völkerrecht, § 20 Rn. 39; *Mann*, RdC 186 (1984-III), p. 9, 29; *Schwarze*, Jurisdiktionsabgrenzung, S. 19, 28 f.
322 Vgl. *Kempen/Hillgruber*, Völkerrecht, § 20 Rn. 38.

liegt darin stets ein Verstoß gegen das Interventionsverbot.[323] Liegt ein hinreichender Anknüpfungspunkt vor, ist vor einer Hoheitsausübung gleichwohl noch eine Abwägung mit den Interessen anderer Staaten erforderlich.[324] Völkerrechtlich ergibt sich diese Pflicht zur Interessenabwägung aus dem Interventionsverbot.[325]

Das Interventionsverbot stellt eine anerkannte Grundregel des Völkerrechts dar, es folgt aus dem Grundsatz der souveränen Gleichheit der Staaten gemäß Art. 2 Nr. 1 der UN-Charta und gilt gewohnheitsrechtlich im zwischenstaatlichen Bereich.[326] Der Bereich der inneren Angelegenheiten eines Staates (*domaine réservé*) ist damit prinzipiell vor Intervention anderer Staaten und völkerrechtlicher Einflussnahme geschützt.[327] Zum Kernbereich (einzel-)staatlicher Zuständigkeit gehören ferner jene Gegenstände, zu denen bisher keine völkerrechtlichen Übereinkommen existieren.[328] Aufgrund des zunehmenden Maßes an internationaler Kooperation und der damit einhergehenden völkerrechtlichen Vereinbarungen sind jedoch zahlreiche hergebrachte Staatskompetenzen bereits dem *domaine réservé* entzogen worden.[329] Sie können dementsprechend von anderen Staaten mitbeeinflusst werden.[330] Regelungen, die mit Hinblick auf diese Vereinbarungen erfolgen, stellen regelmäßig keinen Verstoß gegen das Interven-

---

323 *Epping*, in: Ipsen, Völkerrecht, § 5 Rn. 75; *Kempen/Hillgruber*, Völkerrecht, § 20 Rn. 37.
324 BVerfGE 92, 277, 85 f. – DDR-Spione; *Schmahl*, AVR 2009, 284, 313; *Stein/von Buttlar/Kotzur*, Völkerrecht, § 35 Rn. 629; *Volz*, Extraterritoriale Terrorismusbekämpfung, S. 53; *Wildhaber*, in: Schweizerisches Jahrbuch für internationales Recht Bd. XLI 1985, S. 104; *Ziegenhain*, Extraterritoriale Hoheitsausübung, S. 43 ff.
325 *Ambos*, in: MüKo-StGB Vor §§ 3 Rn. 11 ff., 15; *Gerber*, 10 Yale J. Int'l L. 185, 212 ff. (1984-1985).
326 *von Arnauld*, Völkerrecht, § 4 Rn. 350 f.; *Baier*, Auswirkungsprinzip, S. 23; *Herdegen*, Völkerrecht, § 35 Rn. 1; *Stein/von Buttlar/Kotzur*, Völkerrecht, § 35 Rn. 634 f.; *Volz*, Extraterritoriale Terrorismusbekämpfung, S. 50; *Ziegenhain*, Extraterritoriale Rechtsanwendung, S. 31 ff.
327 *von Arnauld*, Völkerrecht, § 4 Rn. 353; *Baier*, Auswirkungsprinzip, S. 23; *Meng*, Extraterritoriale Jurisdiktion, S. 63 ff.; Interventionsverbot (*Schöbener*) in: Schöbener, Völkerrecht, S. 237; *Stein/von Buttlar/Kotzur*, Völkerrecht, § 36 Rn. 636 ff.
328 *Stein/von Buttlar/Kotzur*, Völkerrecht, § 36 Rn. 637; *Ziegenhain*, Extraterritoriale Rechtsanwendung, S. 63 f.
329 *von Arnauld*, Völkerrecht, § 4 Rn. 353 ff.; *Herdegen*, Völkerrecht, § 35 Rn. 4; *Stein/von Buttlar/Kotzur*, Völkerrecht, § 36 Rn. 639.
330 Interventionsverbot (*Schöbener*) in: Schöbener, Völkerrecht, S. 237.

tionsverbot mehr dar.[331] Eine entsprechende Vereinbarung muss nicht zwingend zwischen den Konfliktparteien zustande gekommen sein, ausreichend ist bereits, wenn einer der beteiligten Staaten sein besonderes Interesse an der Regelungsmaterie durch ein mit anderen Staaten abgeschlossene Übereinkommen deutlich gemacht hat.[332]

Ob die Regelungshoheit über den Datenverkehr und die Datenverarbeitung auf dem eigenen Territorium noch zum geschützten Bereich des *domaine réservé* zählt und die extraterritoriale Erstreckung des Anwendungsbereiches nationaler Datenschutzgesetze daher eine unzulässige Einmischung in die inneren Angelegenheiten anderer Staates darstellt oder ob es mittlerweile dem *domaine réservé* entzogen und somit die Erstreckung prinzipiell zulässig ist, soll die nachfolgende Untersuchung der gegenwärtigen Situation im internationalen Datenschutzrecht zeigen.

Die Pflicht zur Interessenabwägung ist in Deutschland nach Art. 25 GG und in der EU gemäß der Pflicht völkerrechtsfreundlichen Verhaltens zu beachten. Verfassungsrechtlich ergibt sich diese Pflicht für die Bundesrepublik Deutschland zudem aus dem Verhältnismäßigkeitsgrundsatz gem. Art 20 Abs. 3, 28 Abs. 1 GG.[333] Eine Interessenabwägung ist als Mittel zur Vermeidung von Jurisdiktionskonflikten im Wege der Rücknahme eigener Hoheitsgewalt durch Berücksichtigung der legitimen Interessen anderer Staaten von großem Nutzen.[334]

Im Rahmen der Prüfung einer geeigneten Anknüpfung geht es primär um die genuine Verbindung zwischen normierendem Staat und normierten Sachverhalt, in der Abwägung können die bisher unberücksichtigten Interessen anderer Staaten Ausdruck finden:[335] Die Abwägung dient damit auch der Vermeidung von Konflikten im Falle der Kollision gleichberechtigter Jurisdiktionsansprüche.[336] Stellt ein regelungswilliger Staat fest, dass eine beabsichtigte Regelung auch eine hinreichende Anknüpfung zu einem weiteren Staat aufweist, ist zunächst zu prüfen, ob die eigenen staatlichen Interessen an einer Regulierung gegenüber den Interessen des

---

331 *Ziegenhain*, Extraterritoriale Rechtsanwendung, S. 63 f.
332 *Heintschel von Heinegg*, in: Ipsen, Völkerrecht, § 51 Rn. 47; *Ziegenhain*, Extraterritoriale Rechtsanwendung, S. 249.
333 BVerfGE 92, 277, 85 f. – DDR-Spione.
334 Vgl. *Meng*, Extraterritoriale Jurisdiktion, S. 625; *Stein/von Buttlar/Kotzur*, Völkerrecht, § 35 Rn. 629 f.
335 *Volz*, Extraterritoriale Terrorismusbekämpfung, S. 55.
336 *Epping*, in: Ipsen, Völkerrecht, § 5 Rn. 75.; *Herdegen*, Völkerrecht, § 26 Rn. 19; *Schmahl*, AVR 2009, 284, 313.

anderen Staates derart überwiegen, dass die Inanspruchnahme extraterritorialer Regelungshoheit gerechtfertigt ist.[337] Überwiegen die Interessen des anderen Staates in der Interessensabwägung, hat der regelungswillige Staat von der Jurisdiktionsausübung Abstand zu nehmen, andernfalls läge ein Verstoß gegen das Interventionsverbot vor.[338]

Dabei ist es von besonderer Bedeutung, ob es sich um einen tatsächlichen Konflikt unterschiedlicher Interessenlagen handelt (sog. *true conflict*[339]), oder ob nicht vielmehr aufgrund übereinstimmender rechtspolitischer Interessen nur ein Scheinkonflikt (sog. *false conflict*[340]) gegeben ist. Je schärfer der Konflikt, desto eher wird die extraterritorale Hoheitsausübung zu unterlassen sein, je übereinstimmender die Interessenlage, umso weniger spricht gegen diese Hoheitsausübung.[341] Beachtlich für eine Abwägung sind die durch die Regelung verfolgten inhaltlichen Ziele, das Näheverhältnis zwischen Sachverhalt und regelungswilligem Staat sowie die Bedeutung der fraglichen Regelung für den Regelungsstaat.[342] Berücksichtigungsfähig sind ferner die schutzwürdigen Interessen Privater.[343] In diesem Zusammenhang finden auch völkerrechtliche Vereinbarungen Beachtung, die die jeweiligen Staaten betreffen oder gar untereinander geschlossen haben.[344] Die Interessenabwägung ermöglicht somit eine Gesamtschau aller den Regelungssachverhalt betreffenden Umstände.

Bei der Abwägung gilt, dass die territoriale Beziehung zum Inland umso deutlicher sein muss, je mehr mit der Regelung Partikularinteressen verfolgt werden.[345] Je mehr die Beanspruchung extraterritorialer Regelungshoheit auch den Interessen anderer Staaten oder der Staatengemeinschaft insgesamt dient, desto weniger deutlich ausgeprägt kann der territoriale Bezug ausfallen.[346] Insbesondere von Bedeutung ist, ob und mit wel-

---

337 *Buxbaum*, 57 Am. J. Comp. L. 631, 646 f. (2009); *Meng*, Extraterritoriale Jurisdiktion, S. 616.
338 *Gerber*, 10 Yale J. Int'l L. 185, 212 f. (1984-1985).
339 *Ziegenhain*, Extraterritoriale Rechtsanwendung, S. 250 f.
340 *Ziegenhain*, Extraterritoriale Rechtsanwendung, S. 250.
341 *Schmahl*, AVR 2009, 284, 313; *Ziegenhain*, Extraterritoriale Rechtsanwendung, S. 250 f.
342 *Schmahl*, AVR 2009, 284, 313; *Volz*, Extraterritoriale Terrorismusbekämpfung, S. 54.
343 *Volz*, Extraterritoriale Terrorismusbekämpfung, S. 54.
344 *Ziegenhain*, Extraterritoriale Rechtsanwendung, S. 137.
345 *Schmahl*, AVR 2009, 284, 313.
346 *Schmahl*, AVR 2009, 284, 313.

cher Intensität eine Beeinträchtigung der Personal-, Ordnungs- und Wirtschaftshoheit eines anderen Staates vorgenommen wird.[347] *Svantesson* bringt das datenschutzrechtliche Dilemma in diesem Zusammenhang auf den Punkt: Die extraterritorialen Regelungen sind einerseits notwendig, um einen wirksamen Grundrechtsschutz sicherzustellen.[348] Andererseits kommt es dadurch zu einer unvorhersehbaren Vielzahl von anwendbaren Gesetzen, wodurch ein rechtmäßiges Verhalten stark erschwert wird und die Ausübung extraterritorialer Regelungshoheit als unverhältnismäßig erscheint.[349]

Die Einordnung des Datenschutzrechts als *true* oder *false conflict* ist ebenso wie die Ermittlung der im Rahmen einer Abwägung zu berücksichtigenden Interessen Teil der nachfolgenden Untersuchung.

c) Zwischenergebnis: Kriterien zulässiger Ausübung extraterritorialer Regelungshoheit

Die zulässige Inanspruchnahme von Regelungshoheit setzt voraus, dass eine Verknüpfung zwischen Regelungsstaat und Regelungsgegenstand besteht. Bei der Zuteilung von Regelungshoheit sollte die Zuordnung von Tatsachen zu dem Staat im Mittelpunkt stehen, der eine hinreichend enge Verbindung zu dem Sachverhalt aufweist, also über einen „*genuine link*"[350] verfügt. Der Nachweis dieser engen Verbindung geschieht über sog. Anknüpfungspunkte. Je nach Rechtsgebiet kann die Zulässigkeit der Anwendung einzelner Anknüpfungen variieren.[351] Regelungshoheit ist nicht einem Staat exklusiv zugeordnet, sodass auch mehrere Staaten eine enge Verbindung zu einem Sachverhalt aufweisen können.[352] Die Ausübung extraterritorialer Regelungshoheit darf nicht gegen das Interventionsverbot verstoßen, sie muss sich im Rahmen einer Interessenabwägung als erforderlich erweisen.

---

347 *Meng*, Extraterritoriale Jurisdiktion, S. 625 f.
348 *Svantesson*, 3 IDPL 278, 278 (2013).
349 *Svantesson*, 3 IDPL 278, 278 (2013).
350 *Mann*, Studies, p. 1, 35 ff.
351 *Schmahl*, AVR 2009, 284, 294.
352 *Mann*, Studies, p. 1, 39.

A. Problemaufriss

6. Folgen unzulässiger Jurisdiktionsausübung

Beansprucht ein Staat Regelungshoheit über einen bestimmten Sachverhalt ohne hierzu berechtigt zu sein, stellt dies einen Verstoß gegen das Völkerrecht dar, der zu völkerrechtlicher Verantwortlichkeit führen kann.[353] Dies ermächtigt andere Staaten zur Ergreifung von Maßnahmen, wie etwa der Retorsion oder Repressalie.[354] Es gilt der Grundsatz völkerrechtsfreundlichen Verhaltens, sodass deutsches und europäisches Recht unter besonderer Beachtung der allgemeinen Regeln des Völkerrechts anzuwenden und auszulegen sind.[355] Bei inländischen Gesetzen ist insbesondere die Bestimmung des Anwendungsbereiches im Lichte des Völkerrechts vorzunehmen.[356] Die Überschreitung des völkerrechtlich Zulässigen bei der Ausübung extraterritorialer Regelungshoheit hat sich dementsprechend niederzuschlagen.[357] Es ist Gerichten ferner möglich, die ohne ordentliche Regelungshoheit erlassenen ausländischen Gesetze und sonstigen Regelungen zu ignorieren.[358] Die richterliche Weigerung zur Durchsetzung erlassener Rechtsakte mindert den Achtungsanspruch für das ausländische Recht erheblich.[359] Eine derartige Auswirkung unzulässiger Hoheitsausübung ist somit unbedingt zu vermeiden. Ferner besteht die Möglichkeit zur gezielten Abwehr völkerrechtswidriger extraterritorialer Regelungsansprüche.

---

353 *von Arnauld*, Völkerrecht, § 5 Rn. 374; *Mann*, Studies, p. 1, 5 f.; Verantwortlichkeit, völkerrechtliche (*Schöbener*) in: Schöbener, Völkerrecht, S. 484.
354 *von Arnauld*, Völkerrecht, § 5 Rn. 382 ff.; *Heintschel von Heinegg*, in: Ipsen, Völkerrecht, § 52 Rn. 52; *Mann*, Studies, p. 1, 5 f.; Verantwortlichkeit, völkerrechtliche (*Schöbener*) in: Schöbener, Völkerrecht, S. 484 ff.
355 *Heintschel von Heinegg*, in: BeckOK GG, Art. 25 Rn. 24 f.; *Herdegen*, in: Maunz/Dürig, GG Art. 25 Rn. 1, 72; *Lavranos*, in: von der Groeben/Schwarze/Hatje, AEUV Art. 351 Rn. 24; *Jarass*/Pieroth, GG Art. 25 Rn. 5 f.; *Schmalenbach*, in: Calliess/Ruffert, AEUV Art. 351 Rn. 21.
356 *Herdegen*, in: Maunz/Dürig, GG Art. 25 Rn. 50, 72.
357 *Herdegen*, in: Maunz/Dürig, GG Art. 25 Rn. 72.
358 *von Arnauld*, Völkerrecht, § 10 Rn. 861; *Herdegen*, in: Maunz/Dürig, GG Art. 25 Rn. 1, 73 ff.; *Mann*, Studies, p. 1, 5 f., 29 f., 129; *Ziegenhain*, Extraterritoriale Rechtsanwendung, S. 241 ff.
359 *Reed*, Cyberspace, p. 33.

7. Abwehr extraterritorialer Regelungsansprüche

Im Umgang mit extraterritorialen Regelungsansprüchen, bei denen keine Einigung auf ein gemeinsames Kollisionsrecht möglich ist oder die als übermäßige Verletzung von Interessen und damit als völkerrechtswidrig empfunden werden, haben Staaten die Möglichkeit sog. Abwehr- oder Blockadegesetze zu erlassen.[360] Mit Hilfe dieser Abwehrgesetze können die Auswirkungen extraterritorialer Regelungen anderer Staaten auf dem eigenen Staatsgebiet eingeschränkt werden, in dem etwa den darauf beruhenden Hoheitsakten die Anerkennung versagt oder den Bürgern die Befolgung der darin aufgestellten Regelungen untersagt wird.[361] Hierzu kann auch das Verbot der Herausgabe von Dokumenten oder von Auskünften gehören.[362] Einen besonderen Fall derartiger Abwehrgesetze stellt die sog. *clawback*-Gesetzgebung dar, die erstmals mit dem britischen *Protection of Trading Interests Act 1980* aufkam: Sie erlaubt demjenigen, der aufgrund der extraterritorialen Anwendung eines ausländischen Gesetzes zur Zahlung von mehrfachem Schadensersatz (*multiple damages*) durch ein ausländisches Gericht verurteilt wurde, im Inland auf Rückzahlung des Schadensersatzes jedenfalls in Höhe der Summe zu klagen, die über den eigentlichen Schaden hinausgeht.[363]

Ein Beispiel für ein europäisches Abwehrgesetz ist die Verordnung (EG) Nr. 2271/96 des Rates vom 22. November 1996 zum Schutz vor den Auswirkungen der extraterritorialen Anwendung von einem Drittland erlassener Rechtsakte sowie von darauf beruhenden oder sich daraus ergebenden Maßnahmen.[364] Hiermit sollten die negativen Auswirkungen auf die EG, ihre Rechtsordnung und ihre Bürger durch den US-amerikanischen *Cuban Liberty and Democratic Solidarity Act 1996 (Helms-Burton*

---

[360] *von Arnauld*, Völkerrecht, § 4 Rn. 347; *Meng*, Extraterritoriale Jurisdiktion, S. 244; *Svantesson*, EU Data Privacy Law, p. 82 ff.; *Voigt/Klein*, ZD 2013, 16, 20; *Volz*, Extraterritoriale Terrorismusbekämpfung, S. 89.
[361] *Coughlan/Currie/Kindred/Scassa*, Extraterritorial Jurisdiction, p. 27; *Voigt/Klein*, ZD 2013, 16, 20; *Volz*, Extraterritoriale Terrorismusbekämpfung, S. 89.
[362] *Coughlan/Currie/Kindred/Scassa*, Extraterritorial Jurisdiction, p. 27; *Meng*, Extraterritoriale Jurisdiktion, S. 267.
[363] *Meng*, Extraterritoriale Jurisdiktion, S. 272 f.; *Neuhaus*, 81 Colum. L. Rev. 1097, 1097 f. (1981); *Svantesson*, EU Data Privacy Law, p. 83.
[364] *von Arnauld*, Völkerrecht, § 4 Rn. 347.

Act) abgewendet werden, den die EG für völkerrechtswidrig hielt.[365] Diese Verordnung enthält in Art. 6 eine Schadensersatzbestimmung im Sinne einer „*clawback*"-Klausel.

Grundsätzlich sind Abwehrgesetze gegen einen übermäßigen extraterritorialen Regelungsanspruch eines Datenschutzgesetzes denkbar, jedoch kann auch das Datenschutzrecht selbst als Abwehrgesetz fungieren. Aufgrund des *USA PATRIOT Act* kann multinationalen Firmen und Auftragsdatenverarbeitern durch US-amerikanische Sicherheitsbehörden eine Pflicht zur Herausgabe von Daten auferlegt werden.[366] Das Gesetz findet dabei auch gegenüber Unternehmen ohne Sitz in den USA Anwendung, soweit sich aufgrund des Serverstandorts oder der Unternehmensstruktur irgendeine Anknüpfung an die USA ergibt.[367] Aufgrund dieser extraterritorialen Anwendbarkeit des Gesetzes, werden insbesondere auch Daten von Europäern berührt.[368]

Der weite extraterritoriale Geltungsanspruch des *USA PATRIOT Act* führt dazu, dass hiergegen gerichtete Blockadegesetze von den USA anerkannt werden.[369] Dies betrifft insbesondere die Existenz von Abwehrgesetzen in Deutschland.[370] Mit Hinblick auf die extraterritoriale Anwendbarkeit des *USA PATRIOT Act* und die damit verbundenen Verpflichtungen für Auftragsdatenverarbeiter und multinationale Konzerne zur Herausgabe von Daten wird in der Literatur argumentiert, dass das deutsche Datenschutzrecht als ein solches Abwehrgesetz anzusehen sei.[371] Das BDSG gestatte die durch das US-amerikanische Gesetz geforderte Herausgabe von Daten zur Terrorismusbekämpfung nicht und stelle sich so dessen extraterritorialem Geltungsanspruch entgegen.[372]

Das BDSG erweise sich insoweit als Abwehrinstrument gegen Forderungen aufgrund des *USA PATRIOT Act*.[373] Das Datenschutzrecht kann somit als Abwehr- oder Blockadegesetz gegen extraterritoriale Regelungsansprüche fungieren. Zugleich kommen Abwehrgesetze gegen extraterrito-

---

365 siehe Erwägungsgründe 4 ff., Verordnung (EG) Nr. 2271/96; *Volz*, Extraterritoriale Terrorismusbekämpfung, S. 88 f.
366 *Barnitzke*, MMR-Aktuell 2011, 321103; *Voigt/Klein*, ZD 2013, 16, 16 f.
367 *Voigt*, MMR 2014, 158, 159 f.; *Voigt/Klein*, ZD 2013, 16, 17.
368 *Barnitzke*, MMR-Aktuell 2011, 321103; *Voigt/Klein*, ZD 2013, 16, 17, 19.
369 *Voigt/Klein*, ZD 2013, 16, 19 f.
370 *Voigt/Klein*, ZD 2013, 16, 20.
371 *Voigt/Klein*, ZD 2013, 16, 17, 20.
372 *Voigt/Klein*, ZD 2013, 16, 20.
373 *Voigt/Klein*, ZD 2013, 16, 20.

riale Regelungsansprüche im Datenschutzrecht für die Fälle in Betracht, in denen andere Staaten die Bestimmungen einzelner Datenschutzgesetze aufgrund eines fehlenden oder nicht-sinnvollen Anknüpfungspunktes oder aufgrund einer übermäßigen extraterritorialen Anwendbarkeit als völkerrechtswidrig erachten.[374] Kritik hat in diesem Zusammenhang bereits die geplante Vorschrift des Art. 25 DSGVO-E auf sich gezogen, die die verpflichtende Bestellung eines in der EU niedergelassenen Vertreters für Datenverarbeiter ohne Niederlassung in der Europäischen Union regelt.[375] Die Hinnahme einer vergleichbaren Regelung seitens der Volksrepublik China sei kaum anzunehmen.[376]

Das Datenschutzrecht stellt sich damit als ein Rechtsgebiet dar, gegen dessen extraterritoriale Regelungen Abwehrgesetze denkbar sind. Insbesondere aufgrund der Schadensersatzbestimmungen in Datenschutzgesetzen kommen den „*clawback*"-Klauseln vergleichbare Bestimmungen in Betracht. Zugleich kann das Datenschutzrecht aber als Abwehrgesetz gegenüber dem Auskunftsverlangen ausländischen Stellen fungieren und so Schutz personenbezogener Daten sicherstellen.

8. Methoden unilateraler Durchsetzung extraterritorialer Regelungsansprüche

Fraglich ist, welche alternativen Möglichkeiten zur Durchsetzung von Normen mit extraterritorialem Regelungsanspruch gegenüber den ausländischen Akteuren bestehen, wenn ein Vollzug außerhalb des eigenen Territoriums nicht in Betracht kommt.

Einerseits sind Rechtshilfeabkommen denkbar, auf deren Basis andere Staaten auf ihrem Staatsgebiet Maßnahmen für den ersuchenden Staat ergreifen.[377] Andererseits bieten sich hierfür verschiedene Methoden einer einseitigen (unilateralen) Durchsetzung an, die auch nur auf dem eigenen Staatsgebiet durchgeführt werden können.[378] Sofern der Rechtsverletzer

---

374 *Svantesson*, EU Data Privacy Law, p. 82 ff.
375 *Härting*, BB 2012, 459, 462.
376 *Härting*, BB 2012, 459, 462.
377 *Coughlan/Currie/Kindred/Scassa*, Extraterritorial Jurisdiction, p. 14, 24 ff.; *Kerr*, 162 U. Pa. L. Rev. 373, 409 (2014); *Svantesson/Gerry*, 31 Comp. L. & Sec. Rev. 478, 485 ff. (2015).
378 *Coughlan/Currie/Kindred/Scassa*, Extraterritorial Jurisdiction, p. 14.

A. Problemaufriss

eine Verbindung zum Inland, wie z.B. in Form einer Niederlassung, aufweist, kommen verschiedene Maßnahmen gegen diese in Frage.[379] Dabei kann die Inanspruchnahme Schwierigkeiten begegnen, sofern es sich bei der Niederlassung um eine eigene Rechtspersönlichkeit handelt.[380] Dieses Problem wird jedoch durch Gesetze und neue Rechtsprechung berücksichtigt, indem einzelne Bestimmungen ohne Rücksicht auf die Rechtspersönlichkeit und unter Beachtung des Schutzzwecks für anwendbar erklärt werden.[381] Einheimischen Personen und Unternehmen kann ferner untersagt werden, Geschäftsbeziehungen zum Rechtsverletzer zu unterhalten oder diesen auf andere Weise zu unterstützen, z.b. durch das Verbot der Aufnahme von Werbeanzeigen.[382]

Selbst in Ermangelung einer physischen Präsenz des Rechtsverletzers kann ein staatliches Interesse an der Verfolgung von Datenschutzverstößen bestehen, auch bei nur geringer Aussicht auf tatsächliche Durchsetzung der Sanktionen.[383] Durch die Verfolgung kann der Staat ggü. den Verletzern und seiner Bevölkerung deutlich machen, dass ein Rechtsverstoß nicht akzeptiert wird und Folgen nach sich zieht.[384] Zudem kann mit der Ahndung eine Signalwirkung an die internationale Gemeinschaft bezweckt sein.[385] Dies dient einerseits der Selbstversicherung des Geltungsanspruchs der eigenen Rechtsordnung und andererseits soll eine Abschreckungswirkung erreicht werden.[386] Unterbleibt die tatsächliche Durchsetzung allerdings in zu vielen Fällen, kann die Autorität des Staates erheblichen Schaden nehmen.[387] Insbesondere im Rahmen des Internets entstehen neue Möglichkeiten der Rechtsdurchsetzung, etwa durch Geolokalisierung und Zoning.[388] Hierbei wird der Zugriff auf rechtsverletzende

---

379 *Kohl*, Jurisdiction, p. 226.
380 *Kohl*, Jurisdiction, p. 226.
381 Siehe EuGH, U. v. 13.05.2014 – Rs C-131/12, Rn. 45 ff. – Google ./. AEPD; Erwägungsgrund (19), Datenschutz-Richtlinie 95/46/EG.
382 *Kohl*, Jurisdiction, p. 228 f. mit Hinweis auf entsprechende Maßnahmen gegen illegale Online-Wettanbieter in Neuseeland und den USA.
383 *Coughlan/Currie/Kindred/Scassa*, Extraterritorial Jurisdiction, p. 72 f.; *Kohl*, Jurisdiction, p. 225.
384 *Kohl*, Jurisdiction, p. 225 f.
385 *Coughlan/Currie/Kindred/Scassa*, Extraterritorial Jurisdiction, p. 73.
386 *Kohl*, Jurisdiction, p. 225 f.
387 *Kohl*, Jurisdiction, p. 226.
388 *Hoeren*, MMR 2007, 3, 4; *Kohl*, Jurisdiction, p. 229 f.; Handl/*Zekoll*/Zumbansen, Beyond Territoriality, p. 341, 344.

Webseiten und Online-Services für lokale Nutzer unterbunden.[389] Bei vergleichbaren Zugangssperren werden regelmäßig lokale Access-Provider verpflichtet, den Zugang zu Webseiten bzw. Online-Services mit rechtsverletzendem Inhalt oder rechtswidrigen Geschäftspraktiken zu blockieren oder zumindest zu erschweren.[390]

Insoweit können nationale Grenzen effektiver durchgesetzt werden, als in nicht-virtuellen Zusammenhängen.[391] Schwierigkeiten bei der Durchsetzung extraterritorialer Regelungen bestünden in diesem Fall nicht mehr.[392] Die rechtliche Zulässigkeit dieser Zugangssperren ist jedoch ebenso wie ihre technische Zuverlässigkeit umstritten.[393]

9. Zwischenergebnis

Der Begriff der Jurisdiktion ist vielschichtig. In seiner Ausprägung als Regelungshoheit wird darunter die Befugnis zur Setzung und Durchsetzung von staatlichen Normen verstanden. Diese Befugnis ergibt sich aus der territorialen Souveränität der Staaten und beschränkt sich daher zunächst auf das jeweilige Staatsgebiet. Aus Gründen politischer, wirtschaftlicher oder sozialer Motivation kann ein Staat ein Interesse an der extraterritorialen Erstreckung des Anwendungsbereiches eines Gesetzes haben. Extraterritoriale Regelungshoheit kann hierfür nur beansprucht werden, soweit ein zulässiger Anknüpfungspunkt für die Regelung vorliegt. Für den Bereich des Datenschutzrechts kommen Territorialitäts-, Auswirkungs-, Personalitäts-, und Schutzprinzip in Betracht.

Die Entwicklung neuer datenschutzspezifischer Anknüpfungspunkte ist dabei nicht ausgeschlossen. Durch extraterritoriale Regelungen wird Einfluss auf das Binnenleben anderer Staaten genommen. Eine Regelung mit zulässigem Anknüpfungspunkt darf daher nicht gegen das Interventionsverbot verstoßen, es ist eine Abwägung mit den Interessen anderer Staaten erforderlich. Erweist sich eine extraterritoriale Regelung als übermäßig, so

---

389 *Hoeren*, MMR 2007, 3, 4; *Kohl*, Jurisdiction, p. 229 f.
390 *Marberth-Kubicki*, NJW 2009, 1792, 1792.
391 Handl/*Zekoll*/Zumbansen, Beyond Territoriality, p. 341, 344.
392 Handl/*Zekoll*/Zumbansen, Beyond Territoriality, p. 341, 344.
393 Zweifelnd: OVG Lüneburg, NVwZ 2009, 1241, 1242 f. – Vertrieb von Online-Glücksspielen; *Hoeren*, MMR 2007, 3, 5; von Zuverlässigkeit ausgehend: OVG Münster, MMR 2010, 350, 351 f.; *Kohl*, Jurisdiction, p. 281; *Marberth-Kubicki*, NJW 2009, 1792, 1792 ff.; *Svantesson*, Extraterritoriality, p. 180 ff.

A. Problemaufriss

kann ihrem Regelungsanspruch mit Hilfe eines Abwehrgesetzes entgegengetreten werden. Die Durchsetzung der Normen im Ausland kommt regelmäßig nicht in Betracht, da dies einen Eingriff in die Souveränität anderer Staaten darstellen würde.

IV. Notwendigkeit der Begrenzung extraterritorialer Regelungshoheit im Datenschutzrecht

Extraterritoriale Regelungen sollen einen Sachverhalt außerhalb des eigenen Territoriums und somit im Ausland beeinflussen.[394] Dies kann zu Konflikten führen, da solche Regelungen einen Eingriff in die Souveränität eines anderen Staates in Kauf nehmen.[395] Konflikte sind jedoch grundsätzlich zu vermeiden, um die Akzeptanz des internationalen Rechts zu gewährleisten.[396]

Jurisdiktionskonflikte haben nicht zuletzt durch Internetsachverhalte zugenommen und das Konfliktpotential dieser Auseinandersetzungen hat sich verschärft.[397] Für einen effektiven Grundrechtsschutz ist es nicht mehr ausreichend, nur heimische Datenverarbeiter zu kontrollieren, auch im Ausland sitzende Datenverarbeiter verfügen über Datensätze der eigenen Bevölkerung und erzeugen damit Auswirkungen auf das Inland.[398] Das Datenschutzrecht ist somit besonders anfällig für Jurisdiktionskonflikte.[399]

Konflikte können unterschiedlicher Intensität sein: Ein Staat kann einer Angelegenheit gleichgültig gegenüberstehen und sie deshalb nicht regeln, er kann aber auch eine Regelung unterlassen, um bewusst Freiheiten zu gewähren.[400] Wendet ein Staat eine gegenläufige, repressivere Politik nun-

---

394 *Meng*, Extraterritoriale Jurisdiktion, S. 87.
395 *Coughlan/Currie/Kindred/Scassa*, Extraterritorial Jurisdiction, p. 4; *Meng*, Extraterritoriale Jurisdiktion, S. 87.
396 *Volz*, Extraterritoriale Terrorismusbekämpfung, S. 58.
397 vgl. *Bauchner*, 26 Brook. J. Int'l L. 689, 715 ff. (2000-2001); *Buxbaum*, 57 Am. J. Comp. L. 631, 632 f. (2009); *Kuner*, 18 IJLIT 176, 176 (2010); *Schmahl*, AVR 2009, 284, 285 ff.; *Uerpmann-Wittzack*, AVR 2009, 261, 262 ff.
398 *Colonna*, 4 IDPL 203, 210 f. (2014); *Hoffmann-Riem*, JZ 2014, 53, 61; *de Maizière*, FAZ v. 18.08.2014, S. 6.
399 *Kuner*, 18 IJLIT 176, 177 (2010).
400 *Meng*, Extraterritoriale Jurisdiktion, S. 560; *Schwarze*, Jurisdiktionsabgrenzung, S. 30.

IV. Notwendigkeit der Begrenzung extraterritorialer Regelungshoheit

mehr extraterritorial auf Sachverhalte in diesem anderen Land an, stehen die Regelungsansätze im Konflikt miteinander.[401] Dies führt schlimmstenfalls dazu, dass sich der Normadressat sowohl der Anordnung als auch dem Verbot eines bestimmten Verhaltens gegenübersieht.[402] Selbst ohne konkrete Durchsetzung ist der psychische Druck auf den Normadressaten im Fall eines ausländischen Regelungsanspruchs nicht zu unterschätzen.[403]

Folgende grundsätzliche Erwägungen sprechen für die Notwendigkeit einer Begrenzung bei der Ausübung extraterritorialer Regelungshoheit.

1. Rechtliche Notwendigkeit

Die Souveränität eines Staates erfasst die Kompetenz, alle Vorgänge im eigenen Staatsgebiet zu regeln.[404] Extraterritoriale Regelungen beanspruchen jedoch ihrer Natur nach über das Staatsgebiet des Regelungsstaates hinaus Geltung und nehmen auf Sachverhalte im Hoheitsgebiet anderer Staaten Einfluss.[405] Dies führt bei sich widerstrebenden datenschutzpolitischen Regelungsansätzen zu erheblichen Konflikten. Insbesondere kann durch extraterritoriale Regelungen Einfluss auf ausländische Märkte genommen werden.[406] Eine Begrenzung der Möglichkeiten zur Ausübung von Regelungshoheit ist somit aus Gründen der Konfliktvermeidung und zum Schutze staatlicher Souveränität notwendig.[407] In dem Maße, in dem der grenzüberschreitende Datenverkehr territoriale Bindungen aufhebt, werden Fragen zur demokratischen Legitimation extraterritorialer Regelungen relevant.[408] Extraterritoriale Regelungen gelten auch für jene, die keine Möglichkeit der Teilhabe an ihrem Entstehungsprozess hatten.[409] Sie

---

401 *Reed*, Cyberspace, p. 31.
402 *Meng*, Extraterritoriale Jurisdiktion, S. 570.
403 *Volz*, Extraterritoriale Terrorismusbekämpfung, S. 42.
404 *Baier*, Auswirkungsprinzip, S. 24.
405 *Coughlan/Currie/Kindred/Scassa*, Extraterritorial Jurisdiction, p. 9; *Svantesson*, EU Data Privacy Law, p. 22 f.
406 *Svantesson*, EU Data Privacy Law, p. 24.
407 *Baier*, Auswirkungsprinzip, S. 23; *Müller/Wildhaber*, Praxis des Völkerrechts, S. 373; *Rudolf*, in: BerDGVR 11 (1973), S. 7, 22; *Weber*, IDPL, 117, 125.
408 *Kobrin*, 30 RIS 111, 112 (2004); *Ryngaert*, Jurisdiction, 188.
409 *Ryngaert*, Jurisdiction, p. 188.

A. Problemaufriss

weisen somit grundsätzlich ein gewisses Demokratiedefizit auf.[410] Dieses Legitimationsproblem kann zu einem Mangel an Akzeptanz beim Normadressaten führen.[411] Die Begrenzung der Möglichkeiten zur Ausübung extraterritorialer Regelungshoheit ist somit zur Sicherung demokratischer Teilhabe und Steigerung der Normakzeptanz notwendig.

Extraterritoriale Regelungen tragen ferner potentiell zur Rechtsunsicherheit bei. Zur regelmäßigen Erwartung an den Einzelnen gehört es, dass er das Recht seines Heimat- oder Aufenthaltsstaates kennt und sich diesem unterwirft.[412] Extraterritoriale Regelungen werden von ausländischen Staaten erlassen, wobei die Intensität der Beziehungen zwischen Normadressat und Regelungsstaat erheblich variieren kann.[413] Die Kenntnis der Anwendbarkeit einer fremden Rechtsordnung kann dementsprechend nicht automatisch vorausgesetzt werden.[414] Dies wird für Normadressdaten besonders problematisch, wenn eine Handlung im Vornahmestaat legal ist, ihre Auswirkungen jedoch in einem anderen Staat für illegal erklärt werden.[415] Widerstreitende Anordnungen führen so zu einem Rechtskonflikt für den Betroffenen,[416] der die Anwendbarkeit des fremden Rechts nicht immer vorhersehen kann.[417] Der Gleichlauf einer Vielzahl von datenschutzrechtlichen Regelungen führt ferner zu Möglichkeiten des Rechtsmissbrauchs durch das sog. *forum shopping*, also des gezielten Ausnutzens nebeneinander bestehender Regelungszuständigkeiten.[418]

Ohne eine räumliche Begrenzung der staatlichen Regelungshoheit kann es somit zu Jurisdiktions- und Souveränitätskonflikten zwischen Staaten kommen. Dies führt zu Rechtsunsicherheit für den Betroffenen, der sich einer ungewissen Anzahl von Regelungsansprüchen gegenüber sieht. Zugleich eröffnet es Möglichkeiten des Rechtsmissbrauchs. Eine Begrenzung extraterritorialer Regelungshoheit ist folglich aus rechtlicher Sicht geboten.

---

410 *Ryngaert*, Jurisdiction, p. 188.
411 *Ryngaert*, Jurisdiction, p. 188.
412 *Meng*, Extraterritoriale Jurisdiktion, S. 89.
413 *Meng*, Extraterritoriale Jurisdiktion, S. 89.
414 *Meng*, Extraterritoriale Jurisdiktion, S. 89; *Schmahl*, AVR 2009, 284, 286.
415 *Reed*, Cyberspace, p. 31.
416 *Meng*, Extraterritoriale Jurisdiktion, S. 89.
417 *Reed*, Cyberspace, p. 71.
418 *Nägele/Jacobs*, ZUM 2010, 281, 289 f.

IV. Notwendigkeit der Begrenzung extraterritorialer Regelungshoheit

2. Wirtschaftliche Notwendigkeit

Eine Beschränkung extraterritorialer Regelungen kann zudem aus wirtschaftlichen Gründen geboten sein. Aufgrund der wirtschaftlichen Bedeutung der Datenverarbeitung ist jede extraterritorale Regelung der Datenverarbeitung auch ein potentieller Eingriff in die Wirtschaftshoheit anderer Staaten.[419] Daten sind als neuer Rohstoff der Informationswirtschaft von überragender Bedeutung.[420] Je mehr Staaten ihren Datenschutzgesetzen einen extraterritorialen Anwendungsbereich verleihen, desto größer ist die Anzahl anwendbarer Gesetze, denen sich die Informationswirtschaft gegenübersieht und umso größer ist der Aufwand, der zur Vermeidung von Rechtsverstößen bei der Datenverarbeitung erforderlich ist. Damit das Risiko eines Gesetzesverstoßes wirksam ausgeschlossen werden kann, müssen Unternehmen ihr Handeln theoretisch an den strengsten Regelungen ausrichten.[421] Rechtskonformes Verhalten erfordert somit eine kostenintensive Beratung, bei Rechtsverstößen drohen zugleich hohe Bußgelder.[422] Dies kann zur Resignation der Betroffenen in der Wirtschaft führen, die angesichts unüberschaubarer Anforderungen den Versuch rechtskonformer Handlung schlicht aufgeben.[423] Der damit verbundene Ansehensverlust für die Rechtsordnung in der Wirtschaft richtete erheblichen Schaden an. Für Firmen der Informationswirtschaft ist dies besonders mit Blick auf das Vertrauen der Nutzer von Bedeutung. Dieses ist Grundlage ihres Geschäftsmodells, sodass sie ein wirtschaftlich relevantes Interesse daran haben, nicht als Rechtsverletzer wahrgenommen zu werden.[424]

Darüber hinaus führen die mit den Risiken extraterritorialer Regelungen verbundenen Kosten zu einer erheblichen Belastung für Unternehmen.[425] Zwar könnten Unternehmen diese Belastungen in Form höherer Preise an den Endverbraucher weitergeben;[426] charakteristisch für viele Dienste der Informationsgesellschaft ist jedoch, dass eine Entlohnung nicht in Form

---

419 *Meng*, Extraterritoriale Jurisdiktion, S. 82.
420 *Corbett*, 29 Comp. L. & Sec. Rev. 246, 247 f. (2013); *Rogosch*, Einwilligung, S. 18.
421 *Baier*, Auswirkungsprinzip, S. 173; *Svantesson*, EU Data Privacy Law, p. 48; *Toy*, 24 NZULR 222, 223 (2010).
422 *Svantesson*, EU Data Privacy Law, p. 50.
423 *Svantesson*, EU Data Privacy Law, p. 48.
424 vgl. *Boehme-Neßler*, MMR 2009, 439, 439; *Heckmann*, K&R 2010, 770, 777.
425 *Svantesson*, Extraterritoriality, p. 123.
426 *Svantesson*, Extraterritoriality, p. 123 f.

A. Problemaufriss

von monetärer Gegenleistung stattfindet, sondern durch die Preisgabe von personenbezogenen Daten.[427] Steht Unternehmen somit die Alternative einer Erhöhung des Entgeltes für die angebotenen Dienstleistungen nicht zur Verfügung, verbleiben ihnen nur zwei Möglichkeiten: Die Hinnahme eines verminderten Gewinns, sofern der Gegenwert der erhobenen personenbezogenen Daten entsprechend hoch ist oder der Rückzug aus einem Markt zur Vermeidung der Anwendbarkeit eines Datenschutzgesetzes.[428]

Für die Informationsgesellschaft besteht damit das Risiko, dass zukünftig vor allem die großen und etablierten Internet-Unternehmen über die Möglichkeiten verfügen, das Kostenrisiko mehrerer anwendbarer Gesetze auf sich zu nehmen. Kleineren Unternehmen bliebe nur die Anpassung an die strengsten anwendbaren Bestimmungen oder der Rückzug aus einem Markt.[429] Die mit extraterritorialen Regelungen verbundenen rechtlichen Risiken können somit die Transnationalität der Informationsgesellschaft ernsthaft bedrohen. Sie können sich darüber hinaus als Innovationshindernis erweisen.[430] Eindeutige Regelungen zur Ausübung extraterritorialer Regelungshoheit im Datenschutzrecht sind somit aus wirtschaftlicher Sicht zur Vermeidung von Innovationshemmnissen und für den Erhalt des transnationalen Charakters der Informationsgesellschaft erforderlich und wünschenswert.

3. Durchsetzungsproblematik

Extraterritoriale Regelungen erweisen sich schließlich mit Hinblick auf die Durchsetzbarkeit der aufgestellten Regelungen als problematisch. Der Erlass einer Norm mit extraterritorialem Geltungsanspruch soll grundsätzlich nur dann sinnvoll sein, soweit Aussicht auf tatsächliche Durchsetzung im In- oder Ausland besteht.[431] Wie gezeigt, begegnet die Durchsetzung von nationalen Regelungsansprüchen bei internationalisierter Kommunikation jedoch zahlreichen Problemen.[432] Zunächst folgt aus der berechtig-

---

427 *Corbett*, 29 Comp. L. & Sec. Rev. 246, 247 f. (2013); *Erd*, NVwZ 2011, 19, 19; *Heckmann*, K&R 2010, 770, 771.
428 *Svantesson*, Extraterritoriality, p. 124.
429 *Svantesson*, Extraterritoriality, p. 124.
430 *Baier*, Auswirkungsprinzip, S. 173.
431 *Coughlan/Currie/Kindred/Scassa*, Extraterritorial Jurisdiction, p. 62 ff.
432 *Hosein*, in: Brown, Governance of the Internet, p. 260, 261.

IV. Notwendigkeit der Begrenzung extraterritorialer Regelungshoheit

ten Ausübung extraterritorialer Regelungshoheit keine Befugnis zur extraterritorialen Durchsetzung dieser Norm.[433] Selbst bei Vorliegen eines hinreichenden Anknüpfungspunktes für die Inanspruchnahme extraterritorialer Regelungshoheit steht es anderen Staaten frei, die Durchsetzung von Regelungsansprüchen auf ihrem Staatsgebiet zu verweigern oder gar aktiv zu verhindern.[434] Eine imperative Durchsetzung kommt im Ausland nicht in Betracht.[435] Ein Vorgehen gegen ausländische Angebote im Inland ermöglichen jedoch Geolokalisierung und Zoning (siehe hierzu ausführlich A. V. 4.).[436] Ferner kommen hierfür u.a. die Nichtvollstreckbarkeit von schuldrechtlichen Titeln, das Verbot der Marktteilnahme und ein Kontrahierungsverbot für Inländer in Betracht.[437] Eine Durchsetzung extraterritorialer Regelungsansprüche ist zudem mittels bilateraler Vereinbarungen zur gegenseitigen Amtshilfe möglich.[438]

Die Durchsetzungsproblematik entwickelt im Datenschutzrecht besondere Relevanz. Tritt eine Norm mit weitem räumlichen Geltungsanspruch auf, können die darin aufgestellten Regeln jedoch nicht vollzogen werden, fehlt es an Anreizen zur Normtreue.[439] Dies birgt das Risiko, dass Datenschutzbestimmungen schlicht ignoriert werden.[440] Gesetze ohne Aussicht auf Vollzug können somit das Ansehen des Rechts und des regelnden Staates untergraben sowie zu einer Verunsicherung bei der Bevölkerung führen.[441] Der Datenschutz verlöre damit an Bedeutung und verfehlte sein Ziel. Aus der bloßen Nicht-Durchsetzbarkeit einer Regelung kann aller-

---

433 *Buxbaum*, 57 Am. J. Comp. L. 631, 665 (2009); Auslandswirkung von Hoheitsakten (*Breuer*) in: Schöbener, Völkerrecht, S. 35 f.; *Coughlan/Currie/Kindred/Scassa*, Extraterritorial Jurisdiction, p. 9 f.; *Mann,* Studies, p. 1, 7; *Mann*, RdC 186 (1984-III), p. 9, 34 ff.
434 *Svantesson*, Extraterritoriality, p. 59.
435 *Kohl*, Jurisdiction, p. 26 f.
436 *Hoeren*, MMR 2007, 3, 4; *Kohl*, Jurisdiction, p. 229 f.; Handl/Zekoll/Zumbansen, Beyond Territoriality, p. 341, 344.
437 *Svantesson*, Extraterritoriality, p. 169.
438 *Corbett*, 29 Comp. L. & Sec. Rev. 246, 254 (2013).
439 *Kuner*, 18 IJLIT 227, 235 (2010).
440 *Kuner*, 18 IJLIT 227, 235 (2010).
441 *Coughlan/Currie/Kindred/Scassa*, Extraterritorial Jurisdiction, p. 62; *Heckmann*, K&R 2010, 770, 775; *Kohl*, Jurisdiction, p. 22; *Reed*, Cyberspace, p. 33 f.

dings nicht auf deren grundsätzliche Unzulässigkeit geschlossen werden.[442]

Ein Vollzug der Normen im Ausland ist zudem nicht immer erforderlich, noch ist er generell geboten. F. A. Mann hat in seinem Grundlagenwerk zur Jurisdiktion im internationalen Recht festgestellt, dass „*the mere existence of legislation necessitates obedience to it*"[443], also es einen natürlichen Wunsch des rechtschaffenen Einzelnen nach gesetzestreuem Verhalten gibt. Die Wirksamkeit der Datenschutzgesetze ist in einem hohen Maße also dem darin aufgestellten moralischen Anspruch geschuldet.[444] Die Beachtung einzelner Normen kann somit bereits durch psychischen Druck erreicht werden.[445] Ohnehin kann es Normen geben, deren Inhalt eher eine programmatische Aussage darstellt und auf deren Durchsetzung somit von vornherein verzichtet werden kann.[446]

Ferner können Kostenrisiken bei Aufenthalt im Inland oder die Verwehrung des Marktzugangs die notwendige Überzeugungskraft entfalten.[447] Je höher das Risiko einer empfindlichen Sanktion, desto größer die Wahrscheinlichkeit der Rechtstreue.[448] Dies gilt umso mehr, wenn die Regelung von einem Staat mit bedeutendem Informationsmarkt aufgestellt wird, also bei Nichtbefolgung wesentliche wirtschaftliche Einbußen drohen.[449] Die mögliche Rufschädigung eines Unternehmens durch Datenschutz-Skandale und der damit verbundene Ansehensverlust gegenüber Verbrauchern können ebenfalls zur gewünschten Rechtstreue führen.[450] Viele Unternehmen unterwerfen sich daher den relevanten Datenschutzbestimmungen im Rahmen einer Selbstverpflichtung, sodass ohne Möglichkeiten eines tatsächlichen Vollzugs bereits ein gewisser Grad an Rechtstreue erreicht

---

442 Federal Court, Lawson v. Accusearch Inc., 2007 FC 125 (CanLII), [2007] 4 FCR 314, Rn. 27 ff.; Auslandswirkung von Hoheitsakten (*Breuer*) in: Schöbener, Völkerrecht, S. 35; *Mann*, Studies, p. 1, 7; *Mann*, RdC 186 (1984-III), p. 9, 34 ff.
443 *Mann*, Studies, p. 1, 29.
444 *Greenleaf*, in: Brown, Governance of the Internet, p. 221, 223.
445 *Mann*, Studies, p. 1, 29; *Meng*, Extraterritoriale Jurisdiktion, S. 82.
446 *Svantesson*, Extraterritoriality, p. 69.
447 *Coughlan/Currie/Kindred/Scassa*, Extraterritorial Jurisdiction, p. 12; *Kohl*, Jurisdiction, p. 209; *Meng*, Extraterritoriale Jurisdiktion, S. 82 f.
448 *Kohl*, Jurisdiction, p. 207; *Meng*, Extraterritoriale Jurisdiktion, S. 83.
449 *Meng*, Extraterritoriale Jurisdiktion, S. 84.
450 *Kuner*, 18 IJLIT 227, 236 (2010); ähnlich gelagert: Yahoo und der Verkauf von Nazi-Memorabilia siehe *Kohl*, Jurisdiction, p. 207, 208; sowie für die Verletzung ausländischer Gesetze *Kohl*, Jurisdiction, p. 279.

wird.⁴⁵¹ Somit können psychischer Druck, hervorgerufen durch bestimmte Moralvorstellungen, und die Gefahr wirtschaftlicher Einbußen für sich genommen eine hinreichende Motivation für rechtstreues Verhalten darstellen, ohne dass es dafür Möglichkeiten der extraterritorialen Durchsetzung bedürfe.⁴⁵²

Die Durchsetzung datenschutzrechtlicher Normen mit extraterritorialem Regelungsanspruch kommt im Ausland grundsätzlich nicht in Betracht. Die dadurch entstehenden Vollzugsdefizite können zu verminderten Anreizen der Normtreue und mangelndem Respekt für das Recht führen. Eine Durchsetzung im Ausland kann jedoch entbehrlich sein, soweit ein beachtlicher psychischer oder moralischer Druck zur Normtreue besteht oder effektive Maßnahmen gegen ausländische Verantwortliche im Inland getroffen werden können. Im Ergebnis ist eine Begrenzung extraterritorialer Regelungen zur Vermeidung von Problemen bei der Durchsetzung empfehlenswert.

V. Alternativen zu extraterritorialen Regelungen

Die dargelegte Notwendigkeit zur Begrenzung extraterritorialer Regelungshoheit wirft die Frage auf, welche Alternativen im Bereich des Datenschutzrechts hierzu denkbar sind.

1. Post privacy: Verzicht auf Regelungen

Die Ideen der sog. *post privacy* stellen insoweit die radikalste Alternative zu extraterritorialen Regelungen dar, als dass sie angesichts der Entwicklung der Informationsgesellschaft den völligen Verzicht auf Datenschutz propagieren. Die Digitalisierung hat zur Folge, dass sich die zur Verfügung stehende Datenmenge laufend vergrößert.⁴⁵³ Diese *Big Data* kennzeichnet die neueste Entwicklungsstufe der Informationsgesellschaft, in der alle zur Verfügung stehenden Daten in irgendeiner Weise zusammengeführt, ausgewertet und zu neuen Erkenntnissen verbunden werden kön-

---

451 *Greenleaf*, in: Brown, Governance of the Internet, p. 221, 223.
452 *Kohl*, Jurisdiction, p. 207.
453 *Boehme-Neßler*, DVBl 2015, 1282, 1283.

nen.⁴⁵⁴ Diese Entwicklung steht dabei im Widerspruch zu den Grundsätzen des Datenschutzrechts.⁴⁵⁵

Diesen Widerspruch will die Post-Privacy-Bewegung durch die Abschaffung des Datenschutzrechts auflösen.⁴⁵⁶ Privatsphäre und Datenschutz sind nach dieser Ansicht beliebige, überkommene Konzepte der analogen Welt und in der digitalen Umgebung nicht mehr vonnöten.⁴⁵⁷ Es handle sich vielmehr nur um Theorien zur Unterdrückung und Kontrolle von Information, die sich damit im Kern als demokratiefeindlich darstellten.⁴⁵⁸ Die demokratische Informationsgesellschaft bedinge daher geradezu den Verlust der Privatsphäre.⁴⁵⁹ Dementsprechend sei auf eine Regulierung des Datenschutzes in der transnationalen Informationsgesellschaft gänzlich zu verzichten.⁴⁶⁰ Der Staat könne sich folglich aus der Regulierung des Datenschutzes zurückziehen und privaten Akteuren das Feld überlassen.⁴⁶¹ Es käme aufgrund der völligen Abwesenheit von Datenschutzgesetzen weder zu Jurisdiktionskonflikten, noch zu Problemen bei der Durchsetzung.

Die Post-Privacy-Bewegung geht jedoch bereits von einer falschen Grundannahme aus: Seit jeher und in allen Kulturen besteht ein Verständnis von Privatsphäre.⁴⁶² Sie dient aus psychologischer Sicht der Schaffung und Unterhaltung einer persönlichen Identität, erlaubt die Kontrolle der Beziehung zu anderen und ist demnach essentiell für einen selbstbestimmten sozialen Umgang.⁴⁶³ Wer in der Lage ist, seine Interaktion mit anderen

---

454 *Boehme-Neßler*, DVBl 2015, 1282, 1283 f.
455 *Boehme-Neßler*, DVBl 2015, 1282, 1284.
456 *Boehme-Neßler*, DVBl 2015, 1282, 1284.
457 *Bagaric*, The Age v. 22.4.2007, http://www.theage.com.au/news/opinion/privacy-is-the-last-thing-we-need/2007/04/21/1176697146936.html?page=2; *Boehme-Neßler*, DVBl 2015, 1282, 1285; *Heckmann*, K&R 2010, 770, 771; *Heller*, Post-Privacy, S. 7 f.; *Hoffmann-Riem*, JZ 2014, 53, 54; *Johnson*, The Guardian v. 11.1.2010, http://www.theguardian.com/technology/2010/jan/11/facebook-privacy.
458 *Heller*, Post-Privacy, S. 100 f., 115 ff.; *Karg*, DuD 2013, 75, 76.
459 *Boehme-Neßler*, DVBl 2015, 1282, 1285; *Karg*, DuD 2013, 75, 76.
460 *Hoffmann-Riem*, JZ 2014, 53, 54.
461 *Leutheusser-Schnarrenberger*, MMR 2012, 709, 709.
462 *Altman*, 33 J. Soc. Issues 66, 72 ff. (1977); *Boehme-Neßler*, DVBl 2015, 1282, 1285; *Höffe*, FG Büllesbach, S. 257, 260 ff.
463 *Altman*, 33 J. Soc. Issues 66, 68. (1977).

hinreichend zu kontrollieren, wird eher ein gesteigertes Selbstwertgefühl entwickeln als jene, denen dies nicht gelingt.[464]

Die Teilnahme an der Datenverarbeitung beginnt im Zuge der Digitalisierung schon in jungen Jahren: 11% der Dreijährigen und 55% der Achtjährigen nutzen regelmäßig das Internet.[465] Die schiere Menge gespeicherter Daten kann zur Beeinflussung des Einzelnen herangezogen werden oder sogar ein identitätszerstörendes Zerrbild entstehen lassen.[466] Das digitale Gedächtnis gefährdet demnach die Freiheit des Einzelnen, seine Identität im sozialen Umgang neu zu gestalten und verhindert so die Neuentfaltung unter Loslösung von vorherigen Geschehnissen.[467] Die psychologische und soziale Funktion der Privatsphäre liefe daher ohne Regulierung der Datenverarbeitung ins Leere. Mit Hilfe des Datenschutzrechts wird Missbrauch entgegengewirkt, die Selbstbestimmung des Einzelnen und seine Bereitschaft zum Austausch, zum zwischenmenschlichen Kontakt und zur Mitwirkung aufrechterhalten.[468]

Kann diese Aufgabe nicht ausreichend gewährleistet werden, steht aus psychologischer Sicht die Funktionsfähigkeit und Gesundheit des Menschen insgesamt auf dem Spiel.[469] Ein funktionierender Datenschutz wird in der Informationsgesellschaft somit zu einem tief verankerten menschlichen Bedürfnis, der die ungehemmte Entwicklung des Einzelnen sichert.[470] Der Schutz personenbezogener Daten ist dementsprechend in zahlreichen Ländern grundrechtlich geschützt, sodass bereits aufgrund der damit verbundenen Schutzpflichten nicht auf eine entsprechende Gesetzgebung verzichtet werden kann.[471] Vor allem wirkt Datenschutz aber nicht

---

464 *Altman*, 33 J. Soc. Issues 66, 68. (1977).
465 *DIVSI*, Kinder in der digitalen Welt, S. 68 f.
466 *Tinnefeld/Buchner/Petri*, Datenschutzrecht, S. 52.
467 Wolff/*Brink*, Datenschutzrecht, Syst. C Rn. 3, 8.
468 *Boehme-Neßler*, NVwZ 2014, 825, 826; *Bull*, NJW 2006, 1617, 1620; *Heckmann*, K&R 2010, 770, 776; *Simitis*, FS Simon, S. 511, 511.
469 *Altman*, 33 J. Soc. Issues 66, 78 (1977); *Boehme-Neßler*, DVBl 2015, 1282, 1285.
470 *Boehme-Neßler*, DVBl 2015, 282, 286; *Hoeren*, ZRP 2010, 251, 253; *Rengel*, Privacy, p. 77, die von „Privacy as a fundamental human need" spricht; Wolff/*Brink*, Datenschutzrecht, Syst. C Rn. 9.
471 Für Deutschland und die EU siehe nur *Bernsdorff*, in: Meyer, GRCh Art. 8 Rn. 19; *Hoffmann-Riem*, JZ 2014, 53, 54; *Kuner*, FS Hustinx, p. 213, 213; *Masing*, NJW 2012, 2305, 2305 ff.; *Schmahl*, JZ 2014, 220, 221, 226; *Simitis*, BDSG Einl. Rn. 246; ; *Spiecker gen. Döhmann/Eisenbarth*, JZ 2011, 169, 172; *Taeger/ Schmidt*, in: Taeger/Gabel, BDSG Einf. Rn. 45.

A. Problemaufriss

zur Verhinderung, sondern zur Ermöglichung demokratischer Teilhabe in einer freien Informationsgesellschaft.[472] Er stellt sich als funktionsnotwendiger Bestandteil moderner Demokratien dar.[473]

Das Konzept der Post-Privacy-Bewegung zur Abschaffung des Schutzes für personenbezogene Daten und der damit verbundene Entfall des Anlasses für extraterritoriale Regelungen stellen folglich keine sinnvolle Alternative dar. Es vernachlässigt die notwendige soziale, psychologische und demokratiegewährleistende Funktion, die dem Datenschutz zukommt.[474] Die Chancen zur Realisierung eines derartigen Ansatzes sind äußerst gering.[475]

2. Das Internet als eigener Rechtsraum

Insbesondere in den Anfangsjahren des Internets wurde die These vertreten, dass das Internet einen eigenen, virtuellen Rechtsraum darstelle,[476] für den es ebenso eine Rechtsordnung geben müsse, wie für die Hohe See, den Weltraum und andere Rechtsräume eigener Art.[477] Diese Ansicht gipfelte in der Unabhängigkeitserklärung[478] des Cyberspace durch *John Perry Barlow*.[479] Im Internet würden sich Menschen auf völlig neue, unkörperliche Art begegnen und miteinander agieren.[480] Auf dem hergebrachten Gedanken der Territorialität basierende Regelungsmodelle seien zur Be-

---

472 BVerfGE 115, 166, 187 f. – TK-Verbindungsdaten; BVerfGE 65, 1, 43– Volkszählungsurteil; *Boehme-Neßler*, DVBl 2015, 282, 286 f.; *Bygrave*, Data Privacy Law, p. 120; *Kühling/Seidel/Sivridis*, Datenschutzrecht, Rn. 151; *Masing*, NJW 2012, 2305, 2305, 2311; *Roßnagel*, MMR 2003, 693, 694; *Simitis*, FS Simon, S. 511, 527; *Tinnefeld/Buchner/Petri*, Datenschutzrecht, S. 40 f.
473 *Simitis*, BDSG Einl. Rn. 254.
474 *Boehme-Neßler*, DVBl 2015, 282, 285 ff.
475 *Hoffmann-Riem*, JZ 2014, 53, 54.
476 *Cave*, in: Brown, Governance of the Internet, p. 143, 148; *Miller*, 10 Ind. J. Global Legal Stud. 227, 232 (2003); *Schmahl*, AVR 2009, 284, 284; Handl/Zekoll/Zumbansen, Beyond Territoriality, p. 341, 342.
477 *Kohl*, Jurisdiction, p. 47; siehe *Narayanan*, 12 Chi. J. Int'l L. 783, 806 ff. (2011-2012) für Cloud Computing; *Svantesson*, 8 Masaryk University Journal of Law and Technology 137, 145 f. (2014).
478 Barlow, A Declaration of the Independence of Cyberspace v. 08.02.1996, https://www.eff.org/de/cyberspace-independence.
479 *Pichler*, Zuständigkeit, S. 13 f.; *Uerpmann-Wittzack*, AVR 2009, 261, 261.
480 *Miller*, 10 Ind. J. Global Legal Stud. 227, 233 (2003).

wältigung dieser Situation untauglich, sodass auf die traditionellen Anknüpfungspunkte verzichtet und ein eigener Rechtsrahmen geschaffen werden müsse.[481] Das Internet sei somit eine Art „Neo-Territorium", das als Raum eigener Art sein eigenes Recht benötige.[482] Ein eigenes Datenschutzrecht des Internets führte jedenfalls zu einem Abbau an Jurisdiktionskonflikten und zu einer eindeutigen Antwort auf die Frage nach dem anwendbaren Recht.[483]

Das Internet stelle sich dabei als eine Ansammlung von Individuen dar, deren Recht auf Selbstbestimmung zudem deutlich älter sei, als das Konzept der Souveränität einzelner Staaten.[484] Angesichts dessen sei es auch an den im Internet agierenden Individuen, sich selbst Datenschutzregeln aufzuerlegen – eine Regulierung würde sich daher auch nicht aufgrund verschiedener Staatsinteressen, sondern unter Berücksichtigung verschiedenster Individualinteressen entwickeln.[485] Im Laufe der Zeit würden sich auf der Grundlage gemeinsamer Datenschutzinteressen daher Gemeinschaften zusammenfinden, die sich gegenseitig Hilfe und Beistand gewähren und mit den Mitteln der Online-Communities gegen Rechtsverletzer vorgingen.[486]

Mit der Anerkennung des Internets als eigenem Rechtsraum ginge zugleich ein Verzicht auf den Geltungsanspruch des nationalen Rechts in diesem Bereich einher.[487] Handlungen mit deutlichen Auswirkungen auf den jeweiligen Staat wären von seinen Gesetzen nicht mehr erfasst.[488] Ein Ansehensverlust für den Staat wäre die Folge.[489] Der Schutz personenbezogener Daten ist als Recht auf Datenschutz in vielen Ländern ein Grund-

---

481 *Johnson/Post*, 48 Stan. L. Rev. 1367, 1370 (1996); *Miller*, 10 Ind. J. Global Legal Stud. 227, 232 (2003); Handl/*Zekoll*/Zumbansen, Beyond Territoriality, p. 341, 342.
482 *Edwards*, in: Brown, Governance of the Internet, p. 309, 313; *Johnson/Post*, 48 Stan. L. Rev. 1367, 1378 f. (1996); *Miller*, 10 Ind. J. Global Legal Stud. 227, 233 f. (2003); *Pichler*, Zuständigkeit, S. 17 ff.
483 Vgl. *Miller*, 10 Ind. J. Global Legal Stud. 227, 234 (2003); vgl. *Schmahl*, AVR 2009, 284, 287 f.
484 *Bauchner*, 26 Brook. J. Int'l L. 689, 718 f. (2000-2001).
485 *Bauchner*, 26 Brook. J. Int'l L. 689, 719. (2000-2001).
486 *Bauchner*, 26 Brook. J. Int'l L. 689, 719 ff. (2000-2001).
487 *Johnson/Post*, 48 Stan. L. Rev. 1367, 1378 ff. (1996); *Kohl*, Jurisdiction, p. 266; *Pichler*, S. 19.
488 *Kohl*, Jurisdiction, p. 270; *Pichler*, Zuständigkeit, S. 19 f.
489 *Kohl*, Jurisdiction, p. 266.

recht, womit eine besondere Schutzverpflichtung verbunden ist.[490] Ein Datenschutzrecht, das Handlungen in internetbezogenen Zusammenhängen nicht erfasst, wäre unvollständig und könnte in der Informationsgesellschaft nicht einmal den Ansatz eines wirksamen Schutzes gewährleisten.[491] Der Staat ist in der Verantwortung zur Wahrung der Interessen des Gemeinwohls und seiner Bevölkerung,[492] die eine gerechtfertigte Schutzerwartung an ihren Heimatstaat haben.[493] Dieser Pflicht kann er sich nicht unter Hinweis auf die besondere Struktur des Internets begeben.

Die geforderte Fähigkeit zur Selbstregulierung des Cyberspace wird nicht zuletzt aufgrund der gegenläufigen Interessen der Internetnutzer bezweifelt.[494] Bereits das Argument der unkörperlichen Interaktion verfängt nicht: Das Internet benötigt körperliche Server um zu existieren, es bedarf Menschen, die es programmieren und Inhalte schaffen.[495] Regelmäßig lässt sich somit eine hergebrachte Anknüpfung finden.[496] Dementsprechend sind Handlungen im Internet heute ebenso selbstverständlich von der Regelungshoheit der Nationalstaaten erfasst, wie Geschehnisse in der analogen Welt.[497] Die Theorie vom Internet als eigenem Rechtsraum ist daher überholt.[498] Eine datenschutzrechtliche Regulierung, die vom Internet als einem eigenen Rechtsraum ausgeht, kann extraterritoriale Regelungen mithin nicht tauglich ersetzen.

---

490 Für Deutschland und die EU siehe *Bernsdorff*, in: Meyer, GRCh Art. 8 Rn. 19; *Hoffmann-Riem*, JZ 2014, 53, 60 f.; *Kuner*, FS Hustinx, p. 213, 213; *Masing*, NJW 2012, 2305, 2305 ff.; *Schmahl*, JZ 2014, 220, 221, 226; *Simitis*, BDSG Einl. Rn. 246; *Taeger/Schmidt*, in: Taeger/Gabel, BDSG Einf. Rn. 45.
491 *Prantl*, SZ.de v. 17.5.2010, http://www.sueddeutsche.de/digital/spiros-simitis-datenschutz-muss-auch-im-internet-greifen-1.479161.
492 *Uerpmann-Wittzack*, AVR 2009, 261, 265.
493 *Kohl*, Jurisdiction, p. 266.
494 *von Arnauld*, Völkerrecht, § 10 Rn. 855.
495 *von Arnauld*, Völkerrecht, § 10 Rn. 855; *Miller*, 10 Ind. J. Global Legal Stud. 227, 234 (2003); *Schmahl*, AVR 2009, 284, 290.
496 *Coughlan/Currie/Kindred/Scassa*, Extraterritorial Jurisdiction, p. 41.
497 *Miller*, 10 Ind. J. Global Legal Stud. 227, 234 (2003).
498 *von Arnauld*, Völkerrecht, § 10 Rn. 855; *Miller*, 10 Ind. J. Global Legal Stud. 227, 234 (2003).

3. Restriktionen des grenzüberschreitenden Datenverkehrs

Grundlage dieses Lösungsansatzes ist die Beschränkung des freien grenzüberschreitenden Datenverkehrs. Der Austausch personenbezogener Daten zwischen in- und ausländischen Datenverarbeitern wird nur zugelassen, wenn das Zielland über ein bestimmtes Datenschutzniveau verfügt. Der Datenverkehr mit Staaten ohne ein entsprechendes Schutzniveau ist hingegen zunächst ausgeschlossen.

Direkte extraterritoriale Regelungshoheit wird durch dieses Modell nicht ausgeübt. Obwohl es auf dem Territorialitätsprinzip basiert, wird indirekter extraterritorialer Regelungseinfluss auf andere Länder ausgeübt, indem als Voraussetzung der Datenübermittlung ein dem heimischen Recht vergleichbarer Datenschutzstandard eingefordert wird:[499] Staaten ohne entsprechend angepasste Regelungen riskieren, vom grenzüberschreitenden Datenverkehr ausgeschlossen zu werden. Als besonders wirkungsvoll erweist sich dieses Modell, sofern der Ausschluss vom Wirtschaftsverkehr mit einem bedeutenden Informationsmarkt droht.[500]

Die Regelungen der europäischen Datenschutz-Richtlinie zum Datenexport in Art. 25 ff. DSRL sind eine Umsetzung dieses Modells. Die Übermittlung[501] personenbezogener Daten durch im Inland niedergelassene verantwortliche Stellen[502] in Drittländer ist danach insbesondere zulässig, sofern das Zielland ein angemessenes Datenschutzniveau gewährleistet, Art. 25 Abs. 1 DSRL. Zur Bestimmung der Angemessenheit des Schutzes werden insbesondere die im betreffenden Drittland geltenden allgemeinen oder bereichsspezifischen Rechtsnormen herangezogen, Art. 25 Abs. 2,

---

499 *Cunningham*, 11 Santa Clara J. Int'l L. 421, 431 (2013); *Poullet*, 2 J. Int'l Com. L. & Tech. 141, 145 (2007); *Sobotta*, in: Grabitz/Hilf/Nettesheim, Art. 16 AEUV Rn. 20.
500 *Bygrave*, Data Privacy Law, p. 208; *Poullet*, 2 J. Int'l Com. L. & Tech. 141, 145 (2007).
501 Übermittlung bedeutet gem. § 3 Abs. 4 Nr. 3 BDSG das Bekanntgeben gespeicherter oder durch Datenverarbeitung gewonnener personenbezogener Daten an einen Dritten in der Weise, dass die Daten an den Dritten weitergegeben werden oder der Dritte zur Einsicht oder zum Abruf bereitgehaltene Daten einsieht oder abruft.
502 Verantwortliche Stelle ist gem. § 3 Abs. 7 BDSG jede Person oder Stelle, die personenbezogene Daten für sich selbst erhebt, verarbeitet oder nutzt oder dies durch andere im Auftrag vornehmen lässt.

2. HS DSRL. Eine vergleichbare Bestimmung findet sich auch in Art. 2 des Zusatzprotokolls[503] zur Konvention Nr. 108 des Europarates. Diese Bestimmungen haben massiven indirekten extraterritorialen Einfluss auf andere Staaten und deren Datenschutz-Politik ausgeübt.[504] Es ist damit zwischen direkter extraterritorialer Anwendbarkeit auf Verantwortliche in Drittstaaten und indirekter extraterritorialer Auswirkung auf Drittstaaten selbst zu unterscheiden.[505] Vergleichbare Regelungen wurden in zahlreichen Ländern verabschiedet, die ein angemessenes Datenschutzniveau i.S.d. der Datenschutz-Richtlinie und damit einen freien grenzüberschreitenden Datenverkehr erreichen wollen,[506] u.a. in Indien,[507] Malaysia,[508] Russland[509] und Südafrika[510]. Die EU profitiert in diesem Zusammenhang von ihrer wirtschaftlichen Bedeutung, sie kann enormen Druck auf andere Staaten ausüben.[511]

Die Bestimmungen haben ferner zur Ausarbeitung des Safe-Harbor-Regelwerkes zwischen den USA und der EU geführt.[512] Es wurde nicht die Richtlinie direkt, wohl aber die darin enthaltenen Prinzipien zur indirekten extraterritorialen Anwendbarkeit im Drittland gebracht.[513] Im Verfahren

---

503 Zusatzprotokoll zum Übereinkommen zum Schutz des Menschen bei der automatischen Verarbeitung personenbezogener Daten bezüglich Kontrollstellen und grenzüberschreitendem Datenverkehr des Europarates v. 8.11.2011.
504 *Cunningham*, 11 Santa Clara J. Int'l L. 421, 431 (2013); *Poullet*, 2 J. Int'l Com. L. & Tech. 141, 145 (2007); *Sobotta*, in: Grabitz/Hilf/Nettesheim, Art. 16 AEUV Rn. 20.
505 *Poullet*, 2 J. Int'l Com. L. & Tech. 141, 145, 148 (2007).
506 *Albrecht*, FS Hustinx, p. 119, 119; *Bygrave*, 47 Sc. St. L. 319, 334 (2004); *Poullet*, 2 J. Int'l Com. L. & Tech. 141, 148 (2007).
507 *Chowdhury/Ray*, CRi 2011, 165, 169; *Data Guidance* v. 3.3.2014, http://www.dataguidance.com/dataguidance_privacy_this_week.asp?id=2233.
508 *Bygrave*, Data Privacy Law, p. 200 f.
509 *Solotych*, WiRO 2006, 313, 314; *Spitzer*, OstEuR 2010, 1, 12.
510 *Neethling*, 75 THRHR 241, 247 (2012).
511 *Cunningham*, 11 Santa Clara J. Int'l L. 421, 440 (2013).
512 Entscheidung der Kommission vom 26.07.2000 gemäß der Richtlinie 95/46/EG des Europäischen Parlaments und des Rates über die Angemessenheit des von den Grundsätzen des „sicheren Hafens" gewährleisteten Schutzes (2000/520/EG), ABl. Nr. L 215/7; *Cunningham*, 11 Santa Clara J. Int'l L. 421, 435 ff. (2013).
513 *Poullet*, 2 J. Int'l Com. L. & Tech. 141, 145 f. (2007).

Maximilian Schrems gegen *Data Protection Commissioner*[514] hat der *EuGH* zwischenzeitlich entschieden, dass die Safe-Harbor-Entscheidung[515] der EU-Kommission ungültig ist.[516] Das *Gericht* hat damit die langjährige Kritik hinsichtlich einer mangelnden Sicherstellung des Rechts auf Datenschutz in den USA bestätigt.[517]

Regelungen zum Datenexport sehen sich auch aufgrund der wirtschaftlichen Bedeutung der EU regelmäßig dem Vorwurf des Wirtschaftsprotektionismus ausgesetzt: Die Beschränkung des grenzüberschreitenden Datenverkehrs solle vornehmlich die heimische IT-Wirtschaft stärken und ausländische Mitbewerber benachteiligen.[518] Dass sie tatsächlich vielmehr dem Schutz inländischer personenbezogener Daten vor Gefährdungen im Ausland dienen,[519] hat der *EuGH* mit seinem Urteil im Fall Maximilian Schrems gegen *Data Protection Commissioner*[520] hinreichend deutlich zum Ausdruck gebracht.[521]

Eine weltweit einheitliche Vorstellung darüber, wie ein angemessenes Datenschutzniveau ausgestaltet sein muss, hat sich zwischenzeitlich noch nicht herausgebildet. Dennoch sind die meisten Staaten mittlerweile Teil der modernen Informationsgesellschaft und nehmen am internationalen Datenaustausch teil, obwohl nur wenige über ein angemessenes Datenschutzniveau verfügen.[522] Der grenzüberschreitende Datentransfer mit der

---

514 Entscheidung der Kommission vom 26.07.2000 gemäß der Richtlinie 95/46/EG des Europäischen Parlaments und des Rates über die Angemessenheit des von den Grundsätzen des „sicheren Hafens" gewährleisteten Schutzes (2000/520/ EG), ABl. Nr. L 215/7.
515 Entscheidung der Kommission vom 26.07.2000 gemäß der Richtlinie 95/46/EG des Europäischen Parlaments und des Rates über die Angemessenheit des von den Grundsätzen des „sicheren Hafens" gewährleisteten Schutzes (2000/520/ EG), ABl. Nr. L 215/7.
516 EuGH, U. v. 06.10.2015 – Rs. C-362/14 – Maximilian Schrems ./. Data Protection Commissioner.
517 *Cunningham*, 11 Santa Clara J. Int'l L. 421, 438 (2013); *Gola/Klug*, NJW 2014, 667, 668; *Hoffmann-Riem*, JZ 2014, 53, 61; *Jensen*, ZD-Aktuell 2014, 03875; *Roßnagel*, MMR 2014, 372, 377; *Spies*, ZD 2013, 535, 536 ff.
518 *Bygrave*, Data Privacy Law, p. 123 ff.
519 Erwägungsgrund (56) f., Richtlinie 95/46/EG (Datenschutz-Richtlinie); *Simitis*, NJW 1997, 281, 284.
520 EuGH, U. v. 06.10.2015 – Rs. C-362/14 – Maximilian Schrems ./. Data Protection Commissioner.
521 EuGH, U. v. 06.10.2015 – Rs. C-362/14 – Maximilian Schrems ./. Data Protection Commissioner, Rn. 85 ff.
522 *Schaar*, ZRP 2013, 214, 215.

A. Problemaufriss

EU findet teilweise aufgrund von Ausnahmeregelungen wie verbindlichen Unternehmensregelungen oder Standardvertragsklauseln, teilweise unter schlichter Missachtung der Regelungen zum Datenexport statt.[523]

Grenzüberschreitende Datenübermittlung ist aufgrund der ubiquitären Datenverarbeitung in der Informationsgesellschaft zur Realität geworden.[524] Restriktionen des grenzüberschreitenden Datenverkehrs stellen demnach nur einen untergeordneten Teil einer möglichen Gesamtlösung dar. Eine Umsetzung kommt aus eigener Motivation wohl nur für diejenigen Staaten in Betracht, die sich in einer derart vorteilhaften Position befinden, dass nicht sie Nachteile durch die Beschränkung des freien grenzüberschreitenden Datenverkehrs erleiden, sondern der jeweils andere Teil. Zwischen Staaten, die untereinander auf einen Datenaustausch angewiesen sind, wird hingegen trotz mangelnden Datenschutzniveaus auf die Restriktionen verzichtet und sich mit bilateralen Abkommen oder Selbstverpflichtungen der Wirtschaft beholfen werden. Restriktionen des grenzüberschreitenden Datenverkehrs stellen aufgrund der faktischen Grenzen somit nur eine Ergänzung extraterritorialer Regelungen und keine Alternative dar.

4. Re-Territorialisierung des Internets

Ein weiterer Vorschlag ist es, die Grenzen staatlichen Territoriums auf das Internet zu übertragen.[525] Hierzu sollen die Techniken der Geolokalisierung und des Zoning eingesetzt werden, die in einem engen Zusammenhang stehen.[526] Mit Hilfe des Zoning werden die Grenzen geographischer Räume im Internet umgesetzt, sodass sich Erreichbarkeit und Inhalt eines Online-Dienstes je nach regionaler Herkunft des Nutzers unterscheiden können.[527] Die Geolokalisierung ermöglicht es anhand der IP-Adresse die Herkunft einer Person zu ermitteln.[528] Mit Hilfe dieser Techniken soll eine Re-Territorialisierung des Internets durchgesetzt und somit dessen grenz-

---

523 *Schaar*, ZRP 2013, 214, 215; *Spindler*, GRUR 2013, 996, 1003; *Weber*, 3 IDPL 117, 124 f. (2013).
524 *Bygrave*, Data Privacy Law, p. 125.
525 *von Arnauld*, Völkerrecht, § 10 Rn. 856; *Kohl,* Jurisidiction, S. 278.
526 *Hoeren*, MMR 2007, 3, 3 f.
527 *von Arnauld*, Völkerrecht, § 10 Rn. 856; *Hoeren,* MMR 2007, 3, 3; *Kohl*, Jurisdiction, p. 279.
528 *Hoeren,* MMR 2007, 3, 3.

überschreitender und transnationaler Charakter eingeschränkt werden können.[529] Zu diesem Zweck würde das Internet anhand verschiedener Kriterien in bestimmte Räume aufgeteilt, sodass sich die Erreichbarkeit oder die angezeigten Inhalte eines Online-Dienstes je nach Herkunft des Nutzers unterschieden.[530] Staatliche Behörden verfügten mit Hilfe dieser Technik über eine Möglichkeit, den Zugang zu Online-Diensten entsprechend zu beschränken.[531] Dem Nationalstaat böte sich mit diesem Regulierungsinstrument eine geeignete Handhabe, seine territorialen Grenzen im Netz entsprechend abzubilden.[532]

Beinahe wichtiger ist die Re-Territorialisierung im datenschutzrechtlichen Kontext jedoch für den Regelungsadressaten: Geolokalisierung und Zoning schafften für Unternehmen die Möglichkeit, spezifische Angebote für Nutzergruppen anhand von deren Herkunftsland zu entwickeln.[533] Es ließe sich also die Erreichbarkeit des eigenen Online-Angebots für bestimmte Länder ausschließen oder zumindest anpassen, um die Anwendbarkeit eines Gesetzes gänzlich zu verhindern oder seinen Vorschriften zu genügen.[534] Dies ist zwar für größere Unternehmen denkbar, die über die entsprechenden Mittel verfügen, um landesspezifische Angebote in Übereinstimmung mit einem bestimmten Recht zu gestalten.[535] Insbesondere bei kleineren Unternehmen könnte dies aber dazu führen, dass zur Vermeidung von Rechtsunsicherheit eine Selbstbeschränkung stattfindet, die mit der ausschließlichen Erreichbarkeit im heimischen Rechtskreis einhergeht.[536]

Die technische Zuverlässigkeit dieser Maßnahmen ist umstritten.[537] Es ist nicht geklärt, ob die Erreichbarkeit eines Angebots in einem bestimmten Land überhaupt zuverlässig ausgeschlossen werden kann.[538] Eine Um-

---

529 *von Arnauld*, Völkerrecht, § 10 Rn. 856; *Hoeren*, MMR 2007, 3 ff.
530 *Hoeren*, MMR 2007, 3, 3; *Kohl*, Jurisdiction, p. 279.
531 *Hoeren*, MMR 2007, 3, 4 ff.
532 *Hoeren*, MMR 2007, 3 f.
533 *Hoeren*, MMR 2007, 3, 6; *Kohl*, Jurisdiction, p. 279.
534 *Hoeren*, MMR 2007, 3, 3 f.
535 *Kohl*, Jurisdiction, p. 279.
536 *Kohl*, Jurisdiction, p. 279, 281.
537 Zweifelnd: OVG Lüneburg, NVwZ 2009, 1241, 1242 f. – Vertrieb von Online-Glücksspielen; *von Arnauld*, Völkerrecht, § 10 Rn. 856; *Hoeren,* MMR 2007, 3, 5; von Zuverlässigkeit ausgehend: OVG Münster, MMR 2010, 350, 351 f.; *Kohl*, Jurisdiction, p. 281; *Svantesson*, Extraterritoriality in Data Privacy Law, p. 180 ff.
538 OVG Lüneburg, NVwZ 2009, 1241, 1242 f. – Vertrieb von Online-Glücksspielen.

gehung derartiger Zugangssperren soll jedenfalls mit geringem Aufwand möglich sein.[539]

Eine Re-Territorialisierung wird daher durchaus kritisch gesehen.[540] Die Informationsfreiheit schützt das Recht des Einzelnen, sich aus in- und ausländischen Quellen über das Weltgeschehen zu informieren.[541] Diese Freiheit leidet unter der (Selbst-)Beschränkung.[542] Hier kommt erschwerend hinzu, dass derartige Maßnahmen den Informationsfluss oftmals weitgehender einschränken, als ursprünglich beabsichtigt.[543] Dabei macht gerade der transnationale Charakter die Informationsgesellschaft aus.[544] Um die, für die digitale Gesellschaft besonders bedeutsame, Informationsfreiheit nicht unverhältnismäßig einzuschränken, sollte die Re-Territorialisierung somit im Datenschutzrecht eine Maßnahme darstellen, die dem Regelungsadressaten zur rechtskonformen Gestaltung seines Angebots zur Verfügung steht oder in ergänzender Funktion zu anderen Regulierungsinstrumenten herangezogen wird, um besonders schwere Verletzungen des Rechts zu ahnden.[545]

5. Selbstregulierung des Marktes

Zur Loslösung vom hergebrachten Konzept der Regelungshoheit und der damit verbundenen Probleme, wird eine Selbstregulierung der Informationswirtschaft propagiert. Das Internet sei seit seinen Anfängen ein Zeugnis für die aus der Selbstregulierung erwachsene positive Energie, die sich ebenfalls für den Datenschutz in der Informationsgesellschaft nutzen lasse.[546] Vorschläge für eine Selbstregulierung entsprechen dabei vor allem dem in den USA vorherrschenden Verständnis der Rolle des Staates im Datenschutz.[547]

---

539 *Hoeren*, MMR 2007, 3, 3 f.; *Schmahl*, AVR 2009, 284, 318.
540 *von Arnauld*, Völkerrecht, § 10 Rn. 856; *Kohl*, Jurisdiction, p. 278; *Schmahl*, AVR 2009, 284, 319.
541 *von Arnauld*, Völkerrecht, § 10 Rn. 856; *Schmahl*, AVR 2009, 284, 319.
542 *von Arnauld*, Völkerrecht, § 10 Rn. 856.
543 *von Arnauld*, Völkerrecht, § 10 Rn. 856.
544 *Hoeren*, ZD 2014, 325, 326.
545 Vgl. *von Arnauld*, Völkerrecht, § 10 Rn. 856.
546 *Heckmann*, K&R 2010, 770, 774.
547 *Simitis*, BDSG Einl. Rn. 110.

Einerseits sei die Gewährleistung effektiven Datenschutzes eine Frage des öffentlichen Ansehens für die Unternehmen und so deren natürliches Anliegen, andererseits sei ein System der Selbstregulierung in der Lage, flexibel auf neue technische Entwicklungen zu reagieren und sektorspezifische Besonderheiten zu berücksichtigen.[548] Die Förderung und Unterstützung der datenschutzrechtlichen Selbstregulierung wurde bereits in den OECD-Richtlinien über Datenschutz und grenzüberschreitende Ströme personenbezogener Daten von 1980 gefordert.[549] Die Selbstregulierung erlaube es den Unternehmen zudem, neue technische Entwicklungen eigenständig in den Datenschutz zu integrieren.[550] Eine funktionierende Selbstregulierung könne somit ein hoheitliches Eingreifen überflüssig machen.[551] Der zu erwartende Widerstand der Wirtschaft gegen Datenschutzregulierungen würde reduziert und die Suche nach Vermeidungsmöglichkeiten entfiele.[552]

Die Selbstregulierungskräfte des Marktes werden jedoch insbesondere für den Bereich des Datenschutzes in Frage gestellt.[553] Aufgrund der wirtschaftlichen Bedeutung des Datenumgangs und der großen Anzahl leicht verfügbarer Daten gibt es eher Anreize für Unternehmen, den Datenschutz bewusst zu unterlaufen.[554] Insbesondere die Konzentration der Marktmacht im Internet auf nur wenige relevante Anbieter schließt ein für die funktionierende Selbstregulierung notwendiges, zumindest annähernd gleiches Kräfteverhältnis zwischen Nutzer und Datenverarbeiter vorerst aus.[555] Ohnehin ist nur ein geringer Teil der Internetnutzer tatsächlich partizipationsgeneigt und zum Aufbau eines Gegengewichtes zu den Unternehmen der digitalen Wirtschaft bereit und in der Lage, während der über-

---

548 *Carblanc*, FG Büllesbach, S. 311, 312; *Weber*, 3 IDPL 117, 120 (2013); *Weitzner*, FS Hustinx, p. 199, 205.
549 OECD Guidelines on the Protection of Privacy and Transborder Flows of Personal Data, Nr. 19 lit. b); *Kranig/Peintinger*, ZD 2014, 3, 3.
550 *Boehme-Neßler*, MMR 2009, 439, 443.
551 *Kranig/Peintinger*, ZD 2014, 3, 6.
552 *Roßnagel*, FG Büllesbach, S. 131, 142.
553 *Edwards*, in: Brown, Governance of the Internet, p. 309, 313; *Heckmann*, K&R 2010, 770, 774; *Höffe*, FG Büllesbach, S. 257, 258; *Simitis*, BDSG Einl. Rn. 109 f.
554 *Boehme-Neßler*, MMR 2009, 439, 443; *Edwards*, in: Brown, Governance of the Internet, p. 309, 334; *Heckmann*, K&R 2010, 770, 774; *Höffe*, FG Büllesbach, S. 257, 258.
555 *Hoffmann-Riem*, JZ 2014, 53, 63.

A. Problemaufriss

wiegende Teil in der Rolle des passiven Konsumenten verharrt.[556] Selbst bei Einbeziehung dieser partizipationsgeneigten Nutzer durch die marktbeherrschenden Diensteanbieter droht die Selbstregulierung im Internet damit zu einer Regulierung der wenigen zu werden.[557] Das ist keinesfalls im Sinne der demokratischen Entwicklung der Informationsgesellschaft.

Diesseits und jenseits des Atlantiks unterscheiden sich zudem die Regelungskulturen: In Europa bevorzugt man zur datenschutzrechtlichen Regulierung staatlich gesetzte Regelungen, während in den USA aufgrund einer generellen Skepsis gegenüber staatlicher Intervention vielmehr auf die Selbstregulierung des Marktes vertraut wird.[558] Zur erfolgreichen Umsetzung der Selbstregulierung im Datenschutz bedarf es jedoch eines globalen Ansatzes.[559] Die zwischen der EU und den USA vereinbarten und auf dem Gedanken der Selbstregulierung beruhenden Safe-Harbor-Richtlinien sollten diesbezüglich einen Ausgleich darstellen, gelten aber in Europa mittlerweile als Beispiel für eine ineffektive und gescheiterte Datenschutzregulierung.[560] Im Hinblick auf die negativen Erfahrungen mit der Selbstregulierung der Wirtschaft in den USA erscheint eine Umsetzung dieses Regelungsansatzes im Datenschutzrecht nicht zuletzt aufgrund seiner Grundrechtsrelevanz als ungeeignet.[561] Es ist daher fraglich, ob es im Rahmen grenzüberschreitender Datenströme überhaupt gelingen kann, unterschiedliche Konzepte der Selbstregulierung aufeinander abzustimmen.[562] Im Sinne des transatlantischen Ausgleichs wird ein System der gelenkten Selbstregulierung angedacht,[563] das aber nur erfolgreich sein kann, wenn alle Marktteilnehmer zur Beachtung verpflichtet werden.[564] Deren gesetzliche Grundlagen müssten somit wiederum auf einem Gesetz mit ex-

---

556 *Heckmann*, K&R 2010, 770, 774.
557 *Heckmann*, K&R 2010, 770, 774; *Weber*, 3 IDPL 117, 120 (2013).
558 *Bygrave*, 47 Sc. St. L. 319, 329 (2004); *Jacob/Heil*, FG Büllesbach, S. 213, 213; *Kranig/Peintinger*, ZD 2014, 3, 5.
559 *Roßnagel*, FG Büllesbach, S. 131, 142.
560 *Hoffmann-Riem*, JZ 2014, 53, 61; *Roßnagel*, MMR 2014, 372, 377; Entschließung der 89. Konferenz der Datenschutzbeauftragten des Bundes und der Länder, http://www.bfdi.bund.de/SharedDocs/Publikationen/Entschliessungssammlung/DSBundLaender/89DSK-SafeHarbor.pdf?__blob=publicationFile&v=2.
561 *Cunningham*, 11 Santa Clara J. Int'l L. 421, 438 (2013); *Jacob/Heil*, FG Büllesbach, S. 213, 214; *Roßnagel*, MMR 2014, 372, 377.
562 *Weber*, 3 IDPL 117, 120 f. (2013).
563 *de Maizière*, FAZ v. 18.08.2014, S. 6.
564 *Roßnagel*, FG Büllesbach, S. 131, 142.

traterritorialem Anwendungsbereich oder bilateralen Abkommen beruhen, um wirklich verlässlichen Schutz sicherzustellen. Die damit verbundene Grundproblematik bliebe folglich erhalten.

Die tatsächliche Eignung eines selbstregulativen Ansatzes als Alternative zu datenschutzrechtlichen Regelungen mit extraterritorialem Anwendungsbereich ist somit nicht gegeben. Elemente der Selbstregulierung kommen nur als Ergänzung bestehender staatlicher Regelungen in Betracht.[565]

6. Harmonisierung des Datenschutzrechts

Als weitere Alternative wird eine umfassende und weltweite Harmonisierung des Datenschutzrechts vorgeschlagen.[566] In der Informationsgesellschaft ist der Nationalstaat weiterhin zum Schutze seiner Angehörigen berufen.[567] Ob er diesen Schutzauftrag gegenüber seiner Bevölkerung noch ausreichend erfüllen kann, wird jedoch bezweifelt.[568] Angesichts der ständigen Zunahme an grenzüberschreitenden Sachverhalten, werden nationale Lösungen dementsprechend als unzureichend empfunden.[569] Kann der Nationalstaat die Herausforderungen der digitalen Revolution nicht alleine bewältigen, muss er sich neuer Handlungsformen bedienen.[570] Eine verstärkte Kooperation der Staaten untereinander ist somit geboten.[571] Der transnationalen Informationsgesellschaft hat der transnationale Datenschutz zu folgen.[572]

---

565 *Jacob/Heil*, FG Büllesbach, S. 213, 220.
566 *Cave*, in: Brown, Governance of the Internet, p. 143, 148; *Ellger*, Datenschutz, S. 456, 458; *Harris*, ZD 2013, 369, 370; *Hoeren*, ZRP 2010, 251, 252; *Hondius*, 30 NILR 103, 112 (1983); *Narayanan*, 12 Chi. J. Int'l L. 783, 801 (2011-2012).
567 *Höffe*, FG Büllesbach, S. 257, 258.
568 *Hoffmann/Schulz/Borchers*, MMR 2014, 89, 89; *Weingarten*, Der Spiegel 2015/27, 66, 67 f.
569 *Corbett*, 29 Comp. L. & Sec. Rev. 246, 253 (2013); *Ellger*, Datenschutz, S. 455 ff.; *Harris*, ZD 2013, 369, 370; *Hoffmann-Riem*, JZ 2014, 53, 59; *de Maizière*, FAZ v. 18.08.2014, S. 6.
570 *Höffe*, FG Büllesbach, S. 257, 258.
571 *Coughlan/Currie/Kindred/Scassa*, Extraterritorial Jurisdiction, p. 46; *Hoffmann-Riem*, JZ 2014, 53, 62; *de Maizière*, FAZ v. 18.08.2014, S. 6; *Poullet*, 2 J. Int'l Com. L. & Tech. 141, 152.
572 *Hoffmann/Schulz/Borchers*, MMR 2014, 89, 93.

A. Problemaufriss

Eine Harmonisierung würde dazu führen, dass aufgrund angeglichener Datenschutzgrundsätze ein vereinheitlichtes Schutzniveau entstünde und so der Anlass extraterritorialer Regelungen im Datenschutzrecht und die damit verbundene Durchsetzungsproblematik weitgehend entfielen.[573] Ein Vorgehen gegen Rechtsverletzer im eigenen Land wäre ausreichend. Verbleibende extraterritoriale Regelungen wären insoweit unproblematisch, als die Erfüllung heimischer Datenschutzstandards zugleich die ausländischen Anforderungen befriedigte und Jurisdiktionskonflikte ausblieben.[574] Eine Notwendigkeit zur Abbildung nationaler Grenzen im Internet entfiele,[575] sodass die Freiheit des grenzüberschreitenden Informationsflusses gesichert wäre.

Wirksamkeit und Stellenwert des Datenschutzes würden besonders von einer weitreichenden völkerrechtlichen Absicherung profitieren, sodass ein globales Datenschutz-Abkommen erstrebenswert wäre.[576] Internationale Institutionen zur Erarbeitung gemeinsamer Datenschutzstandards und zur Konfliktschlichtung sind bereits im Gespräch.[577] Denkbar wäre die Kodifizierung internationaler Datenschutzgrundsätze.[578] Vereinheitlichte gesetzgeberische Standards im Datenschutzrecht, wie sie etwa im Immaterialgüterrecht existieren, beförderten die Möglichkeiten einer Harmonisierung weiter.[579] Ein Konflikt aus dem Interesse an der Bewahrung nationaler Regelungsstandards und dem Bedürfnis einer weltweiten Vereinheitlichung ergäbe sich bei einer weitgehenden Harmonisierung nicht.[580] Dies könnte die auch Durchsetzung extraterritorialer Regelungsansprüche auf Basis der Gegenseitigkeit erleichtern oder gar zur Einsetzung internationa-

---

573 Vgl. *Ellger*, Datenschutz, S. 456 f.; vgl. *Reed*, Cyberspace, p. 36, 47; *Weitzner*, FS Hustinx, p. 199, 209 f.
574 Vgl. *Reed*, Cyberspace, p. 31, 36.
575 *Kohl*, Jurisdiction, p. 259.
576 *FAZ.NET* v. 20.7.2013, http://www.faz.net/aktuell/politik/spaehaffaere-merkel-regt-globales-datenschutz-abkommen-an-12288963.html; *Höffe*, FG Büllesbach, S. 257, 258; *Hoffmann/Schulz/Borchers*, MMR 2014, 89, 93; *Redaktion ZD-Aktuell*, ZD-Aktuell 2013, 03746; *Reidenberg*, 38 Hous. L. Rev. 717, 749 (2001).
577 *Corbett*, 29 Comp. L. & Sec. Rev. 246, 248, 254 (2013); *Weber*, 3 IDPL 117, 121 (2013).
578 *de Maizière*, FAZ v. 18.08.2014, S. 6.
579 *Corbett*, 29 Comp. L. & Sec. Rev. 246, 246 (2013); *Narayanan*, 12 Chi. J. Int'l L. 783, 802 (2011-2012).
580 *Kohl*, Jurisdiction, p. 263 f.

lisierter Organe zur Durchsetzung datenschutzrechtlicher Standards führen.[581]

Für den Bereich der Internetkriminalität hat die Cybercrime-Convention des Europarates bereits bewiesen, dass die Erarbeitung gemeinsamer legislativer Standards mit dem Ziel der Rechtsvereinheitlichung im Online-Bereich möglich ist.[582] Die Erfahrungen bei der Erarbeitung eines internationalen Klimaschutzabkommens können zudem herangezogen werden, da es sich ebenfalls um ein grenzüberschreitendes Problem handelt, das einer globalen Lösung bedarf.[583] Sie zeigen, allerdings dass sich der Einigungsprozess für internationale Vertragswerke kompliziert und langwierig gestaltet und dementsprechend auf kurzfristig entstandene Herausforderungen nur schwerlich eine rasche Reaktion gefunden werden kann.[584] Die Generalversammlung[585] und der Menschenrechtsausschuss[586] der Vereinten Nationen haben sich in der jüngeren Vergangenheit verstärkt mit Schutz der Privatsphäre im digitalen Zeitalter beschäftigt, so das weltweite Bewusstsein für das Recht auf Datenschutz verstärkt, das Grundvoraussetzung für den Beginn jeder Harmonisierung ist.

Ferner hat der Europarat mit den datenschutzrechtlichen Bestimmungen in Art. 8 EMRK und dem Übereinkommen zum Schutz des Menschen bei der automatischen Verarbeitung personenbezogener Daten (Konvention Nr. 108) von 1981 eine harmonisierende Funktion in Bezug auf nationale Datenschutzgesetze eingenommen. Die Konvention diente vielen Ländern als Vorbild für die nationalen Datenschutzgesetze, insbesondere in Bezug auf den grenzüberschreitenden Datenverkehr.[587] Die Konvention ist zudem offen für die Unterzeichnung von Staaten, die nicht dem Europarat angehören.[588] Sie soll daher am ehesten die Funktion eines ersten globalen Datenschutzinstruments übernehmen können.[589] Mauritius, Marokko, Senegal, Tunesien und Uruguay haben bereits als erste Nicht-Mitgliedsstaa-

---

581 *Coughlan/Currie/Kindred/Scassa*, Extraterritorial Jurisdiction, p. 24 f.
582 *Kohl*, Jurisdiction, p. 263; *Tinnefeld/Buchner/Petri*, Datenschutzrecht, S. 75 f.
583 *Hoffmann/Schulz/Borchers*, MMR 2014, 89, 93.
584 *Rieß*, FG Büllesbach, S. 253, 254.
585 UN-Generalversammlung A/RES/69/166 v. 18.12.2014; UN-Generalversammlung A/RES/68/167 v. 18.12.2013.
586 UN-Menschenrechtsrat A/HRC/28/L.27 v. 24.03.2015.
587 *Weber*, 3 IDPL 117, 119 (2013).
588 *Ellger*, Datenschutz, S. 464; *Weber*, 3 IDPL 117, 120 (2013).
589 *Bygrave*, 47 Sc. St. L. 319, 333 (2004); *Greenleaf*, in: Brown, Governance of the Internet, p. 221, 235.

A. Problemaufriss

ten die Konvention ratifiziert und in Kraft gesetzt.[590] Als geeignete Foren für die Erarbeitung eines globalen Datenschutz-Abkommens kommen demnach die Vereinten Nationen, die ITU, das IGF, die OECD sowie der Europarat in Betracht.[591] Allerdings leiden sowohl OECD als auch Europarat an ihrer beschränkten Mitgliedschaft sowie dem Vorwurf einer wirtschafts- oder eurozentrischen Herangehensweise.[592]

Von einem übereinstimmenden Datenschutzverständnis auf internationaler Ebene ist man allerdings noch weit entfernt.[593] Insbesondere bedürfte es hierzu einer gemeinsamen Herleitung des Datenschutzrechts.[594] Die unterschiedlichen Kulturen des Datenschutzes, insbesondere in Europa und den USA, erschweren eine solche Einigung.[595] Darüber hinaus hängt eine erfolgreiche Harmonisierung nicht ausschließlich von einem vereinheitlichen rechtlichen Standard ab. Ohne ein international zumindest vergleichbares Maß an Rechtsdurchsetzung kann ein einheitliches Schutzniveau nicht gewährleistet werden. Die internationale Harmonisierung des Datenschutzrechts auf einem einheitlichen Schutzniveau stellt somit ein Ideal dar, dass sich in absehbarer Zeit nicht realisieren lässt.[596]

Die internationale Harmonisierung kann jedoch durch die Vorreiterrolle eines Staates begünstigt werden, dessen funktionierende Gesetze Vorbildfunktion entfalten und anderen Staaten einen möglichen Lösungsweg aufzeigen.[597] Bi- und multilaterale Abkommen kämen dabei als geeignete Vorstufen einer internationalen Lösung in Betracht.[598] In zahlreichen Staaten beginnt bereits die Entwicklung eines harmonisierten Rechtsverständ-

---

590 http://www.coe.int/de/web/conventions/full-list/-/conventions/treaty/108/signatures.
591 *von Arnauld*, BerDGIR 47, 1, 24 f.; *Bygrave*, Data Privacy Law, p. 205 f.
592 *Bygrave*, Data Privacy Law, p. 205.
593 *Bygrave*, Data Privacy Law, p. 205; *Kohl,* Jurisdiction, p. 264 f.; *de Maizière*, FAZ v. 18.08.2014, S. 6; *Svantesson*, Extraterritoriality, p. 207; *Weber*, 3 IDPL 117, 118 (2013).
594 *Höffe*, FG Büllesbach, S. 257, 267.
595 *Bygrave*, Data Privacy Law, p. 205; *Hoeren*, ZRP 2010. 251, 252; *Weber*, 3 IDPL 117, 121, 130 (2013).
596 *Bygrave*, Data Privacy Law, p. 205; vgl. *Höffe*, FG Büllesbach, S. 257, 260; *Kuner*, 2 GroJIL 55, 60 (2014).
597 *Reed*, Cyberspace, p. 37.
598 Vgl. *Simitis*, BDSG Einl. Rn. 267; *Wieczorek*, DuD 2013, 644, 648.

V. Alternativen zu extraterritorialen Regelungen

nisses des Datenschutzes, das im Wesentlichen auf den Datenschutzvorstellungen der Europäischen Union basiert.[599]

Eine weitgehende inhaltliche Harmonisierung der Datenschutzgesetze ist geeignet, um die unerwünschten Auswirkungen der Extraterritorialität zu begrenzen.[600] Die Kenntnis harmonisierter Grundsätze der Datenverarbeitung wäre dann im Wesentlichen ausreichend, um Rechtsverletzungen zu vermeiden und den Anlass für Jurisdiktionskonflikte entfallen zu lassen.[601] Maßnahmen auf Gegenseitigkeit sowie alle weiteren denkbaren internationalen Lösungen setzen einen gemeinsamen Wertekanon und eine gemeinsame Regelungskultur des Datenschutzrechts voraus, die derzeit nicht existieren.[602] Mittelfristig ist eine derartige Entwicklung nicht zu erwarten.[603]

Insbesondere aufgrund der grundsätzlich unterschiedlichen Auffassungen zum Datenschutz und seiner Regulierung erscheint eine Einigung zwischen der Europäischen Union und den USA vorerst ausgeschlossen.[604] Darüber hinaus fehlt es an einem geeigneten Forum, wie etwa einer internationalen Datenschutzorganisation, das für die Erarbeitung eines weltweiten Datenschutz-Abkommens zur Verfügung stünde und im Nachgang dessen Umsetzung begleitete.[605] Die Chancen auf eine internationale Harmonisierung des Datenschutzrechts sind damit vorerst als gering einzustufen.

---

599 *Bygrave*, Data Privacy Law, p. 208; *Cunningham*, 11 Santa Clara J. Int'l L. 421, 427 ff. (2013).
600 Allgemein zum Internet: *von Arnauld*, Völkerrecht, § 10 Rn. 857; *Reed*, Cyberspace, p. 31.
601 Vgl. *Reed*, Cyberspace, p. 31.
602 *Coughlan/Currie/Kindred/Scassa*, Extraterritorial Jurisdiction, p. 50 f.; *Weitzner*, FS Hustinx, p. 199, 209.
603 *Bygrave*, Data Privacy Law, p. 205; *Ellger*, Datenschutz, S. 579; *Weber*, 3 IDPL 117, 121 (2013).
604 *Bygrave*, Data Privacy Law, p. 205; *Hoeren*, ZRP 2010. 251, 252; *Weber*, 3 IDPL 117, 121, 130 (2013).
605 *Bygrave*, Data Privacy Law, p. 206; *Kuner*, 2 GroJIL 55, 66 (2014).

B. Vergleichende Analyse aktueller Internetdatenschutzgesetzgebung und ihrer jurisdiktionellen Grundlagen

I. Untersuchung ausgewählter Datenschutzregelungen

Der technische Fortschritt hat die Datenverarbeitung grundlegend verändert und zur Entstehung der transnationalen Informationsgesellschaft geführt,[606] deren Kennzeichen die Ubiquität des Internets ist. Die aufgrund dieser Entwicklung veränderten Rahmenbedingungen für Wirtschaft und Demokratie geben unterschiedlichsten Anlass zur Ausübung extraterritorialer Regelungshoheit im Datenschutzrecht. Hierfür kommt eine Anknüpfung nach Personalitäts-, Auswirkungs- oder Schutzprinzip in Betracht. Bisher ist allerdings nicht geklärt, unter welchen Voraussetzungen genau Regelungshoheit im Datenschutzrecht ausgeübt werden kann.[607] Die Übertragung der allgemeinen theoretischen Grundlagen der extraterritorialen Regelungshoheit auf die spezifische Situation im Datenschutzrecht legt zunächst nahe, dass derartige Regelungen grundsätzlich zulässig sind. Ferner ist davon auszugehen, dass die internationalisierte, standortflexible Datenverarbeitung derartige Regelungen zum Schutz von Grundrechten und Wirtschaftsinteressen notwendig macht. Als Anknüpfungspunkt kommen nach Betrachtung der Grundlagen v.a. das Personalitäts- und Auswirkungsprinzip in Betracht, aber auch eine Anknüpfung an das Schutzprinzip erscheint nicht ausgeschlossen.

Die folgende Untersuchung von der gegenwärtigen Staatenpraxis soll tatsächlichen Aufschluss darüber geben, ob extraterritoriale Regelungen im internationalen Datenschutzrecht existieren, in welchem Ausmaß sie zulässig sind, aus welchem Anlass und auf Grundlage welcher Anknüpfung eine derartige Regelung erfolgt und zu welchen Zwecken eine solche Anknüpfung gewählt wird.

---

606 *Hoeren*, ZD 2014, 325, 326.
607 *Kuner*, FS Hustinx, p. 213, 221; *Svantesson*, Extraterritoriality, p. 19 f.

I. Untersuchung ausgewählter Datenschutzregelungen

Eine Analyse sämtlicher derzeit in Kraft befindlichen 101[608] Datenschutzgesetze würde den Umfang der Arbeit sprengen, sodass eine Auswahl aussagekräftiger Datenschutzgesetze vorgenommen wurde, die eine geographische Vielfalt und unterschiedliche Rechtskreise ebenso wie Unterschiede im Verständnis von Datenschutz widerspiegelt. Die Untersuchung kann jedoch zur Feststellung einer häufig vorkommenden und sich festigenden Übung unter den Staaten dienen und damit einen Hinweis auf ein im Entstehen befindliches Datenschutz-Völkergewohnheitsrecht geben.[609]

Die gewählten Staaten sind dabei einerseits ein Abbild unterschiedlicher europäischer und US-amerikanischer Vorstellungen des Datenschutzes, die weltweit bestimmend für die rechtspolitische Entwicklung sind.[610] Sie zeigen am Beispiel Indien und Südafrika zugleich die unterschiedlichen Möglichkeiten des Umgangs mit Datenschutzrecht in Schwellenländern angesichts des Wunsches nach Teilnahme an der internationalen Informationswirtschaft. Australien stellt als APEC-Land ein wichtiges Beispiel pazifischen Datenschutzrechts dar, so wie Russland die datenschutzrechtliche Entwicklung eines Landes im deutlichen Widerstand zu den USA dokumentiert und damit auch stellvertretend für Brasilien steht. Zugleich sind damit die großen Wirtschaftsblöcke EU, USA, BRICS, und APEC ebenso abgedeckt, wie Rechtssysteme des *civil law* und *common law*.

Wenngleich Chinas Entwicklung in Datenschutzfragen grundsätzlich von Interesse ist, wird dennoch für die vorliegende Untersuchung extraterritorialer Regelungshoheit auf eine Einbeziehung verzichtet. In der chinesischen Gesellschaft besteht derzeit keine gesteigerte Wertschätzung für Privatsphäre und Datenschutz, was nicht zuletzt dem chinesischen Regierungssystem geschuldet ist.[611] Ein ausdrücklich in der Verfassung garantiertes Recht auf Datenschutz oder Privatsphäre existiert nicht.[612] China ist damit eine der großen, wirtschaftlich bedeutsamen Nationen, die bisher über kein Datenschutzrecht verfügen.[613] Das dortige Datenschutzsystem

---

608 *Greenleaf*, 23 J. L. Inf. & Sci. 4, 4 (2014).
609 *Herdegen*, in: Maunz/Dürig, GG Art. 25 Rn. 36; *Jarass*/Pieroth, GG Art. 25 Rn. 7 f.
610 *Bygrave*, Data Privacy Law, p. 207 ff.
611 *Binding*, ZD 2014, 327, 327.
612 *Ma/Roth*, RIW 2014, 355, 355.
613 Vgl. *Cunningham*, 11 Santa Clara J. Int'l L. 421, 441 (2013).

B. Vergleichende Analyse aktueller Internetdatenschutzgesetzgebung

steht ebenso wie das Bewusstsein der chinesischen Bevölkerung für die Bedeutung des Datenschutzes noch am Anfang seiner Entwicklung.[614] Dementsprechend existieren derzeit keine Regelungen mit extraterritorialem Anwendungsbereich, sodass auf eine tiefergehende Untersuchung verzichtet werden konnte.

Darüber hinaus hat *Svantesson* bereits den Beweis erbracht, dass extraterritoriale Regelungen Eingang in das Datenschutzrecht des asiatisch-pazifischen Raumes gefunden haben.[615] Ein Nachweis bestehenden Völkergewohnheitsrechts bedürfte zweifellos der Untersuchung der datenschutzrechtlichen Praxis weiterer Staaten, trotzdem lässt sich mit Hilfe der induktiven Methode bereits aus der vorliegenden Auswahl höchst unterschiedlicher datenschutzrechtlicher Traditionen und Regelungssysteme ein repräsentativer Schluss auf die gegenwärtige Situation und die Grundsätze des internationalen Datenschutzrechts ableiten.[616]

1. Europäische Union

In der Europäischen Union hat der Schutz personenbezogener Daten den Status eines Grundrechts, gem. Art. 8 Charta der Grundrechte der Europäischen Union (GRCh) und Art 16 Vertrag über die Arbeitsweise der Europäischen Union (AEUV).[617] Ferner ergibt sich der Schutz personenbezogener Daten auch aus dem Recht auf Achtung des Privat- und Familienlebens gemäß Art. 8 der Europäischen Menschenrechtskonvention (EMRK).[618] Gem. Art. 6 Abs. 3 EU-Vertrag sind die Grundrechte, wie sie in der EMRK gewährleistet sind, als allgemeine Grundsätze Teil des Unionsrechts. Die Entwicklung des europäischen Informationsmarktes soll dementsprechend durch die Grundrechte des Einzelnen bestimmt wer-

---

614 *Binding*, ZD 2014, 327, 335 f.
615 *Svantesson*, Extraterritoriality, p. 113 ff.
616 *von Arnauld*, Völkerrecht, § 3 Rn. 297 ff.; *Herdegen*, Völkerrecht, § 17 Rn. 1; *Ziegenhain*, Extraterritoriale Rechtsanwendung, S. 6 ff.
617 *Jarass*, GRCh Art. 8 Rn. 1 f.; ; *Spiecker gen. Döhmann/Eisenbarth*, JZ 2011, 169, 171 f.
618 EGMR, U. v. 4.5.2000, App. no. 28341/95,Rn. 43 f. – Rotaru v. Romania; *Jarass*, GRCh Art. 8 Rn. 1.

den.[619] Der Datenschutz genießt als Grundrecht in der Europäischen Union somit einen sehr hohen Stellenwert.

Der europäische Ansatz für den Schutz personenbezogener Daten hat sich mit Erlass der Datenschutz-Richtlinie zum weltweiten Maßstab entwickelt,[620] sie gilt als einflussreichstes Datenschutzrecht der Welt.[621] Die Richtlinie der Europäischen Union enthielt als erstes Datenschutzgesetz überhaupt Regelungen zur internationalen Anwendbarkeit.[622] Insbesondere die darin getroffenen Regelungen zum Datenexport in Drittländer und die Bestimmungen zur Angemessenheit des Datenschutzniveaus im Drittland brachten der EU den Vorwurf ein, sich in innere Angelegenheiten von Drittländern einzumischen.[623]

a) Datenschutz-Richtlinie

aa) Ausgangslage

Die Bestimmungen der Datenschutz-Richtlinie stammen aus der Zeit vor der Entstehung der transnationalen Informationsgesellschaft.[624] Sie dienten einerseits dem Persönlichkeitsschutz im Rahmen der automatisierten Datenverarbeitung, andererseits vor allem aber dem Aufbau eines gemeinsamen europäischen Informationsmarktes mit Schaffung der hierfür notwendigen harmonisierten Datenschutzstandards zur Ermöglichung eines freien grenzüberschreitenden Datenverkehrs zwischen den EU-Mitgliedsstaaten.[625] Dementsprechend ist die Richtlinie aufgrund der Kompetenz

---

619 Erwägungsgrund (3), Richtlinie 95/46/EG (Datenschutz-Richtlinie); *Körner-Dammann*, RDV 1993, 14, 15.
620 *Bygrave*, 47 Sc. St. L. 319, 337 (2004); *Spiecker gen. Döhmann*, 52 CML Rev. 1033, 1052 (2015).
621 *Cunningham*, 11 Santa Clara J. Int'l L. 421, 430, 440 (2013).
622 *Svantesson*, EU Data Privacy Law, p. 25.
623 *Bauchner*, 26 Brook. J. Int'l L. 689, 714 f. (2000-2001).
624 *Härting*, BB 2012, 459, 459; *Hornung*, ZD 2012, 99, 99.
625 Siehe insbes. Erwägungsgründe (2), (3), (5), (7), Richtlinie 95/46/EG (Datenschutz-Richtlinie); *Ellger*, Datenschutz, S. 537; *Helfrich*, in: Hoeren/Sieber/Holznagel, Handbuch Multimedia-Recht, Teil 16.1 Rn. 95; *Lavranos*, DuD 1996, 400, 402; *Simitis*, NJW 1997, 281, 282; *Spiecker gen. Döhmann/Eisenbarth*, JZ 2011, 169, 169 f.; *Svantesson*, Extraterritoriality, p. 95 f.; *Wuermeling*, Handelshemmnis Datenschutz, S. 5 f.

der EU zum Erlass von Vorschriften für die Errichtung und das Funktionieren des europäischen Binnenmarktes verabschiedet worden.[626]

Es bestand bei Erarbeitung der Richtlinie wenig Anlass, sich mit Vorgängen außerhalb der EU zu befassen, sodass eine Binnenorientierung der relevanten Bestimmungen vorliegt.[627] Die Regelungen zur räumlichen Anwendbarkeit sind folglich für Datenverarbeitungen konzipiert worden, die ganz oder teilweise auf dem Gebiet dieses Binnenmarktes ausgeführt werden.[628] Die Bestimmungen des Art. 4 DSRL beziehen sich somit auf verantwortliche Stellen mit Sitz in der Union, die die relevante Datenverarbeitung innerhalb der Union ausführen lassen, oder auf für die Verarbeitung Verantwortliche mit Sitz in einem Drittland, die zum Zwecke der Verarbeitung auf in einem Mitgliedsstaat befindliche Mittel zurückgreifen.[629]

Das Sitzlandprinzip findet gem. Art. 4 Abs. 1 a) DSRL Anwendung bei Verantwortlichen mit Niederlassung in der Union und dient der Verwirklichung des gemeinsamen europäischen Informationsmarkts.[630] Gemäß dieses Prinzips bestimmt sich das auf einen Verarbeitungsvorgang anwendbare Recht prinzipiell nach dem Sitz der verantwortlichen Stelle, ohne Rücksicht auf den tatsächlichen Ort der Datenverarbeitung.[631] Die verarbeitende Stelle muss auch bei grenzüberschreitendem Datenverkehr und der Verarbeitung von Daten der Bewohner anderer Staaten somit nur das Recht ihres Heimatlandes kennen und anwenden, eine Notwendigkeit sich mit fremden Recht vertraut zu machen besteht nicht.[632]

Indem also der tatsächliche Ort der Datenverarbeitung für die Bestimmung des anwendbaren Rechts im Rahmen von Art. 4 Abs. 1 a) DSRL ohne Bedeutung ist, geht es gerade nicht darum, eine im Territorium der EU

---

626 *Lavranos*, DuD 1996, 400, 402; ; *Spiecker gen. Döhmann/Eisenbarth*, JZ 2011, 169, 170; *Wuermeling*, Handelshemmnis Datenschutz, S. 5.
627 Siehe *Simitis*, NJW 1997, 281, 284, der von einer „binnengerichteten Regelung" spricht.
628 *Moerel*, FS Hustinx, p. 159, 162; *Simitis*, NJW 1997, 281, 284; *Wuermeling*, Handelshemmnis Datenschutz, S. 2.
629 Erwägungsgründe (18), (20) der Richtlinie 95/46/EG (Datenschutzrichtlinie).
630 *Dammann*, in: Simitis, BDSG § 1 Rn. 199 f., 211, 214; *Tinnefeld/Buchner/Petri*, Datenschutzrecht, S. 222.
631 *Kühling/Seidel/Sividris*, Datenschutzrecht, Rn. 271; *Tinnefeld/Buchner/Petri*, Datenschutzrecht, S. 222.
632 *Tinnefeld/Buchner/Petri*, Datenschutzrecht, S. 222.

stattfindende Datenverarbeitung zu regulieren.⁶³³ Vielmehr wird von Verantwortlichen mit Niederlassung in der Union eingefordert, bei allen im Rahmen der Tätigkeit dieser Niederlassung stattfindenden Datenverarbeitungen europäisches Datenschutzrecht zu beachten, ganz gleich, wo diese stattfinden.⁶³⁴ Das eigentliche Regulierungsobjekt, die Datenverarbeitung, ist damit für die Bestimmung des anwendbaren Rechts ohne Bedeutung. Dadurch, dass der Sitz der Niederlassung und nicht der Ort der Datenverarbeitung als entscheidende Anknüpfung dient, gelangt innereuropäisch das aktive Personalitätsprinzip zur Anwendung.⁶³⁵ Die Anwendung des Prinzips dient vorliegend jedoch nicht zur Verhinderung der Umgehung nationaler Datenschutzgesetze durch Verlagerung der Datenverarbeitung ins Ausland, sondern der Erleichterung grenzüberschreitender Dienstleistungen im gemeinsamen Binnenmarkt.⁶³⁶

In der Konsequenz ihrer Binnenorientierung knüpft die Datenschutz-Richtlinie zur Einbeziehung ausländischer Datenverarbeiter (d.h. solcher ohne Niederlassung in der EU) in den Anwendungsbereich europäischen Rechts nicht an das zu schützende Datensubjekt, sondern an die Verwendung von Mitteln auf dem Hoheitsgebiet der EU an, Art. 4 Abs. 1 c) DSRL. Staatsangehörigkeit oder gewöhnlicher Aufenthaltsort des Betroffenen sind ebenso wenig entscheidend, wie der Belegenheits- oder Verarbeitungsort der personenbezogenen Daten.⁶³⁷ Das Abstellen auf die Verwendung von Mitteln auf europäischem Territorium sollte in diesem Zusammenhang ursprünglich vor allem die Umgehung von Regelungen des gemeinsamen Binnenmarktes unterbinden.⁶³⁸

Andere extraterritoriale Gefährdungen des Grundrechts-/Datenschutzes waren eher abstrakt und sollten durch die Regelungen zum Datenexport gem. Art. 25, 26 DSRL reguliert werden.⁶³⁹

Indem die Richtlinie in Art. 4 Abs. 1 c) auf die Verwendung von Mitteln im Hoheitsgebiet der Europäischen Union abstellt, könnte eine Anknüp-

---

633 Vgl. EuGH, U. v. 13.05.2014 – Rs. C-131/12, Rn. 50 ff. – Google ./. AEPD.
634 Vgl. EuGH, U. v. 13.05.2014 – Rs. C-131/12, Rn. 52 ff. – Google ./. AEPD.
635 A.A. *von Arnauld*, BerDGIR 47, 1, 22.
636 *Tinnefeld/Buchner/Petri*, Datenschutzrecht, S. 222.
637 Generalanwalt *Jääskinen*, Schlussanträge v. 25.6.2013, Rs. C-131/12, Rn. 55.
638 *Lavranos*, DuD 1996, 400, 403; *Weber*, CR 1995, 297, 299; *Wuermeling*, Handelshemmnis Datenschutz, S. 77.
639 *Lavranos*, DuD 1996, 400, 403; *Wuermeling*, Handelshemmnis Datenschutz, S. 2, 28 f.

fung an das Territorialitätsprinzip vorliegen.[640] Die fragliche Datenverarbeitung findet zumindest in Teilen auf dem Territorium der EU statt, sodass eine Beanspruchung auf diesem Wege zulässig wäre.[641] Ein solches Ergebnis ließe jedoch Sinn und Zweck dieser Bestimmung unbeachtet. Kern von Art. 4 Abs. 1 lit. c) 1. HS DSRL ist nicht die Regelung der Verwendung von Mitteln in der EU an sich, sondern die Regulierung der Folgen außereuropäischer Datenverarbeitung zur Vermeidung von Störungen für die Realisierung des gemeinsamen Informationsmarktes.[642] Die Umgehung europäischen Rechts durch die Abwanderung von Datenverarbeitern in Drittstaaten mit niedrigerem Datenschutzniveau muss dementsprechend vermieden werden.[643] Dies dient zugleich der Sicherstellung eines geeigneten Schutzes der durch außereuropäische Datenverarbeitung betroffenen europäischen Datensubjekte.[644]

Die im Drittstaat erfolgende Datenverarbeitung unter Verwendung von Mitteln im Inland stellt insoweit die Handlung im Ausland dar, deren Folgen im Inland die Möglichkeit zur Umgehung des europäischen Rechts und das verminderte Schutzniveau für Betroffene sind. Indem die Richtlinie diese Folgen adressiert, nimmt sie eine klassische Anknüpfung an das Auswirkungsprinzip vor.[645]

Wesentliches Ziel der Datenschutz-Richtlinie ist es, einen freien grenzüberschreitenden Datenverkehr zu ermöglichen und somit einen funktionierenden Binnenmarkt auch für den Bereich der Informationswirtschaft zu schaffen. Störungen in der Verwirklichung des gemeinsamen Binnenmarktes treten dabei vor allem durch eine mangelnde innereuropäische Harmonisierung des Datenschutzrechts und nicht-gesetzeskonforme Datenverarbeitung in Drittstaaten auf. Gemäß diesem Regelungsanlass wird mit dem Auswirkungsprinzip eine Anknüpfung für die Ausübung extraterritorialer Regelungshoheit gewählt, die auf die Folgen einer Handlung für den Binnenmarkt abstellt.

---

640 *Colonna*, 4 IDPL 203, 210 (2014); *Kuner*, 18 IJLIT 176, 188 (2010).
641 *Kuner*, 18 IJLIT 176, 188 (2010).
642 *Kuner*, 18 IJLIT 176, 190 (2010).
643 *Kuner*, 18 IJLIT 176, 190 (2010); *Lavranos*, DuD 1996, 400, 403.
644 *Colonna*, 4 IDPL 203, 210 (2014); *Dammann*, in: Simitis, BDSG § 1 Rn. 214; *Kuner*, 18 IJLIT 176, 190 (2010); *Lavranos*, DuD 1996, 400, 403.
645 *Colonna*, 4 IDPL 203, 211 (2014); *Kuner*, 18 IJLIT 176, 190 (2010); *Svantesson*, Extraterritoriality, p. 101.

bb) Jüngere Entwicklungen

Die Entwicklung seit Inkrafttreten der DSRL, insbesondere die jüngste Rechtsprechung des *EuGH*, zeigt, dass sich bei gleichbleibendem Anknüpfungskriterium Regelungszweck und ursprüngliches zugrundeliegendes Jurisdiktionsprinzip einer extraterritorialen Regelung ändern oder erweitern können.

(1) SWIFT-Abkommen

Dass die Europäische Union die DSRL keinesfalls nur mehr als binnenorientierte, marktharmonisierende Regelung begreift, sondern auch als Mittel zur Sicherstellung des Rechts auf Datenschutz gegenüber Drittstaaten, zeigt sich anhand des Konfliktes um den Finanzdienstleister SWIFT. In diesem Fall stehen sich europäisches Datenschutz- und US-amerikanisches Sicherheitsinteresse gegenüber.[646]

Der Hauptsitz des Dienstleisters befindet sich in Belgien, wo auch ein Rechenzentrum betrieben wird.[647] In den USA wird ein weiteres Rechenzentrum betrieben.[648] In diesen Rechenzentren werden im Schnitt bis zu 12 Millionen Überweisungsdaten täglich verarbeitet.[649] Beide Datenbanken spiegelten einander, sodass alle verarbeiteten Informationen sowohl in Europa, als auch den USA vorhanden waren.[650] Nach dem Niederlassungsprinzip ist das europäische Datenschutzrecht grundsätzlich auf das SWIFT-Rechenzentrum in Belgien anwendbar, zugleich ist auch US-amerikanisches Recht auf das dortige Rechenzentrum anzuwenden.[651]

In Folge der Terrorattacken des 11. September 2001 verlangten US-Regierungsstellen zu Ermittlungs- und Präventionszwecken Zugriff auf die in den USA gespeicherten Daten.[652] Hierzu verpflichteten SWIFT verschie-

---

646 *de Goede*, 50 JCMS 214, 215 (2012).
647 *Ellger*, Datenschutz, S. 114; *Kuner*, 18 IJLIT 227, 229 f. (2010); *Moerel*, FS Hustinx, p. 159, 162.
648 *Ellger*, Datenschutz, S. 114; *Kuner*, 18 IJLIT 227, 229 f. (2010).
649 *Artikel 29-Datenschutzgruppe*, WP 128 (01935/06/DE/endg.), S. 9; *Moerel*, FS Hustinx, p. 159, 162.
650 *de Goede*, 50 JCMS 214, 216 (2012); *Kuner*, 18 IJLIT 227, 229 f. (2010).
651 *Kuner*, 18 IJLIT 227, 230 (2010).
652 *de Goede*, 50 JCMS 214, 215 (2012).

dene US-amerikanische Gesetze.[653] Zu diesen Daten gehörten auch Angaben über EU-Überweisungen.[654] Nach Ansicht der Artikel-29-Datenschutzgruppe unterliegt jedoch SWIFT belgischem Datenschutzrecht, ganz gleich, wo eine Verarbeitung personenbezogener Daten konkret vorgenommen wird.[655] Durch die Weitergabe personenbezogener Daten an die US-Behörden sei durch SWIFT somit europäisches Datenschutzrecht verletzt worden.[656] Für den Fall der Zuwiderhandlung gegen europäisches Recht waren zugleich empfindliche Strafen angekündigt.[657]

Die SWIFT-Genossenschaft sah sich somit zwei konfligierenden Regelungen gegenüber, deren jeweilige Befolgung die Missachtung der anderen beinhaltet hätte. Dies stellt einen der schärfsten, durch extraterritoriale Regelungen ausgelösten Konflikte dar. Eine Lösung konnte zunächst erzielt werden, indem einerseits SWIFT dem Safe-Harbor-System beitrat und andererseits der belgische Datenschutzbeauftragte erklärte, belgisches Rechte gelte nicht auf US-amerikanischem Territorium.[658] Die Teilnahme am Safe-Harbor-System sollte einen Ausgleich zwischen europäischen und US-amerikanischen Interessen darstellen, der bereits in der Wirtschaft Anwendung fand.

In der Folge dieses Konflikts errichtete die SWIFT-Genossenschaft jedoch ein neues Datenzentrum in der Schweiz, um die europäischen von den übrigen Bankdaten zu trennen und dem Zugriff US-amerikanischer Behörden entzogen zu sein.[659] Die USA wollten zu Zwecken der Terrorismusbekämpfung weiterhin Zugriff auf die Daten, sodass zwischen der Europäischen Union und den Vereinigten Staaten zum Ausgleich der Datenschutz- und Sicherheitsinteressen ein Abkommen zur Übermittlung von Bankdaten geschlossen wurde (SWIFT-Abkommen).[660] Das Abkommen

---

653 *Kuner*, 18 IJLIT 227, 230 (2010).
654 *Artikel 29-Datenschutzgruppe*, WP 128 (01935/06/DE/endg.), S. 10.
655 *Artikel 29-Datenschutzgruppe*, WP 128 (01935/06/DE/endg.), S. 11 f.; *Kuner*, 18 IJLIT 227, 230 (2010); *Moerel*, FS Hustinx, p. 159, 162.
656 *de Goede*, 50 JCMS 214, 217 (2012).
657 *Kuner*, 18 IJLIT 227, 230 (2010).
658 *Kuner*, 18 IJLIT 227, 230 (2010).
659 *Redaktion EuZW*, EuZW 2010, 86.
660 Abkommen zwischen der Europäischen Union und den Vereinigten Staaten von Amerika über die Verarbeitung von Zahlungsverkehrsdaten und deren Übermittlung aus der Europäischen Union an die Vereinigten Staaten von Amerika für die Zwecke des Programms zum Aufspüren der Finanzierung des Terrorismus v. 27.7.2010, ABl. Nr. L 195/5; *Redaktion Beck-Aktuell*, becklink 1001714.

I. Untersuchung ausgewählter Datenschutzregelungen

ist eine deutliche Manifestation der in diesem Zusammenhang berührten Interessen der beteiligten Vertragspartner und die vorgenommene Interessenabwägung verdeutlicht die gewachsene Bedeutung des Grundrechtsschutzes durch die DSRL auch gegenüber Drittstaaten.

Zunächst wird in der Präambel betont, dass der im Vertrag geregelte Austausch personenbezogener Daten insbesondere zum Schutz der demokratischen Gesellschaften vor den Gefährdungen des Terrorismus erfolge und dessen Bekämpfung diene.[661] Sodann wird festgestellt, dass diesem besonderen Sicherheits- und Strafverfolgungsinteresse das Datenschutzinteresse des Einzelnen gegenüberstehe, welches u.a. in Art. 16 AEUV, Art. 8 Abs. 2 EMRK, Art. 7 u. 8 GRCh sowie der Konvention Nr. 108 des Europarates besonders geschützt sei.[662] Daran wird deutlich, dass dem Datenschutzinteresse in der Abwägung besonderes Gewicht zukommt, wenn es als Grundrecht abgesichert ist.

Nachdem die gegeneinander abzuwägenden Interessen dargelegt wurden, stellt das Abkommen fest, dass angesichts des „breiten Schutzes der Privatsphäre"[663] in den USA und der „gemeinsamen Werte, die in der Europäischen Union und in den Vereinigten Staaten für den Schutz der Privatsphäre und den Schutz personenbezogener Daten gelten"[664], kein wirklicher Konflikt zwischen dem europäischen Datenschutzinteresse und dem Sicherheitsinteresse der USA bestehe. Die USA verfügten über ein

---

661 Erwägungsgrund 1, 5, Abkommen zwischen der Europäischen Union und den Vereinigten Staaten von Amerika über die Verarbeitung von Zahlungsverkehrsdaten und deren Übermittlung aus der Europäischen Union an die Vereinigten Staaten von Amerika für die Zwecke des Programms zum Aufspüren der Finanzierung des Terrorismus v. 27.7.2010, ABl. Nr. L 195/5.
662 Erwägungsgrund 6, Abkommen zwischen der Europäischen Union und den Vereinigten Staaten von Amerika über die Verarbeitung von Zahlungsverkehrsdaten und deren Übermittlung aus der Europäischen Union an die Vereinigten Staaten von Amerika für die Zwecke des Programms zum Aufspüren der Finanzierung des Terrorismus v. 27.7.2010, ABl. Nr. L 195/5.
663 Erwägungsgrund 7, Abkommen zwischen der Europäischen Union und den Vereinigten Staaten von Amerika über die Verarbeitung von Zahlungsverkehrsdaten und deren Übermittlung aus der Europäischen Union an die Vereinigten Staaten von Amerika für die Zwecke des Programms zum Aufspüren der Finanzierung des Terrorismus v. 27.7.2010, ABl. Nr. L 195/5.
664 Erwägungsgrund 8, Abkommen zwischen der Europäischen Union und den Vereinigten Staaten von Amerika über die Verarbeitung von Zahlungsverkehrsdaten und deren Übermittlung aus der Europäischen Union an die Vereinigten Staaten von Amerika für die Zwecke des Programms zum Aufspüren der Finanzierung des Terrorismus v. 27.7.2010, ABl. Nr. L 195/6.

vergleichbar ausgeprägtes Datenschutzinteresse, sodass unter Zusicherung gewisser Verfahrensgarantien und Kontrollen das europäische Datenschutzinteresse gewahrt und einem Austausch personenbezogener Daten zugestimmt werden könne.[665]

Tatsächlich ist fraglich, ob die Datenschutzinteressen des Einzelnen ausreichend gewürdigt wurden. Das Datenschutzinteresse der Europäer hat zwischenzeitlich deutlich an Gewicht gewonnen, sodass das Abkommen sich andauernder Kritik insbesondere durch das EU-Parlament ausgesetzt sieht, das mangels ausreichender Garantien und eines kohärenten Datenschutzrahmens in den USA eine Gewährleistung des europarechtlich zugesicherten Schutzes personenbezogener Daten bezweifelt.[666]

Anhand des Abkommens und auch der anhaltenden Kritik daran wird deutlich, wie das Recht auf Datenschutz als Regelungsinteresse auch gegenüber dem Sicherheitsinteresse (anderer Staaten) zwischenzeitlich an Bedeutung gewonnen hat und wie sich die Gewährleistung des Rechts auf Datenschutz auch gegenüber fremden Mächten als zusätzliches Regelungsinteresse der Europäischen Union entwickelt hat.

(2) Google./.AEPD

Insbesondere das Urteil im Verfahren Google Spain SL/Google Inc. gegen *Agencia Española de Protección de Datos* (Spanische Datenschutzbehörde – AEPD),[667] hat trotz gleichbleibendem Anknüpfungskriterium der Richtlinie einen neuen bzw. zusätzlichen Regelungszweck gegeben und damit auch zu einer weiteren Akzentuierung des zugrundeliegenden Jurisdiktionsprinzips geführt:

---

665 Abkommen zwischen der Europäischen Union und den Vereinigten Staaten von Amerika über die Verarbeitung von Zahlungsverkehrsdaten und deren Übermittlung aus der Europäischen Union an die Vereinigten Staaten von Amerika für die Zwecke des Programms zum Aufspüren der Finanzierung des Terrorismus v. 27.7.2010, ABl. Nr. L 195/6.
666 *Redaktion Beck-Aktuell,* becklink 1029276; *Redaktion Beck-Aktuell,* becklink 1011890; *Roßnagel,* MMR 2014, 372, 377; *Europäisches Parlament,* Mitteilung v. 23.10.2013, http://www.europarl.europa.eu/news/de/news-room/content/20131021IPR22725/html/Parlament-fordert-Aussetzung-des-SWIFT-Abkommens-wegen-NSA-Abh%C3%B6rskandal.
667 *Karg,* ZD 2014, 359, 359.

Das *Gericht* hatte zu entscheiden, ob eine Niederlassung in einem Mitgliedsstaat i.S.v. Art. 4 Abs 1 lit. a) DSRL und damit die Anwendbarkeit der Datenschutz-Richtlinie gegeben ist, „wenn das die Suchmaschine betreibende Unternehmen in einem Mitgliedsstaat für die Förderung des Verkaufs der Werbeflächen der Suchmaschine und diesen Verkauf selbst eine Zweigniederlassung oder Tochtergesellschaft gründet, deren Tätigkeit auf die Einwohner des Staates ausgerichtet ist."[668] Die betreffende Subgesellschaft führte allerdings keine Tätigkeiten aus, „die unmittelbar mit der Indexierung oder Speicherung von in Websites Dritter erhaltener Informationen oder Daten zusammenhänge"[669], also mit der eigentlichen Verarbeitung personenbezogener Daten durch die Suchmaschine. Es kam somit darauf an, ob durch die Werbeanzeigen vermarktende Google Spain eine hinreichende Verbindung i.R.d. Art. 4 Abs. 1 lit. a) DSRL zu Spanien vorliegt, um die für die Verarbeitung personenbezogener Daten verantwortliche US-amerikanische Google Inc. in den Anwendungsbereich des spanischen Datenschutzgesetzes und damit der Datenschutzrichtlinie miteinzubeziehen.[670]

Google brachte vor, dass die Verarbeitung personenbezogener Daten durch die Suchmaschine Google Inc. ohne jegliche Mitwirkung der spanischen Subgesellschaft stattfinde, sondern diese sich allein auf eine unterstützende Tätigkeit im Werbebereich beschränke.[671] Der *EuGH* betonte in diesem Zusammenhang die Notwendigkeit einer weiten Auslegung der Bestimmungen der Datenschutz-Richtlinie, um „einen wirksamen und umfassenden Schutz (…) des Recht[es] auf Privatleben (…) zu gewährleisten".[672] Dementsprechend sei auch der räumliche Anwendungsbereich europäischen Datenschutzrechts besonders weit zu fassen.[673]

Daran anschließend wies das *Gericht* darauf hin, dass die wirtschaftliche Rentabilität der in den USA niedergelassenen Suchmaschine auch von der Vermarktung der Werbeflächen in der EU abhänge und insoweit „die Tätigkeiten des Suchmaschinenbetreibers und die seiner Niederlassung

---

668 EuGH, U. v. 13.05.2014 – Rs C-131/12, Rn. 20 – Google ./. AEPD.
669 EuGH, U. v. 13.05.2014 – Rs C-131/12, Rn. 46 – Google ./. AEPD.
670 *Spiecker gen. Döhmann*, 52 CML Rev. 1033, 1035 f. (2015).
671 EuGH, U. v. 13.05.2014 – Rs C-131/12, Rn. 51 – Google ./. AEPD; *Redaktion ZD-Aktuell*, ZD-Aktuell 2013, 03639; *Spiecker gen. Döhmann*, 52 CML Rev. 1033, 1042 (2015).
672 EuGH, U. v. 13.05.2014 – Rs C-131/12, Rn. 53 – Google ./. AEPD.
673 EuGH, U. v. 13.05.2014 – Rs C-131/12, Rn, 54 – Google ./. AEPD; *Spiecker gen. Döhmann*, 52 CML Rev. 1033, 1042 (2015).

(…) untrennbar miteinander verbunden"[674] seien. Nach Ansicht des *EuGH* besteht daher eine Niederlassung i.S.d. Datenschutz-Richtlinie, soweit eine Einrichtung zur Vermarktung von Werbeflächen der Suchmaschine in einem Mitgliedsstaat besteht, „deren Tätigkeit auf die Einwohner dieses Staates ausgerichtet ist."[675]

Das Urteil hat somit endgültig dazu geführt, dass die Datenschutz-Richtlinie sich von ihrer Binnenorientierung gelöst hat, der Regelungszweck der Datenschutz-Richtlinie wird um Aspekte der Marktregulierung und des Grundrechtsschutzes erweitert. Das bisher der Richtlinie zugrundeliegende Auswirkungsprinzip wird folglich konkretisiert: Mit dem Urteil bringt der *EuGH* für das Datenschutzrecht der EU bereits das geplante Marktortprinzip zur Anwendung:[676] Dementsprechend bleibt es unberücksichtigt, dass die eigentliche Verarbeitung personenbezogener Daten auf dem Territorium eines anderen Staates ausgeführt wird;[677] abgestellt wird vielmehr auf die Auswirkungen auf den gemeinsamen Binnenmarkt. Entscheidend ist, dass Google Inc. tatsächlich am europäischen Informationsmarkt teilnimmt: Der Verkauf von Werbeanzeigen und die damit verbundene Ausrichtung auf die Einwohner des betreffenden Gebietes sind eine unmittelbare, wesentliche und vorhersehbare Auswirkung der Tätigkeit des für die Datenverarbeitung Verantwortlichen auf den jeweiligen Staat.

(3) Schrems./.Data Protection Commissioner

Die Bedeutung des Grundrechtsschutzes im grenzüberschreitenden Datenverkehr für den Regelungszweck wurde durch das Verfahren Maximilian Schrems gegen *Data Protection Commissioner* weiter betont. In diesem

---

674 EuGH, U. v. 13.05.2014 – Rs C-131/12, Rn. 56 – Google ./. AEPD.
675 EuGH, U. v. 13.05.2014 – Rs C-131/12, Rn. 20 – Google ./. AEPD; *Hoeren*, ZD 2014, 325, 325; *Spiecker gen. Döhmann*, 52 CML Rev. 1033, 1038 f. (2015).
676 *Kühling*, EuZW 2014, 527, 528 f.; vgl. *Spiecker gen. Döhmann*, 52 CML Rev. 1033, 1057 (2015).
677 *Spiecker gen. Döhmann*, 52 CML Rev. 1033, 1042 (2015).

Verfahren hat der *EuGH* mit Urteil v. 6.10.2015 entschieden, dass die Safe-Harbor-Entscheidung[678] der EU-Kommission ungültig ist.[679]

Mit Hilfe des sog. Safe-Harbor-Abkommens sollte auch in Ermangelung eines angemessenen Datenschutzniveaus in den USA eine Datenübermittlung von Datenverarbeitern mit Sitz in der Europäischen Union an teilnehmende Organisationen in den USA stattfinden.[680] Das Safe-Harbor-Abkommen sah sich jedoch anhaltender Kritik ausgesetzt, die der *EuGH* mit seinem Urteil bestätigt hat.[681]

Zunächst betont das *Gericht*, dass ein System der Selbstzertifizierung zur Sicherstellung eines angemessenen Niveaus grundsätzlich zulässig sei.[682] Dafür bedürfe es allerdings des Bestehens wirksamer Überwachungs- und Kontrollmechanismen, die Verletzungen des Rechts auf Datenschutz auch effektiv aufdecken und sanktionieren könnten.[683]

Das *Gericht* rügt zudem die überragende Stellung US-amerikanischer Sicherheitsinteressen gegenüber europäischen Datenschutzinteressen.[684] Es kritisiert die weitreichenden Zugriffsmöglichkeiten staatlicher Behörden auf die übermittelten personenbezogenen Daten an, von denen selbst jedoch keine Einhaltung der Grundsätze verlangt werde.[685] Zudem kritisiert der *EuGH*, dass die teilnehmenden Organisationen die Grundsätze nicht mehr beachten müssten, sobald sie im Widerspruch zu US-Gesetzen befänden.[686] Die hierdurch zugelassenen Ausnahmen ließen einen Eingriff

---

678 Entscheidung der Kommission vom 26.07.2000 gemäß der Richtlinie 95/46/EG des Europäischen Parlaments und des Rates über die Angemessenheit des von den Grundsätzen des „sicheren Hafens" gewährleisteten Schutzes (2000/520/EG), ABl. Nr. L 215/7.
679 EuGH, U. v. 06.10.2015 – Rs. C-362/14 – Maximilian Schrems ./. Data Protection Commissioner.
680 *Cunningham*, 11 Santa Clara J. Int'l L. 421, 436 ff. (2013).
681 *Cunningham*, 11 Santa Clara J. Int'l L. 421, 438 (2013); *Gola/Klug*, NJW 2014, 667, 668; *Hoffmann-Riem*, JZ 2014, 53, 61; *Jensen*, ZD-Aktuell 2014, 03875; *Roßnagel*, MMR 2014, 372, 377; *Spies*, ZD 2013, 535, 536 ff.
682 EuGH, U. v. 06.10.2015 – Rs. C-362/14 – Maximilian Schrems ./. Data Protection Commissioner, Rn. 81.
683 EuGH, U. v. 06.10.2015 – Rs. C-362/14 – Maximilian Schrems ./. Data Protection Commissioner, Rn. 81 f.
684 EuGH, U. v. 06.10.2015 – Rs. C-362/14 – Maximilian Schrems ./. Data Protection Commissioner, Rn. 84 ff.
685 EuGH, U. v. 06.10.2015 – Rs. C-362/14 – Maximilian Schrems ./. Data Protection Commissioner, Rn. 82, 90 ff.
686 EuGH, U. v. 06.10.2015 – Rs. C-362/14 – Maximilian Schrems ./. Data Protection Commissioner, Rn. 85 ff.

in das Recht auf Datenschutz zu, ohne dass in der Angemessenheitsentscheidung Feststellungen getroffen würden, ob in den USA ausreichende Regelungen zur Begrenzung derartiger Eingriffe existierten.[687] Schließlich kritisiert der *EuGH*, dass in der Angemessenheitsentscheidung keine Feststellung dazu enthalten sei, ob hinreichender gerichtlicher Schutz gegen diese Eingriffe in den Vereinigten Staaten bestehe.[688]

Das *Gericht* hat damit den Schutz der Grundrechte im grenzüberschreitenden Datenverkehr nicht nur als Regelungszweck der DSRL ergänzt, sondern ihn quasi als zwingenden Regelungszweck künftiger Regelungen eindeutig festgeschrieben.[689]

b) Datenschutz-Grundverordnung

Die Bedingungen für die Ausübung extraterritorialer Regelungshoheit haben sich seit Verabschiedung der Datenschutz-Richtlinie grundlegend verändert.[690] Die Bedeutung nicht-staatlicher Datenverarbeiter hat ebenso wie die Qualität und Quantität der Informationen, über die diese Dienste verfügen, extrem zugenommen.[691] In der neueren Entwicklung haben sich ausschlaggebendes Interesse und Schwerpunkt der Bestimmungen zur räumlichen Anwendbarkeit des europäischen Datenschutzrechts verschoben: von der ursprünglichen Binnenmarktorientierung und -harmonisierung zugunsten der Absicht, angemessen Datenschutz in der Union ohne Ansehung des Ortes der Verarbeitung bzw. des Sitzes des Verarbeiters zu gewährleisten.[692] Ziel der Neuregelung ist es daher, dass sich nicht-europäische Unternehmen den europäischen Datenschutzregelungen anpassen und das Ausnutzen nicht-vorhandener oder geringerer Schutzstandards im Ausland

---

687 EuGH, U. v. 06.10.2015 – Rs. C-362/14 – Maximilian Schrems ./. Data Protection Commissioner, Rn. 87 f.
688 EuGH, U. v. 06.10.2015 – Rs. C-362/14 – Maximilian Schrems ./. Data Protection Commissioner, Rn. 89.
689 Vgl. *Spiecker gen. Döhmann*, 52 CML Rev. 1033, 1052 (2015).
690 *Giurgiu*, CCZ 2012, 226, 226; *Hornung*, ZD 2012, 99, 99.
691 *Rogall-Grothe*, ZRP 2012, 193, 193.
692 Erwägungsgrund (19) f., Vorschlag für Verordnung des Europäischen Parlaments und des Rates zum Schutz natürlicher Personen bei der Verarbeitung personenbezogener Daten und zum freien Datenverkehr (Datenschutz-Grundverordnung) v. 25.1.2012, KOM (2012) 11 endgültig; *Greenleaf*, in: Brown, Governance of the Internet, p. 221, 238.

I. Untersuchung ausgewählter Datenschutzregelungen

unterbunden wird.⁶⁹³ Dadurch soll auch der freie Verkehr personenbezogener Daten im digitalen Binnenmarkt erleichtert werden.⁶⁹⁴

Mit der Fokussierung auf den Schutz der Grundrechte der betroffenen Person erfolgt im Rahmen der Reform des europäischen Datenschutzrechts auch die Neufassung der bisher vor allem auf innereuropäische Sachverhalte zugeschnittenen Bestimmungen zur räumlichen Anwendbarkeit. Eine Umgehung der Datenschutzbestimmungen der Union muss verhindert werden.⁶⁹⁵

Dementsprechend sollen die „*global player*" des Internets, die zumeist außerhalb Europas ihren Sitz und ihre Infrastruktur haben, zukünftig in den Anwendungsbereich des europäischen Datenschutzrechts einbezogen werden.⁶⁹⁶

aa) Der Kommissionsvorschlag

Nach dem ursprünglichen Vorschlag der Europäischen Kommission für eine Datenschutz-Grundverordnung⁶⁹⁷ wird zur Erreichung des Regelungsziels jede Verarbeitung personenbezogener Daten im Rahmen der Tätigkeiten einer EU-Niederlassung eines für die Datenverarbeitung Verantwortlichen oder eines in der EU niedergelassenen Auftragsdatenverarbeiters dem Unionsrecht unterworfen.⁶⁹⁸ Gleichviel welchen Ursprungs die personenbezogenen Daten sind oder an welchem Ort diese Verarbei-

---

693 *Rogall-Grothe*, ZRP 2012, 193, 194.
694 Vorschlag für eine Verordnung des Europäischen Parlaments und des Rates zum Schutz natürlicher Personen bei der Verarbeitung personenbezogener Daten und zum freien Datenverkehr (Datenschutz-Grundverordnung) [erste Lesung] – Politische Einigung, v. 28.01.2016, S. 2.
695 Erwägungsgrund (19) f., Vorschlag für Verordnung des Europäischen Parlaments und des Rates zum Schutz natürlicher Personen bei der Verarbeitung personenbezogener Daten und zum freien Datenverkehr (Datenschutz-Grundverordnung) v. 25.1.2012, KOM (2012) 11 endgültig.
696 *Dammann*, in: Simitis, BDSG § 1 Rn. 241; *Kühling*, EuZW 2014, 527, 530; *Rogall-Grothe*, ZRP 2012, 193, 194.
697 Vorschlag für Verordnung des Europäischen Parlaments und des Rates zum Schutz natürlicher Personen bei der Verarbeitung personenbezogener Daten und zum freien Datenverkehr (Datenschutz-Grundverordnung) v. 25.1.2012, KOM (2012) 11, endgültig.
698 Erwägungsgrund (12), Vorschlag für Verordnung des Europäischen Parlaments und des Rates zum Schutz natürlicher Personen bei der Verarbeitung personenbe-

B. Vergleichende Analyse aktueller Internetdatenschutzgesetzgebung

tung tatsächlich ausgeführt wird, Art. 3 Abs. 1 DSGVO-EK.[699] Die Rechtsform dieser Stellen ist unerheblich, es wird eindeutig auf die enge Verbindung zwischen Regelungsstaat und dem Datenverarbeiter abgestellt und insoweit das aktive Personalitätsprinzip angewandt. Es geht in Art. 3 Abs. 1 DSGVO-EK gerade nicht um Datenverarbeitung auf dem Gebiet der EU, sondern vielmehr darum, Datenverarbeiter mit enger Anbindung an die EU in die Pflicht zur Sicherstellung des Rechts auf Datenschutz zu nehmen, sodass *forum shopping* und eine Flucht in sog. Daten-Oasen verhindert würde.[700] Das erste Ziel der Neuregelung wird damit durch die Anknüpfung an das passive Personalitätsprinzip erreicht. Ein Rückgriff auf das Territorialitätsprinzip wäre hier nicht zweckdienlich, da es bei einer Datenverarbeitung außerhalb der EU nicht griffe.

Indem auch in der EU niedergelassene Auftragsdatenverarbeiter erfasst werden sollen, würde das Recht auf Datenschutz für alle in der EU verarbeiteten personenbezogenen Daten gewährleistet, selbst wenn diese aus Drittländern stammen. Diese Verpflichtung zur Einhaltung europäischen Rechts knüpft an den Sitz des für die Datenverarbeitung Verantwortlichen und des Auftragsdatenverarbeiters in der Union und mithin an das aktive Personalitätsprinzip an. Die vorgeschlagene Regelung ist damit weitestgehend mit den bereits bestehenden Regelungen in Sec. 5B (2) des australischen *Privacy Act* vergleichbar, die verantwortliche Stellen mit Sitz in Australien in den extraterritorialen Anwendungsbereiches des Gesetzes einbezieht.

---

zogener Daten und zum freien Datenverkehr (Datenschutz-Grundverordnung) v. 25.1.2012, KOM (2012) 11, endgültig.
699 Legislative Entschließung des Europäischen Parlaments vom 12. März 2014 zu dem Vorschlag für eine Verordnung des Europäischen Parlaments und des Rates zum Schutz natürlicher Personen bei der Verarbeitung personenbezogener Daten und zum freien Datenverkehr (allgemeine Datenschutzverordnung), P7_TA(2014)0212; Erwägungsgrund (19), Vorschlag für Verordnung des Europäischen Parlaments und des Rates zum Schutz natürlicher Personen bei der Verarbeitung personenbezogener Daten und zum freien Datenverkehr (Datenschutz-Grundverordnung) v. 25.1.2012, KOM (2012) 11 endgültig; *Colonna*, 4 IDPL 203, 212 (2014); *Hornung*, ZD 2012, 99, 102.
700 Erwägungsgrund (19), Vorschlag für Verordnung des Europäischen Parlaments und des Rates zum Schutz natürlicher Personen bei der Verarbeitung personenbezogener Daten und zum freien Datenverkehr (Datenschutz-Grundverordnung) v. 25.1.2012, KOM (2012) 11 endgültig; *Colonna*, 4 IDPL 203, 212 (2014); *Hornung*, ZD 2012, 99, 102.

Die bedeutendste Änderung im Vergleich zur bisherigen europäischen Rechtslage findet sich in Art. 3 Abs. 2 DSGVO-EK:[701] Dessen Tatbestände tragen in besonderem Maße den Veränderungen Rechnung, die sich durch die globale Informationsgesellschaft seit Verabschiedung der Datenschutz-Richtlinie ergeben haben.[702] Um einen effektiven Schutz der informationellen Privatsphäre zu gewährleisten, sollen alle datenverarbeitenden Aktivitäten, deren Ziel in der Union ansässige betroffene Personen sind, in den Anwendungsbereich der Grundverordnung miteinbezogen werden. Eine Umgehung des durch die Union gewährleisteten Datenschutzes soll unbedingt vermieden werden.[703] Die Vorschrift soll damit Einbeziehung der sog. *global player* in den Anwendungsbereich erreichen.

Der in dem vorgeschlagenen Artikel zum Ausdruck kommende Schutzgedanke für die Grundrechte der in der Union ansässigen Personen ist zunächst eine klassische Anknüpfung an das passive Personalitätsprinzip.[704] In Art. 3 Abs. 2 DSGVO-EK wird jedoch noch über diese Anknüpfung hinausgegangen: Beschrieben werden in Art. 3 Abs. 2 lit. (a) und (b) DSGVO-EK Handlungen, die eine marktrelevante Auswirkung auf das Unionsgebiet konstituieren. Diese vorgeschlagenen Regelungen wurden als die Einführung des Marktortprinzips bezeichnet.[705] Indem die extraterritoriale Erstreckung des Anwendungsbereiches europäischen Unionsrechts anhand der wirtschaftlichen Folgen einer Datenverarbeitung für den gemeinsamen Informationsmarkt begründet wird, handelt es sich folglich um eine Anwendung des Auswirkungsprinzips.

Zu den Aktivitäten, die eine extraterritoriale Anwendbarkeit des europäischen Datenschutzrechts auslösen würden, gehört einerseits das Angebot von Waren oder Dienstleistungen in der Union, Art. 3 Abs. 2 lit. (a) DSGVO-EK, und andererseits die Beobachtung des Verhaltens derartiger Personen, Art. 3 Abs. 2 lit. (b) DSGVO-EK. Gleich-

---

701 *Colonna*, 4 IDPL 203, 212 (2014); *Piltz*, K&R 2013, 292, 297; *Svantesson*, Extraterritoriality, p. 107 f.
702 *Albrecht*, ZD 2013, 587, 588; *Härting*, BB 2012, 459, 462.
703 Erwägungsgrund (20), Vorschlag für Verordnung des Europäischen Parlaments und des Rates zum Schutz natürlicher Personen bei der Verarbeitung personenbezogener Daten und zum freien Datenverkehr (Datenschutz-Grundverordnung) v. 25.1.2012, KOM (2012) 11, endgültig.
704 *Colonna*, 4 IDPL 203, 213 (2014).
705 *Kühling*, EuZW 2014, 527, 529; *Leutheusser-Schnarrenberger*, MMR 2012, 709, 710; *Redaktion ZD-Aktuell*, ZD-Aktuell 2014, 04096; *Rogall-Grothe*, ZRP 2012, 193, 194.

viel, ob die datenverarbeitende Aktivität innerhalb oder außerhalb der Union stattfindet. Die Erfassung des Beobachtens von Verhalten ist insoweit eine konsequente Ergänzung des Angebots von Waren und Dienstleistungen, als dass zahlreiche Online-Services werbefinanziert arbeiten und keine Zahlungen von ihren Nutzern verlangen.[706] Die Beobachtung von Verhalten ist dabei vor dem Hintergrund der Rolle personenbezogener Daten als einer Art Ersatzwährung und Rohstoff der Informationswirtschaft einzuordnen.[707] Die Verarbeitung der so gewonnenen personenbezogenen Daten dient dabei insbesondere der Erstellung von Nutzerprofilen, die als Ausgangspunkt späterer, die Person betreffende Entscheidungen genutzt werden können.[708] Mit Hilfe der Beobachtung des Nutzerverhaltens findet folglich eine Wertabschöpfung der Nutzerdaten und damit eine Rohstoffgewinnung statt.[709] Dabei handelt es sich um eine im Rahmen des Auswirkungsprinzips relevante Handlung mit Folgen für den europäischen Informationsmarkt.

Für eine Anknüpfung an das Auswirkungsprinzip spricht, dass hierdurch die Anwendbarkeit eines bestimmten Datenschutzrechts nicht von Zufälligkeiten abhängt und zuverlässiger bestimmt werden kann.[710] Das Vorhandensein einer Niederlassung ist damit für die Anwendbarkeit europäischen Datenschutzrechts nicht mehr erforderlich.[711] Erreicht werden soll damit vor allem die Einbeziehung von Unternehmen mit Sitz in Drittstaaten, die von dort am Binnenmarkt der EU teilnehmen.[712] Dies hat zu heftigem Widerspruch durch Drittstaaten geführt.[713]

---

706 *Kühling*, EuZW 2014, 527, 529.
707 *Hoeren*, WuW 2013, 463, 463; *Lobo*, Spiegel-Online v. 1.10.2014, http://www.spiegel.de/netzwelt/web/sascha-lobo-ueber-werbung-im-internet-a-994764.html; *Naughton*, Der Freitag v. 28.8.2014, https://www.freitag.de/autoren/the-guardian/geschaeftsmodell-ueberwachung; *Rogosch*, Einwilligung, S. 18.
708 Erwägungsgrund (21), Vorschlag für Verordnung des Europäischen Parlaments und des Rates zum Schutz natürlicher Personen bei der Verarbeitung personenbezogener Daten und zum freien Datenverkehr (Datenschutz-Grundverordnung) v. 25.1.2012, KOM (2012) 11, endgültig.
709 *Lobo*, Spiegel-Online v. 1.10.2014, http://www.spiegel.de/netzwelt/web/sascha-lobo-ueber-werbung-im-internet-a-994764.html; *Naughton*, Der Freitag v. 28.8.2014, https://www.freitag.de/autoren/the-guardian/geschaeftsmodell-ueberwachung.
710 *Wieczorek*, DuD 2013, 644, 646.
711 *Kühling*, EuZW 2014, 527, 529.
712 *Albrecht*, ZD 2013, 587, 588.
713 *Gola/Klug*, NJW 2014, 667, 668.

Ein derartiges Vorgehen hat der *EuGH* allerdings bereits in Sachen Google./.AEPD bereits gebilligt,[714] wenn nicht gar eingefordert, indem er betont hat, dass es schlicht nicht angehen könne, eine Verarbeitung personenbezogener Daten dem Anwendungsbereich der Richtlinie zu entziehen, da „die praktische Wirksamkeit der Richtlinie und (...) [der] wirksame(...) und umfassende(...) Schutz der Grundrechte und Grundfreiheiten natürlicher Personen"[715] unbedingt gewährleistet werden müsse.[716]

Die von der Kommission vorgeschlagenen Bestimmungen zur räumlichen Anwendbarkeit in Art. 3 DSGVO-EK setzen dementsprechend nicht mehr zwingend eine Verwendung von Mitteln oder eine Niederlassung im Inland voraus, sodass es gegenüber verantwortlichen Datenverarbeitern mit Sitz in einem Drittland nicht mehr auf den Nachweis ankommt, ob auch Mittel im EU-Inland verwendet werden.[717] Allein dass die Datenverarbeitung auf den inländischen Markt zielt und die Daten von im Inland ansässigen Personen verarbeitet werden, wäre nach dem Vorschlag maßgeblich. Dies zeigt, dass das Ziel der Regelung, die Einbeziehung von Datenverarbeitern mit Sitz in Drittstaaten, durch die gewählte Anknüpfung erreicht würde.

Durch die Anwendung eindeutiger Kriterien würde die Durchsetzung von Betroffenenrechten erheblich vereinfacht. Indem allerdings durch den Wegfall des Kriteriums der Verwendung von Mitteln im Inland auch das Erfordernis einer gewissen territorialen Verbindung der verantwortlichen Stelle selbst mit dem Inland entfiele, brächten die vorgeschlagenen Änderungen im Vergleich mit Art. 4 DSRL eine erhebliche Ausweitung des räumlichen Anwendungsbereiches mit sich.[718] Selbst im Anschluss an die weite Auslegung der Bestimmungen des Art. 4 Abs. 1 lit. a) DSRL durch die Rechtsprechung[719] des EuGH in Sachen Google./.AEPD ist im Rahmen der DSRL stets noch ein territorialer Konnex durch eine der Union befindliche Niederlassung erforderlich.

---

714 *Kühling*, EuZW 2014, 527, 529; *Spiecker gen. Döhmann*, 52 CML Rev. 1033, 1035, 1038 (2015).
715 EuGH, U. v. 13.05.2014 – Rs C-131/12, Rn. 58 – Google ./. AEPD.
716 Vgl. *Spiecker gen. Döhmann*, 52 CML Rev. 1033, 1035, 1042, 1057 (2015).
717 Arg. e contrario Erwägungsgrund (20), Richtlinie 95/46/EG (Datenschutzrichtlinie).
718 *Giurgiu*, CCZ 2012, 226, 226 f.; *Hoeren/Giurgiu*, NWB 2012, 1599, 1601; *Kuner*, 2 GroJIL 55, 61 (2014).
719 EuGH, U. v. 13.05.2014 – Rs C-131/12 – Google ./. AEPD.

Zukünftig würde für jede Verarbeitung und jeden Verarbeitungsvorgang, die in irgendeiner engeren Beziehung zum europäischen Binnenmarkt stehen, gemäß des Vorschlags, das europäische Datenschutzrecht unabhängig vom tatsächlichen, physischen Ort der Datenverarbeitung und unabhängig von einem Zusammenhang der Datenverarbeitung mit der Tätigkeit einer Niederlassung in der EU.[720] Die Anknüpfung an das Kriterium der Ansässigkeit der betroffenen Personen in der Union und damit an das passive Personalitätsprinzip konkretisiert in diesem Zusammenhang die für die Bestimmung einer wirtschaftlichen Auswirkung relevante Personengruppe.

Aus der kombinierten Anknüpfung an Auswirkungsprinzip und passives Personalitätsprinzip ergäbe sich folglich eine begrenzende Wirkung für diesen erweiterten extraterritorialen Anwendungsbereich im Kommissionsentwurf.

Die Regelungen zur räumlichen Anwendbarkeit des europäischen Datenschutzrechts würden nach dem Vorschlag der Kommission durch das Auswirkungsprinzip geprägt sein. Das Angebot von Waren oder Dienstleistungen und das Beobachten von Verhalten stellten eine unmittelbare, wesentliche und vorhersehbare Auswirkung auf die Europäische Union im Sinne des Auswirkungsprinzips dar. Um übermäßige Regelungsansprüche und Zufälligkeiten zu vermeiden, würde zusätzlich das passive Personalitätsprinzip herangezogen. Dieses Prinzip stellte in Ergänzung zum Auswirkungsprinzip die notwendige enge und substantielle Verbindung zwischen dem Regelungssubjekt und der EU her und sicherte damit die Legitimation des extraterritorialen Anwendungsbereiches.[721]

Diese vorgeschlagene doppelte Inlandsanknüpfung an im Inland ansässige betroffene Datensubjekte einerseits und die Teilnahme am inländischen Markt andererseits findet sich in ähnlicher Form auch im kanadischen Datenschutzgesetz oder in den US-amerikanischen Gesetzen, obwohl deren primäres Regelungsinteresse nicht datenschutzrechtlicher, sondern wirtschaftlicher Natur ist.

Schließlich eignet sich der Vorschlag der Kommission zur Veranschaulichung des Verhältnisses zwischen Regelungsinteresse, Regelungsziel und Anknüpfungspunkt bei der Bestimmung des Jurisdiktionsprinzips.

---

720 *Albrecht*, ZD 2013, 587, 588.
721 *Kuner*, FS Hustinx, p. 213, 216.

I. Untersuchung ausgewählter Datenschutzregelungen

Als Regelungsziel wird in Art. 1 Abs. 2 DSGVO-EK der Schutz der Grundrechte und Grundfreiheiten natürlicher Personen, insbesondere des Rechts auf Datenschutz, angegeben. Zur Erreichung dieses Regelungsziel liegt eine Anknüpfung an das zu schützende Datensubjekt nahe. Im Vorschlag der Kommission wird dementsprechend zunächst an die Verarbeitung personenbezogener Daten der in der Union ansässigen Personen angeknüpft. Damit wird eine von gewisser Dauer getragene Inlandsbeziehung des Datensubjekts verlangt, obwohl nach Art. 8 EMRK, Art. 7, 8 GRCh sowie Art. 16 AEUV das Recht auf Datenschutz jeder Person zusteht. Aus der Zusammenschau von Regelungsziel und Anknüpfungspunkt ergibt sich, dass Geltungsgrund des extraterritorialen Anwendungsbereiches der Grundrechtsschutz für Inländer ist und somit das passive Personalitätsprinzip herangezogen wird.

Dass die Bestimmungen des Art. 3 Abs. 2 DSGVO-EK zudem auf dem Auswirkungsprinzip basieren, ergibt sich nicht mehr allein aus dem Regelungsziel, sondern nur unter Berücksichtigung des hinter dem Vorschlag stehenden Regelungsinteresses. Es besteht nicht allein aus Datenschutzinteressen, sondern auch aus Wirtschafts-, Verbraucherschutz- und Marktordnungsinteressen (zu diesen Interessen im Einzelnen siehe B. II. 6.).[722] Dementsprechend kommt es zu einer zusätzlichen, konkretisierenden Anknüpfung an eine Datenverarbeitung, die dem Angebot von Waren oder Dienstleistungen oder der Beobachtung des Verhaltens der in der Union ansässigen Personen dient. Damit wird an Handlungen angeknüpft, die eine wirtschaftliche Auswirkung auf das Inland bedeuten und damit diese zusätzlichen Interessen berühren. Nur aus der gemeinsamen Betrachtung von Anknüpfungspunkt und Regelungsinteresse ergibt sich, dass das Auswirkungsprinzip zur Anwendung gelangt.

Das bedeutet, dass es bestimmtes Regelungsinteresse gibt, das Anlass eines Gesetzesvorhabens ist. Aufgrund dieses Interesses wird ein Regelungsziel definiert, das regelmäßig im Gesetz festgehalten wird, so z.B. Art. 1 Abs. 2 DSGVO oder Sec. 3 PIPEDA. Zur Erreichung dieses Regelungsziels wird dann für die Bestimmung des Anwendungsbereiches ein Anknüpfungspunkt gewählt, der unter Beachtung des Regelungsziels entscheidenden Hinweis auf das zugrundeliegende Jurisdiktionsprinzip gibt. In Zweifelsfällen oder bei einer Diskrepanz zwischen Regelungsziel und

---

[722] Vgl. *Albrecht*, FS Hustinx, p. 119, 121 f.; *Europäische Kommission*, Mitteilung v. 22.10.2013, http://europa.eu/rapid/press-release_MEMO-13-923_de.htm; *Rogall-Grothe*, ZRP 2012, 193, 194.

Anknüpfungspunkt muss dann das hinter dem Regelungsziel stehende Regelungsinteresse herangezogen werden.

bb) Die Änderungsvorschläge des EU-Parlaments

Die Änderungsvorschläge des Europäischen Parlaments zielen darauf ab, die Anknüpfung an die Ansässigkeit des Datensubjekts in Art. 3 Abs. 2 DSGVO-EK und damit an das passive Personalitätsprinzip im Kommissionsentwurf aufzugeben. Vielmehr soll allein an den Zweck der Datenverarbeitung und ihre gezielte Ausrichtung auf die EU angeknüpft werden und damit das Auswirkungsprinzip in Art. 3 Abs. 2 zur Anwendung gebracht werden. Es soll damit ein unterschiedsloser Schutz aller in der Union anwesenden Personen ermöglicht werden.[723]

Darüber hinaus schlägt das Parlament vor, die Anwendbarkeit des europäischen Rechts unabhängig davon festzuschreiben, ob bei dem Angebot von Waren oder Dienstleistungen eine Zahlung von der betroffenen Person zu leisten ist.[724] Die Streichung trägt der Tatsache Rechnung, dass zahlreiche Online-Services werbefinanziert arbeiten und keine Zahlungen von ihren Nutzern verlangen.[725] Dies wird besonders deutlich am Beispiel der „*global player*", wie z.B. Facebook, Google oder Twitter. Die personenbezogenen Daten der Nutzer werden als geldwerte Gegenleistung für die angebotene Dienstleistung verarbeitet.[726] Die Waren oder Dienstleistungen werden also ohne Zahlung, aber nicht ohne Gegenleistung angebo-

---

[723] Auskunft des Büros des zuständigen Rapporteurs des EU-Parlaments *Albrecht* vom 01.09.2014; Legislative Entschließung des Europäischen Parlaments vom 12. März 2014 zu dem Vorschlag für eine Verordnung des Europäischen Parlaments und des Rates zum Schutz natürlicher Personen bei der Verarbeitung personenbezogener Daten und zum freien Datenverkehr (allgemeine Datenschutzverordnung), P7_TA(2014)0212.

[724] Legislative Entschließung des Europäischen Parlaments vom 12. März 2014 zu dem Vorschlag für eine Verordnung des Europäischen Parlaments und des Rates zum Schutz natürlicher Personen bei der Verarbeitung personenbezogener Daten und zum freien Datenverkehr (allgemeine Datenschutzverordnung), P7_TA(2014)0212; *Kühling*, EuZW 2014, 527, 529.

[725] *Kühling*, EuZW 2014, 527, 529.

[726] *Hoeren*, WuW 2013, 463, 463; *Lobo*, Spiegel-Online v. 10.10.2014, http://www.spiegel.de/netzwelt/web/sascha-lobo-ueber-werbung-im-internet-a-994764.html; *Naughton*, Der Freitag v. 28.8.2014, https://www.freitag.de/autoren/the-guardian/geschaeftsmodell-ueberwachung; *Rogosch*, Einwilligung, S. 18.

ten. Die vorgeschlagenen Regelungen hinsichtlich der extraterritorialen Anwendbarkeit nach Art. 3 Abs. 2 lit. (a) wären somit trotz dieser Streichung aufgrund der gezielten Ausrichtung der geregelten Datenverarbeitung auf die EU unter Anknüpfung an das Auswirkungsprinzip möglich.

In der Umsetzung problematisch wäre jedoch die vorgeschlagene Änderung des Art. 3 Abs. 2 lit. (b), nach der die Beobachtung von in der Union befindlichen Datensubjekten durch nicht in der Union niedergelassene Verantwortliche oder Auftragsdatenverarbeiter ebenfalls die Anwendbarkeit der DSGVO auslösen würde. Bloß vorübergehend in der Union anwesende und nicht dort ansässige Datensubjekte, wie z.B. durchreisende Personen, verfügen über eine nur flüchtige Verbindung zur EU und zum europäischen Informationsmarkt. Im Gegensatz zu einer Verarbeitung personenbezogener Daten der in der Union ansässigen Personen, kann die Verarbeitung ihrer personenbezogenen Daten zu Beobachtungszwecken daher nicht als unmittelbare, vorhersehbare und wesentliche Auswirkung auf die EU und den europäischen Informationsmarkt betrachtet werden. Eine hinreichend enge Verbindung zwischen Regelungsgegenstand und Regelungsstaat ist somit nicht gegeben. Das Auswirkungsprinzip bietet damit keine taugliche Grundlage für den vorgeschlagenen extraterritorialen Regelungsanspruch in Art. 3 Abs. 2 lit. (b).

Die extraterritoriale Erstreckung des Anwendungsbereiches hinsichtlich der Überwachung von einer zwar in der Union befindlichen, aber nicht in der Union ansässigen Person durch einen nicht in der Union niedergelassenen Datenverarbeiter gem. Art. 3 Abs. 2 lit. (b) des EP-Vorschlages, wäre somit weder nach dem passiven Personalitätsprinzip, noch nach dem Auswirkungsprinzip zulässig.

cc) Die Änderungsvorschläge des Europäischen Rates

Die Vorschläge des Europäischen Rates für die Trilog-Verhandlungen verdeutlichen die Anknüpfung an das Auswirkungsprinzip und das passive Personalitätsprinzip als Grundlage für die Ausübung extraterritorialer Regelungshoheit im Rahmen der DSGVO.

Der Europäische Rat hat dabei auf die problematische Streichung des Kriteriums der Ansässigkeit in Art. 3 Abs. 2 DSGVO-EK verzichtet.[727] Die Anwendbarkeit der Datenschutz-Grundverordnung gem. Art. 3 Abs. lit. (a) des Vorschlag des Europäischen Parlaments unabhängig von einer Zahlung des Datensubjekts als Gegenleistung für die Ware oder Dienstleistung befürwortete er jedoch ebenfalls.[728] Die Bedeutung personenbezogener Daten als Ersatzwährung und Rohstoff der Informationswirtschaft sollte dadurch betont werden. Somit bliebe es nach den Vorschlägen des Europäischen Rates bei der kombinierten Anknüpfung an das Auswirkungsprinzip und das passive Personalitätsprinzip, sodass die Regelungen in Art. 3 Abs. 2 lit. (a) aufgrund der hinreichend engen wirtschaftlichen und personellen Beziehung zwischen Regelungsgegenstand und Regelungsstaat wie dargelegt zulässig wären.

Hinsichtlich der Regelungen in Art. 3 Abs. 2 lit. (b) schlug der Europäische Rat noch eine weitergehende Einschränkung vor: Es solle nur die Beobachtung des Verhaltens von in der Union ansässigen Personen die Anwendbarkeit der DSGVO auslösen, das auf dem Gebiet der Europäischen Union stattfindet.[729] Einerseits würde dadurch eine noch engere Verbindung zum Inland gewährleistet und andererseits würde verdeutlicht werden, dass von der Regelung nur solche personenbezogenen Daten erfasst sind, die über eine substantielle Verbindung zum europäischen Informationsmarkt verfügen. Der Vorschlag des Europäischen Rates würde eine hinreichend enge Inlandsbeziehung sicherstellen und so die Ausübung extraterritorialer Regelungshoheit unter Anknüpfung an das Auswirkungsprinzip und das passive Personalitätsprinzip ermöglichen.

dd) Die endgültige Fassung der DSGVO

In der endgültigen Fassung der DSGVO wird in Art. 3 Abs. 1 eindeutig klargestellt, dass die Verordnung auf alle Verarbeitungen personenbezogener Daten eines Verantwortlichen oder Auftragsverarbeiters in der Union

---

727 Europäischer Rat, Vorbereitende Übersicht zum Trilog v. 26.6.2015 - 9985/1/15 REV 1, S. 33.
728 Europäischer Rat, Vorbereitende Übersicht zum Trilog v. 26.6.2015 - 9985/1/15 REV 1, S. 33.
729 Europäischer Rat, Vorbereitende Übersicht zum Trilog v. 26.6.2015 - 9985/1/15 REV 1, S. 34.

erfolgt, unabhängig davon, ob die Verarbeitung in der Union stattfindet, oder nicht. In der Sache ergeben sich damit keine Unterschiede zum ursprünglichen Entwurf der EU-Kommission, sodass es sich um eine Anknüpfung an das aktive Personalitätsprinzip handelt.

Die endgültige Fassung des Art. 3 Abs. 2 DSGVO stellt einen Kompromiss zwischen dem Entwurf des Europäischen Parlamentes und des Europäischen Rates dar. Zunächst wird das Kriterium der Ansässigkeit in der Union durch das Kriterium der Betroffenheit in der Union ersetzt. Es kommt also schlicht darauf an, ob eine betroffene Person in der Union anwesend („befindlich") ist.

Ferner entsprechen die Bestimmungen des Art. 3 Abs. 2 lit. (a) ebenfalls den Änderungsvorschlägen des Europäischen Parlaments. Trotz der Streichung des Kriteriums der Ansässigkeit kann daher, wie bereits geschildert, immer noch an das Auswirkungsprinzip angeknüpft werden. Ebenso wird der wirtschaftliche Charakter der Anknüpfung durch die Klarstellung, dass die Anwendbarkeit unabhängig von einer zu leistenden Zahlung des Datensubjektes ist, nicht in Frage gestellt, sondern unter Berücksichtigung der Entwicklung der Informationsgesellschaft akzentuiert.

Die durch die Streichung des Kriteriums der Ansässigkeit bei Art. 3 Abs. 2 lit. (b) entstehende Problematik wurde bereits im Rahmen der Änderungsvorschläge geschildert. Zwar wird in der endgültigen Version insoweit einschränkend konkretisiert, dass nur solches Verhalten die Anwendbarkeit auslöst, das in der Union stattfindet. Dies ändert jedoch nichts an der oben beschriebenen Problematik, dass damit bereits ein flüchtiger und nur vorübergehender Aufenthalt des Datensubjekts in der Union zur extraterritorialen Anwendbarkeit der DSGVO führen kann. Es fehlt dabei an der unmittelbaren, wesentlichen und vorhersehbaren Auswirkung auf die EU und den europäischen Informationsmarkt i.S.d. zur Legitimierung des extraterritorialen Regelungsanspruchs herangezogenen Auswirkungsprinzips.

c) Zwischenergebnis: Europäische Union

Die Entwicklung der Datenschutzregelungen der Europäischen Union von der Richtlinie bis zum Vorschlag für eine Grundverordnung verdeutlicht die veränderten Herausforderungen und Gefährdungslagen für den Schutz personenbezogener Daten in der Informationsgesellschaft. Die Datenschutz-Richtlinie wurde erarbeitet, als der grenzüberschreitende Datenverkehr noch kein alltägliches Massenphänomen war und sich auf Regierungsstellen und größere Firmen beschränkte. Die relevanten Regelungen der Datenschutz-Richtlinie konnten sich auf die Regulierung des Datenumgangs beschränken, der in der EU bzw. unter Verwendung von dort belegenen Mitteln stattfand.[730] Die Gefährdungen des Datenschutzes durch eine Verarbeitung im Ausland sollten mit Hilfe der Regelungen zur Datenübermittlung in Drittländer erfasst werden.[731]

Mittlerweile bietet das Internet Jedermann die Möglichkeit, Informationen zur Verfügung zu stellen und gestattet zugleich deren weltweiten Abruf.[732] Der Datenaustausch über Europas Grenzen hinweg ist ebenso alltäglicher Bestandteil der Informationsgesellschaft geworden, wie das globale Angebot und die globale Inanspruchnahme von Diensten. Die Datenschutz-Richtlinie kann diese Herausforderungen der Internetgesellschaft nicht mehr bewältigen.[733] Die Bestimmungen über den Datentransfer in Drittländer greifen nicht, wenn Internetnutzer direkt und freiwillig ihre Daten gegenüber nicht-europäischen Diensteanbietern preisgeben.[734] Die Regelungen zum anwendbaren Recht mit ihrem Fokus auf Datenverarbeitungen in der EU geraten an ihre Grenzen,[735] sofern keiner der bestimmenden Akteure der Internetgesellschaft Sitz oder Datenverarbeitungszentren innerhalb der EU hat.[736] Es entstehen aufgrund dieser Entwicklung gravierende Schutzlücken. Bedeutende Unternehmen der Internetgesellschaft wie Facebook und Google halten sich dementsprechend nicht oder nur eingeschränkt an europäisches Datenschutzrecht.[737]

Den Herausforderungen der Internetgesellschaft ist die Datenschutz-Richtlinie mit der Anwendung des Auswirkungsprinzips nicht mehr gewachsen.[738] Die neuen Rahmenbedingungen verändern auch Anlass und Ausmaß extraterritorialer Regelungen im Datenschutzrecht. Die extraterritorialen Regelungen der Datenschutz-Richtlinie waren von dem hauptsächlichen Wunsch getragen, einen funktionierenden Informationsmarkt

---

730 *Simitis,* NJW 1997, 281, 284.
731 *Simitis,* NJW 1997, 281, 284.
732 *Erd*, NVwZ 2011, 19, 19; *Spindler*, GRUR 2013, 996, 996.
733 *Schneider/Härting*, ZD 2012, 199, 199 ff.
734 Siehe Art. 26 Abs. 1 Datenschutz-Richtlinie 95/46/EG.
735 *Simitis,* NJW 1997, 281, 284.
736 *Spindler*, GRUR 2013, 996, 1002.
737 *Erd*, NVwZ 2011, 19, 20 ff.; *Heckmann*, K&R 2010, 770, 775; *Hoeren*, ZRP 2010, 251, 252.
738 *Härting*, BB 2012, 459, 461.

herzustellen. Handlungen von außen, die geeignet waren, diesen Informationsmarkt und den damit verbundenen Harmonisierungsprozess zu stören, sollten mit dem Auswirkungsprinzip erfasst werden. Die Anwendbarkeit europäischen Rechts auf nicht-europäische Dienste ist nicht eindeutig gegeben und mit Problemen verbunden.[739]

Dies ist nach den Bestimmungen der Datenschutz-Grundverordnung nicht mehr der Fall, extraterritoriale Regelungshoheit über außerhalb der Union stattfindende Datenverarbeitungen wird nach der DSGVO in zweifacher Weise ausgeübt: Jeder Veranlassende oder Ausführende einer Verarbeitung personenbezogener Daten, der über eine enge räumliche Verbindung zur Union verfügt, hat bei all seinen Verarbeitungen das europäische Datenschutzrecht zu beachten, ganz gleich wo diese stattfinden, Art. 3 Abs. 1 DSGVO. Datenverarbeiter, d.h. Auftragsdatenverarbeiter oder Verantwortliche mit Niederlassung in der Union, können sich den Bestimmungen der Datenschutz-Grundverordnung nicht mehr mit dem Hinweis entziehen, dass die Verarbeitung personenbezogener Daten außerhalb der Union stattfinde. Auf nicht in der Union niedergelassene Datenverarbeiter findet die DSGVO Anwendung, wenn ihre Datenverarbeitung einen wirtschaftlich relevanten Effekt auf den europäischen Informationsmarkt hat.

Extraterritoriale Regelungshoheit wird in der Datenschutz-Grundverordnung folglich in Art. 3 Abs. 1 durch das Kriterium der engen räumlichen Verbundenheit mit der Union aufgrund des aktiven Personalitätsprinzips beansprucht. Der extraterritoriale Regelungsanspruch in Art. 3 Abs. 2 wird ferner durch die Anknüpfung an marktrelevantes Verhalten mit Auswirkung auf den europäischen Informationsmarkt und damit unter Anknüpfung an das Marktortprinzip als Unterfall des Auswirkungsprinzips begründet.[740] Durch die Streichung des im Kommissionsentwurf noch vorgesehenen Kriteriums der Ansässigkeit in Art. 3 Abs. 2 kommt es jedoch zu den beschriebenen Problemfällen, die die Geeignetheit des herangezogenen Marktortprinzips in Frage stellen, sodass jedenfalls für Art. 3 Abs. 2 lit. b) DSGVO eine Berufung auf das Auswirkungs- oder Personalitätsprinzip ausgeschlossen ist.

---

739 Ablehnend: *Hoeren*, ZRP 2010, 251, 252; befürwortend: *Nolte*, ZRP 2011, 236; eine Übersicht über verschiedene Theorien liefert: *Jotzo*, MMR 2009, 232, 232 ff.
740 *Kühling*, EuZW 2014, 527, 529; *Leutheusser-Schnarrenberger*, MMR 2012, 709, 710; *Rogall-Grothe*, ZRP 2012, 193, 194; *Roßnagel/Kroschwald*, ZD 2014, 495, 497.

B. Vergleichende Analyse aktueller Internetdatenschutzgesetzgebung

Das europäische Datenschutzrecht hat zur Begründung extraterritorialer Regelungshoheit einen Wandel weg vom reinen Auswirkungsprinzip hin zu einer gemeinsamen Anknüpfung an Marktort- und aktivem Personalitätsprinzip erlebt. Der vor allem auf innereuropäische Verarbeitungsvorgänge bezogene räumliche Geltungsanspruch der Richtlinie ergibt sich aus deren binnenmarktharmonisierenden Entstehungsgeschichte. Die Datenschutz-Grundverordnung setzt einen grundrechtsschützenden und marktorientierten Schwerpunkt und tritt nunmehr mit einem globalen Geltungsanspruch auf.

2. Australien

Australien ist die einzige westliche Demokratie ohne in der Verfassung oder einer Charta statuierte Grundrechte.[741] Es gehört jedoch zu den Unterzeichnerstaaten der universellen Erklärung der Menschenrechte, des internationalen Paktes über bürgerliche und politische Rechte sowie der OECD-Richtlinien über Datenschutz und grenzüberschreitende Ströme personenbezogener Daten.[742] Australien ist zudem in das APEC Privacy Framework eingebunden.[743] Datenschutz genießt dort somit auch ohne verfassungsmäßige Gewährleistung einen formal hohen Stellenwert.

Ausweislich der Präambel des australischen Datenschutzgesetzes (*Privacy Act*)[744] ergibt sich das Regelungsinteresse aus der Absicht Australiens zum wirkungsvollen Schutz der Privatsphäre unter Berücksichtigung der o.g. internationalen Verpflichtungen. Ziel dieses Gesetzes ist es daher, den Schutz der Privatsphäre und der personenbezogenen Daten des Einzelnen zu gewährleisten und diesen insbesondere im Rahmen eines freien grenzüberschreitenden Datenverkehrs sicherzustellen, Sec. 2A (a), (b), (d), (f), (h) *Privacy Act*. Zu diesem Zweck regelt das Gesetz nicht nur Handlungen im Inland, sondern beansprucht in Sec. 5B ausdrücklich Geltung außerhalb Australiens (*Extra-territorial operation of Act*), soweit eine Verbindung zu Australien (*Australian link*) vorliegt, Sec. 5B (1A) *Privacy*

---

741 *Greenleaf*, 24 UNSWLJ 262, 262 (2001).
742 *Adrian*, 29 Comp. L. & Sec. Rev. 48, 50 (2013).
743 *Voskamp/Kipker/Yamato*, DuD 2013, 452, 453.
744 Alle im Rahmen dieser Arbeit besprochenen Nicht-EU-Gesetzestexte befinden sich im Anhang.

*Act.*⁷⁴⁵ Es handelt sich um das einzige untersuchte Gesetz, das dem extraterritorialen Anwendungsbereich einen eigenen Paragraphen widmet.

Eine extraterritoriale Erstreckung des Anwendungsbereiches auf natürliche Personen findet statt, soweit die für die Datenverarbeitung verantwortliche Stelle ein australischer Bürger oder eine Person mit unbeschränktem Aufenthaltsrecht in Australien ist. Bei juristischen Personen ist dies der Fall, sofern es sich um eine juristische Person handelt, die in Australien gegründet wurde oder dort ihren Sitz hat, Sec. 5B (2) *Privacy Act*. Hierin liegt eine Anknüpfung an die enge Verbindung zwischen Regelungsstaat und Regelungsadressaten sowie dessen Treuepflicht gegenüber seinem Heimatstaat. Mit der Vorschrift soll die Umgehung australischer Datenschutzregelungen verhindert werden. Es handelt sich um eine Anwendung des aktiven Personalitätsprinzips, die sich zukünftig in vergleichbarer Form auch in Art. 3 Abs. 1 der DSGVO finden wird.

Weist die datenverarbeitende Stelle keine weitere Verbindung zu Australien durch Staatsbürgerschaft, Niederlassung o.ä. auf, findet das Gesetz Anwendung, sofern die fragliche Stelle Geschäften in Australien nachgeht (*carries on business in Australia*) und die personenbezogenen Daten einer Datenverarbeitung zuvor dort gespeichert oder erhoben wurden, Sec. 5B (3) (b), (c) *Privacy Act*.⁷⁴⁶ Eine solche Erhebung in Australien liegt bereits dann vor, wenn die personenbezogenen Daten von einer Person stammen, die sich zum fraglichen Zeitpunkt in Australien aufhält.⁷⁴⁷ Das konkrete Ausmaß und die Bedeutung der Datenerhebung- und Verarbeitung in Australien sind hingegen unbeachtlich.⁷⁴⁸

Das Kriterium des Nachgehens von Geschäften ist erfüllt, sofern es sich um kontinuierliche und mit Gewinnerzielungsabsicht durchgeführte, kommerzielle Aktivitäten handelt.⁷⁴⁹ Die Gewinnerzielungsabsicht des Datenverarbeiters setzt nicht zwingend voraus, dass sein Angebot gegenüber

---

745 *Adrian*, 29 Comp. L. & Sec. Rev. 48, 51 (2013); *Bygrave*, Data Privacy Law, p. 200; *von Dietze/Allgrove*, 4 IDPL 326, 328 (2014); *Kuner*, 18 IJLIT 176, 193 (2010); *Svantesson*, Extraterritoriality, p. 115 f. *Svantesson*, EU Data Privacy Law, p. 43 f.; *Toy*, 24 NZULR 222, 224 (2010).
746 The Parliament of Australia, Privacy Amendment (Enhancing Privacy Protection) Bill 2012, Explanatory Memorandum, p. 217; *von Dietze/Allgrove*, 4 IDPL 326, 328 f. (2014).
747 *von Dietze/Allgrove*, 4 IDPL 326, 329 (2014).
748 *von Dietze/Allgrove*, 4 IDPL 326, 328 (2014).
749 *Office of the Australian Information Commissioner*, Australian Privacy Principles, General Matters, Chap. B, p. 5.

B. Vergleichende Analyse aktueller Internetdatenschutzgesetzgebung

dem Datensubjekt nur gegen Entgelt erfolgt. Vielmehr kann sich der Gewinn des Datenverarbeiters auch aus der Weiterverarbeitung der mit Hilfe des kostenfreien Angebots erlangten personenbezogenen Daten generieren. Das Nachgehen von Geschäften findet in Australien statt, sofern ein gewisser territorialer Nexus vorliegt. Dieser kann sich u.a. dadurch ergeben, dass Waren oder Dienstleistungen über eine Webseite gezielt auch in Australien angeboten werden.[750] Das Kriterium führt gem. Art. 3 Abs. 2 lit. (a) DSGVO ebenso zur Anwendbarkeit europäischen Datenschutzrechts.

Soweit in diesem Zusammenhang an die Erhebung von Daten in Australien angeknüpft wird, kann davon ausgegangen werden, dass es sich bei in Australien erhobenen Daten in aller Regel um die Daten australischer Bürger handelt.[751] Der *Privacy Act* beschränkt sich jedoch nicht auf den Schutz von australischen Staatsbürgern oder Personen mit dauerhaftem Aufenthalt in Australien.[752] Grundsätzlich ist von Sec. 5B (3) jeder erfasst, dessen personenbezogene Daten in Australien von einer datenverarbeitenden Stelle mit *Australian link* erhoben oder gespeichert wurden.[753] Im unterschiedslosen Schutz von Inländern und Nicht-Inländern liegt eine weitere Gemeinsamkeit mit Art. 3 Abs. 2 lit. (b) DSGVO.

Das Gesetz konkretisiert damit die zur der Erstreckung des Anwendungsbereiches relevanten Anknüpfungspunkte: Im Ausland vorgenommene geschäftliche Handlungen eines Datenverarbeiters, die auf die Teilnahme am australischen Informationsmarkt zielen, also Folgen im Inland entfalten, führen zur extraterritorialen Anwendbarkeit australischen Datenschutzrechts. Das australische Datenschutzgesetz knüpft damit an das Auswirkungsprinzip an. Die Anknüpfung in Sec. 5B (3) *Privacy Act* erinnert damit insgesamt deutlich an die Bestimmungen in Art. 3 Abs. 2 lit. (a) DSGVO, in dessen Rahmen ebenfalls jede Verarbeitung personenbezogener Daten erfasst wird, die dem (auch unentgeltlichen) Angebot von Waren oder Dienstleistungen an in der Union betroffene, d.h. aufhältige, Personen dient.

---

750 *Office of the Australian Information Commissioner*, Australian Privacy Principles, General Matters, Chap. B, p. 6.
751 *Gunasekara*, 15 IJLIT 362, 383 (2007); vgl. *Kuner*, 18 IJLIT 176, 189 (2010).
752 The Parliament of Australia, Privacy Amendment (Enhancing Privacy Protection) Bill 2012, Explanatory Memorandum, p. 218.
753 The Parliament of Australia, Privacy Amendment (Enhancing Privacy Protection) Bill 2012, Explanatory Memorandum, p. 218.

I. Untersuchung ausgewählter Datenschutzregelungen

Indem jedoch im Gegensatz zu Art. 3 Abs. 2 DSGVO nur datenverarbeitende Stellen in den Anwendungsbereich des Gesetzes einbezogen werden, die geschäftlichen Aktivitäten in Australien nachgehen, verbleiben erhebliche Schutzlücken und Umgehungsmöglichkeiten. So wird bspw. die US-amerikanische Google Inc. nicht vom Anwendungsbereich des Gesetzes erfasst, da diese Firma über keine personale Verbindung zu Australien i.S.d. Sec. 5B (2) verfügt und auch kommerziellen Aktivitäten in Australien nicht durch Google Inc. selbst, sondern durch die australische Tochterfirma Google Australia Pty Ltd. nachgegangen wird, sodass die Voraussetzungen des Sec. 5B (3) ebenfalls nicht erfüllt sind.[754] Zugleich können durch den Fokus auf kommerzielle Aktivitäten datenschutzrelevante Handlungen wie z.B. das Beobachten von Verhalten zu nicht-kommerziellen Zwecken nicht erfasst werden, wie es jedoch in Art. 3 Abs. 2 lit. (b) DSGVO geschieht.

Die Bezugnahme auf die anerkannten Anknüpfungspunkte aktives Personalitätsprinzip und Auswirkungsprinzip stellt sicher, dass bei der Inanspruchnahme extraterritorialer Regelungshoheit durch den *Privacy Act* eine hinreichend enge Verbindung zwischen dem Datenverarbeiter als Regelungssubjekt und Australien als regelndem Staat gewahrt wird. Das australische Datenschutzgesetz berücksichtigt die Interessen anderer Staaten und schränkt seine extraterritoriale Anwendbarkeit insoweit ein, als dass eine Zuwiderhandlung keine Verletzung der australischen Datenschutzgrundsätze darstellt, soweit diese aufgrund des anzuwendenden Rechts eines Drittstaates erforderlich ist, Sec. 6A (4), 6B (4) *Privacy Act*.

Der Beschränkung auf wirtschaftlich relevante Auswirkungen im Rahmen von Sec. 5B (3) führt dazu, dass eine Umgehung australischen Datenschutzrechts möglich ist, soweit keine unmittelbare Teilnahme am australischen Markt durch den Datenverarbeiter erfolgt. Es entstehen Schutzlücken für die Betroffenen, sofern der Datenumgang zu nicht-kommerziellen Zwecken erfolgt. Das Ziel des Schutzes der personenbezogenen Daten im grenzüberschreitenden Datenverkehr wird daher nur eingeschränkt erreicht.

---

754 *Squires*, 35 Adel. L. Rev. 463, 470 (2014).

3. Indien

Indiens Verfassung kennt zwar ein *right to privacy*, ein Recht auf Datenschutz im europäischen Sinne wird daraus jedoch nicht abgeleitet.[755] Indien gehört zu den Unterzeichnerstaaten des internationalen Paktes über bürgerliche und politische Rechte, eine Beteiligung an internationalen Datenschutz-Regelungen wie den OECD-Richtlinien über Datenschutz und grenzüberschreitende Ströme personenbezogener Daten oder dem APEC *Privacy Framework* findet von indischer Seite jedoch nicht statt.[756]

Der erste Vorschlag für ein zentrales Datenschutzgesetz *The Personal Data Protection Bill 2006* wurde staatlicherseits aufgegeben und das Vorhaben nicht weiter verfolgt.[757] 2013 gab es eine weitere erfolglose parlamentarische Initiative zur Verabschiedung dieses Gesetzes.[758] Datenschutz wird derzeit somit kein allzu hoher Wert beigemessen.

Indien ist der bevorzugte Standort für die Auslagerung von Dienstleistungen im Bereich der Datenverarbeitung und damit von weltweiter Bedeutung für die IT-Wirtschaft.[759] Die wichtigsten Partner der indischen IT-Dienstleister kommen aus den USA und der Europäischen Union.[760] Indien wird von der EU derzeit jedoch als Drittstaat ohne angemessenes Datenschutzniveau eingeordnet, weshalb die Übermittlung personenbezogener Daten nach Indien gem. Art. 25 DSRL grundsätzlich unzulässig ist.[761] Um den Anforderungen der europäischen Partner insbesondere i.R.d. Drittländerregelung gerecht zu werden und so einen verbesserten Zugang zum europäischen Informationsmarkt für indische Unternehmen zu ermöglichen, dienten die europäischen Regelungen als Anreiz und Vorbild bei der Erarbeitung der indischen Datenschutzregelungen.[762]

---

755 *Greenleaf*, 1 IDPL 47, 48 ff. (2011); *Stauder*, ZD 2014, 188, 189.
756 *Greenleaf*, 1 IDPL 47, 48 (2011).
757 *Ananthapur*, 8 scripted 192, 194 (2011).
758 *Data Guidance* v. 3.3.2014, http://www.dataguidance.com/dataguidance_privacy_this_week.asp?id=2233.
759 *Chowdhury/Ray*, CRi 2011, 165, 165; *CRID,* India, p. 7 f.
760 *CRID,* India, p. 7.
761 *Salaria*, CRi 2013, 61, 61; *Stauder*, ZD 2014, 188, 189.
762 *Ananthapur*, 8 scripted 192, 193 (2011); *Stauder*, ZD 2014, 188, 189; *The Economic Times* v. 17.10.2012, http://articles.economictimes.indiatimes.com/2012-10-17/news/34525409_1_flow-of-sensitive-data-india-under-data-protection-india-and-eu.

I. Untersuchung ausgewählter Datenschutzregelungen

Das Regelungsinteresse ergab sich in Indien nicht aus einem Recht auf Datenschutz, sondern aus dem Wunsch nach Förderung der indischen IT-Wirtschaft. Damit verbunden war die Absicht der Erlangung eines angemessenen Datenschutz-Niveaus i.S.d. EU-DSRL.[763] Die untergeordnete Bedeutung des Datenschutzes zeigt sich u.a. daran, dass in Ermangelung eines Datenschutzgesetzes der *The Information Technology Act, 2000* (IT Act), der hauptsächlich Bestimmungen über den elektronischen Handel enthält,[764] und insbesondere die auf dessen Sec. 43 A und 87 beruhenden *The Information Technology (Reasonable security practices and procedures and sensitive personal data or information) Rules, 2011* (IT Rules) die wesentlichen Datenschutzbestimmungen in Indien darstellen..[765] Sie werden deshalb auch als *Privacy Rules* (indische Datenschutzregeln) bezeichnet.[766] Trotz vergleichbarer Interessenlage hat man sich im Gegensatz zu Südafrika nicht für den Erlass eines allgemeinen Datenschutzgesetzes entschieden und auch den Schutz personenbezogener Daten nicht als formales Regelungsziel in das Gesetz aufgenommen.

Die extraterritoriale Anwendbarkeit der Datenschutzregeln ergibt sich aus den Bestimmungen der Sec. 43 A und 75 IT Act, wonach Zuwiderhandlungen solcher ausländischen juristischen Personen in den Anwendungsbereich des IT Act und der IT Rules fallen, die sich Computerressourcen (Computer, Computer-Systeme oder Computer-Netzwerke)[767] in Indien bedienen.[768] Die Ähnlichkeit mit den europäischen Bestimmungen über das Zurückgreifen auf in der EU belegene Mittel durch nicht in der EU niedergelassene für die Verarbeitung Verantwortliche gem. Art. 4 Abs. 1 lit. c) DSRL ist unverkennbar. Aufgrund des gleichen Vorbilds bestehen auch Gemeinsamkeiten mit Sec. 3 (1) des südafrikanischen Datenschutzgesetzes. Im Gegensatz zu den europäischen und südafrikanischen Bestimmungen ist hier jedoch nicht allgemein von Mitteln

---

763 *The Economic Times* v. 17.10.2012, http://articles.economictimes.indiatimes.com/2012-10-17/news/34525409_1_flow-of-sensitive-data-india-under-data-protection-india-and-eu.
764 *Carrimjee*, in: Kuschewsky, Data Protection, India Nr. 1.3.5; *Stauder*, ZD 2014, 188, 189.
765 *Carrimjee*, in: Kuschewsky, Data Protection, India Nr. 1.1.2; *Chowdhury/Ray*, CRi 2011, 165, 171; *Salaria*, CRi 2013, 61, 61.
766 *Carrimjee*, in: Kuschewsky, Data Protection, India Nr. 1.1.2; *Chowdhury/Ray*, CRi 2011, 165, 171; *Salaria*, CRi 2013, 61, 61.
767 Sec. 75 Subsec. 2 IT Act.
768 *Chowdhury/Ray*, CRi 2011, 165, 166; *Greenleaf*, 1 IDPL 47, 51 (2011).

B. Vergleichende Analyse aktueller Internetdatenschutzgesetzgebung

die Rede, derer sich der Verantwortliche zum Zwecke der Datenverarbeitung bedient, sondern von Computerressourcen. Diese Konkretisierung des gewählten Anknüpfungspunktes erklärt sich dadurch, dass das den Datenschutzregeln zugrundeliegende Gesetz kein allgemeines Datenschutzgesetz ist, sondern ein Gesetz zur Regelung der Informationsindustrie, sodass nur die Verarbeitung personenbezogener Daten in dessen Anwendungsbereich reguliert werden sollte. Ein weiter gefasster Anknüpfungspunkt war in diesem Regelungszusammenhang nicht notwendig. Aufgrund der Orientierung an der DSRL und in Anbetracht der mit der Regelung verbundenen Interessen, handelt es sich hier aus den gleichen Gründen wie bei der EU um eine Anwendung des Auswirkungsprinzips.

Die Regelungen nähmen bei konsequenter Anwendung nicht nur ausländische Unternehmen in die datenschutzrechtliche Verantwortung, die auf dem indischen IT-Markt aktiv sind, sondern gem. Sec. 43 A und 75 IT Act auch die im Ausland sitzenden Auftraggeber indischer Auftragsdatenverarbeiter und anderer IT-Dienstleister.[769] Die Auftragnehmer würden als indische Computerressource der ausländischen Auftraggeber eingeordnet und so die Anwendbarkeit indischen Datenschutzrechts auf die ausländischen Auftraggeber auslösen.[770] Die indische IT-Industrie protestierte deutlich gegen diese Regelung und ihre Konsequenzen.[771] Sie sah gravierende Auftragsrückgänge und Umsetzungsschwierigkeiten auf sich zukommen.[772] Aufgrund dieser befürchteten nachteiligen wirtschaftlichen Folgen für die Outsourcing-Dienstleister sah die indische Regierung letztlich von einer konsequenten Anwendung der Regeln ab.[773]

Das indische *Ministry of Communications & Information Technology* veröffentlichte eine als *Clarification Statement*[774] bezeichnete Presseerklä-

---

769 *Ananthapur*, 8 scripted 318, 319 (2011); *Chowdhury/Ray*, CRi 2011, 165, 166.
770 *Ananthapur*, 8 scripted 318, 319 (2011).
771 *Lakshmi*, The Washington Post v. 21.5.2011, http://www.washingtonpost.com/business/india-data-privacy-rules-may-be-too-strict-for-some-us-companies/2011/05/18/AF9QJc8G_story.html; *Ribeiro*, PCWorld v. 1.7.2011, http://www.pcworld.com/article/234889/article.html.
772 *Lakshmi*, The Washington Post v. 21.5.2011, http://www.washingtonpost.com/business/india-data-privacy-rules-may-be-too-strict-for-some-us-companies/2011/05/18/AF9QJc8G_story.html; *Ribeiro*, PCWorld v. 1.7.2011, http://www.pcworld.com/article/234889/article.html.
773 *Ananthapur*, 8 scripted 318, 319 (2011); *Stauder*, ZD 2014, 188, 189.
774 *Ministry of Communications & Information Technology*, Clarification Statement v. 24.8.2011, http://pib.nic.in/newsite/erelease.aspx?relid=74990.

rung, in der es bekanntgab, dass sich die Anwendbarkeit der IT-Rules grundsätzlich nur auf juristische Personen mit Sitz in Indien beziehe.[775] Darüber hinaus hätten ausländische Unternehmen, die sich eines Dienstleisters in Indien bedienen, ebenso wie ihre indischen Auftragnehmer die Datenschutzregeln nicht zu beachten.[776] Einerseits wurden durch diese Pressemitteilung jedoch nicht alle offenen Fragen gelöst,[777] andererseits handelt es sich um die bloße Pressemitteilung eines Ministers, die über keine Rechtsverbindlichkeit verfügt.[778] Diese Erklärung verdeutlicht, dass der indischen Regelung keinerlei Datenschutz-, sondern ausschließlich ökonomische Interessen zugrunde liegen.

Auf Grundlage des Gesetzeswortlauts ergäbe sich daher eine extraterritoriale Anwendbarkeit der indischen Datenschutzregeln nach dem Vorbild der Europäischen Union auf Grundlage des Auswirkungsprinzips. Folgte man der Pressemitteilung des Ministeriums, würde hingegen von einer extraterritorialen Anwendbarkeit abgesehen und aufgrund der Ausnahmeregelungen sogar nur ein eingeschränktes Territorialitätsprinzip zur Anwendung gebracht.

Anhand des vorliegenden Konflikts wird deutlich, wie sich das unterschiedliche Interesse an einer Datenschutzregelung auf die Heranziehung eines bestimmten Jurisdiktionsprinzips auswirken kann. Indien hatte im Gegensatz zur EU kein durch eigene (verfassungs-)rechtliche Bestimmungen begründetes Datenschutzinteresse an der Sicherstellung gewisser Verarbeitungsgrundsätze, sondern wollte vielmehr verbesserten Zugang zu einem bestimmten ausländischen Markt erhalten. Indem demnach weder der Schutz von Persönlichkeitsrechten noch der Verbraucherschutz oder andere marktregulatorische Maßnahmen im Mittelpunkt standen, war keine eigene Motivation zur Anwendung des Personalitäts- oder Auswirkungsprinzips gegeben. Vielmehr wurden aufgrund des gesuchten Zugangs zum europäischen Markt die europäischen Regelungen zum Datenschutz in vereinfachter Form übernommen. Dies gilt insbesondere für die

---

775 *Ananthapur*, scripted 2011, 318, 320; *Carrimjee*, in: Kuschewsky, Data Protection, India Nr. 1.3.5; *Chowdhury/Ray*, CRi 2011, 165, 166; *Salaria*, Cri 2013, 61, 61; *Stauder*, ZD 2014, 188, 190.
776 *Ananthapur*, 8 scripted 318, 320 (2011); *Stauder*, ZD 2014, 188, 190.
777 *Ananthapur*, 8 scripted 318, 321 f. (2011); *Chowdhury/Ray*, CRi 2011, 165, 166 f.
778 *Acharya*, Comments, Nr. 4.1 ff., http://cis-india.org/internet-governance/blog/comments-on-the-it-reasonable-security-practices-and-procedures-and-sensitive-personal-data-or-information-rules-2011; *Greenleaf*, India's U-turns on data Privacy, p. 18 f.; *Kessler/Ross/Hickok*, 26 Nat'l L. Sch. India Rev. 31, 42 f. (2014).

B. Vergleichende Analyse aktueller Internetdatenschutzgesetzgebung

Bestimmungen zur extraterritorialen Anwendbarkeit mit der Anknüpfung an die Verwendung von Mitteln (hier: Computerressourcen) auf Grundlage des Auswirkungsprinzips. Nachdem deutlich wurde, dass sich diese Anknüpfung für die indische IT-Wirtschaft als eher unpassend und sogar nachteilig und damit in Anbetracht des Regelungsinteresses als untauglich erweisen würde, wurde die extraterritoriale Anwendbarkeit indischen Datenschutzrechts in Gänze aufgegeben. Selbst die Anwendbarkeit auf Auftragsdatenverarbeiter mit Sitz im Inland würde bei konsequenter Umsetzung des *Clarification Statement* des Ministers zurückgenommen, sodass nur noch ein eingeschränktes Territorialitätsprinzip für das indische Datenschutzrecht gelten würde.

Die vorliegende Entwicklung lässt insbesondere im Vergleich mit der in Südafrika im Vorfeld der Verabschiedung des dortigen Datenschutzgesetzes geführten Diskussion[779] über Vor- und Nachteile für die südafrikanische IT-Industrie nur den Schluss zu, dass es sich um eine unreflektierte und übereilte Übernahme europäischer Regelungen in indisches Recht handelte, bei der der Zusammenhang zwischen Regelungsinteresse, Regelungsziel und gewähltem Anknüpfungspunkt nicht ausreichend bedacht wurde.

4. Kanada

Ein explizites Recht auf Datenschutz kennt die kanadischen Grundrechtecharta (*Canadian Charta of Rights and Freedoms*) nicht.[780] Datenschutz wird in Kanada im Wesentlichen durch zwei Gesetze geregelt:[781] Der *Privacy Act* regelt den Datenschutz für den Bereich der staatlichen Stellen. Datenschutz im privaten Sektor wird durch den *Personal Information Protection and Electronic Documents Act* (PIPEDA) sichergestellt, der folglich im Rahmen der vorliegenden Betrachtung maßgeblich ist. Mit dem PIPEDA soll einerseits der Schutz der personenbezogenen Daten von Kanadiern im Internetzeitalter,[782] andererseits die Sicherstellung der Teilnahme Kanadas am freien grenzüberschreitenden Datenverkehr und transat-

---

779 *South African Law Reform Commission*, Discussion Paper 109, p. 365 ff.
780 *Butler*, 11 New Zealand Journal of Public & International Law 213, 236 (2013).
781 *Greenleaf*, in: Brown, Governance of the Internet, p. 221, 225.
782 *Frazier*, 36 Geo. Wash. Int'l L. Rev. 203, 211 (2004).

I. Untersuchung ausgewählter Datenschutzregelungen

lantischem Handel erreicht werden.[783] Bei Erarbeitung orientierte man sich daher maßgeblich an europäischem Datenschutzrecht,[784] sodass Kanada mittlerweile von der EU als Land mit angemessenem Datenschutzniveau eingestuft wird.[785] Zudem gehört es zu den Unterzeichnerstaaten der OECD-Richtlinien über Datenschutz und grenzüberschreitende Ströme personenbezogener Daten.[786]

Dem Regelungsziel der Gewährleistung einer informationellen Privatsphäre, das sich aus Sec. 3 ergibt, liegt dabei ein eindeutig ökonomisch motiviertes Regelungsinteresse zugrunde. Der Langtitel des PIPEDA ist insofern besonders aufschlussreich, es handelt sich um einen *act to support and promote electronic commerce by protecting personal information (...)*. Dieses vorrangig ökonomische Interesse an Datenschutzregelungen liegt auch den US-amerikanischen Gesetzen zugrunde.

Das Gesetz findet gemäß Sec. 4 (1) (a) Anwendung auf jede Stelle, die personenbezogene Daten im Rahmen ihrer geschäftlichen Aktivitäten erhebt, verarbeitet oder übermittelt (*collects, uses or discloses in the course of commercial activities*). Obwohl die Verarbeitung personenbezogener Daten von Kanadiern durch verantwortliche Stellen mit Sitz außerhalb Kanadas, insbesondere in den USA, nicht erst seit Cloud Computing zur kanadischen Realität gehört,[787] ist eine extraterritoriale Anwendbarkeit des PIPEDA nicht ausdrücklich geregelt, sie war daher zunächst umstritten.[788]

Eine Klärung dieser Frage konnte durch den kanadischen *Federal Court* im Fall *Lawson vs. Accusearch Inc.*[789] im Jahr 2007 herbeigeführt werden. Das US-amerikanische Unternehmen Accusearch Inc. mit Sitz im US-Bundesstaat Wyoming hatte personenbezogene Daten über Kanadier gesammelt, verarbeitet und i.d.R. gegen Gebühr ohne Wissen und Zustimmung der betroffenen Datensubjekte weitergegeben.[790] Hiergegen hatte sich die kanadische Juristin *Philippa Lawson* gewandt und Beschwerde

---

783 *Coughlan/Currie/Kindred/Scassa*, Extraterritorial Jurisdiction, p. 12, 47.
784 *Bygrave*, 47 Sc. St. L. 319, 340 (2004).
785 Europäische Kommission, Entscheidung vom 20.12. 2001, ABl. EG Nr. L 2 v. 4. 1. 2002, S. 13 ff.
786 *ElAtia/Ipperciel/Hammad*, 35 Can. J. Educ. 101, 111 (2012).
787 *Bennett/Parsons/Molnar*, Forgetting, p. 3.
788 *McClennan/Schick*, 38 Geo. J. Int'l L. 669, 681 (2007).
789 Federal Court, Lawson v. Accusearch Inc., 2007 FC 125 (CanLII), [2007] 4 FCR 314.
790 Federal Court, Lawson v. Accusearch Inc., 2007 FC 125 (CanLII), [2007] 4 FCR 314, Rn. 2.

bei der Datenschutzbeauftragten (*Privacy Commissioner of Canada*) eingelegt.[791] Diese eröffnete zwar ein Verfahren, Accusearch Inc. sah sich jedoch aufgrund des Unternehmenssitzes in den USA dem kanadischen Datenschutzrecht nicht unterworfen und verweigerte die Zusammenarbeit.[792]

Die Datenschutzbeauftragte sah sich daraufhin außer Stande in der Angelegenheit weiter zu ermitteln, da ihr die notwendige gesetzliche Ermächtigung für ein Handeln außerhalb Kanadas fehle.[793] Die Anwendbarkeit kanadischen Rechts beschränke sich für gewöhnlich auf das kanadische Hoheitsgebiet, sodass die extraterritoriale Anwendbarkeit kanadischen Rechts nicht den Normalfall darstelle und für das kanadische Datenschutzgesetz nicht vom Parlament gewollt sein könne.[794] Dieser Schluss ergebe sich insbesondere aufgrund des US-amerikanischen Unternehmenssitzes und der mangelnden Durchsetzbarkeit kanadischen Datenschutzrechts im Ausland.[795]

Der *Federal Court* hatte somit zu entscheiden, ob der PIPEDA extraterritoriale Anwendung auf ausländische Stellen findet.[796] Das ist nach kanadischem Recht möglich, wenn eine *„real and substantial connection"*[797] zu Kanada vorhanden ist.[798] Das *Gericht* hielt zunächst fest, dass es nicht Absicht des Parlaments gewesen sein könne, sämtliches Erheben und Nutzen personenbezogener Daten weltweit den Regelungen des PIPEDA zu unterwerfen.[799] Zur Ausübung von Regelungshoheit bedürfe es vielmehr einer hinreichenden Verbindung zwischen Regelungsstaat und Regelungs-

---

791 Federal Court, Lawson v. Accusearch Inc., 2007 FC 125 (CanLII), [2007] 4 FCR 314, Rn. 2.
792 Federal Court, Lawson v. Accusearch Inc., 2007 FC 125 (CanLII), [2007] 4 FCR 314, Rn. 13.
793 Federal Court, Lawson v. Accusearch Inc., 2007 FC 125 (CanLII), [2007] 4 FCR 314, Rn. 14; *Svantesson*, Extraterritoriality of EU Data Privacy Law, p. 16.
794 Federal Court, Lawson v. Accusearch Inc., 2007 FC 125 (CanLII), [2007] 4 FCR 314, Rn. 14.
795 Federal Court, Lawson v. Accusearch Inc., 2007 FC 125 (CanLII), [2007] 4 FCR 314, Rn. 38 ff.; *Bennett/Parsons/Molnar*, 23 J. L. Inf. & Sci. 50, 51.55 f. (2014).
796 Federal Court, Lawson v. Accusearch Inc., 2007 FC 125 (CanLII), [2007] 4 FCR 314, Rn. 23.
797 *Bennett/Parsons/Molnar*, 23 23 J. L. Inf. & Sci. 50, 55 (2014).
798 *Bennett/Parsons/Molnar*, 23 23 J. L. Inf. & Sci. 50, 54 f. (2014); *Bennett/Parsons/Molnar*, Connections, p. 3 f.; *Elder*, in: Kuschewsky, Data Protection, Canada Nr. 1.3.5; *Stoddart/Denham*, Leading, p. 14.
799 Federal Court, Lawson v. Accusearch Inc., 2007 FC 125 (CanLII), [2007] 4 FCR 314, Rn. 38; *Kuner*, 18 IJLIT 176, 192 (2010).

gegenstand.[800] Die tatsächliche Durchsetzbarkeit extraterritorialer Regelungen sei dabei allerdings kein Kriterium.[801]

Im vorliegenden Fall musste Accusearch Inc. kanadische Quellen haben. Die Datenerhebung und -übermittlung erfolge damit sowohl in den USA als auch in Kanada, so das Gericht. Allein auf den Sitz der datenverarbeitenden Accusearch Inc. in den USA könne es nicht ankommen.

Das durch den PIPEDA für Kanadier geschaffene Recht auf den Schutz personenbezogener Daten gelte weltweit. Eine extraterritoriale Erstreckung des Anwendungsbereiches sei im Sinne eines wirkungsvollen Schutzes dieses Rechts notwendig und angemessen. Sobald ausländische Organisationen personenbezogene Daten über Kanadier aus Kanada erhöben, erhielten oder dorthin übermittelten, sei demnach das kanadische Datenschutzrecht anwendbar, da eine kanadische Quelle und folglich ein hinreichender Anknüpfungspunkt bestehe. Die Datenschutzbeauftragte war somit ermächtigt, die illegale Datensammlung und -Verwendung durch ein nicht in Kanada niedergelassenes Unternehmen zu untersuchen.

Der Federal Court hielt zudem fest, dass die Nicht-Durchsetzbarkeit oder voraussichtliche Erfolglosigkeit bestimmter Maßnahmen im Ausland keine Kriterien für die Beurteilung von deren Unzulässigkeit bzw. Unanwendbarkeit sein dürfen.

Die Anwendung kanadischen Datenschutzrechts hängt somit von einer hinreichend engen Verbindung mit Kanada ab, die jedoch keine Niederlassung dort voraussetzt.[802] In den Anwendungsbereich werden datenverarbeitende Stellen miteinbezogen, die aus dem Ausland personenbezogene Daten von Kanadiern sammeln und verarbeiten.[803] Dieser Geltungsanspruch besteht allein aufgrund der Verarbeitung personenbezogener Daten von Kanadiern, einer weitergehenden territorialen Verbindung des datenverarbeitenden Unternehmens zu Kanada durch eine Niederlassung oder die Anwesenheit von Mitarbeitern bedarf es nicht.[804]

---

800 Federal Court, Lawson v. Accusearch Inc., 2007 FC 125 (CanLII), [2007] 4 FCR 314, Rn. 38.
801 Federal Court, Lawson v. Accusearch Inc., 2007 FC 125 (CanLII), [2007] 4 FCR 314, Rn. 39.
802 *Bennett/Parsons/Molnar*, Forgetting, p. 5.
803 *Bennett/Parsons/Molnar*, Connections, p. 2; *Elder*, in: Kuschewsky, Data Protection, Canada Nr. 1.3.5; *Frazier*, 36 Geo. Wash. Int'l L. Rev. 203, 212 (2004).
804 *Bennett/Parsons/Molnar*, 23 J. L. Inf. & Sci. 50, 51 (2014).

B. Vergleichende Analyse aktueller Internetdatenschutzgesetzgebung

Zugleich stellt der *Federal Court* klar, dass auch bei Konflikten mit anderen Jurisdiktionen ein eigenständiges kanadisches Interesse an der extraterritorialen Anwendung kanadischen Datenschutzrechts gegeben ist. Das *Gericht* bestätigt damit für das Datenschutzrecht sowohl die Zulässigkeit extraterritorialer Regelungen, als auch das Genuine-Link-Erfordernis und die Unabhängigkeit der zulässigen Erstreckung des extraterritorialen Anwendungsbereiches von der Durchsetzungshoheit und tatsächlichen Durchsetzungsmöglichkeit.

Extraterritoriale Regelungen werden vom *Federal Court* als notwendig anerkannt, um den Schutz personenbezogener Daten im Rahmen der grenzenlosen, virtualisierten Datenverarbeitung sicherzustellen. Das Erfordernis einer engen und substantiellen Anknüpfung zum Regulierungsstaat sieht das *Gericht* durch die Verarbeitung personenbezogener Daten von Inländern bzw. der ursprünglich kanadischen Herkunft dieser Daten als erfüllt. Im Ergebnis erkennt es damit die Anwendbarkeit des passiven Personalitätsprinzips im (kanadischen) Datenschutzrecht an.

Der extraterritoriale Anwendungsbereich des PIPEDA auf grenzüberschreitende Sachverhalte ist mittlerweile unumstritten.[805] Die kanadische Datenschutzbehörde scheut die Durchsetzung des kanadischen Rechts ggü. US-amerikanischen Firmen nicht. Sie sucht hierfür auch die Zusammenarbeit mit anderen Datenschutzbehörden, insbesondere der *Federal Trade Commission* in den USA.[806] Zwischenzeitlich erfolgten im Anschluss an diese Rechtsprechung Maßnahmen gegen Facebook, Google und WhatsApp, sodass deren Dienste in Kanada nunmehr in Übereinstimmung mit den Bestimmungen des PIPEDA angeboten werden.[807]

Der wesentliche Anknüpfungspunkt für eine extraterritoriale Erstreckung des Anwendungsbereiches kanadischen Datenschutzrechts gem. Sec. 4 (1) (a) PIPEDA ist folglich die Eigenschaft des Datensubjekts als Kanadier, wobei einschränkend nur an solche Verarbeitungen personenbezogener Daten angeknüpft wird, die im Rahmen kommerzieller Aktivitäten vorgenommen werden.

---

805 *Bennett/Parsons/Molnar*, 23 J. L. Inf. & Sci. 50, 50 ff. (2014); *Bennett/Parsons/Molnar*, Connections, p. 3; *Scott*, 17 Appeal: Rev. Current L. & L. Reform 63, 69 (2012); *Stoddart/Denham*, Leading, p. 14.
806 *Bennett/Parsons/Molnar*, 23 J. L. Inf. & Sci. 50, 56 (2014).
807 *Bennett/Parsons/Molnar*, 23 J. L. Inf. & Sci. 50, 57 (2014); *Bennett/Parsons/Molnar*, Connections, p. 4; *Bennett/Parsons/Molnar*, Forgetting, p. 5.

Indem zunächst auf die enge Beziehung zwischen dem Regelungsstaat und dem Datensubjekt als Inländer abgestellt wird, handelt sich unter Berücksichtigung des Regelungsziels um eine Anwendung des passiven Personalitätsprinzips. Indem die Anwendbarkeit ausschließlich auf Datenverarbeitungen im Rahmen geschäftlicher Aktivitäten in Kanada beschränkt wird, werden zudem Elemente des Auswirkungsprinzips herangezogen. Eine ausschließliche Anknüpfung an die Eigenschaft des Datensubjekts als Kanadier wäre in Anbetracht des Regelungsziels denkbar, aber unter Berücksichtigung des Regelungsinteresses nicht erforderlich und damit zu weitgehend gewesen.

Kanada teilt damit das Regelungsinteresse und die Anwendung des Auswirkungs- und passiven Personalitätsprinzips mit den untersuchten US-amerikanischen Gesetzen. Indem die doppelte Anknüpfung an die Kriterien der Teilnahme am inländischen Markt einerseits und der Verarbeitung personenbezogener Daten von Kanadiern andererseits gewählt wird, bestehen trotz unterschiedlicher Regelungsinteressen, aber aufgrund des vergleichbaren Regelungsziels, zudem Ähnlichkeiten zum Marktortprinzip in Art. 3 Abs. 2 lit. (a) DSGVO-EK.

5. Russland

Die russische Verfassung garantiert in Art. 24 ein ausdrückliches Recht auf Datenschutz.[808] Ein Recht auf Datenschutz ergibt sich auch aus Art. 8 EMRK,[809] zudem hat Russland die Datenschutz-Konvention Nr. 108 des Europarates ratifiziert[810] und verfügt seit 2006 über ein nationales Datenschutzgesetz.[811] Dieses zentrale Datenschutzgesetz der Russischen Föderation ist das Gesetz Nr. 152-FZ (Gesetz über personenbezogene Daten – russisches Datenschutzgesetz, rDSG), das im Wesentlichen nach dem Vorbild der Datenschutz-Richtlinie und zur Umsetzung der Europaratskonvention erarbeitet und bereits mehrfach ergänzt wurde.[812] Russland ist zudem an den Internationalen Pakt über bürgerliche und politische Rechte

---

808 *Enerstvedt*, 30 Comp. L. & Sec. Rev. 25, 32 (2014); *Spitzer*, OstEuR 2010, 1, 7 f.
809 *Spitzer*, OstEuR 2010, 1, 9.
810 *Enerstvedt*, 30 Comp. L. & Sec. Rev. 25, 32 (2014); *Spitzer*, OstEuR 2010, 1, 9 f.
811 *Solotych*, WiRO 2006, 313, 314; *Spitzer*, OstEuR 2010, 1, 8 ff.
812 *Enerstvedt*, 30 Comp. L. & Sec. Rev. 25, 32 (2014); *Kuner*, 18 IJLIT 176, 177 (2010); *Spitzer*, OstEuR 2010, 1, 9 f.

B. Vergleichende Analyse aktueller Internetdatenschutzgesetzgebung

gebunden.[813] Trotz wiederholter Anstrengungen seitens des russischen Staates wurde ein angemessenes Datenschutzniveau i.S.d. EU-Datenschutz-Richtlinie bisher nicht erreicht.[814] Vorrangiges Ziel des russischen Datenschutzrechts ist somit (formal) der Schutz der informationellen Selbstbestimmung und der Privatsphäre natürlicher Personen, vgl. Art. 2 rDSG. Zugleich soll der freie grenzüberschreitende Datenverkehr ermöglicht werden. In konsequenter Anlehnung an europäische Regelungen darf gem. Art. 12 rDSG demnach eine Datenübermittlung ins Ausland nur stattfinden, soweit dort ein angemessenes Datenschutzniveau garantiert wird.[815]

Das rDSG findet gem. Art. 1 Abs. 1 zunächst Anwendung auf Datenverarbeitungen im Inland.[816] Insoweit beruht das russische Datenschutzrecht bisher auf dem Territorialitätsprinzip. Zur Sicherstellung des Rechts auf Datenschutz wird jedoch die Anwendung russischen Rechts auf Diensteanbieter ohne Niederlassung in Russland seit einiger Zeit nachhaltig von der russischen Politik gefordert.[817] Die Speicherung personenbezogener Daten russischer Bürger im Ausland wird als unsicher und leicht zugänglich für Kriminelle empfunden.[818]

Diese Forderungen werden durch das neue Gesetz Nr. 242-FZ (Gesetz über den Schutz personenbezogener Daten) umgesetzt. Zukünftig sollen Datenverarbeiter die personenbezogenen Daten russischer Bürger getrennt von den übrigen Datenbeständen auf Servern aufbewahren, die sich auf

---

813 *Bartsch*, NJW 1994, 1321, 1323.
814 *Enerstvedt*, 30 Comp. L. & Sec. Rev. 25, 33 (2014).
815 *Solotych*, WiRO 2006, 313, 314; *Spitzer*, OstEuR 2010, 1, 12; *Roskomnadzor*, Mitteilung v. 7.11.2014, http://eng.rkn.gov.ru/news/news29.htm.
816 *Savelyev*, 32 Comp. L. & Sec. Rev. 128, 135 f. (2016); *Yankovskaya/Nechaeva*, http://www.roedl.de/themen/newsletter-russland/2015-07-08/obligatorische-lokalisierung-persoenlicher-daten-russischer-staatsangehoeriger.
817 *Interfax*, Russia beyond the headlines v. 29.8.2013, http://rbth.co.uk/news/2013/08/29/russian_watchdog_to_consider_inspecting_twitter_29327.html; *Interfax*, Russia beyond the headlines v. 31.7.2013, http://rbth.co.uk/news/2013/07/31/senator_gattarov_asks_prosecutor_general_chaika_to_check_facebook_regard_28538.html; *Interfax*, Russia beyond the headlines v. 10.7.2013, http://rbth.co.uk/news/2013/07/10/russian_senators_want_google_to_amend_user_agreement_so_it_complies_with_27946.html; *Shtykina*, Russia beyond the headlines v. 31.1.2013, http://rbth.co.uk/business/2013/01/31/google_hands_over_user_information_to_russian_authorities_22377.html.
818 *Millard/Kuner/Cate/Svantesson/Lynskey*, 5 IDPL 1, 2 (2015).

russischem Territorium befinden.[819] Die russische Regierung verspricht sich durch die Regelung mehr Datenschutz und Datensicherheit für ihre Bürger.[820] Anlass zur Ausübung extraterritorialer Regelungshoheit durch die russische Gesetzgebung ist somit das Ziel der Gewährleistung von Datensicherheit und eines angemessenen Datenschutzniveaus für russische Bürger im Rahmen internationaler Datenverarbeitungen. Bei Nichtbefolgung kann die Sperrung des jeweiligen Dienstes für russische Nutzer verfügt werden.[821]

In den Anwendungsbereich des Gesetzes werden im Gegensatz zur bisherigen Regelung nicht nur Datenverarbeiter mit einer Niederlassung in Russland einbezogen, sondern auch solche Online-Dienste, die zwar keine Niederlassung in Russland unterhalten, ihr Angebot aber auf russisches Territorium ausrichten und in diesem Zusammenhang personenbezogene Daten russischer Staatsangehöriger verarbeiten.[822] Ob ein Online-Dienst sein Angebot auf russisches Territorium ausrichtet, soll sich u.a. anhand der Verwendung einer russischen Top-Level-Domain, der russischen Sprache und Zahlungsmöglichkeiten in Rubel bestimmen.[823] Vergleichbare Kriterien werden in Erwägungsgrund (23) der DSGVO auch herangezogen, um zu bestimmen, ob ein Angebot von Waren oder Dienstleistungen gem. Art. 3 Abs. 2 lit. (a) an in der Union befindliche betroffene Personen erfolgt.

---

819 *Richter*, IRIS 2014-8:1/35; *Tselikov*, Russian Internet Regulation, p. 9; *Wellmann*, IStR-LB 2015, 62, 62.
820 *Reuters*, Handelsblatt v. 4.7.2014, http://www.handelsblatt.com/politik/international/neues-gesetz-ab-2016-russische-daten-nur-noch-auf-einheimischen-servern/10155706.html;*Tselikov*, Russian Internet Regulation, p. 9.
821 *Henni*, Russia beyond the headlines v. 20.7.2014, http://de.rbth.com/gesellschaft/2014/07/20/neues_gesetz_verbietet_datenspeicherung_im_ausland_30373.html; *Richter*, IRIS 2014-8:1/35.
822 *Bolomestnova*, Rossijskaja gaseta v. 1.9.2015, http://www.rg.ru/2015/09/01/lich-dannye.html; *Savelyev*, 32 Comp. L. & Sec. Rev 128, 137 f. (2016); *Shashina*, http://www.twobirds.com/en/news/articles/2015/global/russian-data-localistation-law; *Yankovskaya/Nechaeva*, http://www.roedl.de/themen/newsletter-russland/2015-07-08/obligatorische-lokalisierung-persoenlicher-daten-russischer-staatsangehoeriger.
823 *Bolomestnova*, Rossijskaja gaseta v. 1.9.2015, http://www.rg.ru/2015/09/01/lich-dannye.html; *Savelyev*, 32 Comp. L. & Sec. Rev 128, 137 f. (2016); *Shashina*, http://www.twobirds.com/en/news/articles/2015/global/russian-data-localistation-law; *Yankovskaya/Nechaeva*, http://www.roedl.de/themen/newsletter-russland/2015-07-08/obligatorische-lokalisierung-persoenlicher-daten-russischer-staatsangehoeriger.

B. Vergleichende Analyse aktueller Internetdatenschutzgesetzgebung

Das russische Datenschutzrecht erhält durch die mit dem Gesetz Nr. 242-FZ (Gesetz über den Schutz personenbezogener Daten) neu eingeführten Pflichten somit einen extraterritorialen Anwendungsbereich.[824] Diese konkreten Kriterien sollen die Bestimmung der Anwendbarkeit erleichtern.[825] Man entschied sich bewusst für Regelungen zur extraterritorialen Anwendbarkeit, die sich nicht an Art. 4 (1) c) DSRL orientieren, da diese Regelungen als zu kompliziert in der Anwendung und nicht geeignet für neue technologische Herausforderungen wie z.b. das Cloud Computing wahrgenommen wurden.[826] Diese Entscheidung steht durchaus im Einklang mit der Entwicklung in der EU, wo die bisherigen Bestimmungen zur räumlichen Anwendbarkeit der DSRL als veraltet wahrgenommen und durch völlig neue Regelungen in der DSGVO ersetzt werden.

In der Koppelung der extraterritorialen Erstreckung des Anwendungsbereiches an die Verarbeitung von Daten russischer Staatsbürger liegt zunächst eine Anknüpfung an das passive Personalitätsprinzip. Die Regelung und der mit ihr verbundene Anlass bringen den mit diesem Prinzip verbunden (Daten-)Schutzgedanken für eigene Staatsangehörige zum Ausdruck. Die weiter herangezogene Anknüpfung an die Ausrichtung eines Angebotes auf das russische Staatsgebiet stellt sicher, dass nur unmittelbare, wesentliche und vorhersehbare Auswirkungen zur Anwendbarkeit des russischen Datenschutzrechts führen.

Es werden folglich keine Diensteanbieter den Regelungen des russischen Datenschutzrechts unterworfen, die sich nicht bewusst an den russischen Informationsmarkt wenden. Die damit verbundene zusätzliche Heranziehung des Auswirkungsprinzips zum Personalitätsprinzip beschränkt die extraterritoriale Reichweite russischen Datenschutzrechts und vermeidet Zufälligkeiten bei der Anwendbarkeit.[827] Auf diese Weise wird eine hinreichend enge und substantielle Verbindung zwischen Regelungsstaat und Regelungssubjekt sichergestellt.

Die hier vorliegende Ausübung extraterritorialer Regelungshoheit wird im Fall der Speicherpflichten von Kritikern jedoch weniger für einen Ausdruck eines verstärkten Datenschutzinteresses, sondern vielmehr für einen Versuch der staatlichen Kontrolle der Internetkommunikation russischer

---

824 *Savelyev*, 32 Comp. L. & Sec. Rev 128, 135 ff. (2016); *Wellmann*, IStR-LB 2015, 62, 62.
825 *Savelyev*, 32 Comp. L. & Sec. Rev 128, 137. (2016).
826 *Savelyev*, 32 Comp. L. & Sec. Rev 128, 136 f. (2016).
827 *Savelyev*, 32 Comp. L. & Sec. Rev. 128, 137 (2016).

Bürger gehalten, der mit der Aussperrung ausländischer, d.h. westlicher Diensteanbieter und einem einfacheren Zugriff für nationale Sicherheitsbehörden einhergeht.[828] Damit wäre zwar eine Änderung oder zumindest Erweiterung des Regelungsinteresses verbunden, ohne dass sich dies jedoch unmittelbar auf das formelle Regelungsziel oder die gewählte Anknüpfung auswirkte. Vielmehr wird im Vergleich mit Art. 3 Abs. 2 lit. (a) DSGVO-EK deutlich, dass eine vergleichbare Anknüpfung trotz unterschiedlicher Regelungsinteressen, aber übereinstimmender formeller Regelungsziele der Regelungsstaaten auf Grundlage der gleichen Jurisdiktionsprinzipien gewählt werden kann.

Die russischen Pläne zur Re-Territorialisierung der internetbasierten Datenverarbeitung können allerdings im globalen Kontext durchaus als ein Weg zur Sicherstellung von Datenschutz und Datensicherheit gesehen werden. Die Speicherung sensibler Daten der eigenen Bürger im Ausland begegnete bereits zu Beginn der grenzüberschreitenden Datenverarbeitung Bedenken.[829] Vorschläge zur Stärkung des Datenschutzes durch Beschränkung des internationalen Datenaustausches und nationale Speicherlösungen sind somit nicht neu, sondern seit langem im Gespräch.[830] Insbesondere durch die sog. Snowden-Enthüllungen erhielten sie neue Relevanz.[831] In Europa werden Vorschläge zur Begrenzung des freien grenzüberschreitenden Datenverkehrs und zur Re-Territorialisierung des Internets im Rahmen eines virtuellen Schengen-Raumes oder gar eines rein deutschen Internets diskutiert.[832] Brasilien hat im Zuge der Reform seines Datenschutzrechts ebenfalls Verpflichtungen zur ausschließlichen Speicherung

---

828 *Millard/Kuner/Cate/Svantesson/Lynskey*, 5 IDPL 1, 2 (2015); *Reuters/DPA-AFX*, FAZ.NET v. 4.7.2014, http://www.faz.net/aktuell/politik/russische-daten-duerfen-russland-nicht-mehr-verlassen-13028717.html; *Reuters*, Handelsblatt v. 4.7.2014, http://www.handelsblatt.com/politik/international/neues-gesetz-ab-2016-russische-daten-nur-noch-auf-einheimischen-servern/10155706.html; *Tselikov*, Russian Internet Regulation, p. 2 ff.
829 *Millard/Kuner/Cate/Svantesson/Lynskey*, 5 IDPL 1, 1 (2015).
830 *Millard/Kuner/Cate/Svantesson/Lynskey*, 5 IDPL 1, 1 (2015).
831 *Millard/Kuner/Cate/Svantesson/Lynskey*, 5 IDPL 1, 1 f. (2015).
832 *Millard/Kuner/Cate/Svantesson/Lynskey*, 5 IDPL 1, 1 f. (2015); *Redaktion MMR-Aktuell*, MMR-Aktuell 2011, 318026; *Taeger*, NJW 2013, 3698, 3698.

B. Vergleichende Analyse aktueller Internetdatenschutzgesetzgebung

brasilianischer Daten in Brasilien erwogen,[833] jedoch zwischenzeitlich verworfen.[834]

6. Südafrika

Südafrika hat mit dem *The Protection of Personal Information Act 2013* (POPI) eines der jüngsten Datenschutzgesetze Afrikas.[835] Zuvor war der Datenschutz vor allem durch einige bereichsspezifische Gesetze gewährleistet und mit dem Recht auf Privatsphäre in Art. 14 der Verfassung garantiert.[836] Die Einführung eines eigenen Datenschutzgesetzes wurde in Südafrika insbesondere vor dem Hintergrund einer als notwendig erachteten internationalen Harmonisierung befürwortet.[837] Das südafrikanische Datenschutzgesetz dient dementsprechend der Umsetzung des verfassungsrechtlich geschützten Rechts auf Privatsphäre in der Informationsgesellschaft. Ziel der Regelung ist es, die Verarbeitung personenbezogener Daten in Übereinstimmung mit internationalen Standards zu regulieren und zugleich den freien grenzüberschreitenden Datenverkehr zu ermöglichen, Sec. 2 (a), (b) POPI. Angesichts der grenzenlosen Datenverarbeitung über das Internet soll auch der Umgang mit Daten von Südafrikanern im Ausland erfasst und ein geeigneter Datenschutz in diesem Zusammenhang sichergestellt werden.[838]

Während man in Russland die Bestimmungen zur Anwendbarkeit der DSRL als unbefriedigend einordnet und eine Übernahme in eigenes Recht vermieden hat,[839] werden die europäischen Regelungen in Südafrika ins-

---

833 *Israel/Boadle*, Reuters.com v. 28.10.2013, http://www.reuters.com/article/2013/10/28/net-us-brazil-internet-idUSBRE99R10Q20131028.
834 *Boadle*, Reuters.com v. 18.3.2014, http://www.reuters.com/article/2014/03/19/us-brazil-internet-idUSBREA2I03O20140319.
835 *Bygrave*, Data Privacy Law, p. 105.
836 *Bygrave*, Data Privacy Law, p. 106; *Visser/Strachan*, in: Kuschewsky, Data Protection, South Africa Nr. 1.1.
837 *Roos*, 39 Comp. & Int'l L. J. S. Afr. 102, 130 (2006).
838 Parliament of the Republic of South Africa – National Assembly, Second debate: Protection of Personal Information Bill [B9B-2009], 11.09.2012, S. 32; Parliament of the Republic of South Africa – National Council of Provinces, Select Committee on Security and Justice: Protection of Personal Information Bill, 27.11.2012, S. 2, 11; *Luck*, De Rebus 2014/4, 44, 46; *Magolego*, De Rebus 2014/11, 20, 21 f.
839 *Savelyev*, 32 Comp. L. & Sec. Rev. 128, 136 (2016).

I. Untersuchung ausgewählter Datenschutzregelungen

gesamt als „*international best practice*"⁸⁴⁰ angesehen. Daher orientierte man sich hier, ebenso wie in Indien,⁸⁴¹ bei der Erarbeitung des Datenschutzrechts stark an der EU-Datenschutz-Richtlinie.⁸⁴² Die Entwicklung der Datenschutz-Grundverordnung konnte ebenfalls bereits in die Beratungen mit einbezogen werden.⁸⁴³ Bei der Auslegung der südafrikanischen Datenschutzbestimmungen kann daher ergänzend auf Rechtsprechung und Lehre in der EU zurückgegriffen werden.⁸⁴⁴

Dieser europäische Einfluss ist nicht zuletzt auf die strikten europäischen Regelungen zur Datenübermittlung in Drittländer und die damit verbundenen Auswirkungen auf die südafrikanische Wirtschaft zurückzuführen.⁸⁴⁵ Südafrika hat einen sich rasant entwickelnden Technologiesektor, der in großem Maße auf den weltweiten Datenaustausch angewiesen ist.⁸⁴⁶ Die Bestimmungen des POPI sollen daher den EU-Datenschutzstandard erfüllen und einen freien Datenaustausch zwischen der südafrikanischen Wirtschaft und ihren europäischen Partnern erlauben.⁸⁴⁷ Hierzu hat das Land in Sec. 79 POPI auch die europäischen Regelungen zur Datenübermittlung ins Ausland übernommen. Eine enge Anlehnung an das europäische Modell des angemessenen Schutzniveaus wurde nicht vorbehaltlos begrüßt: Es wurden Einbußen im grenzüberschreitenden Handel oder

---

840 Parliament of the Republic of South Africa – National Council of Provinces, Select Committee on Security and Justice: Protection of Personal Information Bill, 13.02.2013, S. 1.
841 *Ananthapur*, 8 scripted 192, 193 (2011); *Stauder*, ZD 2014, 188, 189; *The Economic Times* v. 17.10.2012, http://articles.economictimes.indiatimes.com/2012-10-17/news/34525409_1_flow-of-sensitive-data-india-under-data-protection-india-and-eu.
842 *Luck*, De Rebus 2014/4, 44, 44; *Stein*, 10 Without Prejudice 48, 48 (2012).
843 Parliament of the Republic of South Africa – National Council of Provinces, Select Committee on Security and Justice: Protection of Personal Information Bill, 13.02.2013, S. 1; Parliament of the Republic of South Africa – National Assembly, Report of the Portfolio Committee on Justice and Constitutional Development on the Protection of Personal Information Bill [B9 – 2009], 05.09.2012.
844 Siehe *Magolego*, De Rebus 2014/11, 20, 20.
845 *Luck*, De Rebus 2014/4, 44, 44; *Neethling*, 75 THRHR 241, 245, 247 (2012); *South African Law Reform Commission*, Discussion Paper 109, p. 360 ff.
846 *Luck*, De Rebus 2014/4, 44, 44, 46; *South African Law Reform Commission*, Discussion Paper 109, p. 372.
847 *Luck*, De Rebus 2014/4, 44, 46; *South African Law Reform Commission*, Discussion Paper 109, p. 365; *Neethling*, 75 THRHR 241, 247 (2012).

B. Vergleichende Analyse aktueller Internetdatenschutzgesetzgebung

eine verschlechterte Marktposition bei neuen Dienstleistungszweigen wie dem Data Warehousing befürchtet.[848]

Die Gewährleistung eines angemessen Datenschutzniveaus wurde trotz der möglichen kurzfristigen Einbußen jedoch als zwingende Voraussetzung für die erfolgreiche Teilnahme am internationalen Markt angesehen.[849]

Dadurch zeigt sich, dass in Südafrika die Abwägung wirtschaftlicher Vor- und Nachteile bei Erlass eines Datenschutzgesetzes im Gegensatz zu Indien deutlich zugunsten einer datenschutzrechtlichen Regelung ausfiel. Im Vergleich zu Indien zeigt es ferner, dass das ökonomische Interesse an einer Regelung wesentlich zur Verankerung des Datenschutzes als Regelungsziel führen kann. Datenschutz kann in Schwellenländern somit einen wirtschaftsfördernden Effekt haben und als eine positive Ergänzung der bestehenden Rechtslage wahrgenommen werden kann. Keineswegs wird Datenschutz nur als Innovationshemmnis und hinderlich für die wirtschaftliche Entwicklung eingestuft. Anlass für die extraterritorialen Regelungen des südafrikanischen Datenschutzrechts ist somit der Wunsch zur unbeschränkten Teilhabe am weltweiten Informationsmarkt und am grenzüberschreitenden Datenverkehr, sowie der Wille zur Umsetzung der verfassungsrechtlichen Gewährleistungen in Übereinstimmung mit internationalen Standards.

Es finden sich zwei Fälle extraterritorialer Anwendbarkeit des POPI: Das südafrikanische Datenschutzgesetz erfasst nicht nur ausländische Stellen, die sich zu ihrer Datenverarbeitung Mitteln im Inland bedienen, Sec. 3 (1) (b) (ii),[850] sondern auch die im Ausland stattfindende Verarbeitung durch oder für im Inland niedergelassene Stellen, Sec. 3 (1) (b) (i). Die Regelungen weisen somit zunächst eine extraterritoriale Komponente hinsichtlich der nicht in Südafrika niedergelassenen verantwortlichen Stellen auf. Anders als in Indien wurde sich angesichts des Regelungsziels auch nicht für einen sektoralen Ansatz entschieden, der den Begriff der Mittel nur in einem bestimmten Kontext definiert. Die zweite extraterritoriale Komponente nimmt Bezug auf die im Ausland stattfindende Verarbeitung durch oder für im Inland niedergelassene Unternehmen und macht deutlich, dass sich POPI zwar an der Datenschutz-Richtlinie orientiert,

---

848 *South African Law Reform Commission*, Discussion Paper 109, p. 365 f.
849 *South African Law Reform Commission*, Discussion Paper 109, p. 372.
850 *Magolego*, De Rebus 2014/11, 20, 21 f.

aber im Gegensatz zu dieser keine im Grundsatz binnenorientierte Regelung ist.

Verantwortliche Stellen mit Sitz im Inland werden gem. Sec. 3 (1) (b) (i) verpflichtet, bei der Verarbeitung personenbezogener Daten durch oder für diese Stelle im Ausland südafrikanisches Datenschutzrecht zu beachten. Auf diese Weise wird eine Umgehung der Regelungen durch Verlagerung der Datenverarbeitung in sog. Daten-Oasen unattraktiv.

Die Beanspruchung extraterritorialer Regelungshoheit durch das südafrikanische Datenschutzrecht orientiert sich eng am Vorbild der europäischen Datenschutz-Richtlinie, die Auswirkungen ausländischer Datenverarbeitung auf Südafrika sollen reguliert und die Umgehung des POPI vermieden werden.[851] Folglich handelt es sich nicht um eine Anknüpfung an das Territorialitäts-, sondern an das Auswirkungsprinzip. Bei der Geltungserstreckung des südafrikanischen Datenschutzrechts auf die im Ausland erfolgende Datenverarbeitung durch oder für im Inland niedergelassene Verantwortliche wird auf die enge Verbindung zwischen dem Verantwortlichen und seinem Sitzstaat abgestellt und somit das aktive Personalitätsprinzip angewandt. Die kombinierte Heranziehung von Auswirkungs- und aktivem Personalitätsprinzip findet sich bereits im Datenschutzgesetz Australiens, wobei die ökonomische Anknüpfung an das Nachgehen von Geschäften im Inland vorliegend durch die funktionelle Anknüpfung an die Verwendung von Mitteln im Inland ersetzt wird.

7. USA

In den USA wird der Schutz der personenbezogenen Daten und informationellen Privatsphäre traditionell eher den Märkten anvertraut und die datenschutzrechtliche Regulierung in diesem Zusammenhang als Wettbewerbsregulierung verstanden.[852] Die Selbstregulierungskräfte des Marktes

---

851 Vgl. Parliament of the Republic of South Africa – National Assembly, Second debate: Protection of Personal Information Bill [B9B-2009], 11.09.2012, S. 32; Parliament of the Republic of South Africa – National Council of Provinces, Select Committee on Security and Justice: Protection of Personal Information Bill, 27.11.2012, S. 2, 11; *Magolego*, De Rebus 2014/11, 20, 21 f.

852 *Cunningham*, 11 Santa Clara J. Int'l L. 421, 441 f. (2013); *Reidenberg*, 38 Hous. L. Rev. 717, 730 f. (2001).

B. Vergleichende Analyse aktueller Internetdatenschutzgesetzgebung

werden als ausreichend angesehen.[853] Regelungen werden nur dort für nötig erachtet, wo sie zur Herstellung eines funktionierenden Marktes erforderlich sind.[854] Der wirtschaftliche Wert von Daten als Handelsgut und für die Optimierung von Angeboten wird besonders betont, sodass jede Regulierung zunächst einen grundsätzlich unerwünschten Eingriff in den freien Markt darstellt.[855] Staatlicher Intervention wird somit kritisch begegnet, der Einzelne ist primär selbst zum Schutz seiner Rechte berufen.[856] Der Eckpfeiler im US-amerikanischen Datenschutzrecht ist das Vertrauen in die Selbstregulierung der Märkte und den gesunden Wettbewerb.[857] Anlass zur Ausübung extraterritorialer Regelungshoheit besteht nur, soweit es zur Herstellung eines fairen Kräfteverhältnisses zwischen den Marktteilnehmern oder zur Sicherung des Umgangs mit besonders schutzbedürftigen Marktteilnehmern notwendig ist. Dies spiegelt sich im extraterritorialen Anwendungsbereich der Gesetze wider.

Hinzu kommen US-amerikanische Befürchtungen, dass Beschränkungen im Datenumgang zu einem Eingriff in die Redefreiheit (*freedom of speech*) führen können; eine Einschränkung dieses verfassungsmäßig garantierten Rechts wird generell abgelehnt.[858] Es existiert dementsprechend kein einheitliches nationales Datenschutzgesetz und alle Versuche zur Einführung eines solchen Gesetzes sind bisher gescheitert.[859] Vielmehr finden sich auf Bundes- und Staatsebene verschiedene Gesetze, die vor allem bereichsspezifischen Datenschutz regeln.[860]

---

853 *Bygrave*, 47 Sc. St. L. 319, 329 (2004); *Cunningham*, 11 Santa Clara J. Int'l L. 421, 444 f. (2013); *Hoang*, 32 J. Nat'l Ass'n Admin. L. 811, 814 f. (2012); *Reidenberg*, 52 Stan. L. Rev. 1315, 1343 (2000); *Spies*, ZD-Aktuell 2012, 02788; *Weber*, 3 IDPL 117, 117 (2013).
854 *Loring*, 37 Texas Journal of International Law 421, 425 f. (2002); *Kobrin*, 30 RIS 111, 116 (2004).
855 *Birnhack*, 24 Comp. L. & Sec. Rep. 508, 509 (2008).
856 *Reidenberg*, 52 Stan. L. Rev. 1315, 1342 (2000); *Volokh*, 52 Stan. L. Rev. 1049, 1051 (2000).
857 *Cunningham*, 11 Santa Clara J. Int'l L. 421, 444 f. (2013); *Loring*, 37 Tex. Int'l L. J. 421, 425 f. (2002).
858 *Cunningham*, 11 Santa Clara J. Int'l L. 421, 443 (2013); *Volokh*, 52 Stan. L. Rev. 1049, 1122 ff. (2000).
859 *Cunningham*, 11 Santa Clara J. Int'l L. 421, 442 (2013); *Edwards*, in: Brown, Governance of the Internet, p. 309, 314.
860 *Birnhack*, 24 Comp. L. & Sec. Rep. 508, 509 (2008); *Cunningham*, 11 Santa Clara J. Int'l L. 421, 441 (2013); *Edwards*, in: Brown, Governance of the Internet, p. 309, 314.

I. Untersuchung ausgewählter Datenschutzregelungen

Die USA sind Unterzeichner der OECD-Richtlinien über Datenschutz und grenzüberschreitende Ströme personenbezogener Daten.[861] Dem US-Verständnis des Datenschutzes folgend, beziehen sich bestehende Gesetze in der Regel auf einen spezifischen Markt.[862] Bestimmungen zum Datenumgang sind primär Maßnahmen zum Verbraucherschutz und sollen in besonderen Fällen einen fairen, aber auch marktgerechten Umgang mit den erhobenen Daten sicherstellen.[863] Dies führt dazu, dass in den Vereinigten Staaten eine „Erlaubnis mit Verbotsvorbehalt"[864] für die Datenverarbeitung vorherrscht, während in der Europäischen Union ein Verbot mit Erlaubnisvorbehalt gilt. Aufgrund dieses Vertrauens in die Märkte und die Selbstregulierung der Wirtschaft besteht ein grundsätzlich geringerer Anlass für die USA, in datenschutzrechtlichen Fragen extraterritoriale Regelungshoheit auszuüben. Insbesondere zu Beginn der Informationsgesellschaft gab es keine Notwendigkeit zur Abweichung vom Prinzip der Territorialität, da die meisten Angebote auf dem Online-Markt auch US-amerikanischen Ursprungs waren.[865] Das Internet führt jedoch zu einer steigenden Anzahl ausländischer Angebote, sodass Forderungen nach Regelungen mit extraterritorialem Anwendungsbereich auch in den Vereinigten Staaten zunehmen.[866]

Neben der Herstellung eines funktionierenden Marktes ist der Schutz Minderjähriger vor Verlust ihrer informationellen Privatsphäre vordringliches Interesse in datenschutzrechtlichen Zusammenhängen.[867] Kinder sind aufgrund ihrer noch nicht voll entwickelten Urteilsfähigkeit besonders beeinflussbar.[868] Die von ihnen in jungen Jahren unbedacht preisgegebenen Daten erlauben bereits früh die Erstellung eines aussagekräftigen Persönlichkeitsprofils, das sich im weiteren Verlauf des Lebens negativ auswir-

---

861 *Baumer/Earp/Poindexter*, 23 Computers & Security 400, 402 (2004).
862 *Cunningham*, 11 Santa Clara J. Int'l L. 421, 441 f. (2013); *Hoang*, 32 J. Nat'l Ass'n Admin. L. 811, 824 (2012).
863 *Greenleaf*, in: Brown, Governance of the Internet, p. 221, 235 f; *Kranig/Peintinger*, ZD 2014, 3, 4; *Reidenberg*, 52 Stan. L. Rev. 1315, 1342 ff. (2000); *Schwartz/Solove*, 102 Cal. L. Rev. 877, 877 (2014); *Spies*, ZD-Aktuell 2012, 02788.
864 *Kranig/Peintinger*, ZD 2014, 3, 9.
865 *Kerr*, 162 U. Pa. L. Rev. 373, 404 ff. (2014).
866 *Kerr*, 162 U. Pa. L. Rev. 373, 416 ff. (2014).
867 *Brill*, FS Hustinx, p. 179, 182, 185; *Geremia*, 45 McGeorge L. Rev. 433, 433 ff. (2014).
868 *Geremia*, 45 McGeorge L. Rev. 433, 436 (2014).

ken kann.[869] Dieser besondere Schutzbedarf hat dementsprechend in spezifischen Gesetzen seinen Niederschlag gefunden.

a) Children's Online Privacy Protection Act (COPPA)

Zu den relevanten Bundesgesetzen der USA zählt u.a. der *Children's Online Privacy Protection Act* (COPPA), der den Schutz persönlicher Daten von Kindern regelt, die jünger als 13 Jahre sind.[870] Daten, die Kinder in den USA betreffen, dürfen demnach nur mit Einwilligung der Eltern erhoben werden.[871] Daneben existieren Informationspflichten über die Art der erhobenen Daten, den Verwendungszweck und eine mögliche Weitergabe.[872] Zu den geschützten Namen gehören gem. 15 U.S. Code § 6501 (8) Name, Anschrift, E-Mail-Adresse, Telefonnummer, Sozialversicherungsnummer sowie weitere von der *Federal Trade Commission* festzulegende Daten, die die Bestimmbarkeit eines Kindes zulassen.

Der COPPA ist gem. 15 U.S. Code § 6501 (2) (A) i.V.m. 15 U.S. Code § 6502 (a) auf Stellen anwendbar, die eine Webseite oder einen Online-Dienst zu kommerziellen Zwecken betreiben (Diensteanbieter), sich an Kinder in den Vereinigten Staaten wenden und deren personenbezogene Daten verarbeiten.[873] Der COPPA gilt ebenso für Stellen, die eine derartige Datenverarbeitung im Auftrag eines solchen Dienstes durchführen, 15 U.S. Code § 6501 (2) (A) 2. HS. Auf den Sitz der Stelle kommt es dabei nicht an. Der COPPA beansprucht damit extraterritoriale Geltung,[874] soweit eine ausländische Stelle sich aus kommerziellen Motiven an US-amerikanische Kinder wendet, 15 U.S. Code § 6501 (2) (A) (i) – (iii), oder für einen Dienst mit einer derartigen Zielsetzung die Verarbeitung personenbezogener Daten durchführt.

Der COPPA knüpft folglich an einen Personenkreis mit enger Bindung an den Regelungsstaat an, gewährt diesen Personen besonderen Schutz und wendet somit das passive Personalitätsprinzip an. Grundlage der An-

---

869 *Geremia*, 45 McGeorge L. Rev. 433, 433 (2014).
870 *Bygrave*, Data Privacy Law, p. 200; *Geremia*, 45 McGeorge L. Rev. 433, 434 (2014); *Kuner*, 18 IJLIT 176, 192 (2010).
871 *Geremia*, 45 McGeorge L. Rev. 433, 437 (2014).
872 *Geremia*, 45 McGeorge L. Rev. 433, 434 (2014).
873 *Kuner*, Transborder Data Flows, p. 127.
874 *Bygrave*, Data Privacy Law, p. 200; *Kuner*, 18 IJLIT 176, 192 (2010); *Poullet*, 2 J. Int'l Com. L. & Tech. 141, 150 (2007).

I. Untersuchung ausgewählter Datenschutzregelungen

knüpfung ist gem. 15 U.S. Code § 6501 (2) (A) auch die Ausrichtung eines kommerziellen Angebots auf Kinder in den USA und somit die Folgen einer geschäftlichen Handlung für den US-amerikanischen Markt. Die Beanspruchung der extraterritorialen Regelungshoheit zum Schutz der personenbezogenen Daten US-amerikanischer Kinder vor unfairer kommerzieller Datenverarbeitung erfolgt somit aufgrund des Auswirkungsprinzips und des passiven Personalitätsprinzips.

b) California Online Privacy Protection Act (CalOPPA)

Der Bundesstaat Kalifornien ist aus wirtschaftlicher Sicht von besonderer Bedeutung für die USA und nimmt als Heimat des sog. *Silicon Valley* eine herausragende Stellung für die weltweite Informationswirtschaft ein.[875] Marktrelevante Unternehmen wie Apple, Facebook und Google haben hier ihren Firmensitz.[876] Kalifornien hat aufgrund dieses Zusammenhangs die Möglichkeit, mit seiner Gesetzgebung die digitale Wirtschaft wesentlich zu beeinflussen.[877] Aufgrund der damit einhergehenden Bedeutung dieses Bundesstaates sind dessen Gesetze ebenfalls von großem Interesse für die vorliegende Untersuchung.

Der *California Online Privacy Protection Act* (CalOPPA) von 2003 ist das wichtigste Gesetz für den Online-Datenschutz des US-Bundesstaates Kalifornien und gilt als vorbildlich für die gesamten USA.[878] Inhaltlich sieht es gem. Sec. 22575 (a) des *Business and Professions Code* eine Pflicht für Betreiber einer kommerziellen Webseite oder eines Online-Dienstes (Diensteanbieter) vor, dem Nutzer im Rahmen einer kommerziellen Webseite oder eines vergleichbaren Online-Dienstes (z.B. Apps) eine leicht zugängliche Datenschutzerklärung (*Privacy Policy*) zur Verfügung zu stellen.[879] Die Datenschutzerklärung dient der umfassenden Aufklärung des Verbrauchers, indem ihm etwa mitgeteilt werden muss, welche Kate-

---

875 *Orthwein/Rücker*, DuD 2014, 613, 618; *Schrems*, Daten, S. 13.
876 *Linsmeier/Mächtle*, NZKart 2015, 258, 258. Apple: Cupertino, http://www.apple.com/contact/; Facebook: Menlo Park, https://www.facebook.com/pages/Facebook-HQ/166793820034304?sk=info&ref=page_internal; Google: Mountain View, https://www.google.de/intl/de/about/careers/locations/mountainview/.
877 *Harris*, Privacy Practices, S. 3 f.; *Orthwein/Rücker*, DuD 2014, 613, 614.
878 *Spies*, ZD-Aktuell 2013, 03739.
879 *Spies*, ZD-Aktuell 2013, 03739.

gorien personenbezogener Daten gesammelt werden und ggf. welche Dritte mit Hilfe des betreffenden Dienstes personenbezogene Daten erheben.[880]

Kaliforniens Datenschutzvorschriften weichen dabei nicht vom selbstregulatorischen und marktorientierten Ansatz ab. Vielmehr wird eine Maßnahme vorgeschrieben, die notwendig ist, um einen funktionierenden Markt herzustellen. Sie ermöglicht es den Parteien, sich auf Augenhöhe zu begegnen und versetzt den Verbraucher anhand der Erklärungen in die Lage, die Bedingungen der einzelnen Angebote zu vergleichen. Untersuchungen zeigen, dass sich Verbraucher bei niedrigschwelliger Zugänglichkeit von verständlichen Informationen über die jeweiligen Datenschutzbestimmungen durchaus mit den Unterschieden zwischen den einzelnen Angeboten auseinandersetzen und bereit sind, einen hohen Datenschutzstandard durch Zahlung höherer Entgelte zu honorieren.[881]

Ohne einen informierten Verbraucher würden weder die in den USA favorisierte Selbstregulierung des Marktes noch die propagierte Eigenverantwortung des Einzelnen in Datenschutzfragen funktionieren. Ziel des CalOPPA ist es somit, dem Verbraucher ausreichende Kenntnis über die Datenschutz-Politik eines Dienstes zu verschaffen, damit dieser anschließend eine informierte Entscheidung über eine mögliche Nutzung treffen kann.[882] Dieses Vorhaben kann allerdings nur gelingen, wenn alle am kalifornischen Markt teilnehmenden Unternehmen gleichermaßen zur Einhaltung der Datenschutzbestimmungen verpflichtet werden.[883] Andernfalls entstünde ein Wettbewerbsnachteil für die kalifornischen Unternehmen, die als einzige den CalOPPA zu beachten hätten. Verstöße gegen den CalOPPA werden dementsprechend als Wettbewerbsverstoß nach dem *California Unfair Competition Law* gehandelt.[884]

Anlass für die Ausübung extraterritorialer Regelungshoheit durch den kalifornischen Gesetzgeber ist somit der Wunsch nach der Herstellung eines funktionierenden Marktes, dessen informierte Verbraucher selbstbe-

---

880 *Spies*, ZD-Aktuell 2013, 03739.
881 *Tsai/Egelman/Cranor/Acquisti*, 22 Inform. Syst. Res. 254, 254 ff. (2011).
882 *Harris*, Privacy Practices, S. 1, 4.
883 Auf die USA insgesamt bezogen: *Kobrin*, 30 RIS 111, 116 (2004); *Reidenberg*, 52 Stan. L. Rev. 1315, 1342 ff. (2000); *Straus/Rogerson*, 19 Telematics and Informatics 173, 179 ff. (2002).
884 *Cheung*, 30 Comp. L. & Sec. Rev. 41, 52 (2014); *Orthwein/Rücker*, DuD 2014, 613, 616; *Spies*, ZD-Aktuell 2013, 03739.

stimmt über die Preisgabe und Verwendung ihrer Daten entscheiden können. Um diesem verbraucherschützenden Vorhaben gerecht zu werden, müssen alle Teilnehmer am kalifornischen Markt gleichermaßen zur Einhaltung der Datenschutzregeln verpflichtet werden. Dieses Ziel wird in der EU mit der Einführung des Marktortprinzips in der DSGVO ebenfalls verfolgt.[885]

Dabei ist in diesem Zusammenhang insbesondere der Anwendungsbereich des CalOPPA beachtlich: Er erfasst gem. Sec. 22575 (a), 22576 des *Business and Professions Code* sämtliche Betreiber kommerzieller Webseiten oder Online-Services, die personenbezogene Daten von Verbrauchern verarbeiten, die ihren Wohnsitz in Kalifornien haben.[886] Das kalifornische Gesetz beansprucht somit grundsätzlich weltweite Geltung und knüpft dabei an den Schutz der in seinem Staatsgebiet wohnenden Verbraucher an.[887] Trotz der US-Proteste gegen einen vergleichbaren Anwendungsbereich europäischen Datenschutzrechts,[888] handelt es sich nicht um eine unbeabsichtigte Folge legislativen Handelns. Kalifornien ist sich dieses, mit der grenzenlosen Datenverarbeitung und der wirtschaftlichen Bedeutung des US-Bundesstaates verbundenen, globalen Geltungsanspruches und der damit einhergehenden extraterritorialen Auswirkungen bewusst.[889]

Eine Einschränkung findet die extraterritoriale Geltung des CalOPPA gem. Sec. 22575 (a), 22576 insoweit, als dass ausschließlich solche Diensteanbieter in den Anwendungsbereich einbezogen werden, die sich an Verbraucher in Kalifornien wenden. Hierdurch wird eine zusätzliche Verbindung zwischen dem Regelungsstaat und dem Regelungsadressaten sichergestellt.

Als Grundlage für die Beanspruchung von extraterritorialer Regelungshoheit dient das Angebot von Dienstleistungen ggü. in Kalifornien ansässigen Personen und somit zunächst die klassische *common law*-Variante des passiven Personalitätsprinzips. Das Gesetz geht jedoch darüber hinaus: Indem gem. Sec. 22575 (a), 22576 des *Business and Professions Code* an ein kommerzielles Angebot ggü. Personen mit dauerhaftem Aufenthalt in

---

885 *Rogall-Grothe*, ZRP 2012, 193, 194.
886 *Harris*, Privacy Practices, S. 3.
887 *Spies*, ZD-Aktuell 2013, 03739.
888 *CNET.com* v. 2.1.2002, http://news.cnet.com/Congress-fears-European-privacy-standards/2100-1023_3-253826.html; *Kuner*, 18 IJLIT 176, 177 (2010).
889 *Harris*, Privacy Practices, S. 3 f.; *Kühling*, EuZW 2014, 527, 530.

B. Vergleichende Analyse aktueller Internetdatenschutzgesetzgebung

Kalifornien und somit auf die Folgen einer gezielten Teilnahme am kalifornischen Markt angeknüpft wird, findet zudem eine Anknüpfung an das Auswirkungsprinzip statt.

Die Regelung ist damit mit Art. 3 Abs. 2 lit. (a) DSGVO-EK vergleichbar, der den extraterritorialen Anwendungsbereich europäischen Datenschutzrechts auf die Verarbeitung personenbezogener Daten von in der Union ansässigen Personen erstreckt, die dem Angebot von Waren oder Dienstleistungen in Europa dient. Die aus Grundrechtserwägungen vorgenommene Streichung des Kriteriums der Ansässigkeit in der endgültigen Version des Art. 3 Abs. 2 DSGVO, ist zur Erreichung der mit dem CalOPPA verbundenen Regelungsziele nicht notwendig. Vielmehr verhindert die doppelte Inlandsanknüpfung ungewollte Zufallsergebnisse und sorgt für eine hinreichend enge und substantielle Verbindung zum Inland.

c) Privacy Rights for California Minors in the Digital World

Ab dem 01. Januar 2015 ist der kalifornische *Business and Professions Code* um einen Abschnitt betreffend den Datenschutz von Kindern im Internet erweitert worden (*Privacy Rights for California Minors in the Digital World*).[890] Diensteanbieter werden durch dieses Gesetz verpflichtet, ihren minderjährigen Nutzern die Löschung von online gestellten Inhalten und Informationen zu ermöglichen: es wird ein „Recht auf Löschung" (*Right of Erasure*) eingeführt.[891] Erfasst hiervon sind u.a. Beiträge in sozialen Netzwerken, sodass es z.B. im Zusammenhang mit unüberlegten Äußerungen oder vorschnell online gestellten Fotos Minderjähriger zur Anwendung gelangt.[892]

Anlass für die Erhebung extraterritorialer Regelungshoheit ist zum einen wiederum die besondere Schutzbedürftigkeit von Kindern, die die Reichweite ihres Handelns in der Online-Welt noch nicht abschätzen können und zum anderen die grenzenlose Natur des Internets, die eine Anwendbarkeit des Gesetzes auf all jene Online-Dienste erforderlich macht, die sich an kalifornische Kinder wenden.[893] Regelungsziel ist hier folglich

---

890 http://leginfo.legislature.ca.gov/faces/billNavClient.xhtml?bill_id=201320140S-B568.
891 *Geremia*, 45 McGeorge L. Rev. 433, 436 (2014); *Spies*. ZD-Aktuell 2013, 03739.
892 *Spies*, ZD-Aktuell 2013, 03739.
893 *Geremia*, 45 McGeorge L. Rev. 433, 433, 437 f. (2014).

der Schutz Minderjähriger. Adressat des Gesetzes sind gem. Sec. 22580 Subsec. (a) und (d) alle Anbieter von Internet-Seiten, Online-Diensten, Online-Anwendungen oder mobilen Anwendungen, die sich an in Kalifornien ansässige Minderjährige wenden.

Die kalifornischen *Privacy Rights* beanspruchen Geltung ggü. allen Internet-Diensten ohne Ansehung des Sitzlandes, sofern diese sich an Minderjährige in Kalifornien richten. Im Gegensatz zu CalOPPA und COPPA werden in Übereinstimmung mit dem Regulierungsanlass auch nicht-kommerzielle Angebote erfasst. Dass der extraterritoriale Anwendungsbereich des Gesetzes diejenigen Online-Dienste erfasst, deren Angebot sich an sich an Minderjährige in Kalifornien wendet, könnte ähnlich wie im CalOPPA als Anknüpfung an das Auswirkungsprinzips gewertet werden.

Für die Ermittlung des Jurisdiktionsprinzips ist jedoch insbesondere das Regelungsziel von Bedeutung. Vorliegend geht es primär nicht um die Herstellung eines funktionierenden Informationsmarktes und die Aufklärung der Verbraucher, sondern um den Schutz der in Kalifornien wohnenden Minderjährigen. Die Beanspruchung extraterritorialer Regelungshoheit erfolgt in diesem Fall somit aufgrund der besonderen Schutzverpflichtung des Staates und damit unter Anknüpfung an das passive Personalitätsprinzip.

d) Zugriff von US-Strafverfolgungsbehörden auf Microsoft-Server in der Europäischen Union

US-Behörden greifen aufgrund unterschiedlichster Ermächtigungsgrundlagen weltweit auf personenbezogene Daten zu.[894] Aus diesem extraterritorialen Strafverfolgungsanspruch ergeben sich insbesondere mit dem europäischen Datenschutzrecht Probleme.[895]

Um nach US-amerikanischem Recht legal auf die personenbezogenen Daten zugreifen zu können, ist lediglich ein Mindestmaß an Verbindung des Datenverarbeiters zu den USA notwendig.[896] Hierzu wird insbesondere auf eine Geschäftstätigkeit oder das Bestehen von Einrichtungen in den

---

[894] *Barnitzke*, MMR-Aktuell 2011, 321103; *Voigt*, MMR 2014, 158, 158 ff.
[895] *Barnitzke*, MMR-Aktuell 2011, 321103; *Svantesson/Gerry*, 31 Comp. L. & Sec. Rev. 478, 487 (2015).
[896] *Voigt*, MMR 2014, 158, 160.

USA abgestellt.[897] Ob eine rechtliche Anknüpfung in Form des Unternehmenssitzes oder eines Serverstandortes in den USA vorliegt, ist unerheblich.[898] Die Zugriffsrechte werden dann extraterritorial zur Anwendung gebracht, soweit eine irgendwie geartete rechtliche oder tatsächliche Zugriffsmöglichkeit besteht.[899]

Ein Urteil des *US District Court Southern District of New York*[900] macht in diesem Zusammenhang deutlich, dass die USA den Anwendungsbereich ihrer Gesetze trotz möglicher Jurisdiktions- und Interessenkonflikte extraterritorial erstrecken.[901] Im Rahmen des E-Mail-Dienstes des Unternehmens Microsoft werden alle Inhaltsdaten und die meisten sonstigen Daten eines Kunden an einen Server in Irland übermittelt und nicht in den USA gespeichert, sofern dieser eine E-Mail-Adresse mit europäischer Länderkennung wählt.[902] Microsoft war aufgrund eines amerikanischen „Durchsuchungs- und Beschlagnahmebeschlusses"[903] (*SCA Warrant*) des *Gerichts* aufgegeben worden, auf einem irischen Server befindliche Kunden-E-Mails an eine US-amerikanische Behörde herauszugeben.[904] Microsoft gab zwar die auf US-amerikanischen Servern gespeicherten sonstigen Daten heraus, lehnte aber unter Hinweis auf die fehlende Jurisdiktion über die irischen Server eine Herausgabe der dort befindlichen Inhaltsdaten ab.[905]

Das Gericht beleuchtet in seinem Beschluss zur Zurückweisung von Microsofts Beschwerde die unterschiedlichen Aspekte zur möglichen Begrenzung der territorialen Reichweite des Beschlusses, wobei es vor allem Praktikabilitätserwägungen heranzieht. Es weist zunächst darauf hin, dass das ohnehin grenzenlos organisierte Internet es notwendig mache, auch

---

897 *Voigt*, MMR 2014, 158, 160.
898 *Voigt*, MMR 2014, 158, 160.
899 *Voigt*, MMR 2014, 158, 159 f.
900 US District Court Southern District of New York, E. v. 25.4.2014 – 13 Mag. 2814 – Microsoft.
901 *Schröder/Spies*, ZD-Aktuell 2014, 03194; *Schultheis*, 9 Brook. J. Corp. Fin. & Com. L. 661, 661 (2015).
902 US District Court Southern District of New York, E. v. 25.4.2014 – 13 Mag. 2814, S. 2 f. – Microsoft.
903 Übersetzung für SCA Warrant nach *Schröder/Spies*, ZD-Aktuell 2014, 03194.
904 *Schultheis*, 9 Brook. J. Corp. Fin. & Com. L. 661, 661 f. (2015); *Schröder/Spies*, ZD-Aktuell 2014, 03194.
905 *Schultheis*, 9 Brook. J. Corp. Fin. & Com. L. 661, 668 (2015); *Svantesson/Gerry*, 31 Comp. L. & Sec. Rev. 478, 479 (2015).

Gesetze ohne Rücksicht auf territoriale Souveränität zur Anwendung zu bringen.[906] Beschränkungen der territorialen Reichweite aufgrund möglicher Jurisdiktions- und Souveränitätskonflikte werden zwar erwogen, im Ergebnis jedoch verworfen.[907] Rechtshilfeabkommen (*Mutual Legal Assistance Treaty*) seien im Vergleich zur extraterritorialen Erstreckung kein gleich geeignetes Mittel, da sie einen größeren Zeitaufwand erforderten und eine Erfüllung durch den jeweiligen Vertragspartner abgelehnt werden könne.[908] Sie bergen insbesondere das Risiko, dass die Beschlagnahme auf ausländischen Server aufgrund ihrer Extraterritorialität abgelehnt würde.[909]

Ein Zugriff schiede schließlich gänzlich aus, wo kein solches Abkommen bestünde.[910] Schließlich sprächen auch die Grundsätze zur Extraterritorialität nicht gegen eine Beschlagnahme auf irischen Servern.[911] Ein Tätigwerden von US-Behörden im Ausland finde nicht statt, vielmehr werde eine Herausgabe der in Irland gespeicherten Daten durch ein Unternehmen mit Sitz in den USA vorgenommen, das auch über die finale Kontrollmöglichkeit über diese Daten verfüge.[912] Die eigentlich interessante Frage, ob eine Abwägung mit (europäischen) Datenschutzinteressen vorzunehmen wäre, wurde vom Gericht gänzlich ignoriert. Denn tatsächlich hätte der US-amerikanischen Seite die Möglichkeit zur Verfügung gestanden, die Herausgabe der begehrten personenbezogenen Daten mit Hilfe eines bestehenden Rechtshilfeabkommens zwischen Irland und den USA zu erreichen.[913]

Die Herausgabeverpflichtung personenbezogener Daten an US-amerikanische Sicherheitsbehörden stellt in Folge dieser Nichtbeachtung euro-

---

906 *Schröder/Spies*, ZD-Aktuell 2014, 03194; *Schultheis*, 9 Brook. J. Corp. Fin. & Com. L. 661, 668 (2015).
907 US District Court Southern District of New York, E. v. 25.4.2014 – 13 Mag. 2814, S. 8 ff. – Microsoft.
908 US District Court Southern District of New York, E. v. 25.4.2014 – 13 Mag. 2814, S. 19 – Microsoft; *Schultheis*, 9 Brook. J. Corp. Fin. & Com. L. 661, 663 (2015).
909 US District Court Southern District of New York, E. v. 25.4.2014 – 13 Mag. 2814, S. 20 – Microsoft.
910 US District Court Southern District of New York, E. v. 25.4.2014 – 13 Mag. 2814, S. 20 – Microsoft.
911 US District Court Southern District of New York, E. v. 25.4.2014 – 13 Mag. 2814, S. 21 – Microsoft.
912 *Schultheis*, 9 Brook. J. Corp. Fin. & Com. L. 661, 669 f., 672 f. (2015).
913 *Schultheis*, 9 Brook. J. Corp. Fin. & Com. L. 661, 680 f. (2015).

päischer Datenschutzinteressen insbesondere für solche Datenverarbeiter einen Konflikt dar, die auch europäischem Recht unterliegen und denen eine Weitergabe personenbezogener Daten eigentlich untersagt ist.[914] Um sich vor dem Zugriffsverlangen US-amerikanischer Sicherheitsbehörden zu schützen, wird in Europa die Einrichtung sog. Schengen-Clouds diskutiert, deren Datenströme ausschließlich durch Europa geroutet werden sollen.[915] Durch diese Versuche, dem Zugriff der US-amerikanischen Behörden zu entgehen und den Schutz der ihnen anvertrauten personenbezogenen Daten sicherzustellen, soll der US-Wirtschaft ein Schaden von bis zu 35 Mrd. US-Dollar entstehen können.[916]

Der Umgang mit Einwänden gegen die territoriale Erstreckung US-amerikanischer Zugriffsrechte auf Datenbestände im Ausland und die komplette Nichtbeachtung europäischer Datenschutzinteressen in diesem Zusammenhang bei gleichzeitiger Betonung der Wichtigkeit grenzenloser Geltung des eigenen Rechts in einem grenzenlosen Medium, lassen zukünftige Konflikte zwischen den USA und der Europäischen Union sehr wahrscheinlich werden.[917] Extraterritoriale Regelungen führen daher insbesondere für international tätige Diensteanbieter zu einem Jurisdiktionskonflikt aufgrund der unversöhnt gegenüberstehenden Datenschutz- und Sicherheitsinteressen. Eine Auflösung dieses Konflikts zwischen Sicherheits- und Datenschutzinteresse könnte für den Bereich des Zugriffs auf europäische Server durch bilaterale Abkommen erreicht werden, wie sie z.B. bereits zum Austausch von Fluggastdaten zwischen der EU und den USA geschlossen wurden.[918] Die bisherigen Abkommen vermochten ein dem europäischen Standard vergleichbares Datenschutzniveau jedoch nicht zu garantieren und sehen sich daher anhaltender Kritik ausgesetzt.[919]

---

914 *Schultheis*, 9 Brook. J. Corp. Fin. & Com. L. 661, 680 ff. (2015); *Svantesson/Gerry*, 31 Comp. L. & Sec. Rev. 478, 478 (2015).
915 *Schröder/Spies*, ZD-Aktuell 2014, 03194.
916 *Miller*, The New York Times v. 21.3.2014, http://www.nytimes.com/2014/03/22/business/fallout-from-snowden-hurting-bottom-line-of-tech-companies.html; *Voigt*, MMR 2014, 158, 158.
917 *Schultheis*, 9 Brook. J. Corp. Fin. & Com. L. 661, 664 (2015).
918 Siehe nur Abkommen zwischen den Vereinigten Staaten von Amerika und der Europäischen Union über die Verwendung von Fluggastdatensätzen und deren Übermittlung an das United States Department of Homeland Security v. 11.8.2012, ABl. Nr. L 215/5.
919 *Boehm/Cole*, MMR 2014, 569, 570; *Hornung*, ZD-Aktuell 2012, 02879.

I. Untersuchung ausgewählter Datenschutzregelungen

Das Urteil ist für die extraterritoriale Regelungshoheit im Datenschutzrecht insoweit beachtlich, als es die bereits aus Praktikabilitätserwägungen erwachsende Notwendigkeit für einen grenzüberschreitenden Datenschutz in einem grenzenlosen Medium verdeutlicht. Darüber hinaus macht es deutlich, dass sich Grundrechtsgefährdungen durch fremde Staaten auch bei den vermeintlich eigenem Recht unterliegenden Datenbeständen Privater realisieren können, und insbesondere durchsetzungsstarke Staaten im Bereich der internationalen Datennetze zunehmend gewillt sind, auf hergebrachte bilaterale Handlungsformen wie die Rechtshilfe zu verzichten oder sie gar zu ignorieren, um eine schnelle und reibungslose Durchsetzung ihrer Interessen ohne Rücksicht auf Jurisdiktionskonflikte und die Souveränität anderer Staaten zu erreichen.[920]

e) Zwischenergebnis USA & Bundesstaat Kalifornien

Das US-amerikanische Recht ordnet Daten die Funktion einer Handelsware zu. Es reguliert daher mehr den Umgang mit diesem eigentumsähnlichen Gut und weniger den Schutz der informationellen Privatsphäre. Dementsprechend wird in Sachen Datenschutz auf die Selbstregulierungskräfte des Marktes vertraut und staatliche Regulierung der Datenverarbeitung nur dort befürwortet, wo dies zur Herstellung eines funktionierenden Marktes, Aufklärung des Verbrauchers oder zum Schutz besonders gefährdeter Personengruppen notwendig ist. Der Anlass für extraterritoriale Regelungen im Bereich des Schutzes personenbezogener Daten ist dementsprechend wirtschaftlich geprägt, es geht um die Herstellung eines informationellen Gleichgewichtes zwischen den Marktteilnehmern und den Schutz besonders gefährdeter Nutzergruppen.

Extraterritoriale Regelungen werden herangezogen, soweit die Erfassung ausländischer Teilnehmer am heimischen Markt zur Durchsetzung dieser Ziele notwendig ist. Entsprechend dem wirtschaftlichen Schwerpunkt der datenbezogenen Regulierung knüpft das US-amerikanische/kalifornische Recht an das Auswirkungsprinzip an, beschränkt jedoch den Anwendungsbereich auf Angebote, die sich an Personen mit regelmäßigem Aufenthalt in den USA bzw. Kalifornien wenden, sodass zusätzlich das

---

920 *Hoeren*, in: Konitzer, Annual Multimedia, S. 24, 25; *Hoffmann-Riem*, JZ 2014, 53, 60.

B. Vergleichende Analyse aktueller Internetdatenschutzgesetzgebung

passive Personalitätsprinzip herangezogen wird. Die Erstreckung des extraterritorialen Anwendungsbereiches und die hierfür herangezogenen Anknüpfungen unterscheiden sich entgegen aller Kritik von US-amerikanischer Seite am extraterritorialen Anwendungsbereich europäischen Rechts nicht wesentlich von den diskutierten Regelungen des DSGVO-EK.

8. Internationale Abkommen und Dokumente

Die Untersuchung ausgewählter internationaler Abkommen und Dokumente verdeutlicht den Stellenwert, der dem Recht auf Datenschutz in der internationalen Gemeinschaft zukommt. Dies hat unmittelbare Auswirkung auf die zulässigen Anknüpfungen im Datenschutzrecht: Je mehr die Beanspruchung extraterritorialer Regelungshoheit auch den Interessen anderer Staaten oder der Staatengemeinschaft insgesamt dient, desto geringer ausgeprägt kann die Inlandsbeziehung sein.[921] Ferner kann aus dem Inhalt der Abkommen und Dokumente weitere Erkenntnis darüber gewonnen werden, welche unterschiedlichen Interessen mit der datenschutzrechtlichen Regulierung verbunden sind, die im Rahmen einer Abwägung Berücksichtigung zu finden haben. Zugleich erlaubt die Anzahl der Abkommen und Dokumente sowie der Partizipationsgrad der Staaten daran eine Aussage darüber, ob der Bereich des Datenschutzes noch einen Teil des *domaine réservé* darstellt und damit extraterritoriale Regelungen zu einem prinzipiellen Verstoß gegen das Interventionsverbot führen können.[922]

a) Asia-Pacific Economic Cooperation (APEC)

Das *APEC Privacy Framework* ist ein 2004 verabschiedeter unverbindlicher Datenschutz-Rahmen für die 21 Mitglieder der *Asia-Pacific Economic Cooperation* (APEC), zu denen u.a. China, Japan, Kanada, Mexico,

---

921 *Schmahl*, AVR 2009, 284, 313.
922 *Stein/von Buttlar/Kotzur*, Völkerrecht, § 36 Rn. 639; *Ziegenhain*, Extraterritoriale Rechtsanwendung, S. 63 f.

Peru, Russland, Südkorea, Thailand und die USA zählen.[923] Ziel der APEC ist vor allem die wirtschaftliche Zusammenarbeit und Entwicklung der Mitgliedsländer zu stärken.[924] Das *Privacy Framework* enthält insgesamt neun grundlegende Datenschutz-Grundsätze, die u.a. Betroffenenrechte, Verarbeitungsgrundsätze und den grenzüberschreitenden Datenverkehr behandeln.[925] Inhaltlich bleiben die darin enthaltenen Datenschutz-Grundsätze hinter den OECD-Richtlinien oder gar der EU-Datenschutz-Richtlinie weit zurück.[926] Die Umsetzung des Regelwerkes geschieht auf freiwilliger Basis.[927] Ursprünglich als Gegenentwurf zur EU-Datenschutz-Richtlinie konzipiert, hat er deren internationalen Einfluss nie erreichen können.[928]

In *Principle IX* wird der grenzüberschreitende Datenverkehr auf Grundlage des Grundsatzes der Verantwortlichkeit (*principle of accountability*) reguliert, sodass der ursprünglich für die Datenerhebung Verantwortliche in die Pflicht genommen wird, entweder die Einwilligung des Betroffenen zur Datenübermittlung ins Ausland einzuholen oder den Datenschutzstandard des Herkunftslandes auch im Ausland sicherzustellen.[929] Das Herkunftsland der Daten und des Datensubjektes dürfte in den meisten Fällen übereinstimmen,[930] sodass in Ermangelung einer Einwilligung dem Betroffenen das ihm vertraute Schutzniveau bei extraterritorialen Datenverarbeitungen gewährleistet wird.

Das Verantwortlichkeitsprinzip sorgt dafür, dass sich die Betroffenen bestimmter Länder darauf verlassen können, dass ihr heimischer Datenschutzstandard auch im Ausland bei der Verarbeitung ihrer personenbezogenen Daten gewahrt wird.

Indem durch das Verantwortlichkeitsprinzip der Datenschutzstandard somit letztlich von der Herkunft des Datensubjektes abhängt, gelangt im *Privacy Framework* das passive Personalitätsprinzips zur Anwendung.[931]

---

923 *Greenleaf*, in: Brown, Governance of the Internet, p. 221, 231; *Voskamp/Kipker/Yamato*, DuD 2013, 452, 453; http://www.apec.org/About-Us/About-APEC/Member-Economies.aspx.
924 *Voskamp/Kipker/Yamato*, DuD 2013, 452, 452 f.
925 *Voskamp/Kipker/Yamato*, DuD 2013, 452, 453.
926 *Greenleaf*, in: Brown, Governance of the Internet, p. 221, 231.
927 *Weber*, 3 IDPL 117, 120 (2013).
928 *Greenleaf*, in: Brown, Governance of the Internet, p. 221, 231 f.
929 *Kuner*, 18 IJLIT 176, 189 (2010); *Weber*, 3 IDPL 117, 120 (2013).
930 *Kuner*, 18 IJLIT 176, 189 (2010).
931 *Kuner*, 18 IJLIT 176, 189 (2010).

b) Europarat

Von Bedeutung sind im Zusammenhang mit dem Europarat sowohl das in Art. 8 EMRK garantierte Recht auf Achtung des Privat- und Familienlebens, als auch das Übereinkommen zum Schutz des Menschen bei der automatischen Verarbeitung personenbezogener Daten (Konvention Nr. 108) von 1981, die einen Schutz personenbezogener Daten gewähren.[932] Die Konvention ist ferner offen für die Unterzeichnung von Staaten, die nicht dem Europarat angehören.[933] Die Konvention enthält in einem Zusatzprotokoll (Nr. 181) Bestimmungen über Beschränkungen des grenzüberschreitenden Datenverkehrs zwischen Vertragsparteien und Nicht-Vertragsparteien der Konvention. Diese Bestimmungen entsprechen dem Angemessenheitsmodell, treffen aber keine Regelungen zum anwendbaren Recht.[934] Die Konvention diente vielen Ländern als Vorbild für die nationalen Datenschutzgesetze, insbesondere in Bezug auf den grenzüberschreitenden Datenverkehr.[935]

Der *Europäische Gerichtshof für Menschenrechte* (*EGMR*) hat in der Sache Refah v. Turkey[936] zudem festgestellt, dass jeder Staat die positive Verpflichtung habe, alles zu unternehmen, um sicherzustellen, dass alle seiner Hoheitsgewalt unterstehenden Personen in den vollen Genuss der durch die Konvention garantierten Rechte und Freiheiten gelangen. Aus dieser Verpflichtung ergibt sich im Zusammenhang mit Art. 8 EMRK auch eine Pflicht zur Sicherstellung eines angemessenen Datenschutzes und zwar auch gegenüber solchen Datenverarbeitern, die sich in Drittstaaten befinden.[937] Die in der Konvention garantierten Rechte und Freiheiten sol-

---

[932] EGMR, U. v. 4.5.2000, App. no. 28341/95, Rn. 43 f. – Rotaru v. Romania; *Jarass*, GRCh Art. 8 Rn. 1; *Obwexer*, EuR 2012, 115, 143.
[933] *Ellger*, Datenschutz, S. 464; *Weber*, 3 IDPL 117, 120 (2013).
[934] *Bygrave*, Data Privacy Law, p. 39 f.
[935] *Weber*, 3 IDPL 117, 119 (2013).
[936] EGMR, U. v. 13.2.2003, App. nos. 41340/98, 41342/98, 41344/98 – Refah Partisi and others v. Turkey, Rn. 119 = NVwZ 2003, 1489, 1493; in der engl. Originalfassung: "the State has a positive obligation to ensure that everyone within its jurisdiction enjoys in full, and without being able to waive them, the rights and freedoms guaranteed by the Convention".
[937] *Poullet*, 2 J. Int'l Com. L. & Tech. 141, 142 (2007).

len kein theoretisches Konstrukt bleiben, sondern vielmehr wirksame und brauchbare Rechte für den Einzelnen darstellen.[938]

c) Organisation for Economic Co-Operation and Development (OECD)

Die Organisation für wirtschaftliche Zusammenarbeit und Entwicklung (*Organisation for Economic Co-operation and Development* – OECD) hat sich der wirtschaftlichen Zusammenarbeit und Entwicklung verschrieben.[939] Ihr gehören 34 Mitgliedsstaaten an, darunter Australien, Chile, Island, Israel, Japan, Mexico, die Türkei und die USA sowie zahlreiche EU-Mitgliedsstaaten.[940]

In den 1980 verabschiedeten *„Guidelines on the Protection of Privacy and Transborder Flows of Personal Data"* (Richtlinien über Datenschutz und grenzüberschreitende Ströme personenbezogener Daten[941]) befasst sich die OECD mit Datenschutz, der automatisierten Datenverarbeitung und dem grenzüberschreitenden Datenverkehr. Bereits die zur Erarbeitung der OECD-Richtlinien eingesetzte Expertengruppe verzichtete auf Empfehlungen zum anwendbaren Recht, da u.a. die unabsehbaren technologischen Entwicklungen es unmöglich machten, einen angemessen Anknüpfungspunkt zu finden.[942] Die Expertengruppe ließ in ihren Beratungen jedoch durchblicken, dass es angemessen sein könnte, den optimalen Schutz des Betroffenen in den Mittelpunkt der Erwägungen zum anwendbaren Recht zu stellen.[943] Jeglicher Lösungsvorschlag zur Regelungshoheit im Datenschutzrecht wird sich daran messen lassen müssen, ob er den Schutz der Betroffenen wirkungsvoll und weltweit sicherstellen kann.[944]

---

938 EGMR, U. v. 9.10.1979 – App. no. 9289/73 – Airey v. Ireland, Rn. 24; in der engl. Originalfassung: "The Convention is intended to guarantee not rights that are theoretical or illusory but rights that are practical and effective (...)".
939 *Ellger*, Datenschutz, S. 513.
940 http://www.oecd.org/about/membersandpartners/.
941 OECD-Übersetzung, http://www.oecd.org/sti/ieconomy/15589558.pdf.
942 OECD Guidelines on the Protection of Privacy and Transborder Flows of Personal Data, Rn. 74 ff.; *Bygrave*, Data Privacy Law, p. 199.
943 OECD Guidelines on the Protection of Privacy and Transborder Flows of Personal Data, Rn. 75.
944 Vgl. *de Maizière*, FAZ v. 18.08.2014, S. 6.

d) Vereinte Nationen (UN)

Die Vereinten Nationen (*United Nations* – UN) haben sich in ihren Richtlinien betreffend personenbezogene Daten in automatisierten Dateien (Resolution 45/95 vom 14.12.1990) mit der Regulierung der automatischen Datenverarbeitung befasst. Diese Richtlinien sind nicht bindend.[945] Die Mitgliedsstaaten sollen zwar zum Erlass von Datenschutzgesetzen ermutigt werden; im Vergleich zu den OECD-Richtlinien haben sie jedoch kaum Auswirkungen gehabt.[946] Sie enthalten keine Regelungen oder Vorschläge zur Anwendbarkeit nationalen Rechts.

Der Internationale Pakt über bürgerliche und politische Rechte vom 19. Dezember 1966 stellt einen wesentlichen Teil des Internetvölkerrechts dar.[947] Er sichert in Art. 17 Jedermann den Schutz gegen Eingriffe oder Beeinträchtigungen des Privatlebens zu. Hierunter fällt auch das Recht auf informationelle Selbstbestimmung, es handelt sich folglich um die relevante Bestimmung für den Datenschutz.[948]

Bezüglich seiner Anwendbarkeit bestimmt der Pakt in Art. 2 (1):

> Jeder Vertragsstaat verpflichtet sich, die in diesem Pakt anerkannten Rechte zu achten und sie allen in seinem Gebiet befindlichen und seiner Herrschaftsgewalt unterstehenden Personen ohne Unterschied wie insbesondere der Rasse, der Hautfarbe, des Geschlechts, der Sprache, der Religion, der politischen oder sonstigen Anschauung, der nationalen oder sozialen Herkunft, des Vermögens, der Geburt oder des sonstigen Status zu gewährleisten.

Hieraus könnte sich angesichts der besonderen Herausforderungen durch grenzüberschreitende Datenverarbeitung die Verpflichtung ergeben, auch extraterritoriale Maßnahmen zu ergreifen.[949] Aufgrund der durch die Informationsgesellschaft bedingten Veränderungen werden zur Sicherstellung eines effektiven Schutzes Ergänzungen des Paktes vorgeschlagen.[950]

---

945 *Kühling/Seidel/Sivridis*, Datenschutzrecht, Rn. 9; *Weber*, 3 IDPL 117, 119 (2013).
946 *Bygrave*, 47 Sc. St. L. 319, 335 (2004).
947 *Fischer-Lescano*, taz.de v. 15.7.2014, http://www.taz.de/!5037758/.
948 *Hofmann/Boldt*, IPBürgR, Artikel 17 Rn. 2; *Svantesson*, Policy&Internet 2011/3, Art. 7, 5.
949 *Svantesson*, Policy&Internet 2011/3, Art. 7, 6.
950 *Hoffmann/Schulz/Borchers*, MMR 2014, 89, 93.

II. Erkenntnisse der Untersuchung

Die Untersuchung macht deutlich, dass die Ausübung extraterritorialer Regelungshoheit im Datenschutzrecht weit verbreitet ist. Dies gilt sowohl für Afrika, Europa und Nordamerika, als auch für den asiatisch-pazifischen Raum, in Jurisdiktionen des *common law* ebenso wie in solchen des *civil law*. Gängige Anknüpfungen hierfür sind das aktive und passive Personalitätsprinzip sowie das Auswirkungsprinzip. Die Anknüpfungen verdeutlichen, dass extraterritoriale Regelungen aus persönlichkeitsschützendem oder marktregulierendem Anlass erfolgen. Mit ihnen werden Datenschutz- und ökonomische Interessen verfolgt. Diese extraterritorialen Regelungen können ihrerseits Strafverfolgungs- und Wirtschaftsinteressen anderer Staaten berühren.

Das Datenschutzgesetz Australiens, Südafrikas und die Datenschutz-Grundverordnung erfassen beinahe jede Form der Datenverarbeitung, die eine (wirtschaftlich und rechtlich) relevante und hinreichend enge Art der Inlandsbeziehung aufweist, gleichviel an welchem Ort diese tatsächlich stattfindet. Die Probleme bei der Bestimmung des Anwendungsbereiches des indischen Datenschutzrechts verdeutlichen einerseits die Bedeutung einer für den Regelungsanlass angemessenen Anknüpfung (in Ermangelung derer es zu Verwirrungen bei der Rechtsanwendung kommen kann) und machen andererseits deutlich, dass die Übertragbarkeit eines in einem bestimmten Rechtssystem funktionierenden Modells auf andere Rechts- und Wirtschaftssituationen nicht immer gegeben ist. In Indien hätte eine genaue Analyse der Vor- und Nachteile der gewählten Anknüpfung bereits früh die aus indischer Sicht unerwünschten Folgen aufgezeigt. Die Ausübung extraterritorialer Regelungshoheit ist damit nicht generell geboten, sondern stark von den Besonderheiten der jeweiligen Jurisdiktionen abhängig.

Deutlich wird der besondere Konflikt für Schwellenländer im Rahmen der Abwägung für oder gegen den Erlass von Datenschutzgesetzen an der unterschiedlichen Herangehensweise Indiens und Südafrikas: Beide Länder wollen sich den Zugang zum internationalen Informationsmarkt sichern und ihren Unternehmen dazu einen ungehinderten grenzüberschreitenden Datenaustausch ermöglichen. Südafrika hat sich jedoch für einen datenschutzrechtlichen Schwerpunkt im Rahmen der hierfür notwendigen Regulierung entschieden, während Indien sich ausschließlich an den Bedürfnissen der Outsourcing-Industrie orientiert.

B. Vergleichende Analyse aktueller Internetdatenschutzgesetzgebung

Am indischen Beispiel wird besonders deutlich, dass extraterritoriale Regelungen zur effektiven Sicherstellung des Rechts auf Datenschutz derzeit noch notwendig sind. Gleichzeitig zeigt die Entwicklung Südafrikas, dass in Schwellenländern ein Umdenken einsetzt und die Bedeutung des Datenschutzes als wichtiges Recht für die eigenen Einzelnen, aber auch als Bedingung für eine verbesserte wirtschaftliche Teilhabe im internationalen Wettbewerb erkannt wird. Die Untersuchung offenbart eine widersprüchliche Position der USA: Einerseits wird der extraterritoriale Regelungsanspruch europäischen Datenschutzrechts gerügt. Andererseits verfügen Datenschutzgesetze des Bundesstaates Kalifornien über einen extraterritorialen Anwendungsbereich, dessen Reichweite und Voraussetzungen in erheblichem Maße mit denen der Datenschutz-Grundverordnung übereinstimmen.

Die Untersuchung zeigt, dass für einen grenzenlosen Datenverkehr ein über nationale Grenzen hinaus wirkender Datenschutz als unerlässlich angesehen wird. Der extraterritoriale Regelungsanspruch bestehender Datenschutzgesetze wird somit trotz der damit verbundenen Konflikte nicht aufgegeben, sondern für zwingend erforderlich gehalten, sodass neue Gesetze mit extraterritorialem Anwendungsbereich verabschiedet werden. Zur Vermeidung von Interessen- und Regelungskonflikten wird zum Teil der Ausgleich durch bilaterale Abkommen gesucht, zum Teil wird der Konflikt bewusst in Kauf genommen.

Schließlich lässt sich aufgrund der Zunahme von Datenschutzgesetzen auf allen Kontinenten und der verschiedenen internationalen Verträge zum Datenschutz feststellen, dass die Mehrzahl der untersuchten Länder die gemeinsame rechtspolitische Zielsetzung der Gewährleistung einer informationellen Privatsphäre und des Schutzes personenbezogener Daten bei gleichzeitiger Ermöglichung eines freien grenzüberschreitenden Datenverkehrs eint. Das Recht auf Datenschutz stellt somit kein Partikularinteresse einzelner Länder mehr dar, sondern entwickelt sich zu einem international anerkannten Rechtsgut von besonderer Bedeutung für die Informationsgesellschaft. Die Resolutionen der Generalversammlung und des Menschenrechtsrates der Vereinten Nationen, die die Bedeutung des Rechts auf Privatheit im digitalen Zeitalter betonen, unterstreichen diese Entwicklung.[951]

---

[951] UN-Menschenrechtsrat A/HRC/28/L.27 v. 24.03.2015; UN-Generalversammlung A/RES/69/166 v. 18.12.2014; UN-Generalversammlung A/RES/68/167 v. 18.12.2013.

1. Zulässigkeit extraterritorialer Regelungen

Die Untersuchung zeigt, dass Staaten aus den unterschiedlichsten Teilen der Welt mit zum Teil deutlich differierender Regelungskultur im Rahmen ihrer *jurisdiction to prescribe* den Anwendungsbereich ihres Datenschutzrecht über das eigene Hoheitsgebiet hinausgehend erstrecken. Die Zulässigkeit und Erforderlichkeit derartiger Regelungen wird durch Rechtsprechung bestätigt. Diese zu verschiedenen Rechtskreisen gehörenden Staaten müssen somit von einer Zulässigkeit extraterritorialer Regelungen im Datenschutzrecht ausgehen, sodass es sich um keine singulär europäische Rechtsauffassung handelt. Die Untersuchung der gegenwärtigen Staatenpraxis im internationalen Datenschutzrecht spricht eindeutig für die Zulässigkeit extraterritorialer Regelungen. Eine Tendenz zur Begrenzung dieser Freiheit ist nicht ersichtlich, vielmehr findet eine zunehmende Inanspruchnahme entsprechender Regelungshoheit im Datenschutzrecht statt. Damit existiert derzeit keine internationale Regel, die die allgemeine Freiheit der Staaten zum Erlass extraterritorialer Regelungen für den Bereich des Datenschutzes koordiniert oder beschränkt.[952]

2. Anlass extraterritorialer Regelung

Die Entstehungsgeschichte der untersuchten Datenschutzgesetze macht deutlich, dass sich in Bezug auf den Anlass extraterritorialer Regelungen vor allem drei Gruppen von Staaten unterscheiden lassen.

Die Charakteristika der ersten Gruppe von Staaten werden anhand des Beispiels der USA deutlich. Diese Gruppe verfolgt einen datenschutzrechtlichen Regulierungsansatz, der Daten als Handelsware begreift und auf bereichsspezifische Datenschutzgesetze sowie Selbstregulierung der Wirtschaft zur Sicherstellung eines fairen Datenumgangs vertraut. Diese Gruppe fokussiert sich vor allem auf die marktrelevanten Auswirkungen, die durch die online-basierte Datenverarbeitung entstanden sind. Marktteilnehmer sind nicht mehr allein nationale Firmen und Konsumenten. Zunehmend gehören internationale Akteure dazu, deren Regulierung mit einem territorial gestützten Ansatz nicht gelingt. Dies führt zu ungleichen Bedingungen für in- und ausländische Marktteilnehmer und somit zu einer

---

[952] *Kuner*, 18 IJLIT 176, 186 (2010).

B. Vergleichende Analyse aktueller Internetdatenschutzgesetzgebung

Verzerrung des Marktes. Um dennoch einen Wettbewerb zu gleichen Bedingungen gewährleisten zu können, bedarf es einer auch auf extraterritoriale Anwendbarkeit gestützten Regulierung.

Die Europäische Union und ihr grundrechtsorientiertes Verständnis des Datenschutzes sind prägend für die zweite Gruppe. Datenschutz hat eine persönlichkeitsschützende und demokratiegewährleistende Funktion, die gegenüber Gefährdungen sichergestellt und durchgesetzt werden muss. Der Schutzauftrag ergibt sich in dieser Gruppe aufgrund von Rechtsakten mit Verfassungsrang, die einen wirksamen Datenschutz einfordern. Die grenzenlose Datenverarbeitung führt jedoch dazu, dass zur Gewährleistung eines effektiven Datenschutzes rein binnengerichtete Regelungen nicht mehr ausreichend sind. Extraterritoriale Regelungen werden erforderlich, um alle Gefährdungen des Datenschutzes erfassen und den verfassungsrechtlichen Schutzauftrag wirkungsvoll umsetzen zu können.

Die dritte Gruppe wird schließlich von Staaten wie Südafrika gebildet, deren sich entwickelnde Wirtschaft Anschluss an die Märkte anderer Staaten sucht und zu diesem Zweck auf den freien grenzüberschreitenden Datenverkehr angewiesen ist. Sie erlassen extraterritoriale Regelungen, um ein bestimmtes („angemessenes") Datenschutzniveau zu gewährleisten und orientieren sich dabei an international erprobten Regelungen, insbesondere der Datenschutz-Richtlinie der Europäischen Union. Zum Teil stellen die Datenschutzregelungen dabei die Umsetzung eigener verfassungsrechtlicher Vorgaben dar, zum Teil ist das Interesse am Erlass datenschutzrechtlicher Regelungen allein durch den Wunsch nach wirtschaftlicher Teilhabe begründet. Wie das Beispiel Indien zeigt, kann ohne eine weitere (verfassungsrechtliche) Absicherung das Interesse an extraterritorialen Regelungen im Datenschutz entfallen, sobald wirtschaftliche Vorteile durch diese Regelungen geringer ausfallen, als befürchtete Nachteile.

Anlass zur Ausübung extraterritorialer Regelungshoheit im Datenschutzrecht besteht folglich aus unterschiedlichen Gründen für die Staaten, die sich in ihrer Mehrzahl einer der dargestellten Gruppen zuordnen lassen. Sei es zur Gewährleistung gleicher Wettbewerbsbedingungen, eines effektiven Grundrechtsschutzes oder um am freien internationalen Datenverkehr teilnehmen zu können. Der aus unterschiedlichen Anlässen erwachsene gemeinsame Wunsch zur Ausübung extraterritorialer Regelungshoheit verdeutlicht die Notwendigkeit einer international-koordinierten Lösung.

3. Gewählte klassische Anknüpfungen

Die gewählte Anknüpfung spiegelt den Anlass der extraterritorialen Regelung ebenso wider, wie die damit verbundenen Ziele. Die Anknüpfungen zur Begründung extraterritorialer Regelungshoheit können nicht ohne Berücksichtigung des Territorialitätsprinzips als Normalfall[953] des internationalen Datenschutzrechts verstanden werden.

a) Territorialitätsprinzip

Keiner der untersuchten Staaten vertraut zur Sicherstellung des nationalen Datenschutzverständnisses allein auf das Territorialitätsprinzip, es werden jeweils weitere Anknüpfungen ergänzend herangezogen. Einzig Indien hat nach massiven Beschwerden aus der Wirtschaft nicht nur auf die Heranziehung weiterer Anknüpfungspunkte verzichtet, sondern letztlich sogar die Geltung des Territorialitätsprinzips eingeschränkt. Dies geschah jedoch ausschließlich aus wirtschaftspolitischen Gründen und ist keine auf Datenschutzerwägungen gegründete Entscheidung. Das Territorialitätsprinzip ist den Herausforderungen der modernen Informationsgesellschaft nicht gewachsen. Es bedarf der Ergänzung durch extraterritoriale Regelungen.

b) Personalitätsprinzip

Das Personalitätsprinzip findet weithin Anwendung im Datenschutzrecht. Das aktive Personalitätsprinzip eignet sich aufgrund der engen Verbindung zwischen regelndem Staat und Regelungssubjekt zur Erstreckung nationaler Datenschutzgesetze auf Verarbeitungsvorgänge im Ausland durch einen Verantwortlichen mit Sitz im Inland. Die jeweiligen Datenschutzregelungen sind dem Verantwortlichen für die Datenverarbeitung als Recht des Sitzstaates nicht fremd und eine Umgehung der Gesetze durch Auslagerung bzw. Abwanderung in sog. Daten-Oasen mit Hilfe von Ausgründungen ist bei einer veranlasserorientierten Betrachtung der Datenverarbeitung nicht möglich. Ein bestimmtes nationales Datenschutzregime lässt

---

953 *Kuner*, 18 IJLIT 176, 188 (2010); *Tinnefeld/Buchner/Petri*, Datenschutzrecht, S. 222.

sich somit auch für die Verarbeitung personenbezogener Daten im Ausland durch Verantwortliche mit engem Bezug zum Inland durchsetzen.

Das Sitzlandprinzip der EU bildet aufgrund der Anknüpfung an den Ort der Niederlassung einen Unterfall des aktiven Personalitätsprinzips. Hierbei handelt es sich jedoch weniger um eine Anknüpfung zur Sicherstellung datenschutzrechtlicher Standards bei ausländischer Datenverarbeitung, als vielmehr um eine Regelung zur Vereinfachung grenzüberschreitender Dienstleistungen innerhalb des europäischen Binnenmarktes. Diese Regelung ist daher nicht mit anderen Fallgestaltungen vergleichbar. Sie ist vor allem dort sinnvoll, wo ein vereinheitlichtes Datenschutzniveau besteht, sodass trotz der Fortgeltung nationalen Rechts auf alle Verarbeitungsvorgänge keine Schutzlücken für die von der Datenverarbeitung Betroffenen im Ausland entstehen. Angesichts der Tatsache, dass mit Ausnahme der Europäischen Union keine international vereinheitlichten Datenschutz-Räume bestehen, ist eine Verbreitung dieses Modells vorerst ausgeschlossen. Die Anwendung des aktiven Personalitätsprinzips nimmt den Veranlasser einer Datenverarbeitung in die Verantwortung und erreicht somit vor allem, dass eine Umgehung nationalen Datenschutzrechts durch Verlagerung der Datenverarbeitung ins Ausland unmöglich wird.

Die Untersuchung der Ländergesetze zeigt ferner, dass eine Anknüpfung an das passive Personalitätsprinzip für die Beanspruchung extraterritorialer Regelungshoheit gängige Staatenpraxis ist und somit Eingang in ein weiteres Rechtsgebiet außerhalb des Strafrechts gefunden hat.

Die Abgrenzung zwischen Auswirkungsprinzip und passivem Personalitätsprinzip ist dabei nicht immer eindeutig. So ließe sich bspw. das Ansässigkeitskriterium in Art. 3 Abs. 2 DSGVO-EK ebenso als territorialer Nexus im Rahmen des Auswirkungsprinzips deuten, wie es Ausdruck der besonderen Nähebeziehung zwischen Regelungsstaat und Datensubjekt sein kann. An welches der beiden Jurisdiktionsprinzipien angeknüpft werden soll, ist unter Zugrundelegung des Regelungsziels und in Zweifelsfällen auch der Regelungsinteressen danach zu beurteilen, ob die Regelung Ausdruck der Gebiets- oder Personalhoheit des regelnden Staates ist.

Mit der Anknüpfung an das passive Personalitätsprinzip wird der von der Datenverarbeitung Betroffene, das Datensubjekt, in den Mittelpunkt der Kriterien zur extraterritorialen Anwendbarkeit gerückt. Die Anknüpfung an dieses Prinzip dient den regelnden Staaten dazu, eindeutigen Schutz für ihre Staatsbürger bzw. vergleichbar eng mit dem Inland verbundene Personen (vgl. die im angelsächsischen Rechtskreis verbreitete Anknüpfung an *residence*[954]) ohne Ansehung des Ortes oder der Umstände der Datenverarbeitung zu gewährleisten. Diese Anknüpfung an das Datensubjekt birgt jedoch die Gefahr, dass der Schutz des Individuums die zentrale Funktion einnimmt, ohne dass dem grundsätzlichen, über Individualinteressen hinausgehenden Charakter des Datenschutzes, ausreichend Beachtung zukommt. Funktionierender Datenschutz ist jedoch unabdingbar für die Realisierung der demokratischen Informationsgesellschaft.[955] In der Anknüpfung muss daher deutlich werden, dass es sich um ein derart wesentliches Rechtsgut für den Regelungsstaat handelt, das bereits aus eigenständiger Bedeutung extraterritorialer Regelung bedarf und nicht erst aufgrund einer von den Rechten des Einzelnen abgeleiteten Funktion (siehe hierzu C. III. 1.a)). Bei einer Anknüpfung an dieses Prinzip wird daher vor allem auf den grundrechts-/persönlichkeitsschützenden Charakter des Datenschutzes abgestellt, eine Abbildung der demokratieschützenden und –fördernden Funktion[956] des Datenschutzes findet durch diese Anknüpfung jedoch nicht hinreichend statt.

Derzeit dient diese Anknüpfung bereits weltweit verschiedenen Gesetzen zur Begründung extraterritorialer Regelungshoheit und auch die Europäische Union stellt i.R.d. Datenschutz-Grundverordnung mit der Anknüpfung an das Datensubjekt die Betroffenen zukünftig in den Mittelpunkt.

Das passive Personalitätsprinzip diente zu Beginn dazu, die eigenen Staatsbürger vor Verletzungen ihrer körperlichen Integrität zu schützen. Die aufgeführten Beispiele nutzen das Prinzip, um eine Verletzung der informationellen Integrität zu verhindern. Es handelt sich um eine konsequente Weiterentwicklung der grundrechtsschützenden Funktion des passiven Personalitätsprinzips über das Strafrecht hinaus für die Herausforderungen des Informationszeitalters. Angesichts der fundamentalen Bedeutung des Datenschutzes zeigt sich jedoch ein zunehmendes Interesse daran, auch solche im Land befindlichen Personen zu schützen, die nicht über die Staatsbürgerschaft des eigenen Landes verfügen bzw. dort ihren

---

954 Z.B. Sec. 22575 (a) CalOPPA; Sec. 22580 (d) Business and Professions Code.
955 BVerfGE 65, 1, 42 f.– Volkszählungsurteil; *Bernsdorff*, in: Meyer, GRCh Art. 8 Rn. 13; *Masing*, NJW 2012, 2305, 2305 ff.; *Simitis*, BDSG Einl. Rn. 26, 30 ff., 254.
956 Zu dieser Funktion des Datenschutzes siehe *Simitis*, BDSG Einl. Rn. 26.

dauerhaften Aufenthalt haben.[957] Dieses Bedürfnis kann das passive Personalitätsprinzip nicht erfüllen. Eine Herausforderung für den Datenschutz stellt zudem die verdeckte Datenverarbeitung und die unerlaubte Datenweitergabe dar. Es lässt sich nicht bei jeder regulierungswürdigen Datenverarbeitung nachweisen, dass tatsächlich Daten der eigenen Staatsbürger verarbeitet werden. Das passive Personalitätsprinzip gerät hier an seine Grenzen.

Die bloße Anknüpfung an eine betroffene Person erfasst schließlich nicht alle Dimensionen, die das Datenschutzrecht in einer modernen Informationsgesellschaft hat. Datenschutz stellt sich als funktionsnotwendig für die demokratische Informationsgesellschaft dar.[958] Insoweit existiert ein über den Schutz des Einzelnen hinausgehendes Interesse am Erlass extraterritorialer Regelungen. Das betrifft einerseits die Aufrechterhaltung und Förderung der für demokratische Prozesse notwendigen Partizipationsfähigkeit und –bereitschaft und andererseits die Bewahrung und Mehrung wirtschaftlichen Wohlstands durch Abbau von Hemmnissen für die Weiterentwicklung der digitalen Wirtschaft.

Das passive Personalitätsprinzip stößt zudem faktisch an Grenzen: Aufgrund der technischen Entwicklung wird eine eindeutige Zuordnung von Nutzern zu einem bestimmten Wohnort oder einer bestimmten Staatsangehörigkeit erschwert.[959] Viele Nutzer wünschen sich zudem eine anonyme Nutzung der im Internet angebotenen Dienste.[960] Eine Folge dieser Forderung ist jedoch, dass es für den Anbieter faktisch unmöglich zu ermitteln ist, aus welchem Land seine Nutzer kommen und welchem anwendbaren Recht er sich folglich gegenüber sieht. Dabei begeben sich die Internetnutzer durch eine Anonymisierung keineswegs freiwillig des Schutzes ihres nationalen Datenschutzgesetzes. Gesetzliche Datenschutzregelungen werden vielfach als unzureichend wahrgenommen,[961] Anonymisierungsmaß-

---

957 siehe Streichung des Kriteriums der „Ansässigkeit", Legislative Entschließung des Europäischen Parlaments vom 12. März 2014 zu dem Vorschlag für eine Verordnung des Europäischen Parlaments und des Rates zum Schutz natürlicher Personen bei der Verarbeitung personenbezogener Daten und zum freien Datenverkehr (allgemeine Datenschutzverordnung), P7_TA(2014)0212.
958 *Simitis*, BDSG Einl. Rn. 254.
959 *Kuner*, FS Hustinx, p. 213, 218 f.
960 *Rainie/Kiesler/Kang/Madden*, Anonymity, p. 8 f.
961 *Information Commissioner's Office*, Annual Track 2014, p. 11; *Rainie/Kiesler/Kang/Madden*, Anonymity, p. 15.

nahmen der Nutzer stellen demgegenüber eine ergänzende Form des Missbrauchsschutzes für die eigenen personenbezogenen Daten dar.⁹⁶²

Ein nach dem Personalitätsprinzip konstruierter Datenschutz deckt dennoch zahlreiche denkbare Fälle extraterritorialer Datenverarbeitung ab, indem es als aktives Personalitätsprinzip die Tätigkeiten inländischer Verantwortlicher für die Datenverarbeitung ebenso erfasst, wie es Umgehungsgestaltungen vermeidet und als passives Personalitätsprinzip die Verarbeitung personenbezogener Daten eigener Staatsangehöriger einbezieht. Angesichts der Ubiquität der Datenverarbeitung kann es jedoch leicht zu einer nicht beabsichtigten Verarbeitung personenbezogener Daten von Staatsbürgern eines bestimmten Landes kommen, die ohne zusätzliche Kriterien unmittelbar die Anwendbarkeit eines bestimmten Datenschutzrechts auslöste. Dies brächte erhebliche Rechtsunsicherheit mit sich. Darüber hinaus können die aufgrund des menschenrechtlichen Charakters des Rechts auf Datenschutz und der grenzenlosen Natur des Internets bestehenden Forderungen nach einem universellen Schutz aller Personengruppen ohne Rücksicht auf Wohnsitz oder Staatsangehörigkeit hierdurch nicht erfüllt werden. Das Personalitätsprinzip ist somit nur bedingt geeignet.

c) Auswirkungsprinzip

Die Datenverarbeitung wurde durch das Internet globalisiert und kann entsprechend substantielle Auswirkungen auf Personen und Märkte über alle Grenzen hinweg mit sich bringen.⁹⁶³ Maßnahmen zum Schutz des Marktes und eines freien Wettbewerbs werden bereits über das Auswirkungsprinzip gerechtfertigt, eine Rechtfertigung extraterritorialer Regelungshoheit zum Schutz von Grundrechten im internationalen Informationsmarkt erscheint daher nicht ausgeschlossen und sogar angemessen.⁹⁶⁴ Tatsächlich findet das Auswirkungsprinzip in allen untersuchten Ländern Anwendung und wird jeweils unter Berücksichtigung der mit der Regelung verbundenen

---

962 *Comparis*, Schweizer Daten-Vertrauensindex 2015, Grafik 3: Schutzmaßnahmen der Schweizer vor Datenmissbrauch, https://www.comparis.ch/comparis/press/medienmitteilungen/artikel/2015/telecom/daten-vertrauensindex/datensicherheit.aspx.
963 *Harris*, ZD 2013, 369, 369.
964 *Spindler*, GRUR 2013, 996, 1003.

B. Vergleichende Analyse aktueller Internetdatenschutzgesetzgebung

Interessen und Ziele zu datenschutzrechtlichen Zwecken modifiziert bzw. ergänzt.

Der wirtschaftlichen Bedeutung personenbezogener Daten folgend, stellt die Anknüpfung zumeist an die wirtschaftliche Partizipation der Datenverarbeiter an einem bestimmten Informationsmarkt auf den Schutz der Konsumenten und die Herstellung fairer Bedingungen zwischen den Marktteilnehmern ab. Auf eine Entgeltlichkeit des Angebots kann es in diesem Zusammenhang nicht ankommen.[965] Unternehmen erhalten für die Bereitstellung der Dienste im Gegenzug die personenbezogenen Daten des Nutzers, die für die Online-Wirtschaft das eigentliche Kapital darstellen.[966] Ein auf wirtschaftlichen Betrachtungen beruhendes Auswirkungsprinzip hat sich als wichtiges Kriterium zur Beanspruchung extraterritorialer Regelungshoheit etabliert. In zahlreichen Datenschutzgesetzen findet es Anwendung, indem als relevante Anknüpfung für die Bestimmung des extraterritorialen Anwendungsbereiches nur solche Verarbeitungen personenbezogener Daten beachtlich sind, die im Rahmen geschäftlicher Aktivitäten vorgenommen werden. Zugleich zeigt sich, dass es oft in Kombination mit dem passiven Personalitätsprinzip zur Anwendung gebracht wird, indem nur die Verarbeitung personenbezogener Daten von Personen mit enger Bindung an das Inland zur Anwendbarkeit führt. Diese Form der doppelten Inlandsanknüpfung, die der Vermeidung eines übermäßigen extraterritorialen Regelungsanspruchs dient, findet sich bspw. im kalifornischen CalOPPA, dem kanadischen PIPEDA oder Art. 3 Abs. 2 lit. (a) DSGVO-EK.

Zur Beanspruchung von Regelungshoheit gemäß des Auswirkungsprinzips wird die Vorhersehbarkeit der Auswirkungen auf den jeweiligen Markt gefordert. Das Internet als ubiquitäres Medium birgt dabei eine strukturelle Herausforderung: Jedes Verhalten, gleich wo es beginnt, kann seine Auswirkungen praktisch an jedem Ort der Erde und vor allem an mehreren zugleich haben.[967] Eine technische Lösung hierfür soll die Geolokalisierung bieten, die eine zielgenaue Ausrichtung von Online-Angebo-

---

965 *Kühling*, EuZW 2014, 527, 529.
966 *Kühling*, EuZW 2014, 527, 529; *Lobo*, Spiegel Online v. 1.10.2014, http://www.spiegel.de/netzwelt/web/sascha-lobo-ueber-werbung-im-internet-a-994764.html; *Naughton*, Der Freitag v. 28.8.2014, https://www.freitag.de/autoren/the-guardian/geschaeftsmodell-ueberwachung.
967 *Schmahl*, AVR 2009, 284, 285.

II. Erkenntnisse der Untersuchung

ten mögliche mache.[968] Die Zuverlässigkeit dieser Technik ist allerdings streitig (siehe A. V. 4.).[969]

Stattdessen kommt eine Differenzierung hinsichtlich Intensität und Art der marktrelevanten Auswirkung in Betracht.[970] Die gezielte Ansprache eines Nutzers zur Unterbreitung eines kommerziellen Angebots zieht deutlich spürbarere Folgen nach sich und rechtfertigt somit eine andere Regulierung dieser Handlung, als das bloß zufällige Setzen eines Cookie anlässlich des Besuches eines Blogs oder einer Homepage.[971] Soweit zwar in beiden Fällen ein fairer und nicht missbräuchlicher Umgang mit den erhobenen personenbezogenen Daten eingefordert werden kann, so erscheint die Auferlegung bestimmter Pflichten des Verarbeiters ggü. der betroffenen Person, wie bspw. die Gewährung des Rechts auf Datenübertragbarkeit, als unverhältnismäßig.

Allerdings bleibt offen, wie sich Kommunikation und Interaktion in Zukunft entwickeln und welche neuen Formen von Angebot und Gegenleistung sich dabei herausbilden können. Insoweit könnten die Kriterien zur Bestimmung einer datenschutzrechtlich relevanten Auswirkung hier an ihre Grenzen stoßen. Eine mögliche Lösung wäre danach zu fragen, ob der Schutzzweck der jeweiligen Datenschutzbestimmung durch die Auswirkung tangiert wird und somit eine Anwendung geboten ist.[972]

Eine Anknüpfung an das Auswirkungsprinzip ist jedoch auch mit einigen Nachteilen verbunden. Aufgrund der Unvorhersehbarkeit der technischen Entwicklung, ist es für die Gesetzgebung beinahe unmöglich, mit dieser Schritt zu halten und diejenigen Auswirkungen zu benennen, die eine Inanspruchnahme extraterritorialer Regelungshoheit im Datenschutzrecht rechtfertigen.[973] Das Auswirkungsprinzip geht zudem von einer territorialen Abgrenzbarkeit der „Datenverarbeitungssphären" aus, indem es zur verlässlichen Anwendung konkrete Räume braucht, die Zielrichtung oder Bezugspunkt einer Datenverarbeitung sind. Diese Orientierung an Räumen ist auch ein deutlicher Hinweis auf die weniger grundrechtsschüt-

---

968 *Hoeren,* MMR 2007, 3, 3 f.; *Kohl,* Jurisdiction, p. 278.
969 Zweifelnd: OVG Lüneburg, NVwZ 2009, 1241, 1242 f. – Vertrieb von Online-Glücksspielen; *Hoeren,* MMR 2007, 3, 5; von Zuverlässigkeit ausgehend: OVG Münster, MMR 2010, 350, 351 f.; *Kohl,* Jurisdiction, p. 281; *Svantesson,* Extraterritoriality in Data Privacy Law, p. 180 ff.
970 *Buxbaum,* 57 Am. J. Comp. L. 631, 640 f. (2009).
971 *Svantesson,* Extraterritoriality, p. 194 ff.
972 *Buxbaum,* 57 Am. J. Comp. L. 631, 640 f. (2009).
973 Vgl. *Reed,* Cyberspace, p. 39.

zende, als vielmehr territoriale Integrität und Markthoheit eines Staates schützende Funktion dieser Anknüpfung im Datenschutzrecht. Effektiver ist es, nicht die verletzenden Handlungen, sondern das zu schützende Rechtsgut in den Mittelpunkt zu stellen: Dies hat dazu geführt, dass in anderen internetbezogenen Zusammenhängen bereits heute neben dem Auswirkungsprinzip das Schutzprinzip verbreitete Anwendung findet.[974]

Ferner zeigt die Analyse, dass das auch unter Heranziehung des Auswirkungsprinzips ein Schutz der im Land befindlichen Personen, die nicht über eine enge Inlandsbeziehung verfügen, nicht zu erreichen ist. Aufgrund der Flüchtigkeit ihrer Inlandsbeziehung kann die Verarbeitung ihrer personenbezogenen Daten keine unmittelbare, vorhersehbare und v.a. vorhersehbare Auswirkung auf das Inland haben.

4. Neue Anknüpfung im Datenschutzrecht: Das datenschutzspezifische Auswirkungsprinzip

Die gegenwärtige Praxis zeigt, dass zur Regelung von Auslandssachverhalten im Datenschutzrecht immer eine Anknüpfung an das Auswirkungsprinzip stattfindet, wobei die relevanten Auswirkungen für den datenschutzrechtlichen Kontext spezifiziert werden. Dabei gilt das sowohl für die datenschutzrechtlichen Bestimmungen, denen grundrechtsbezogene Regelungsinteressen und –ziele zugrunde liegen, als auch für solche, die durch wirtschaftsbezogene Regelungsinteressen und –ziele geprägt sind. Hinsichtlich der gewählten Anknüpfungspunkte besteht damit trotz eines unterschiedlichen Hintergrundes eine gewisse Konvergenz.

Zunächst werden alle Datenverarbeiter mit Sitz im Inland oder vergleichbarer Inlandsbeziehung zur Beachtung des heimischen Datenschutzrechts verpflichtet, gleichviel wo deren Datenverarbeitung konkret stattfindet. Zudem wird der Regelungsanspruch auf ausländische Datenverarbeiter erstreckt. Dabei werden nicht alle ausländischen Datenverarbeiter erfasst, deren Handlungen sich auf das Inland auswirken. Vielmehr werden nur solche einbezogen, die sich in kommerzieller Absicht an einen bestimmten Personenkreis wenden, mit dem der Regelungsstaat eng verbunden ist.

---

974 *Schmahl*, AVR 2009, 284, 305.

Indem folglich eine Verbindung des Auswirkungsprinzips mit Elementen des Personalitätsprinzips stattfindet, entsteht eine neue, eine datenschutzrechtliche Anknüpfung: das „datenschutzspezifische Auswirkungsprinzip".

Hierdurch sollen zwei Bedingungen im Rahmen der extraterritorialen Regelungshoheit erfüllt werden: Grundsätzlich muss bei jeder Beanspruchung extraterritorialer Regelungshoheit zwischen dem Regelungsstaat und dem Regelungsobjekt eine enge und substantielle Verbindung vorliegen und speziell im Rahmen des Auswirkungsprinzips muss eine unmittelbare, wesentliche und vorhersehbare Auswirkung auf das jeweilige Staatsgebiet bzw. in dem Fall den jeweiligen Informationsmarkt vorliegen. Fraglich ist, ob diese neue Anknüpfung auch einer völkerrechtlichen Überprüfung standhält.

a) Das datenschutzspezifische Auswirkungsprinzip als zulässige Anknüpfung

Das datenschutzspezifische Auswirkungsprinzip müsste eine zulässige Anknüpfung im Sinne des Völkerrechts darstellen. Hierzu muss es Ausdruck einer hinreichend engen, substantiellen und sinnvollen Verknüpfung, eines *genuine link*[975], zwischen regelndem Staat und geregelten Auslandssachverhalt sein.[976]

Mit dem datenschutzspezifischen Auswirkungsprinzip soll die Gewährleistung eines bestimmten Datenschutzniveaus für eine mit dem jeweiligen Staat verbundene Personengruppe unter besonderer Berücksichtigung der wirtschaftlichen Folgen der Verarbeitung personenbezogener Daten für einen Informationsmarkt erreicht werden. Dies stellt nicht nur ein legitimes Ziel, sondern für zahlreiche Staaten aufgrund der fundamentalen rechtlichen Bedeutung des Datenschutzes (z.B. Recht auf Datenschutz gem. Art. 8 EMRK und Art. 7, 8 GRCh und Art. 16 AEUV, Recht auf in-

---

[975] *Epping*, in: Ipsen, Völkerrecht, § 5 Rn. 71; *Kempen/Hillgruber*, Völkerrecht, § 20 Rn. 39; *Stein/von Buttlar/Kotzur*, Völkerrecht, § 35 Rn. 629.
[976] *Epping*, in: Ipsen, Völkerrecht, § 5 Rn. 71 ff.; *Kempen/Hillgruber*, Völkerrecht, § 18 Rn. 25.

B. Vergleichende Analyse aktueller Internetdatenschutzgesetzgebung

formationelle Selbstbestimmung gem. Art. 2 Abs. 1 i.V.m. Art. 1 Abs. 1 GG,) auch eine Verpflichtung dar.[977]

Die Ausübung extraterritorialer Regelungshoheit ist zunächst grundsätzlich erforderlich, um den Herausforderungen zu begegnen, die durch die Möglichkeiten der modernen Datenverarbeitung entstanden sind. Das Internet ist ubiquitär und die damit verbundene Datenverarbeitung durch Möglichkeiten des Cloud Computing in hohem Maße standortflexibel geworden.[978] Diese erweiterten Möglichkeiten der online-basierten Datenverarbeitung haben jedoch nicht zu einem veränderten Nutzerbewusstsein geführt. Die Gewährleistung der Vertraulichkeit und Integrität informationstechnischer Systeme wird ebenso vorausgesetzt,[979] wie die Gewährleistung des vertrauten heimischen Datenschutzniveaus bei Handlungen im Internet weiterhin erwartet wird.[980] Diese Erwartungen kann das Recht in Ermangelung einer internationalen Harmonisierung nur erfüllen, wenn es seinen Anwendungsbereich über die nationalen Grenzen hinaus erweitert.

Insbesondere im Rahmen der datenschutzrechtlichen Regulierung ergibt sich aufgrund der grenzenlosen Struktur des Internets eine besondere Notwendigkeit für den Nachweis einer genuinen Verbindung zwischen regelndem Staat und geregeltem Auslandssachverhalt. In der transnationalen Informationsgesellschaft käme es andernfalls aufgrund zu geringer Anforderungen zu einem Übermaß an extraterritorialer Regulierung, was sich letztlich als innovationshemmend erwiese und zu Unfrieden zwischen den einzelnen Staaten führte. Das datenschutzspezifische Auswirkungsprinzip erweist sich diesbezüglich als vorteilhaft, indem es mit der Anknüpfung an Personen mit besonders enger Beziehung zum Regelungsstaat einerseits und an die nationale Markthoheit andererseits eine Kombination der Kernelemente des Personalitätsprinzips und des Auswirkungsprinzips vornimmt. Beide Punkte sind seit langem als zulässige Anknüpfungspunkte im Völkerrecht akzeptiert.

---

977 *Bernsdorff*, in: Meyer, GRCh Art. 8 Rn. 19; *Hoffmann-Riem*, JZ 2014, 53, 60 f.; *Kuner*, FS Hustinx, p. 213, 213; *Masing*, NJW 2012, 2305, 2305 ff.; *Schmahl*, JZ 2014, 220, 221, 226; *Simitis*, BDSG Einl. Rn. 246; *Taeger/Schmidt*, in: Taeger/Gabel, BDSG Einf. Rn. 45.
978 *Weber*, 3 IDPL 117, 117 ff. (2013).
979 Für Deutschland siehe BVerfGE 120, 274, 302 ff. – Online-Durchsuchung.
980 *Schaar*, ZRP 2013, 214, 214.

II. Erkenntnisse der Untersuchung

Aufgrund dieser Kombination schafft das datenschutzspezifische Auswirkungsprinzip hohe Anforderungen für die Ausübung extraterritorialer Regelungshoheit und wird mit seinen personalen und ökonomischen Elementen sowohl dem persönlichkeitsschützenden europäischen, als auch dem marktbezogenen US-amerikanischen Ansatz im Datenschutzrecht gerecht.

aa) Personales Element

Die Verpflichtung für Datenverarbeiter mit Sitz im Inland, bei jedweder Datenverarbeitung ohne Rücksicht auf den tatsächlichen Ort der Datenverarbeitung das heimische Datenschutzrecht zu beachten, knüpft an die Beziehung zwischen dem Staat an, dessen Infrastruktur und dessen Rechtssystem für die Organisation der Niederlassung des Datenverarbeiters in Anspruch genommen wird und dem Datenschutzrecht, das in dieser Umgebung gilt. Die extraterritoriale Erstreckung des Anwendungsbereiches nationalen Rechts unter Anknüpfung an den Sitz einer juristischen Person, hier des Datenverarbeiters, ist in wirtschaftlichen Zusammenhängen unproblematisch möglich im Rahmen des aktiven Personalitätsprinzips.[981]

Den Verantwortlichen für die Datenverarbeitung trifft insoweit eine Pflicht zur Treue gegenüber seinem Herkunftsstaat, die auch die Beachtung der Rechtsordnung umfasst.[982]

Darüber hinaus werden mit dem datenschutzspezifischen Auswirkungsprinzip die Fälle erfasst, in denen sich die kommerzielle Tätigkeit ausländischer Datenverarbeiter auf Personen mit enger Verbindung zum Regelungsstaat auswirkt. Es gibt im Datenschutzrecht keine relevantere Beziehung, als die zwischen dem Datensubjekt und seinen personenbezogenen Daten.[983] Dieser Erkenntnis liegt nicht nur die Herleitung des Datenschutzes aus dem Persönlichkeitsrecht und dem Recht auf informationelle Selbstbestimmung zu Grunde.[984] Sie lässt sich ebenso mit neueren Ansätzen eines „Dateneigentums" rechtfertigen, dessen Herrschaft vom jeweili-

---

981 *Kau*, in: Graf Vitzthum/Proelß, Völkerrecht, 3. Abschn. Rn. 116; *Volz*, Extraterritoriale Terrorismusbekämpfung, S. 83 f.
982 Vgl. *Meng*, Extraterritoriale Jurisdiktion, S. 625; vgl. *Ziegenhain*, Extraterritoriale Rechtsanwendung, S. 56, 71.
983 BVerfGE 65, 1, 43 – Volkszählungsurteil; *Simitis*, NJW 1971, 673, 675 f.
984 BVerfGE 65, 1, 41 ff. – Volkszählungsurteil.

B. Vergleichende Analyse aktueller Internetdatenschutzgesetzgebung

gen Individuum ausgeht.[985] Im Ergebnis obliegt in beiden Fällen dem Einzelnen die Entscheidung, welche Informationen er wem gegenüber zu welchem Zeitpunkt offenbaren möchte.[986]

Überdies ist zu berücksichtigen, dass in der modernen Informationsgesellschaft die wirtschaftliche und demokratische Teilhabe zunehmend an die Verarbeitung personenbezogener Daten gekoppelt ist.[987] Für private Beziehungen erlangt sie ebenfalls zunehmend Bedeutung.[988] Die von den Folgen der Datenverarbeitung betroffenen Personen haben dementsprechend ein ausgeprägtes Interesse, dass ein gerechter Umgang mit ihren personenbezogenen Daten sichergestellt wird. Ein Interesse, dem jedenfalls bei Aufenthalt im Inland eine berechtigte Erwartung zugrunde liegt: Betroffene verlassen sich darauf, dass ihr heimisches Datenschutzniveau auch bei internationalen Datenverarbeitungen gewährleistet wird.[989] Der Beziehung zwischen dem Betroffenen und seinen personenbezogenen Daten kommt in der Informationsgesellschaft daher besondere Intensität zu, sie ist von grundlegender Bedeutung.[990] Somit besteht zunächst zwischen den Datensubjekten und der sie betreffenden extraterritorial stattfindenden Datenverarbeitung eine von großer Intensität geprägte Beziehung. Dieses Verhältnis kann aufgrund bestehender staatlicher Schutzverpflichtungen und -gewährleistungen zusätzlich an Bedeutung gewinnen.

In Deutschland und Europa hat Datenschutz den Stellenwert als Grundrecht, was sich aus dem Recht auf informationelle Selbstbestimmung gem. Art. 2 Abs. 1 i.V.m. Art. 1 Abs. 1 GG,[991] sowie für den europäischen Bereich aus Art. 8 EMRK, Art. 16 AEUV und Art. 8 GRCh ergibt.[992] Das Recht auf Datenschutz ist insoweit eng mit der Menschenwürde, aber auch

---

985 *Hoeren*, ZRP 2010, 251, 252.
986 BVerfGE 65, 1, 41 f. – Volkszählungsurteil; *Hoeren*, ZRP 2010, 251, 252.
987 BVerfGE 65, 1, 42 f. – Volkszählungsurteil; *Bunge*, ZD-Aktuell 2015, 04635; *Hoeren*, WuW 2013, 463, 463; *Roßnagel*, MMR 2003, 693, 694; *Weber*, 3 IDPL 117, 117 (2013); *Weichert*, ZRP 2014, 168, 168 ff.
988 *Weber*, 3 IDPL 117, 117 (2013).
989 *Schaar*, ZRP 2013, 214, 214.
990 BVerfGE 65, 1, 41 ff. – Volkszählungsurteil; *Roßnagel*, MMR 2003, 693, 693.
991 BVerfGE 65, 1, 41 f. – Volkszählungsurteil; *Kühling/Seidel/Sivridis*, Datenschutzrecht, Rn. 151; *Schmahl*, JZ 2014, 220, 221; *Simitis*, BDSG Einl. Rn. 246; *Taeger/Schmidt*, in: Taeger/Gabel, BDSG Einf. Rn. 45.
992 *Bernsdorff*, in: Meyer, GRCh Art. 8 Rn. 17 ff.; *Hoffmann-Riem*, JZ 2014, 53, 60 f.; *Kühling/Seidel/Sivridis*, Datenschutzrecht, S. 7 ff., 17 ff.; *Masing*, NJW 2012, 2305, 2305 ff.; *Schmahl*, JZ 2014, 220, 226 f.

den weiteren Kommunikationsgrundrechten verbunden.[993] Dieser Stellenwert beinhaltet zugleich eine Verpflichtung für Staaten zur Sicherstellung eines effektiven Datenschutzes für ihre jeweiligen Staatsbürger bzw. Schutzbefohlenen. Eine Anknüpfung an das Datensubjekt stellt in Anbetracht dieser grundrechtlichen Dimension eine hinreichend enge, substantielle und sinnvolle Verbindung zum Inland her.

Diese Verpflichtung gegenüber Staatsbürgern oder anderen schutzberechtigten Personen wird in weiteren Staaten durch verfassungsrechtliche Gewährleistungen sowie durch internationale Abkommen und Dokumente unterstrichen, wie die vorhergehende Untersuchung gezeigt hat. Diese Länder partizipieren aufgrund dieser Schutzverpflichtung somit an der intensiven Beziehung zwischen Betroffenem und der Verarbeitung personenbezogener Daten. Insbesondere dann, wenn eine Regelungsmaterie grundlegende Fragen des menschlichen Lebens berührt, ist zunächst die Anknüpfung an das Recht geboten, zu dem dieser Mensch eine besonders enge Beziehung hat.[994]

Das Recht des Einzelnen auf Datenschutz ist von überragender Bedeutung für die menschliche Existenz in der Informationsgesellschaft und wird durch zahlreiche internationale Dokumente und Übereinkommen sowie nationale Gesetze anerkannt und gewährleistet.[995] Die aufgrund der engen Verbindung zum Regelungsstaat erfolgte Anknüpfung an die zu schützende Person mit Hilfe des personalen Elements im datenschutzspezifischen Auswirkungsprinzip erweist sich daher als folgerichtig und der Bedeutung des Datenschutzes für die persönliche Existenz in der Informationsgesellschaft angemessen.

Das personale Element mit der Anknüpfung an die Verarbeitung personenbezogener Daten eigener Staatsbürger oder anderer Personen mit dauerhafter Beziehung zum Inland (z.B. durch Ansässigkeit, *domicile* usw.) sorgt somit dafür, dass ein bereits intensives Verhältnis zwischen normiertem Sachverhalt und Regelungsstaat im Rahmen des datenschutzspezifischen Auswirkungsprinzips besteht.

---

993 *Kühling/Seidel/Sivridis*, Datenschutzrecht, Rn. 151; *Roßnagel*, MMR 2003, 693, 693.
994 *Ziegenhain*, Extraterritoriale Rechtsanwendung, S. 101.
995 *Joyce*, 16 Melb. J. Int'l L. 270, 271 ff. (2015); *Kühling/Seidel/Sivridis*, Datenschutzrecht, Rn. 8 ff., 197 ff.; *Kuner*, 2 GroJIL 55, 58 f. (2014); *Rengel*, Privacy, S 77; *Roßnagel*, MMR 2003, 693, 693; *Wade*, 42 Geo. Wash. Int'l L. Rev. 659, 660 ff. (2010).

bb) Ökonomisches Element

Dieses intensive Verhältnis wird durch das ökonomische Element weiter vertieft. Ein wichtiger Teil der staatlichen Souveränität ist die Hoheit über den nationalen Markt und die Wirtschaftsordnung.[996] Der Regelungsstaat hat somit ein wesentliches Interesse daran, seine Marktordnungs- und – Regulierungsfunktion auch im entterritorialisierten Markt der Informationsgesellschaft effektiv wahrzunehmen. Dementsprechend ist das personale Element nicht allein kennzeichnend für die vorgefundene neue Anknüpfung, vielmehr tritt mit dem Kriterium der kommerziellen Handlung noch ein ökonomisches Element der Marktteilnahme hinzu. Es trägt der Tatsache Rechnung, dass personenbezogene Daten von grundlegender wirtschaftlicher Bedeutung für die Informationsgesellschaft sind,[997] und es der Gewährleistung eines effektiven Datenschutzes Privater somit besonders in wirtschaftlichen Zusammenhängen bedarf.[998]

Die Abschöpfung personenbezogener Daten ist Teil des Wirtschaftsmodells vieler Diensteanbieter geworden, sodass Werbeaktivitäten, Datenverarbeitung und Überwachung praktisch nicht mehr voneinander zu trennen sind.[999] Ein ökonomisches Element der Anknüpfung garantiert somit angesichts eines transnationalen Geschäftsmodells und einer standortflexiblen Datenverarbeitung die Effektivität des Datenschutzes in der Informationsgesellschaft.[1000] Die Anknüpfung an die gezielte Teilnahme an einem Informationsmarkt sorgt somit dafür, dass eine Verbindung zwischen dem Regelungsstaat und dem Geschäftsgegenstand der jeweiligen Datenverarbeiter hergestellt wird. Es wird eine Beziehung zwischen der Inanspruchnahme der Vorteile eines Marktzugangs, der „Rohstoffabschöpfung" durch

---

996 IGH, Case concerning Military and Paramilitary Activities in and against Nicaragua (Nicaragua v. United States of America) ICJ Rep. 1986, S. 14, 108; *Heintschel von Heinegg*, in: Ipsen, Völkerrecht, § 51 Rn. 47; *Herdegen*, Völkerrecht, § 35 Rn. 3; *Stein/von Buttlar/Kotzur*, Völkerrecht, § 35 Rn. 601, § 36 Rn. 639; *Svantesson*, Extraterritoriality, p. 170.
997 *Corbett*, 29 Comp. L. & Sec. Rev. 246, 247 f. (2013); *Härting*, BB 2012, 459, 459.
998 *Masing*, NJW 2012, 2305, 2307 f.
999 *Härting*, BB 2012, 459, 459; *Kühling*, EuZW 2014, 527, 528; *Lobo*, Spiegel Online v. 1.10.2014, http://www.spiegel.de/netzwelt/web/sascha-lobo-ueber-werbung-im-internet-a-994764.html; *Naughton*, Der Freitag v. 28.8.2014, https://www.freitag.de/autoren/the-guardian/geschaeftsmodell-ueberwachung.
1000 EuGH, U. v. 13.05.2014 – Rs C-131/12, Rn. 53 ff. – Google ./. AEPD; *Karg*, ZD 2014, 359, 359; *Kühling*, EuZW 2014, 527, 528 f.

den Datenverarbeiter und der Gewährleistung eines effektiven Schutzes für den Betroffenen geschaffen.[1001] Das ökonomische Element führt somit zu einer engeren und wesentlicheren Verbindung zwischen dem geregelten Sachverhalt und dem Regelungsstaat und gibt diesem die Möglichkeit, seinen (markt-)regulatorischen Anspruch wirksam durchzusetzen. Zugleich erhöht sich durch das zusätzliche Element die Vorhersehbarkeit der Anwendbarkeit der Rechtsordnung des Regelungsstaates. Dies dient auch der Vermeidung von Konflikten.

cc) Wirksame Verhinderung von Missbrauch

Das datenschutzspezifische Auswirkungsprinzip verhindert darüber hinaus die Flucht in sog. Daten-Oasen und Möglichkeiten des *forum shopping* effektiv. Aufgrund der Anknüpfung an Elemente des aktiven Personalitätsprinzips können alle Datenverarbeiter mit hinreichender Inlandsbeziehung zur Beachtung heimischen Datenschutzrechts verpflichtet werden, ganz gleich wo deren tatsächliche Datenverarbeitung stattfindet. Trotz einer Verlagerung der Datenverarbeitung ins Ausland bliebe die Rechtsordnung des Herkunftsstaates anwendbar. Eine Flucht in eine sog. Daten-Oase kommt somit nicht in Betracht. Ein auf dem datenschutzspezifischen Auswirkungsprinzip aufbauendes Datenschutzgesetz beschränkt sich jedoch nicht auf den Schutz der eigenen Staatsbürger.

Dementsprechend ist die Verarbeitung personenbezogener Daten jeglicher Herkunft durch einen Datenverarbeiter mit Sitz im Regelungsstaat erfasst. Auf diese Weise kann der Regelungsstaat selbst auch nicht als Daten-Oase im Verhältnis zum Ausland missbraucht werden. Ferner werden Datenverarbeiter mit Sitz im Ausland dem Anwendungsbereich des heimischen Datenschutzrechts unterworfen, sobald sie am jeweiligen Informationsmarkt teilnehmen und Daten der Personen mit enger Verbindung zum Regelungsstaat verarbeiten. Das datenschutzspezifische Auswirkungsprinzip erfasst damit ebenso effektiv die Datenverarbeitung ausländischer Unternehmen, deren Standort in einem Staat mit keinem oder nur geringem Datenschutzniveau insoweit keine Vorteile mehr bietet. Das datenschutzspezifische Auswirkungsprinzip vermag somit die mit dem grenzüber-

---

1001 *Europäische Kommission*, Mitteilung v. 22.10.2013, http://europa.eu/rapid/press-release_MEMO-13-923_de.htm.

schreitenden Datenverkehr verbundenen Missbrauchsgestaltungen wirksam einzuschränken.

dd) Konfliktvermeidung

Das datenschutzspezifische Auswirkungsprinzip sorgt durch die Kombination von Elementen des Personalitäts- und Auswirkungsprinzips dafür, dass der extraterritoriale Anwendungsbereich eines daran anknüpfenden Datenschutzgesetzes nur solche Sachverhalte erfasst, die sich durch eine besonders enge Beziehung zum Inland auszeichnen und dient somit der Konfliktvermeidung.

Diese Kombination dient der Konkretisierung der die extraterritoriale Erstreckung auslösenden Auswirkungen i.R.d. Auswirkungsprinzips und der weiteren Legitimation der Regelung durch einen zusätzlichen Anknüpfungspunkt. Konflikte werden vermieden, indem eine doppelte Inlandsanknüpfung zugrunde gelegt wird, die zugleich die enge Beziehung zwischen Datensubjekt und personenbezogenen Daten würdigt und der neuen Rolle von Informationen als Rohstoff gerecht wird. Die doppelte Anknüpfung bedingt aber auch, dass weder jede Verarbeitung personenbezogener Daten von Inländern erfasst ist, noch sämtliche marktrelevanten Aktivitäten. Das bedeutet, dass ausländische Datenverarbeiter, die zu nicht-wirtschaftlichen Zwecken personenbezogene Daten von Inländern verarbeiten, ebenso nicht erfasst werden, wie ausländische Datenverarbeiter, die personenbezogene Daten von Personen verarbeiten, die sich zwar im Inland aufhalten, aber nur über eine vorübergehende, nicht dauerhafte Beziehung zum Inland verfügen, also z.B. auf der Durchreise sind oder sich kurzfristig im Inland aufhalten.

Diese kombinierte Anknüpfung führt somit zur notwendigen Begrenzung der Möglichkeiten zur Ausübung von extraterritorialer Regelungshoheit, sodass ein Verstoß gegen das Nichteinmischungsgebot aufgrund der intensiven Inlandsbeziehung eher unwahrscheinlich ist. Die Probleme der Rechtsunsicherheit werden durch die Konkretisierung der Auswirkungen und die damit verbundene verbesserte Vorhersehbarkeit und gleichzeitige Beschränkung des extraterritorialen Anwendungsbereiches ebenfalls vermindert.

ee) Mindestmaß an Einsichtigkeit

Das datenschutzspezifische Auswirkungsprinzip schafft eine nachvollziehbare, äußerst enge und substantielle Beziehung zwischen regelndem Staat und geregeltem Sachverhalt, die einem hohen Maß an Einsichtigkeit genügt.

Die Anknüpfung an das datenschutzspezifische Auswirkungsprinzip berücksichtigt dabei sowohl die grundrechtsschützende Funktion des Datenschutzrechts, als auch besonders die elementare ökonomische Bedeutung der Datenverarbeitung. Es verhindert durch die Kombination zweier Anknüpfungspunkte die übermäßige Erfassung von extraterritorialen Sachverhalten. Die Anknüpfung bietet für potentielle Regelungsadressaten die Möglichkeit, einer Anwendbarkeit einigermaßen sinnvoll mit Mitteln der Geolokalisierung oder Marktbeschränkung entgegenzuwirken, indem Nutzer bestimmter Herkunft vom Angebot einer Webseite oder eines Dienstes ausgeschlossen werden.[1002] Durch seine Anknüpfungselemente sorgt das datenschutzspezifische Auswirkungsprinzip im Vergleich zu anderen zulässigen Anknüpfungen für eine engere Beziehung zwischen Regelungsgegenstand und Regelungsstaat. Konflikte mit anderen Staaten werden reduziert und die Vorhersehbarkeit der Anwendbarkeit einer bestimmten Rechtsordnung erhöht.

Die doppelte Inlandsanknüpfung, die durch die Verbindung von personalem und ökonomischem Element entsteht, stellt die hinreichend enge, substantielle und sinnvolle Verbindung zum Regelungsstaat sicher. Die Anknüpfung an das datenschutzspezifische Auswirkungsprinzip geht im Ergebnis über ein Mindestmaß an Einsichtigkeit hinaus und stellt mithin eine zulässige Anknüpfung dar.

b) Zwischenergebnis: datenschutzspezifisches Auswirkungsprinzip

In der Staatenpraxis bildet sich das datenschutzspezifische Auswirkungsprinzip als besondere Anknüpfung zur Ausübung extraterritorialer Regelungshoheit im Datenschutzrecht heraus. Es gewährleistet durch die Kombination eines personalen und ökonomischen Elementes eine besonders enge Inlandsbeziehung zwischen Regelungsstaat und Regelungsgegen-

---

[1002] Zu diesen Möglichkeiten siehe *Hoeren*, MMR 2007, 3, 3 ff.; *Svantesson*, Extraterritoriality, p. 173 ff.

stand und wird damit sowohl einem persönlichkeitsschützendem (europäischen), als auch einem marktregulatorischen (US-amerikanischen) Datenschutzverständnis gerecht. Das Prinzip vermag Missbrauchsgestaltungen wirksam zu verhindern und mögliche Konflikte aufgrund der Ausübung extraterritorialer Regelungshoheit auf das Unvermeidliche zu reduzieren.

Das datenschutzspezifische Auswirkungsprinzip genügt damit dem erforderlichen Mindestmaß an Einsichtigkeit unproblematisch, es handelt sich somit um eine zulässige Anknüpfung. Der wirtschaftliche Schwerpunkt der Anknüpfung birgt jedoch die Gefahr, dass sich langfristig die Wahrnehmung des Datenschutzes zu Lasten der grundrechtlichen Schutzfunktion verändert.

5. Datenschutz im Spannungsfeld zwischen Ökonomie und Demokratie

Die durchgeführte Untersuchung gibt Aufschluss über die Reichweite des Interventionsverbotes im Datenschutzrecht. Zu Beginn der Neunzigerjahre war aufgrund der nur geringen internationalen Verbreitung von Datenschutzgesetzen noch davon ausgegangen worden, dass extraterritoriale Regelungen im Datenschutzrecht durchaus einen Verstoß gegen das Interventionsverbot darstellen könnten.[1003] Habe ein Staat ein eigenes Datenschutzregime geschaffen oder bewusst auf ein solches verzichtet, so liege in extraterritorialen Regelungen anderer Staaten eine unzulässige Einmischung in dessen ausschließlichen Regelungsbereich.[1004] Dies gelte insbesondere mit Blick auf Wirtschaft, um deren Willen ein Staat völlige Freiheit bei der Verarbeitung personenbezogener Daten gewähren könne.[1005]

Die Untersuchung zeigt jedoch, dass das Datenschutzrecht mittlerweile Gegenstand zahlreicher internationaler Verträge, Resolutionen und Übereinkünfte ist und die Staaten mit Datenschutzgesetzen nicht mehr eine verhältnismäßig kleine Gruppe, sondern die überwiegende Mehrheit darstellen.[1006] Die Mehrzahl der untersuchten Länder nimmt daran in der einen oder anderen Form teil, die Signatarstaaten verteilen sich auf alle Kontinente und repräsentieren verschiedenste Rechtskulturen.

1003 *Ulbricht*, CR 1990, 602, 608.
1004 *Ulbricht*, CR 1990, 602, 608.
1005 *Ulbricht*, CR 1990, 602, 608.
1006 *Bygrave*, Data Privacy Law, p. 205; *Greenleaf*, 23 J. L. Inf. & Sci. 4, 5 (2014); *Gridl*, Datenschutz, S. 283.

II. Erkenntnisse der Untersuchung

Diese Dokumente sind somit Ausdruck der übereinstimmenden rechtspolitischen Absicht der Vertragsstaaten zur Gewährleistung einer informationellen Privatsphäre.[1007] Sie deuten darauf hin, dass es heute eine übereinstimmende Überzeugung weiter Teile der Völkergemeinschaft in Bezug auf die Notwendigkeit eines Schutzes personenbezogener Daten gibt.

Mithin hat sich in den vergangenen 25 Jahren ein bedeutender Wandel vollzogen: Der Datenverkehr und die Datenverarbeitung auf dem eigenen Territorium sind als Regelungsmaterie der *domaine réservé* des Einzelstaates entzogen, sodass die Ausübung extraterritorialer Regelungshoheit auf diesem Gebiet keinen prinzipiellen Verstoß gegen das Interventionsverbot mehr darstellt.

Gleichwohl muss sich die Hoheitsausübung im Einzelfall im Rahmen der Interessenabwägung als verhältnismäßig erweisen.[1008] Zwischen den berechtigten Interessen und Erwartungen der beteiligten Staaten und Personen ist unter Berücksichtigung der Art und Ausprägung ihres Verhältnisses zum normierten Sachverhalt und der Vermeidung möglicher Konflikte ein gerechter Ausgleich zu finden.[1009] Dabei ist das Datenschutzinteresse insbesondere gegen die ökonomischen Interessen der beteiligten Staaten und Unternehmen und die Sicherheitsinteressen anderer Staaten abzuwägen.[1010]

Im Folgenden werden zunächst allgemeine Erwägungen zur Interessenabwägung im Rahmen der extraterritorialen Regelungshoheit im Datenschutzrecht vorgenommen und die hierbei zu berücksichtigenden Interessen mit Hilfe der zuvor vorgenommenen Untersuchung ermittelt. Sodann folgen besondere Erwägungen zur Hoheitsausübung auf Grundlage des datenschutzspezifischen Auswirkungsprinzips. Schließlich erfolgt eine konkrete Interessenabwägung anhand der Datenschutz-Grundverordnung.

1007 Vgl. *Ziegenhain*, Extraterritoriale Rechtsanwendung, S. 249.
1008 *Schmahl*, AVR 2009, 284, 313; *Volz*, Extraterritoriale Terrorismusbekämpfung, S. 53 f.
1009 *Volz*, Extraterritoriale Terrorismusbekämpfung, S. 54; *Wildhaber*, in: Schweizerisches Jahrbuch für internationales Recht Bd. XLI 1985, S. 104.
1010 Vgl. *Spiecker gen. Döhmann*, 52 CML Rev. 1033, 1045 ff. (2015).

a) Allgemeine Erwägungen zur Interessenabwägung i.R.d. Ausübung extraterritorialer Regelungshoheit im Datenschutzrecht

Die Interessenabwägung orientiert sich am Maßstab der Verhältnismäßigkeitsprüfung.[1011] Zu Beginn ist daher festzustellen, dass eine über die nationalen Grenzen hinausgehende extraterritoriale Regulierung angesichts der internetbedingten Herausforderungen der Informationsgesellschaft beinahe unabdingbar geworden ist.[1012] Wie die vorhergehende Untersuchung zeigt, haben zahlreiche Staaten diese Notwendigkeit erkannt. Sie bedienen sich dementsprechend der Erweiterung des Anwendungsbereiches ihrer jeweiligen Datenschutzgesetze als geeigneter Maßnahme zur Bewältigung der Herausforderungen, die sich für den Schutz personenbezogener Daten stellen. Ein rein territorial begrenzter Datenschutz ist demgegenüber als mildere Maßnahme nicht ausreichend.[1013] Dass die extraterritoriale Erweiterung des Anwendungsbereiches nationaler Gesetze ein notwendiges, dem Datenschutzanliegen förderliches Mittel ist, wird nicht zuletzt durch höchstrichterliche Rechtsprechung bestätigt.[1014] Extraterritoriale Regelungen sind dementsprechend im Rahmen der Interessenabwägung ein geeignetes und erforderliches Mittel datenschutzrechtlicher Regulierung, sodass ausschließlich die Frage nach deren Verhältnismäßigkeit i.e.S. weiterer Erörterung bedarf.

Der Regelungsstaat wird zur extraterritorialen Hoheitsausübung durch seine Datenschutz-, und regelmäßig auch ökonomischen Interessen veranlasst. Es ist daher zu ermitteln, welche widerstreitenden Interessen anderer Staaten im Rahmen der Abwägung von Bedeutung sind.

aa) Datenschutz- und Demokratieinteresse

Das Datenschutzinteresse ergibt sich aus der Bedeutung der automatisierten Datenverarbeitung für den Menschen in der Informationsgesell-

---

1011 *Schmahl*, AVR 2009, 284, 313.
1012 US District Court Southern District of New York, E. v. 25.4.2014 – 13 Mag. 2814, S. 8 ff. – Microsoft; *Schmahl*, AVR 2009, 284, 305.
1013 *Colonna*, 4 IDPL 203, 210 (2014); *Hoffmann-Riem*, JZ 2014, 53, 61; *de Maizière*, FAZ v. 18.08.2014, S. 6.
1014 EuGH, U. v. 13.05.2014 – Rs C-131/12, Rn. 54 ff. – Google ./. AEPD; Federal Court, *Kühling*, EuZW 2014, 527, 528 f.

II. Erkenntnisse der Untersuchung

schaft.[1015] Die freie Entfaltung der Persönlichkeit und die wirtschaftliche und demokratische Teilhabe sind zunehmend an die Preisgabe und Verarbeitung personenbezogener Daten gekoppelt und werden durch diese bestimmt.[1016] Die von der Datenverarbeitung betroffenen Personen haben dementsprechend ein ausgeprägtes Interesse an einem Schutz ihrer personenbezogenen Daten.[1017] Aufgrund des Schutzauftrages gegenüber seiner Bevölkerung teilt der Staat dieses Interesse zur Gewährleistung eines wirksamen Datenschutzes.[1018]

Die Verarbeitung personenbezogener Daten ist in der digitalen Demokratie zudem zu einem relevanten Faktor politischer Einflussnahme geworden.[1019] Das Datenschutzinteresse umfasst somit nicht nur den Schutz personenbezogener Daten als Teil des Persönlichkeitsschutzes.[1020] Es geht als gesamtgesellschaftliches Demokratieinteresse darüber hinaus: Die Demokratie lebt von der Teilhabe und Partizipation des Einzelnen.[1021] Unkontrollierte Verarbeitung personenbezogener Daten und die mit ihr verbundene Angst vor Repression können jedoch zu einer gehemmten Grundrechtsausübung oder gar einem Grundrechtsverzicht führen.[1022]

Mit der Bereitschaft zur freien Meinungsäußerung und zur Mitwirkung im demokratischen Gemeinwesen leiden unter einem unzureichenden Datenschutz funktionsnotwendige Grundrechte einer freiheitlichen und demokratischen Gesellschaft.[1023] Nicht zuletzt schützt ein funktionierender Schutz personenbezogener Daten aber auch vor der Einflussnahme frem-

---

1015 *Rengel*, Privacy, p. 77, 145 ff.; *Roßnagel*, MMR 2003, 693, 693.
1016 BVerfGE 65, 1, 42 f. – Volkszählungsurteil; *Bunge*, ZD-Aktuell 2015, 04635; *Hoeren*, WuW 2013, 463, 463; *Hoeren*, ZRP 2010, 251, 253 *Roßnagel*, MMR 2003, 693, 694; *Tinnefeld/Buchner/Petri*, Datenschutzrecht, S. 52; *Weber*, 3 IDPL 117, 117 (2013); *Weichert*, ZRP 2014, 168, 168 ff.
1017 *Rengel*, Privacy, p. 77.
1018 *Heckmann*, K&R 2010, 770, 774; *Höffe*, FG Büllesbach, S. 257, 258; *Hoffmann-Riem*, JZ 2014, 53, 60 f.; *Wolff/Brink*, Datenschutzrecht, Syst. C Rn. 137 ff.
1019 *Boehme-Neßler*, NVwZ 2014, 825, 826; *Bunge*, ZD-Aktuell 2015, 04635; *Ellger*, Datenschutz, S. 65.
1020 BVerfGE 65, 1, 41 ff. – Volkszählungsurteil; *Bygrave*, Data Privacy Law, p. 120; *Simitis*, BDSG Einl. Rn. 26, 30 ff., 254.
1021 BVerfGE 65, 1, 43 – Volkszählungsurteil; *Bygrave*, Data Privacy Law, p. 120.
1022 BVerfGE 65, 1, 43 – Volkszählungsurteil; *Kühling/Seidel/Sivridis*, Datenschutzrecht, Rn. 151.
1023 BVerfGE 115, 166, 188 – TK-Verbindungsdaten; BVerfGE 65, 1, 43 – Volkszählungsurteil; *Bowden*, US surveillance, p. 33.

B. Vergleichende Analyse aktueller Internetdatenschutzgesetzgebung

der Mächte auf das politische Binnenleben.[1024] Eine funktionierende demokratische Informationsgesellschaft ist folglich ohne einen verlässlich gewährleisteten Datenschutz nicht denkbar, es bedarf zur Gewährleistung einer selbstbestimmten Teilhabe und Partizipation des Einzelnen eines wirksamen Schutzes personenbezogener Daten.[1025] Datenschutz- und Demokratieinteresse sind daher unmittelbar miteinander verbunden. Datenschutz kann sich zwar im Einzelfall im Widerstreit zur Meinungs- und Informationsfreiheit befinden.[1026] Tatsächlich jedoch ist Datenschutz zur Ermöglichung dieser Freiheiten unter den Bedingungen der modernen Datenverarbeitung unerlässlich.[1027] Es handelt sich insgesamt um grundlegende und notwendige Werte einer demokratischen Informationsgesellschaft, deren Gewichtung vom Einzelfall abhängig ist und eine Wertentscheidung des jeweiligen Gesetzgebers darstellt. Die Bedeutung des Datenschutzinteresses im Allgemeinen und des Demokratieinteresses im Besonderen hängt maßgeblich von der (verfassungs-) rechtlichen Absicherung dieser Interessen im Rechtsgefüge des jeweiligen Staates und der konkreten Ausgestaltung im jeweiligen Gesetz ab.

bb) Ökonomische Interessen

Zunächst kann das Standortinteresse einzelner Staaten zu berücksichtigen sein, die sich entweder durch weniger strikte oder gänzlich fehlende Datenschutzvorschriften als geeigneter Wirtschaftsstandort für eine möglichst frei von staatlicher Aufsicht agierende datenverarbeitende Industrie anbieten möchten.[1028] Dieses Interesse, sich als sog. Datenoase im Wettbewerb

---

1024 *Ellger*, Datenschutz, S. 65.
1025 BVerfGE 115, 166, 188 – TK-Verbindungsdaten; *Bernsdorff*, in: Meyer, GRCh Art. 8 Rn. 13; *Kühling/Seidel/Sivridis*, Datenschutzrecht, Rn. 151; *Masing*, NJW 2012, 2305, 2305, 2311; *Roßnagel*, MMR 2003, 693, 694; *Simitis*, 98 Cal. L. Rev. 1989, 1997 f. (2010); *Tinnefeld/Buchner/Petri*, Datenschutzrecht, S. 40 f.; *Trojanow/Zeh*, Freiheit, S. 25; vgl. *Weingarten*, Der Spiegel 2015/27, 66, 66 f.
1026 *Cunningham*, 11 Santa Clara J. Int'l L. 421, 443 f. (2013); *Kühling*, EuZW 2014, 527, 532; *Reidenberg*, 52 Stan. L. Rev. 1315, 1342 f. (2000); *Simitis*, 98 Cal. L. Rev. 1989, 1994 (2010); *Spiecker gen. Döhmann*, 52 CML Rev. 1033, 1046 (2015); *Spiecker gen. Döhmann*, AnwBl 2011, 256, 259.
1027 *Eberle*, DÖV 1977, 306, 308 ff.; *Masing*, NJW 2012, 2305, 2305, 2311; *Schwartz*, 52 Stan. L. Rev. 1559, 1564 (2000); *Simitis*, FS Simon, S. 511, 527.
1028 *Ellger*, Datenschutz, S. 95 f. *Höffe*, FG Büllesbach, S. 257, 258; *Svantesson*, Extraterritoriality, p. 167.

II. Erkenntnisse der Untersuchung

der Wirtschaftsstandorte zu präsentieren, stellt ein Pendant zum Marktordnungsinteresse anderer Staaten dar, die eine konsequente Durchsetzung der jeweiligen Datenschutzbestimmungen auf ihrem Informationsmarkt und für dessen Teilnehmer erreichen möchten.[1029] Sie verfolgen damit aber zugleich ein Standortinteresse, da Verbraucher zunehmend nach datenschutzfreundlichen Lösungen verlangen und die Akzeptanz digitaler Angebote somit auch durch einen vertrauenswürdigen Verarbeitungsstandort bedingt wird.[1030] In diesem Zusammenhang sind die Interessen der datenverarbeitenden Wirtschaft selbst (Wirtschaftsinteresse) von Bedeutung, die sich auf die Gesetzeslage und die damit verbundenen Bedingungen für eine Datenverarbeitung in ihrem Sitzstaat einstellen und darauf vertrauen.[1031] Je nach Sachlage kann es im Interesse der einzelnen Unternehmen liegen, dass besondere Freiheit im Umgang mit personenbezogenen Daten gewährleistet wird oder aber striktere Datenschutzregeln konsequent zur Anwendung gebracht werden.[1032]

Standortinteresse eines Staates und Wirtschaftsinteresse einzelner Unternehmen an größerer Freiheit bei der Datenverarbeitung werden besonders am Beispiel Indien deutlich. Auf eine in Indien durch ausländische Unternehmen selbst oder deren indische Auftragsdatenverarbeiter erfolgende Datenverarbeitung sind im Gegensatz zur Datenverarbeitung durch ein Unternehmen mit Sitz in Indien die *IT Rules* nicht anwendbar. Indien will seinen Informationsmarkt und seine Unternehmen somit gezielt als geeignete Alternativen für die Auslagerung von IT-Dienstleistungen präsentieren. Tatsächlich kann aber gerade in der Gewährleistung bestimmter Datenschutzstandards das Interesse eines Staates und seiner Wirtschaft bestehen, wie das Beispiel Südafrika und dessen Wunsch nach einem ungehinderten grenzüberschreitenden Datenverkehr mit der EU zeigt. Indien und Südafrika stehen damit beispielhaft für unterschiedliche Prozesse in weniger entwickelten Ländern, die jedoch das ökonomische Interesse an

---

1029 *Albrecht*, ZD 2013, 587, 588; *Leutheusser-Schnarrenberger*, MMR 2012, 709, 710; *Rogall-Grothe*, ZRP 2012, 193, 194.
1030 *Albrecht*, DuD 2013, 655, 655; *Boehme-Neßler*, MMR 2009, 439, 441; *Bull*, NJW 2006, 1617, 1619; *Heckmann*, K&R 2010, 770, 777; *Roßnagel*, FG Büllesbach, S. 131, 131.
1031 Vgl. *Albrecht*, DuD 2013, 655, 655; *Ellger*, Datenschutz, S. 76.
1032 *Albrecht*, DuD 2013, 655, 655 ff.; *Ellger*, Datenschutz, S. 65, 95 f.

der Teilhabe am internationalen Datenverkehr und dem damit verbundenen Abbau wirtschaftlicher Abhängigkeit eint.[1033]

Die geschilderten Standort-, Marktordnungs- und Wirtschaftsinteressen lassen sich unter dem Oberbegriff der ökonomischen Interessen zusammenfassen.

Es kommt im Rahmen der Abwägung, wie gezeigt, regelmäßig darauf an, in welchem Verhältnis das Interesse an extraterritorialer Sicherstellung eines effektiven Datenschutzes einerseits und die ökonomischen Interessen andererseits zueinander stehen. Als Eingriffe von besonderer Schwere sind im Rahmen extraterritorialer Hoheitsausübung Eingriffe in die Persönlichkeitsrechte des Regelungsadressaten einzuordnen.[1034] Beschränkungen der Vermögensrechte sind demgegenüber von geringerer Intensität.[1035] Bei Eingriffen in die Persönlichkeitsrechte ist dementsprechend Zurückhaltung geboten.[1036] Das Datenschutzrecht dient dem Schutz der informationellen Privatsphäre und damit unmittelbar dem Persönlichkeitsrecht der Datensubjekte. Eine übermäßig restriktive extraterritoriale Anwendung des Datenschutzrechts erscheint im Umkehrschluss daher nicht angezeigt.

Vielmehr werden dem Datensubjekt allenfalls zusätzliche Rechte gewährt, während die Verpflichtung des Datenverarbeiters zur Beachtung bestimmter Datenschutzvorgaben zwar als ein Eingriff in dessen Recht am Unternehmen qualifiziert werden kann, jedoch als Beschränkung der Vermögensrechte weniger schwer wiegt. Die extraterritoriale Erstreckung des Anwendungsbereiches einzelner Datenschutzgesetze ist dementsprechend unter Betrachtung der Interessen der datenverarbeitenden Wirtschaft anderer Staaten insoweit unproblematisch, als sie dem Schutz der Persönlichkeitsrechte Betroffener dient und wirtschaftspolitische Grundsatzentscheidungen des Sitzlandes des Unternehmens nicht völlig unterläuft.

Die gewählte Anknüpfung ist in diesem Zusammenhang ein Hinweis darauf, welcher Art und Schwere die Verbindung zum Regelungsstaat ist, die die extraterritoriale Anwendbarkeit der Datenschutzregeln im Einzelnen auslöst. Eine übermäßige Interessenbeeinträchtigung kann zudem verhindert werden, indem die extraterritoriale Anwendbarkeit eines Datenschutzgesetzes durch die Teilnahme am Markt des Regelungsstaates und

---

1033 *Ellger*, Datenschutz, S. 65 f., 77.
1034 *Ziegenhain*, Extraterritoriale Rechtsanwendung, S. 246.
1035 *Ziegenhain*, Extraterritoriale Rechtsanwendung, S. 246.
1036 *Ziegenhain*, Extraterritoriale Rechtsanwendung, S. 246.

II. Erkenntnisse der Untersuchung

somit der Inanspruchnahme von wirtschaftlichen Vorteilen bedingt wird, sodass der „Nachteil" einer extraterritorialen Erstreckung in der Interessenabwägung ausgeglichen wird.

cc) Sicherheitsinteresse

Ferner sind im Rahmen der Interessenabwägung die Sicherheitsinteressen anderer Staaten zu bedenken, die zum Schutze ihres Staates und seiner Bevölkerung Zugriff auf Informationen begehren.[1037]
Die nationale Sicherheit gehört ebenso wie der Schutz der Sicherheit der eigenen Bevölkerung zu den Kernanliegen eines Staates.[1038] Es handelt sich somit um ein Interesse von besonderem Gewicht.[1039] Die Tätigkeit von Sicherheitsbehörden ist dementsprechend regelmäßig nicht Gegenstand der allgemeinen Datenschutzgesetze, sondern unterliegt bereichsspezifischen Regulierungen.[1040] Für die Zukunft wird allerdings ein auf Datenschutzregelungen basierender Schutz gegen Beobachtung durch ausländische Geheimdienste erwogen.[1041] Soweit die Tätigkeit von Sicherheitsbehörden durch den extraterritorialen Anwendungsbereich eines Datenschutzgesetzes erfasst wird, ist in der Interessenabwägung neben dem Sicherheitsinteresse insbesondere das Interesse an einer effektiven Strafverfolgung zu beachten.[1042] Dem Datenschutzinteresse und ggf. dem ökonomischen Interesse des Regulierungsstaates stehen im Rahmen der Abwägung somit insbesondere ökonomische Interessen und das nationale Si-

---

1037 US District Court Southern District of New York, E. v. 25.4.2014 – 13 Mag. 2814 – Microsoft; Abkommen zwischen der Europäischen Union und den Vereinigten Staaten von Amerika über die Verarbeitung von Zahlungsverkehrsdaten und deren Übermittlung aus der Europäischen Union an die Vereinigten Staaten von Amerika für die Zwecke des Programms zum Aufspüren der Finanzierung des Terrorismus v. 27.7.2010, ABl. Nr. L 195/5; *Ellger*, Datenschutz, S. 68 f.
1038 *Herdegen*, Völkerrecht, § 26 Rn. 12; *Mennacher*, Schutzprinzip, S. 4 f.; *Stein/von Buttlar/Kotzur*, Völkerrecht, § 35 Rn. 621.
1039 *Herdegen*, Völkerrecht, § 26 Rn. 2; *Stein/von Buttlar/Kotzur*, Völkerrecht, § 35 Rn. 621.
1040 *Albrecht*, DuD 2013, 655, 656; *Bäcker*, EuR 2015, 389, 394; *Bäcker/Hornung*, ZD 2012, 147, 147.
1041 *Schmahl*, JZ 2014, 220, 222 ff.
1042 US District Court Southern District of New York, E. v. 25.4.2014 – 13 Mag. 2814, S. 18 ff. – Microsoft.

B. Vergleichende Analyse aktueller Internetdatenschutzgesetzgebung

cherheits- und Strafverfolgungsinteresse der von dieser Regelung betroffenen Staaten gegenüber.

dd) Zwischenergebnis: Allgemeine Erwägungen

Für die Interessenabwägung anlässlich einer extraterritorialen Hoheitsausübung, sind daher im Wesentlichen drei Interessenkategorien von Bedeutung:
1. Datenschutzinteressen: Das Interesse des Staates und seiner Bevölkerung an einem funktionierenden System von Datenschutzbestimmungen. Diese Interessen wiegen besonders schwer, wenn sie verfassungsrechtlich garantiert sind. Es lässt sich unterteilen in
   a. Datenschutzinteresse im engeren Sinne, d.h. im Sinne der Gewährleistung einer informationellen Privatsphäre / Schutz der informationellen Selbstbestimmung und
   b. Demokratieinteresse, d.h. Datenschutz als funktionsnotwendiger Bestandteil demokratischer Gesellschaften.
2. Ökonomische Interessen:
   a. Standortinteresse: Das Interesse des Staates, sich im Wettbewerb der Wirtschaftsstandorte als geeigneter Markt für die Informationswirtschaft zu positionieren;
   b. Marktordnungsinteresse: Das Interesse des Staates und der Marktteilnehmer, dass für alle Teilnehmer an einem bestimmten Markt die gleichen Bedingungen gelten und eine gewisse Marktordnung eingehalten wird;
   c. Wirtschaftsinteresse: Interesse der datenverarbeitenden Unternehmen auf eine wirtschaftsfreundliche/rechtssichere Markt-Umgebung und
3. Sicherheits- und Strafverfolgungsinteressen: Das Interesse des Staates, seine Einrichtungen und Bevölkerung zu schützen und eine wirksame Strafverfolgung sicherzustellen.

In der Abwägung ist ferner zu beachten, dass die extraterritoriale Erstreckung des Anwendungsbereiches besonders konfliktträchtig ist, sofern kein übereinstimmendes rechtspolitisches Regelungsinteresse und damit ein *true conflict* gegeben ist. Dies ist insbesondere der Fall, wenn gegensätzliche Auffassungen zur Bedeutung des Datenschutzes und dessen Gewichtung gegenüber anderen staatlichen Interessen vorliegen. Dies wird am Beispiel des Konfliktes zwischen der EU und den USA und der unterschiedlichen Gewichtung des Datenschutzes gegenüber der Meinungsfreiheit und den ökonomischen Interessen sowie den Sicherheits- und Strafverfolgungsinteressen deutlich. Die hierdurch entstehenden Jurisdiktionskonflikte sind von besonderer Schwere gekennzeichnet.

b) Operationalisierung der Interessensabwägung: Svantessons „layered approach"

Svantesson schlägt basierend auf seinem Prinzip der Markthoheit (*doctrine of market sovereignty*) im Ergebnis eine Art Drei-Stufen-Modell der Interessensabwägung vor, den sog. *layered approach*.[1043]
Markthoheit sei gegeben, soweit mit Hilfe von *market destroying measures* ein Markt kontrolliert werden könne.[1044] Als *market destroying measures* kommen u.a. die Nichtvollstreckbarkeit von schuldrechtlichen Titeln in einem bestimmten Staat, das Verbot der Marktteilnahme und ein Kontrahierungsverbot für Inländer in Betracht.[1045] Die Maßnahmen sollen mit Hilfe der Geolokalisierung umgesetzt werden, die bereits heute eine geographische Begrenzung der Erreichbarkeit eines Online-Angebotes ermögliche.[1046] Durch ein „*dis-targeting*" im Rahmen dieser Technologie könne der Kontakt mit einem bestimmten Markt und somit der Regelungsanspruch eines bestimmten Staates vermieden werden.[1047]
Der „*layered approach*" baut auf dieser tatsächlichen Beherrschungsmöglichkeit eines bestimmten Marktes auf.[1048] Zur Beantwortung der Frage, ob und unter welchen Umständen der Anwendungsbereich eines Gesetzes extraterritorial erstreckt werden könne, müsse zunächst zwischen den einzelnen materiellen Ebenen eines Datenschutzgesetzes unterschieden werden.[1049] Datenschutzgesetze bestünden typischerweise aus den

---

1043 Vgl. *Svantesson*, Extraterritoriality, 168 ff.; 194 ff.
1044 *Svantesson*, Extraterritoriality, p. 170.
1045 *Svantesson*, Extraterritoriality, p. 169.
1046 *Svantesson*, Extraterritoriality, p. 166 ff., 171 ff.; ebenfalls von einer Zuverlässigkeit der Geolokalisierung ausgehend: OVG Münster, MMR 2010, 350, 351 f.; *Kohl*, Jurisdiction, p. 281; *Marberth-Kubicki*, NJW 2009, 1792, 1792 ff.; an Zuverlässigkeit zweifelnd: OVG Lüneburg, NVwZ 2009, 1241, 1242 f. – Vertrieb von Online-Glücksspielen; *Hoeren*, MMR 2007, 3, 4 f.
1047 *Svantesson*, Extraterritoriality, p. 171 ff.
1048 *Svantesson*, Extraterritoriality, p. 170 f.
1049 *Svantesson*, Extraterritoriality, p. 195 f.

Ebenen Missbrauchsschutz („*abuse prevention layer*"), Betroffenenrechte („*rights layer*") und Verfahrensvorschriften („*administrative layer*").[1050] Diese Regelungen seien ihrer Natur und ihrem Inhalt nach völlig unterschiedlich, sodass sich dies in deren extraterritorialer Anwendbarkeit niederschlagen müsse.[1051] Dass Probleme bei der Aufteilung der Datenschutzbestimmungen auf verschiedene Ebenen auftreten, hält *Svantesson* für möglich, aber lösbar.[1052] Solange ein grundlegendes Schutzniveau gewährleistet werde, stehe einer Aufteilung nichts im Wege.[1053]

Nach Ansicht *Svantessons* berücksichtige der Vorschlag besonders die Souveränität der einzelnen Staaten und reduziere somit das Konfliktpotential deutlich: Ausländer, die sich extraterritorialen Regelungsansprüchen eines bestimmten Staates gegenübersähen, müssten diesen Regelungen nur Folge leisten, sofern sie Zugang zum Markt des Regelungsstaates wünschten – ansonsten habe eine Nichtbeachtung keine negativen Folgen.[1054] Wer keinen Marktzugang wünsche, sei frei die Regeln zu ignorieren, Unbeteiligte könnten sich extraterritorialen Regelungen demnach nicht unbeabsichtigt gegenübersehen.[1055]

aa) „abuse prevention layer" (Missbrauchsschutz)

Die Ebene des Missbrauchsschutzes soll grundlegende Regeln für die Verarbeitung personenbezogener Daten enthalten.[1056] Extraterritoriale Regelungshoheit soll ausgeübt werden können, sofern sich das zu regelnde Verhalten auf einen Markt bezieht, über den der regelungswillige Staat die Markthoheit besitzt.[1057] Bereits die Erhebung von Daten der Einwohner eines Staates würde in diesem Fall die Anwendbarkeit eines auf dem *layered approach* basierenden Datenschutzgesetzes auslösen.[1058] Die Abwägung weist damit Ähnlichkeiten zu Art. 3 Abs. 2 DSGVO auf.

1050 *Svantesson*, Extraterritoriality, p. 195 ff.
1051 *Svantesson*, Extraterritoriality, p. 195 ff.
1052 *Svantesson*, Extraterritoriality, p. 199.
1053 *Svantesson*, Extraterritoriality, p. 199.
1054 *Svantesson*, Extraterritoriality, p. 170 ff.
1055 *Svantesson*, Extraterritoriality, p. 171.
1056 *Svantesson*, Extraterritoriality, p. 197.
1057 *Svantesson*, Extraterritoriality, p. 200.
1058 *Svantesson*, Extraterritoriality, p. 200.

bb) „rights layer" (Betroffenenrechte)

Auf Ebene der Betroffenenrechten käme es auf die Intensität des Kontakts zwischen Regelungsadressat und Regelungsstaat an.[1059] Extraterritoriale Regelungshoheit wäre gegeben, soweit ein Datenverarbeiter bewusst von der Möglichkeit Gebrauch gemacht hat, im Regelungsstaat seiner Tätigkeit nachzugehen und sich somit dieses Marktes, seiner Rechtsordnung und ihrer Vorteile bedient.[1060] Es bedarf also eines über die Verarbeitung von personenbezogenen Daten der Einwohner des Regelungsstaates hinausgehenden Minimalkontaktes, in Anlehnung an den entsprechenden US-amerikanischen Begriff des *minimum contact*.[1061]

cc) „administrative layer" (Verfahrensvorschriften)

Die Ebene der Verfahrensvorschriften soll speziellere Vorschriften zur Bestellung betrieblicher Datenschutzbeauftragter u.ä. enthalten.[1062] Extraterritoriale Regelungshoheit würde erst durch einen hinreichend engen, nachhaltigen und systematischen Kontakt zwischen dem regelnden Staat und dem Regelungsadressdaten begründet, hier also dem Verantwortlichen für die Datenverarbeitung.[1063]

dd) Vorstellung eines Modellartikels

Svantesson schließt seinen Ausführungen auch die Vorstellung eines Modellartikels an:[1064]

    Article X
1. The following Articles of this [Regulation] fall within layer one (the ‚abuse-prevention layer'): [list relevant articles]
2. The following Articles of this [Regulation] fall within layer two (the ‚rights layer'): [list relevant articles]

1059 *Svantesson*, Extraterritoriality, p. 200.
1060 *Svantesson*, Extraterritoriality, p. 201 f.
1061 *Svantesson*, Extraterritoriality, p. 201 f.
1062 *Svantesson*, Extraterritoriality, p. 197.
1063 *Svantesson*, Extraterritoriality, p. 202 ff.
1064 *Svantesson*, Extraterritoriality, p. 205 ff.

B. Vergleichende Analyse aktueller Internetdatenschutzgesetzgebung

3. The following Articles of this [Regulation] fall within layer three (the ‚administrative layer'): [list relevant articles]
4. The Articles of this [Regulation] falling within layer one apply in an extraterritorial manner where [the Union] has market sovereignty over the [controller's] conduct, by reference to whether it can effectively exercise 'market destroying measures' over the market that the conduct relates to.
5. The following Articles of this [Regulation] falling within layer one and two apply in an extraterritorial manner where a [controller] not established [in the Union] have certain minimum contacts with [the Union] for example by purposefully availing itself of the privilege of conducting activities within [the Union], thus invoking the benefits and protection of its laws.
6. The Articles of this [Regulation] falling within layers one, two and three apply in an extraterritorial manner where a [controller's] ties to [the Union] are sufficiently substantial, continuous and systematic to make the exercise of extraterritorial jurisdiction reasonable.

Er schlägt ferner noch einen optionalen Art. 7 vor. Dieser soll die Erfassung verantwortlicher Stellen vermeiden, die alles Notwendige unternommen haben, um eine Berührung mit den Interessen des Regelungsstaates zu vermeiden und deren Einbeziehung in den extraterritorialen Anwendungsbereich folglich unverhältnismäßig wäre.

7. This [Regulation] does not apply in an extraterritorial manner to a [controller] that, acting in good faith has taken reasonable steps to avoid contact with [the Union].

ee) Bewertung des Vorschlags

Der Vorschlag gewährt extraterritoriale Regelungshoheit, soweit Markthoheit, also die Möglichkeit zur Durchsetzung von *market destroying measures*, besteht.[1065] Die tatsächliche Beherrschung eines Marktes mit Hilfe dieser marktzerstörenden Mechanismen wird somit zum zentralen Prüfstein des *layered approach*. Dass darauf aufbauend, die sich in ihrer Bedeutung für das Datensubjekt und den Regelungsstaat unterscheidenden *layer* des Datenschutzgesetzes in Abhängigkeit der Intensität des Kontakts zum jeweiligen Markt zur Anwendung gebracht werden sollen, ist dann nichts anderes, als die Operationalisierung einer Interessensabwägung.

Der Ansatz von *Svantesson* erscheint im Hinblick auf eine notwendige Differenzierung zwischen den verschiedenen Ebenen einer datenschutz-

---

1065 *Svantesson*, Extraterritoriality, p. 170.

rechtlichen Regelung zunächst treffend. Oftmals finden sich in Datenschutz-Gesetzen nicht nur Regelungen zum Schutze der Persönlichkeitsrechte der Betroffenen, sondern auch Regelungen aus dem Bereich des Verbraucherschutzes.[1066] Eine Differenzierung zwischen Datenschutz-Grundrechten und sonstigen Datenschutz-Bestimmungen erscheint somit denkbar. Die einen folgten einer Person quasi weltweit, während die anderen nur bei vorhersehbaren, direkten und substantiellen Auswirkungen auf das jeweilige Territorium reguliert würden.

Die Aufteilung des Datenschutzrechts in verschiedene Sphären ist allerdings konstruiert, insbesondere Missbrauchs- und Betroffenenschutz lassen sich angesichts ihrer grundlegenden Bedeutung nur schwer voneinander trennen. Die Aufteilung des Rechts auf Datenschutz auf wichtige und minder wichtige Sphären könnte sich vielmehr als gefährliche Verengung erweisen, die letztlich die wirksame Gewährleistung des Rechts auf Datenschutz erschwert.

Personenbezogene Daten haben in der Informationsgesellschaft zwar längst eine überragende wirtschaftliche Bedeutung erlangt,[1067] es handelt sich jedoch um mehr als eine bloße Handelsware.[1068] Das dem Drei-Stufen-Modell zugrundliegende Prinzip der Markthoheit berücksichtigt mit seiner ausschließlichen Fokussierung auf wirtschaftliche Zusammenhänge nicht, dass dem Datenschutz mehr als nur ein persönlichkeitsschützendes, wirtschaftsregulierendes und verbraucherschützendes Element innewohnt, sondern er in der demokratischen Informationsgesellschaft geradezu funktionsnotwendig geworden ist.[1069] Dieser Bedeutung wird ein bloßes Abstellen auf Markthoheit nicht gerecht.

Ferner erscheint zwingend notwendige Möglichkeit der Abgrenzung von Märkten und Datenschutzsphären nur schwerlich umsetzbar.[1070] Die

---

1066 *Härting*, BB 2012, 459, 465.
1067 *Kühling*, EuZW 2014, 527, 529; *Hoeren*, MMR 2013, 486, 491; *Hoeren*, WuW 2013, 463, 463; *Rogosch*, Einwilligung, S. 18.
1068 BVerfGE 65, 1, 43 f. – Volkszählungsurteil; *Boehme-Neßler*, NVwZ 2014, 825, 826; *Bygrave*, Data Privacy Law, p. 119 f.
1069 BVerfGE 115, 166, 188 – TK-Verbindungsdaten; BVerfGE 65, 1, 43 – Volkszählungsurteil; *Bernsdorff*, in: Meyer, GRCh Art. 8 Rn. 13; *Hoffmann-Riem*, JZ 2014, 53, 56; *Roßnagel*, MMR 2003, 693, 693 f.; *Simitis*, BDSG Einl. Rn. 26, 30 ff., 254; *Simitis*, NJW 1971, 673, 682.
1070 *Hoeren*, WuW 2013, 463, 463.

für den sog. *layered approach* zwingend erforderliche Technik der Geolokalisierung liefert derzeit noch keine verlässlichen Ergebnisse.[1071]

Dem Vorschlag von *Svantesson* ist somit zuzugeben, dass er versucht ein hohes Maß an Vorhersehbarkeit, Praktikabilität und tatsächlicher Durchsetzbarkeit extraterritorialer Regelungsansprüche im Datenschutzrecht zu gewährleisten. Dies geschieht jedoch unter ausschließlich wirtschaftlichen Gesichtspunkten und damit bewusster Hinnahme eines Bedeutungs- und Schutzverlustes außerhalb der marktbeherrschenden Sphäre des Staates. Damit einher geht eine Missachtung der funktionsnotwendigen Bedeutung des Datenschutzes für die demokratische Informationsgesellschaft.

Aufgrund der technischen Unsicherheiten bei der Bestimmung der Markthoheit, der Probleme bei der Aufteilung des Datenschutzes auf verschiedene Ebenen und der einseitigen Fokussierung auf wirtschaftliche Gesichtspunkte ist der Ansatz daher abzulehnen. Der Vorschlag ist als Grundlage einer formelhaften Interessensabwägung nicht geeignet.

c) Interessenabwägung in concreto: DSGVO als Beispiel für das datenschutzspezifische Auswirkungsprinzip

Im internationalen Datenschutzrecht etabliert sich das datenschutzspezifische Auswirkungsprinzip als neue Anknüpfung. Von besonderem Interesse ist daher, ob ein auf dieser Anknüpfung beruhendes Gesetz im Rahmen einer Interessenabwägung Bestand hätte. Die Datenschutz-Grundverordnung stellt in der Fassung des Kommissionsentwurfs[1072] ein prägnantes Beispiel für die Anwendung des datenschutzspezifischen Auswirkungsprinzips dar. Obschon hinsichtlich der Regelungen des Art. 3 DSGVO-EK von einer Anwendung des „Marktortprinzips"[1073] gesprochen wurde, findet sich neben dem ökonomischen Element, in Form der Marktteilnahme, auch das Kriterium der Ansässigkeit und somit das personale Element des

---

1071 *von Arnauld*, Völkerrecht, § 10 Rn. 856; *Hoeren*, MMR 2007, 3, 6.
1072 Vorschlag für Verordnung des Europäischen Parlaments und des Rates zum Schutz natürlicher Personen bei der Verarbeitung personenbezogener Daten und zum freien Datenverkehr (Datenschutz-Grundverordnung) v. 25.1.2012, KOM(2012) 11 endg.
1073 *Kühling*, EuZW 2014, 527, 529; *Leutheusser-Schnarrenberger*, MMR 2012, 709, 710; *Redaktion ZD-Aktuell*, ZD-Aktuell 2014, 04096; *Rogall-Grothe*, ZRP 2012, 193, 194.

datenschutzspezifischen Auswirkungsprinzips. Die Kommission zielte damit mit ihrem Entwurf für eine Datenschutzgrundverordnung nicht nur, wie sich aus der Bezeichnung „Marktortprinzip" ergibt, auf die Wahrnehmung ökonomischer Interessen, sondern auch auf die Wahrnehmung der Datenschutzinteressen der Union.[1074] Kein Land der Welt muss die Bedrohung vitaler ökonomischer Interessen durch eine wesentliche Einwirkung auf den eigenen Informationsmarkt, eine gezielte Unterwanderung eines hohen Datenschutzniveaus und die Gefährdung der Grundrechte der jeweiligen Schutzbefohlenen hinnehmen.[1075]

Mit Hinblick auf die Datenschutzinteressen ist zunächst relevant, dass Jedermann gemäß Art. 8 GRCh, Art. 16 AEUV und Art. 8 EMRK ein Recht auf Datenschutz zugesichert ist. Es liefe leer, wenn dessen Schutzgarantie nur gegenüber europäischen Datenverarbeitern wirksam wäre.[1076] Um einen wirksamen Schutz zu gewährleisten, wird im Entwurf jeder in der Union ansässigen Person ein in der transnationalen Informationsgesellschaft funktionierender Datenschutz gegenüber nicht in der Union niedergelassenen Verantwortlichen zugesagt.[1077] Dies wird erreicht, indem für die Datenverarbeitung Verantwortliche ohne Niederlassung in der Union in den Anwendungsbereich des Gesetzes gem. Art. 3 Abs. DSGVO-EK miteinbezogen werden, wenn sie ihr Angebot an in der Union ansässige Personen ausrichten oder das Verhalten dieser Personen beobachten. Die Diskrepanz zwischen dem persönlichen Schutzbereich des Rechts auf Datenschutz und dem Kreis der zur Anwendbarkeit des Gesetzes führenden Datensubjekte ist besonders aufschlussreich mit Hinblick auf das zugrundeliegende Jurisdiktionsprinzip: Entscheidend ist die Verarbeitung der personenbezogenen Daten von Inländern, den Ansässigen. In der Anknüpfung an diesen besonders eng mit der Union verbundenen Personenkreis findet sich das personale Element des datenschutzspezifischen Auswirkungsprinzips.

1074 *Europäische Kommission*, Mitteilung v. 22.10.2013, http://europa.eu/rapid/press-release_MEMO-13-923_de.htm; *Rogall-Grothe*, ZRP 2012, 193, 194.
1075 *Leutheusser-Schnarrenberger*, MMR 2012, 709, 710; *Rogall-Grothe*, ZRP 2012, 193, 194.
1076 *Albrecht*, ZD 2013, 587, 588; *Hoffmann-Riem*, JZ 2014, 53, 61.
1077 Erwägungsgrund (20), Vorschlag für Verordnung des Europäischen Parlaments und des Rates zum Schutz natürlicher Personen bei der Verarbeitung personenbezogener Daten und zum freien Datenverkehr (Datenschutz-Grundverordnung) v. 25.1.2012, KOM (2012) 11 endgültig, vom 25.1.2012.

Ferner verfolgt die Kommission mit dem Entwurf ökonomische Interessen. Im Zuge der Errichtung des Binnenmarktes wurde ein gemeinsamer Informationsmarkt mit einheitlichen Datenschutzregeln geschaffen. Die Union will sich international als Informationsmarkt mit hohem datenschutzrechtlichem Standard positionieren. Um einen funktionierenden Markt herstellen zu können, müssen jedoch für alle in- und ausländischen Teilnehmer des europäischen Informationsmarktes die gleichen Bedingungen gelten. Ohne derartige Regelungen stünde das Funktionieren des gemeinsamen Informationsmarktes in Frage.[1078] Sie sind somit zur Wahrung des Marktordnungs- und Standortinteresses der EU notwendig.[1079] Darüber hinaus wird durch die Sicherstellung gleicher Bedingungen für alle Marktteilnehmer das Wirtschaftsinteresse europäischer Unternehmen befriedigt, deren ausländische Konkurrenten keinen unfairen Vorteil dadurch erlangen, dass sie europäischen Regelungen nicht unterliegen.[1080] Diese Einbeziehung von Datenverarbeitern, deren Datenumgang der gezielten Teilnahme am europäischen Informationsmarkt dient, findet durch Art. 3 Abs. 2 DSGVO-EK statt. In diesem Kriterium einer Datenverarbeitung, die unmittelbare, wesentliche und vorhersehbare Folgen in der EU entfaltet, liegt zugleich das ökonomische Element des datenschutzspezifischen Auswirkungsprinzips.

Das datenschutzspezifische Auswirkungsprinzip vermag aufgrund seiner doppelten Inlandsanknüpfung eine wesentlich engere Beziehung zwischen Regelungsstaat und Regelungssubjekt herstellen. Zugleich ist es Ausdruck der mit der Regelung verbundenen vielfältigen Interessen, namentlich den Datenschutzinteressen und ökonomischen Interessen. Konflikte sind damit zwar nicht ausgeschlossen, gegen einen Verstoß gegen das Interventionsverbot spricht aber die Vielzahl der in der Interessenabwägung zu berücksichtigen wesentlichen Interessen.

Wie die nun verabschiedete Fassung des Art. 3 Abs. 2 DSGVO zeigt, ist, angesichts des sich aus Art. 8 GRCh, Art. 16 AEUV und Art. 8 EMRK ergebenden Schutzbereichs, auch eine noch stärkere Betonung des Daten-

---

1078 *Albrecht*, FS Hustinx, p. 119, 120 f.; *Albrecht*, DuD 2013, 655, 655; *Bayern 2* v. 15.6.2015, http://www.br.de/radio/bayern2/gesellschaft/notizbuch/datenschutz-eu-europa-gesetz-100.html; *Rogall-Grothe*, ZRP 2012, 193, 194.
1079 *Albrecht*, FS Hustinx, p. 119, 121 f.; *Europäische Kommission*, Mitteilung v. 22.10.2013, http://europa.eu/rapid/press-release_MEMO-13-923_de.htm.
1080 *Bayern 2* v. 15.6.2015, http://www.br.de/radio/bayern2/gesellschaft/notizbuch/datenschutz-eu-europa-gesetz-100.html.

schutzinteresses und damit ein weiter gefasster Personenkreis zur Bestimmung der extraterritorialen Anwendbarkeit möglich. Bei der Anknüpfung an die bloß in der Union befindlichen Datensubjekte, fehlt es aufgrund der nicht von besonderer Nähe und Dauer geprägten Beziehung zwischen diesen Personen und der Union allerdings am personalen Element. Insbesondere aufgrund dieses Wegfalls kann im Rahmen von Art. 3 Abs. 2 lit. (b) DSGVO nicht immer davon ausgegangen werden, dass durch die fragliche Datenverarbeitung tatsächlich auch die ökonomischen Interessen der EU berührt werden (siehe schon B. I. 1. b) dd)). Staaten wie die USA, die ohnehin ein grundsätzlich anderes Verständnis von Datenschutz und staatlicher Regulierung haben,[1081] werden daran Kritik üben.

Dabei wird in der Abwägung zu Lasten der EU zu berücksichtigen sein, dass die Regelung des Art. 3 Abs. 2 lit. (b) DSGVO in Ermangelung des personalen Elements nicht auf Grundlage des datenschutzspezifischen Auswirkungsprinzips und vor dem Hintergrund der nicht unbedingt gegebenen Auswirkung auf den europäischen Informationsmarkt nur schwerlich auf Grundlage des Marktortprinzips ergehen kann.

Andererseits hat der *EuGH* betont, dass das Datenschutzinteresse der EU gegenüber anderen Interessen von überragender Bedeutung sei.[1082] Damit kann aus Sicht der EU, trotz dieser im Rahmen des Marktortprinzips nur bedingt engen Inlandsverbindung, somit ein extraterritorialer Anwendungsbereich in der Abwägung gleichwohl gerechtfertigt sein; auf Grundlage des selbstgewählten Jurisdiktionsprinzips lässt sich dies jedoch nur schwerlich rechtfertigen. Ein Überwiegen der Interessen anderer Staaten liegt damit nahe.

Hier liegt der entscheidende Unterschied zwischen DSGVO-EK, die ein prägnantes Beispiel für das datenschutzspezifische Auswirkungsprinzip darstellt, und der DSGVO, der das ursprünglich vorgesehene personale Element durch die Streichung des Ansässigkeitskriteriums nunmehr fehlt: Die Interessen anderer Staaten werden bei Anwendung des datenschutzspezifischen Auswirkungsprinzips nur beeinträchtigt, soweit es zur Wahrung vielfältiger wesentlicher Interessen des Regelungsstaates unbedingt notwendig ist. Zunächst wird in die Wirtschaftsinteressen anderer Staaten eingegriffen, indem deren Personalhoheit unterstehende Datenverarbeiter

---

1081 Vgl. *Schwartz*, 52 Stan. L. Rev. 1559, 1561 (2000); *Volokh*, 52 Stan. L. Rev. 1049, 1050 f. (2000).
1082 *Spiecker gen. Döhmann*, 52 CML Rev. 1033, 1047 (2015).

B. Vergleichende Analyse aktueller Internetdatenschutzgesetzgebung

zur Beachtung europäischer Regelungen verpflichtet werden. Ferner werden die Standortinteressen der Staaten berührt, die sich gezielt als sog. Datenoase im Wettbewerb der Informationsmärkte positionieren.[1083]

Dem steht aber gegenüber, dass es zu einer extraterritorialen Anwendung der Regelungen des DSGVO-EK jedoch nur käme, sofern eine unmittelbare Einwirkung auf ökonomische Interessen der EU durch eine Marktteilnahme und auf Datenschutzinteressen von in der Union ansässigen Personen durch die Verarbeitung von deren Daten stattfindet. Bei einer Hinnahme der Gefährdung von Datenschutzinteressen durch nichteuropäische Datenverarbeiter würde die Europäische Union insbesondere ihren aus Art. 7, 8 GRCh, Art. 16 AEUV und Art. 8 EMRK erwachsenden Schutzauftrag verletzen.[1084]

Wie die vergleichende Analyse der Datenschutzgesetzgebung gezeigt hat, finden sich trotz unterschiedlichen Datenschutzverständnisses und der unterschiedlichen Gewichtung von Datenschutz- und ökonomischen Interessen vergleichbare Anknüpfungskriterien bereits in US-amerikanischen, als auch europäischen oder kanadischen Gesetzen. Dass das datenschutzspezifische Auswirkungsprinzip damit die bereits bestehende Konvergenz im Bereich der gewählten Anknüpfungspunkte aufnimmt, wird sich folglich auch auf die Interessenabwägung im Rahmen der Ausübung extraterritorialer Regelungshoheit positiv auswirken.

Ein auf Grundlage des datenschutzspezifischen Auswirkungsprinzips konstruierter Anwendungsbereich, wie er dem DSGVO-EK zugrunde liegt, nimmt eine extraterritoriale Erstreckung des Anwendungsbereiches vor, sofern und soweit zwischen dem Regelungsstaat und dem Regelungsobjekt eine hinreichend enge Beziehung vorliegt und es zur Wahrung der Interessen notwendig ist. Dass damit Datenschutzinteressen und ökonomische Interessen gleichermaßen berücksichtigt werden können, bietet die Chance für eine weitgehende Akzeptanz des darauf basierenden extraterritorialen Regelungsanspruchs.

1083 *Ellger*, Datenschutzrecht, S. 95 f.
1084 *Hoffmann-Riem*, JZ 2014, 53, 60 f.; *Jarass,* GRCh Art. 8 Rn. 10, Art. 51 Rn. 41; *Schmahl*, JZ 2014, 220, 226.

6. Zwischenergebnis

Die technische Entwicklung hat nichts an der Erwartung der Nutzer geändert, den Schutz ihres nationalen Datenschutzrechts weiterhin zu genießen.[1085] Zwar verfügt eine Mehrzahl der Staaten mittlerweile über datenschutzrechtliche Bestimmungen, die zudem über einen extraterritorialen Anwendungsbereich verfügen. Das dahinterstehende Interesse und die mit diesen Regelungen verbundenen Ziele sind jedoch unterschiedlich. Konflikte bestehen insbesondere hinsichtlich der Wahl des geeigneten Mittels, ob also staatliche Regulierung oder Selbstregulierungsmechanismen zu bevorzugen sind, und in Bezug auf die unterschiedliche Gewichtung zwischen Datenschutzinteressen, ökonomischen Interessen sowie Sicherheits- und Strafverfolgungsinteressen. Diese weiterhin bestehenden Konfliktlinien werden insbesondere anhand der Auseinandersetzungen im Bereich des Datenschutzrechts zwischen der EU und den USA deutlich und führen zu Jurisdiktionskonflikten.

Die Untersuchung zeigt darüber hinaus, dass es im Datenschutzrecht derzeit kein wirkliches Kollisionsrecht existiert. Die untersuchten Gesetze regeln ausschließlich die Fälle eigener Anwendbarkeit.[1086] Zur Vermeidung der beschriebenen negativen Folgen für Recht und Wirtschaft bedarf es unter den Bedingungen der derzeitigen Rechtslage der Schaffung eines echten Kollisionsrechts für den Datenschutz.

Die beispielhaft untersuchten Staaten weisen auf eine Entwicklung im internationalen Datenschutzrecht hin, deren erstes Merkmal die zunehmende Beanspruchung extraterritorialer Regelungshoheit ist und deren zweites Merkmal die Anknüpfung an ein datenschutzspezifisches Auswirkungsprinzip darstellt. Die internationale Entwicklung im Datenschutzrecht ist damit im Hinblick auf die Ausübung extraterritorialer Regelungshoheit gleichförmiger als erwartet.

1085 *Schaar*, ZRP 2013, 214, 214.
1086 für die EU siehe *Wieczorek*, DuD 2013, 644, 648 f.

C. Kritik und eigener Lösungsvorschlag

I. Anforderungen an eine Lösung

Die Arbeit hat aufgezeigt, dass die Ausübung extraterritorialer Regelungshoheit im Datenschutzrecht nicht nur zulässig, sondern dabei ist, zur Regel zu werden. Traditionelle Anknüpfungspunkte wie das Territorialitäts-, Personalitäts- oder Auswirkungsprinzip vermögen für sich allein den Anforderungen an ein zeitgemäßes Datenschutzrecht nicht zu genügen. Die Untersuchung der internationalen Entwicklung zeigt auf, dass sich in der Folge das datenschutzspezifische Auswirkungsprinzip als neue Anknüpfung im Datenschutzrecht herausgebildet hat.

Extraterritoriale Regelungen führen zu Jurisdiktionskonflikten, die zu Unfrieden unter den Staaten führen und die Akzeptanz des Rechts in Frage stellen. Die Arbeit hat daher auch Alternativen zur Ausübung extraterritorialer Regelungshoheit untersucht. Die in Betracht kommenden Alternativen sind jedoch entweder nicht gleich gut geeignet, einen funktionierenden Datenschutz sicherzustellen oder lassen sich auf absehbare Zeit nicht umsetzen. Zur Gewährleistung eines effektiven Datenschutzes in den Strukturen der transnationalen Informationsgesellschaft bedarf es daher vorerst weiterhin der Ausübung extraterritorialer Regelungshoheit durch einzelne Staaten.

Die Entstehung der transnationalen Informationsgesellschaft hat dazu geführt, dass leicht zugängliche Angebote für den Konsumenten verfügbar sind, deren Ursprungsmarkt nicht nur territorial weit entfernt sein, sondern sich auch in der Regelungskultur fundamental von der gewohnten rechtlichen Umgebung unterscheiden kann.[1087] Eine mögliche Lösung muss mit diesen Herausforderungen der Globalisierung mithalten können. Das Zusammenwachsen der internationalen Märkte, der zunehmende Einfluss global agierender Unternehmen und die „informations- und kommunikationstechnische Dauerrevolution"[1088] bilden dabei ein Problem, dessen un-

---

1087 *Rieß*, FG Büllesbach, S. 253, 254.
1088 *Rieß*, FG Büllesbach, S. 253, 253.

vorhersehbare weitere Entwicklung mit der Lösung beherrschbar sein muss.[1089]

Ziel der Ausübung von Regelungshoheit durch die einzelnen Staaten muss es sein, eine Art datenschutzrechtlichen kategorischen Imperativ für die Informationsgesellschaft anzuwenden, also so zu handeln, dass die Kriterien zur Begründung der eigenen Regelungshoheit zu Kriterien für sämtliche Staaten werden, sich also zu allgemein anerkannten Prinzipien entwickeln können.[1090] In diesem Zusammenhang erlangt das System der Gegenseitigkeit souveräner Staaten Bedeutung: Beansprucht ein Staat unter gewissen Umständen Regelungshoheit für sich, kann er sie anderen Staaten in vergleichbaren Umständen nicht verwehren.[1091] Es bedarf also eines kategorischen Imperativs für das Datenschutzrecht.[1092]

Bereits die Expertengruppe, die mit der Ausarbeitung der OECD-Richtlinien über Datenschutz und grenzüberschreitende Ströme personenbezogener Daten war, hat 1980 in der verwandten Frage des anwendbaren Rechts erwogen, den optimalen Schutz des Betroffenen in den Mittelpunkt der Erwägungen stellen.[1093] Jeglicher Lösungsvorschlag zur Regelungshoheit im Datenschutzrecht wird sich daran messen lassen müssen, ob er diesen Schutz der Betroffenen wirkungsvoll und weltweit sicherstellen kann.[1094]

Um einen allgemein akzeptierten Grundsatz der Jurisdiktionsabgrenzung zu schaffen, muss eine Regelung grundsätzlich auf Konfliktvermeidung angelegt sein.[1095] In Anbetracht der geringen Chancen auf eine mittelfristige Harmonisierung der weltweiten Datenschutzbestimmungen werden Konflikte zwischen den einzelnen Datenschutzregelungen jedoch weiterhin unvermeidbar sein.[1096] Eine mögliche Lösung muss demnach keinesfalls konfliktfrei sein, sondern sollte ihren extraterritorialen Regelungsanspruch vielmehr als positive Kraft zur weltweiten Sicherstellung von Datenschutzrechten und den daraus entstehenden unvermeidlichen Kon-

---

1089 Vgl. *Rieß*, FG Büllesbach, S. 253, 253.
1090 Diese Bezugnahme auf Kant findet sich für die internationale Zuständigkeit im Privatrecht schon 1929 bei *Neuner*, Internationale Zuständigkeit, S. 14.
1091 *Mann*, Studies, p. 1, 22, 91; *Wieczorek*, DuD 2013, 644, 646.
1092 vgl. *Neuner*, Internationale Zuständigkeit, S. 14.
1093 OECD Guidelines on the Protection of Privacy and Transborder Flows of Personal Data, Rn. 75.
1094 *de Maizière*, FAZ v. 18.08.2014, S. 6.
1095 *Schwarze*, Jurisdiktionsabgrenzung, S. 27.
1096 *Korff*, RDV 1994, 209, 211.

flikt zur Stärkung von Harmonisierungsbestrebungen einsetzen.[1097] Ferner sind die Kosten einer Abschottung nationaler Märkte durch Datenschutzregelungen zu beachten.[1098] Es können hierdurch erhebliche Auswirkungen auf die Informationsgesellschaft und die Wirtschaft entstehen.[1099]

Die bisherigen Ausführungen haben gezeigt, dass eine Lösung zunächst die mit einer extraterritorialen Regelung verfolgten Interessen berücksichtigen, andererseits die sich mit der Ausübung extraterritorialer Regelungshoheit verbundenen Negativeffekte möglichst minimieren muss. Eine Lösung für die Frage der zulässigen Ausübung von Regelungshoheit sollte also auf der einen Seite den verständlichen Wunsch der Staaten und das Verlangen des Einzelnen nach der Gewährung von effektivem Datenschutz berücksichtigen, auf der anderen Seite aber auch der Notwendigkeit der Begrenzung der Anzahl extraterritorialer Regelungsansprüche oder zumindest der Reduzierung der Jurisdiktionskonflikte Rechnung tragen.[1100] Insoweit muss sich jede Lösung auch am Gebot der Interessenabwägung (Nichteinmischungsgrundsatz) messen lassen.[1101]

II. Defizite des datenschutzspezifischen Auswirkungsprinzips

Das im Vordringen befindliche datenschutzspezifische Auswirkungsprinzip ist nicht ohne Fehler: Schon die Bestimmung der im Rahmen dieser Anknüpfung relevanten wirtschaftlichen Handlung bzw. Marktteilnahme ist unter den Umständen eines derart atypischen Umfelds mit großen Schwierigkeiten verbunden,[1102] denn die besonderen Dienstleistungen der Informationsgesellschaft wie z.B. soziale Netzwerke oder Suchmaschinendienste werden ohne monetäre Gegenleistung angeboten.[1103] Das Vorliegen des ökonomischen Elements wird somit in Ermangelung eines typischen Austauschverhältnisses nicht immer eindeutig bejaht werden können.

1097 *Albrecht*, DuD 2013, 655, 657; *Höffe*, FG Büllesbach, S. 257, 260; *Kuner*, 2 Groningen Journal of International Law 55, 56 f. (2014).
1098 *Cave*, in: Brown, Governance of the Internet, p. 143, 163.
1099 *Cave*, in: Brown, Governance of the Internet, p. 143, 163.
1100 *Kohl*, Jurisdiction, p. 23.
1101 *Ulbricht*, CR 1990, 602, 608.
1102 *Hoeren*, WuW 2013, 463, 463.
1103 *Hoeren*, WuW 2013, 463, 463.

II. Defizite des datenschutzspezifischen Auswirkungsprinzips

Die transnationale Internetgesellschaft erfordert zudem einen Betroffenenschutz, der die grenzenlose Struktur abbildet und daher über die jeweiligen Inländer hinausgeht. Es handelt sich bei dem Recht auf Datenschutz um ein Menschenrecht, dessen besondere Bedeutung sich nicht zuletzt aufgrund der grenzüberschreitenden Kommunikation und der damit zusammenhängenden internationalisierten Datenverarbeitung ergibt. Nicht zuletzt ist es unerlässlich für eine durch die Menschenwürde geprägte Weiterentwicklung der Informationsgesellschaft.[1104] Seine Gewährung kann schon deshalb nicht auf eng mit dem Inland verbundene Personen, d.h. Staatsbürger oder Personen mit Ansässigkeit im Inland, begrenzt werden.[1105] Das lässt sich z.B. an der Weiterentwicklung der Arbeitswelt veranschaulichen: Das Internet hat die Mobilität der Menschen erhöht, Arbeitnehmer müssen nicht mehr am Standort des Unternehmens beschäftigt sein, sondern können mit Hilfe der Möglichkeiten des cloud computing ihrer Arbeit von zu Hause, dem Ausland oder sogar auf dauerhaften Reisen nachgehen.[1106] Diese wachsende Anzahl hochgradig mobiler Menschen, sog. digitaler Nomaden, verfügt zu keinem Land mehr über eine dauerhafte Inlandsbeziehung.[1107]

Würde man nur die mit dem Inland eng verbundenen Personen schützen, versagte man dieser wachsenden Gruppe das Recht auf Datenschutz und untergrübe auch damit eine wirkungsvolle Gewährleistung der damit verbundenen Kommunikations- und Partizipationsrechte.

Die vergleichende Analyse ergibt, dass die Mehrzahl der untersuchten Datenschutzgesetze die wirtschaftliche Funktion der Verarbeitung personenbezogener Daten zur zentralen Voraussetzung der extraterritorialen Anwendbarkeit macht. Vielmehr als der Grundrechtsschutz der Betroffenen rückt bei derartig konstruierten Anwendbarkeitsbestimmungen daher die Herstellung gleicher Wettbewerbsbedingungen zwischen inländischen

---

1104 BVerfGE 65, 1, 43 – Volkszählungsurteil; BVerfGE 27, 1, 6 f. – Repräsentativstatistik; *Roßnagel*, MMR 2003, 693, 694.
1105 In Bezug auf den Schutz gegen staatliche Überwachungsmaßnahmen: *von Arnauld*, BerDGIR 47, 1, 13.
1106 *Wadhawan*, Zeit Online v. 18.02.2016, http://www.zeit.de/2016/06/digitale-nomaden-arbeit-arbeitszeit-home-office-schiff.
1107 *Wadhawan*, Zeit Online v. 18.02.2016, http://www.zeit.de/2016/06/digitale-nomaden-arbeit-arbeitszeit-home-office-schiff.

C. Kritik und eigener Lösungsvorschlag

und ausländischen Marktteilnehmern in den Mittelpunkt.[1108] Obgleich sich die Formulierungen zur Erstreckung des Anwendungsbereiches im Einzelfall unterscheiden, so setzen sie zumeist eine Verarbeitung personenbezogener Daten von Personen mit enger Verbindung zum Inland, die wirtschaftliche motiviert ist (*carries on business*, Angebot von Waren oder Dienstleistungen, *in the course of commercial activities* oder *commercial website or online service*). Dies wird auch an der DSGVO deutlich, deren Anwendbarkeitsbestimmungen explizit eine Art „Marktortprinzip" zugrunde liegen soll.[1109] Ist eine Datenverarbeitung zu wirtschaftlichen Zwecken nicht gegeben, findet eine extraterritoriale Erstreckung vielfach entweder gar nicht oder nur unter Bedingungen statt, deren Nachweis schwerer zu führen ist, als eine Marktteilnahme (z.B. Beobachtung von Verhalten, im Gegensatz zu Angebot von Waren oder Dienstleistungen in Art. 3 Abs. 2 DSGVO).

Das datenschutzspezifische Auswirkungsprinzip birgt damit die Gefahr, dass es langfristig zu einer, auf die ökonomische Bedeutung personenbezogener Daten abstellenden Wahrnehmungsverengung des Datenschutzrechts kommt. Obschon das jeweils postulierte Regelungsziel der Grundrechtsschutz sein mag, so bedarf es zunächst dennoch einer wirtschaftlich motivierten Handlung, um das diese Rechte schützende Gesetz überhaupt zur (extraterritorialen) Anwendung zu bringen. Damit geht die Gefahr einher, dass der Einzelne als Datensubjekt nur in seiner Funktion als Abnehmer einer Leistung wahrgenommen wird, wie es insbesondere die Anwendbarkeitsbestimmungen in Art. 3 Abs. 2 lit. (a) DSGVO, aber auch Sec. 5B (3) *Privacy Act* und 22575, 22576 CalOPPA nahelegen. Daten haben zwar eine wichtige wirtschaftliche Funktion,[1110] ihre Bedeutung erschöpft sich jedoch weder in dieser Funktion, noch stellt dies den notwendigen Schwerpunkt einer Regulierung der Verarbeitung personenbezoge-

---

1108 Aufschlussreich insoweit die Argumentation zur Berechtigung des Marktortprinzips in der DSGVO von Staatssekretärin *Rogall-Grothe*, ZRP 2012, 193, 194.
1109 Zum Marktortprinzip in der DSGVO: *Kühling*, EuZW 2014, 527, 529; *Leutheusser-Schnarrenberger*, MMR 2012, 709, 710; *Redaktion ZD-Aktuell*, ZD-Aktuell 2014, 04096; *Rogall-Grothe*, ZRP 2012, 193, 194.
1110 *Banse*, Deutschlandradio Kultur v. 11.4.2013, http://www.dradio.de/dkultur/sendungen/forschungundgesellschaft/2070726/.

ner Daten dar.[1111] Jedes einseitige Abstellen auf wirtschaftliche Anknüpfungspunkte im Rahmen der Ausübung extraterritorialer Regelungshoheit, führt vielmehr zwangsläufig zu einer veränderten Wahrnehmung der Funktion des Datenschutzes: Die Gewährleistung des Rechts auf Datenschutz sei wohl nicht ausnahmslos, sondern nur im Rahmen ökonomisch motivierter Datenverarbeitung geboten.

Dies kann langfristig zu einer Geringschätzung der grundrechtlichen Schutzfunktion gegenüber der wirtschaftlichen Bedeutung der Datenverarbeitung führen, sodass der persönlichkeitsschützenden und demokratiegewährleistenden Funktion nicht mehr in ausreichendem Maße Rechnung getragen wird. Dabei kann ein wirksamer Grundrechtsschutz gerade nicht ohne effektiven Datenschutz gewährleistet werden.[1112] Der Datenschutz, der in der Informationsgesellschaft von immer größerer Bedeutung ist, kann nicht von der Rolle des Datensubjekts als Konsument her gedacht werden. Angesichts der Tatsache, dass das Recht auf Datenschutz die Mitwirkungsbereitschaft des Einzelnen ebenso schützt, wie es einer Atmosphäre der Fremdbestimmung und Abhängigkeit vorbeugt, muss es den Einzelnen auch dann schützen, wenn die Verarbeitung seiner Daten keinen unmittelbaren wirtschaftlichen Bezug aufweist.[1113] Das datenschutzspezifische Auswirkungsprinzip hat jedoch einen eindeutig wirtschaftsbezogenen Fokus und verengt damit die Rolle des Datenschutzes.

Darüber hinaus ist die Verbindung zwischen Schutz einer bestimmten Person und Anwendbarkeit nationalen Datenschutzrechts eine weitere gefährliche Verengung.[1114] Die Funktion des Datenschutzes erschöpft sich nicht im Persönlichkeitsschutz, sondern geht darüber hinaus und hat in der Informationsgesellschaft demokratiegewährleistende Bedeutung.[1115] Nicht zuletzt durch die gewählte Anknüpfung muss diese fundamentale Bedeutung des Datenschutzes in der modernen Informationsgesellschaft verdeut-

---

1111 *Bygrave*, Data Privacy Law, p. 120; *Masing*, NJW 2012, 2305, 2305, 2311; *Simitis*, FS Simon, S. 511, 527; *Trojanow/Zeh*, Freiheit, S. 25; vgl. *Weingarten*, Der Spiegel 2015/27, 66, 66 f.
1112 *Bunge*, ZD-Aktuell 2015, 04635; *Masing*, NJW 2012, 2304, 2311; *Simitis*, BDSG Einl. Rn. 30; FS Simon, S. 511, 511, 527.
1113 BVerfGE 115, 166, 188 – TK-Verbindungsdaten; BVerfGE 65, 1, 42 f. – Volkszählungsurteil; *Bowden*, US surveillance, p. 33; *Bull*, NJW 2006, 1617, 1620.
1114 *Simitis*, BDSG Einl. Rn. 26.
1115 BVerfGE 65, 1, 42 f. – Volkszählungsurteil; *Bernsdorff*, in: Meyer, GRCh Art. 8 Rn. 13; *Bygrave*, Data Privacy Law, p. 120; *Masing*, NJW 2012, 2305, 2305, 2311; *Simitis*, BDSG Einl. Rn. 26.

licht werden. Es geht nicht nur um die Funktion eines bloßen Handelsgutes oder eines reinen Persönlichkeitsschutzes, sondern um einen funktionsnotwendigen Bestandteil moderner Demokratie. Diese Bedeutung sollte sich auch in der gewählten Anknüpfung zeigen.

Das datenschutzspezifische Auswirkungsprinzip verfügt über einen eingeschränkten personalen Schutzbereich, indem es nur Personen einbezieht, die über eine enge Bindung an den Regelungsstaat verfügen. Darüber hinaus werden aufgrund der ökonomischen Fokussierung nur wirtschaftlich relevante Auswirkungen erfasst. Es wird in Anbetracht der sich daraus ergebenden Einschränkungen bei der Anwendbarkeit den Bedürfnissen eines modernen Datenschutzes in der transnationalen, demokratischen Informationsgesellschaft daher nicht in ausreichendem Maße gerecht.

III. Eigener Vorschlag: das modifizierte Schutzprinzip im Datenschutzrecht

Die Globalisierung und die Entstehung der transnationalen Informationsgesellschaft führen zu zahlreichen Herausforderungen für den Datenschutz. Diesen Herausforderungen wird im Idealfall eine international harmonisierte Lösung als Antwort gegenüber gestellt. Obwohl ein Bedürfnis für den Schutz personenbezogener Daten international anerkannt ist, sind die Aussichten für eine verstärkte Harmonisierung oder gar ein globales Datenschutz-Abkommen aufgrund rechtskultureller Unterschiede und divergierender nationaler wirtschaftlicher Interessen mittelfristig gering einzuschätzen.[1116]

Die Tatsache, dass eine internationale Lösung im Datenschutzrecht vorerst nicht zu erreichen ist, darf die Betroffenen jedoch nicht schutzlos lassen. Solange es keinen internationalen Konsens über den Schutz personenbezogener Daten gibt, verbleibt die weltweite Durchsetzung eigener Schutzvorstellungen als vorzugswürdiges und legitimes Mittel der Wahl.[1117] Die mit der Ausübung extraterritorialer Regelungshoheit verbundenen Konflikte werden bis zu einer internationalen Vereinheitlichung des Datenschutzrechts ohnehin nicht zu vermeiden sein.[1118] Insoweit muss das nationale bzw. europäische Datenschutzrecht einen extraterritorialen

---

1116 *Bygrave*, Data Privacy Law, p. 205; *Svantesson*, Extraterritoriality, p. 165.
1117 *Höffe*, FG Büllesbach, S. 257, 260.
1118 *Korff*, RDV 1994, 209, 211.

III. Eigener Vorschlag: das modifizierte Schutzprinzip im Datenschutzrecht

Schutz- und Regelungsanspruch aufstellen, um die Regelungslücke auszufüllen und somit zugleich die Entstehung eines internationalen Rechts zu befördern.[1119]

Datenschutz ist nicht mehr nur für den Schutz der personenbezogenen Daten des Einzelnen relevant, sondern hat in der Informationsgesellschaft eine demokratiegewährleistende Funktion erlangt, die für Staat, Wirtschaft und Bevölkerung von Relevanz ist.

Dementsprechend soll hier ein für datenschutzrechtliche Zwecke modifiziertes Schutzprinzip als geeignete Anknüpfung im Datenschutzrecht vorgestellt werden. Dieses Prinzip kann unter Berücksichtigung der besonderen Bedeutung und Funktion des Datenschutzes sowie mit Hilfe datenschutzspezifischer Anpassungen den idealen Anknüpfungspunkt für die Beanspruchung extraterritorialer Regelungshoheit bieten, den notwendigen Schutz gewährleisten und Konflikte soweit wie möglich vermeiden. Das Schutzprinzip hat sich bereits zu einem anerkannten Anknüpfungspunkt für den Bereich des Internets entwickelt, soweit es um die Aufrechterhaltung des nationalen *ordre public* geht.[1120]

Zu diesem Zweck wird das hergebrachte Schutzprinzip im datenschutzrechtlichen Sinne weiterentwickelt: Einerseits werden demokratische Prozesse als ein Schutzgut i.R.d. Schutzprinzips erfasst, das durch Datenmissbrauch gefährdet werden kann und andererseits wird das Schutzprinzip über den Schutz der Bevölkerung als Element von Staatlichkeit für grund- und menschenrechtlich gedeutete Schutzpflichten geöffnet. Das modifizierte Schutzprinzip im Datenschutzrecht ermöglicht daher die Ausübung extraterritorialer Regelungshoheit, soweit dies für die Gewährleistung des Rechts auf Datenschutz als ein derart verstandenes staatliches Interesse erforderlich ist, also eine Verarbeitung personenbezogener Daten von partizipationsberechtigten Personen stattfindet.

Der auf dieser Grundlage weit gefasste extraterritoriale Regelungsanspruch wird durch die datenschutzrechtliche Modifikation begrenzt. Die extraterritoriale Anwendung von Datenschutzgesetzen scheidet aus, sofern durch den Heimat- bzw. Sitzstaat des ausländischen Datenverarbeiters ein entsprechendes bzw. gleichwertiges Datenschutzniveau garantiert wird. Insoweit stellt die Modifikation auch eine Berücksichtigung des datenschutzrechtlichen kategorischen Imperativs dar.

1119 *Höffe*, FG Büllesbach, S. 257, 260; *Hoffmann-Riem*, JZ 2014, 53, 61; *Weitzner*, FS Hustinx, p. 199, 210.
1120 *Schmahl*, AVR 2009, 284, 305.

C. Kritik und eigener Lösungsvorschlag

Extraterritoriale Regelungshoheit auf Grundlage eines modifizierten Schutzprinzips bietet die Möglichkeit, einerseits Datenschutz in der transnationalen Informationsgesellschaft sicherzustellen und andererseits zum Motor und Vorreiter einer weltweiten Entwicklung für den effektiven Schutz personenbezogener Daten zu werden.[1121] Der unvermeidliche Rechtskonflikt kann sich dabei ebenso wie ein ökonomischer und politischer Konflikt als legitimes Mittel zur Durchsetzung von grundrechtlichen Datenschutzinteressen erweisen.[1122]

IV. Begründung des Vorschlags

1. Das „modifizierte Schutzprinzip" als zulässige Anknüpfung im Datenschutzrecht

Das „modifizierte Schutzprinzip" müsste zunächst eine zulässige Anknüpfung im Sinne des Völkerrechts darstellen. Hierzu muss es Ausdruck einer hinreichend engen, substantiellen und sinnvollen Verknüpfung zwischen Regelungsstaat und geregeltem Auslandssachverhalt sein.[1123]

Die hier vorgeschlagene Anknüpfung baut auf dem anerkannten Schutzprinzip auf. Regelungshoheit kann danach beansprucht werden, soweit es um den Schutz wichtiger inländischer Rechtsgüter, oder die Sicherheit und den Bestand des Staates an sich geht.[1124] Die Anwendbarkeit auf wirtschaftliche Sachverhalte kommt in Betracht, soweit wesentliche ökonomische Belange des Regelungsstaates geschützt werden sollen.[1125] Das Schutzprinzip ermöglicht die Beanspruchung von Regelungshoheit, schon bevor es zu einer tatsächlichen Verletzungshandlung gekommen

---

1121 Vgl. *Höffe*, FG Büllesbach, S. 257, 265.
1122 *Hoffmann-Riem*, JZ 2014, 53, 61.
1123 *Epping*, in: Ipsen, Völkerrecht, § 5 Rn. 71 ff.
1124 *von Arnauld*, Völkerrecht, § 4 Rn. 347; *Baier*, Auswirkungsprinzip, S. 25; *Epping*, in: Ipsen, Völkerrecht, § 5 Rn. 74; *Herdegen*, Völkerrecht, § 26 Rn. 2, 12; *Kempen/Hillgruber*, Völkerrecht, § 20 Rn. 39; *Mann*, Studies, p. 1, 80; *Schwarze*, Jurisdiktionsabgrenzung, S. 28; *Stein/von Buttlar/Kotzur*, Völkerrecht, § 35 Rn. 621 f.
1125 *Schwarze*, Jurisdiktionsabgrenzung, S. 28.

IV. Begründung des Vorschlags

ist.[1126] Hierbei ist generell zu beachten, dass es bei einer weiten Auslegung nicht zu einem Verstoß gegen das Interventionsverbot kommt.[1127]

Dass die Inlandsbeziehung einzelner Regelungen bei Zugrundelegung des Schutzprinzips im Einzelfall schwächer ausgeprägt sein mag, als bei der Heranziehung der bisher gewählten Anknüpfungspunkte, spricht nicht gegen dessen Anwendung. Ein funktionierender Datenschutz ist kein Partikularinteresse einzelner Länder mehr, vielmehr entwickelt sich in diesem Bereich eine zunehmende Konvergenz zwischen den einzelnen Staaten, wie die Untersuchung zeigt. Die erforderliche Inlandsbeziehung zur Beanspruchung extraterritorialer Regelungshoheit kann in so einem Fall weniger stark ausgeprägt sein.[1128]

Das Schutzprinzip soll nicht zum Schutze des Einzelnen, sondern vielmehr nur zum Schutze des Staates und seiner Interessen herangezogen werden können.[1129] Extraterritoriale Regelungshoheit im Datenschutzrecht soll aufgrund des Schutzprinzips daher nur beansprucht werden können, sofern und soweit die extraterritorialen Regelungen zum Schutz wichtiger Sicherheits- und Wirtschaftsinteressen notwendig sind.[1130]

Das modifizierte Schutzprinzip im Datenschutzrecht stimmt jedoch nur zum Teil mit dem klassischen Schutzprinzip als Anknüpfungspunkt überein, als dass mit dem Recht auf Datenschutz auch die subjektiven Rechte Einzelner geschützt werden. Der Kanon der zulässigen Anknüpfungen ist nicht abschließend, sondern der Weiterentwicklung zugänglich.[1131] Allgemein anerkannte Jurisdiktionsregeln entstehen über längere Zeit in einem kontinuierlichen Prozess.[1132] „Die Überwindung des Raumes durch die Errungenschaften der Neuzeit"[1133] war bereits zu Beginn des 20. Jahrhunderts Herausforderung und Anlass für Staaten, Regelungen mit extraterritorialem Anwendungsbereich zu erlassen, um den Schutz staatlicher Interessen und der Interessen ihrer Einwohner sicherzustellen.[1134] Dementsprechend kam bereits damals dem Staat Regelungshoheit aufgrund des

---

1126 *Herdegen*, Völkerrecht, § 26 Rn. 12; *Ryngaert*, Jurisdiction, p. 96; *Stein/von Buttlar/Kotzur*, Völkerrecht, § 35 Rn. 621 f.
1127 *von Arnauld*, Völkerrecht, § 4 Rn. 347.
1128 *Rudolf*, in: BerDGVR 11 (1973), S. 7, 29; *Schmahl*, AVR 2009, 284, 313.
1129 *Kuner*, 18 IJLIT 176, 190 (2010).
1130 *Narayanan*, 12 Chi. J. Int'l L. 783, 800 (2011-2012).
1131 *Schwarze*, Jurisdiktionsabgrenzung, S. 19.
1132 *Mann*, RdC 186 (1984-III), p. 9, 29.
1133 *Mennacher*, Schutzprinzip, S. 4.
1134 *Mennacher*, Schutzprinzip, S. 4 ff.

Schutzprinzips zu, wenn „seine oder die seinem Schutz unterstellten Rechtsgüter, gleichviel von wem und wo, verletzt worden sind."[1135]

Das Schutzprinzip dient somit seit jeher dem Schutz des Staates, seiner Interessen und seiner Bevölkerung vor neuen, durch den technologischen Fortschritt bedingten Herausforderungen. Die Entstehung der Informationsgesellschaft und die mit ihr verbundene Ubiquität der Datenverarbeitung gehört wohl zu einer der größten regulatorischen und menschenrechtlichen Herausforderungen der Gegenwart. Der Umgang mit personenbezogenen Daten spielt dabei eine zentrale Rolle. Die Anwendung eines modifizierten Schutzprinzips im Datenschutzrecht setzt dessen Ursprungsidee somit konsequent fort.

Die Ausführungen zur Zulässigkeit und Tauglichkeit eines modifizierten Schutzprinzips als Anknüpfung zur Ausübung extraterritorialer Regelungshoheit werden im Folgenden, soweit nicht anders ausgewiesen, aus deutscher und europäischer Perspektive vorgenommen.

Der Datenschutz müsste somit zunächst dem Schutz wichtiger inländischer Rechtsgüter, oder der Sicherheit und dem Bestand des Staates an sich dienen, um eine Ausübung extraterritorialer Regelungshoheit nach dem Schutzprinzip zu ermöglichen.

a) Schutz wichtiger inländischer Rechtsgüter

aa) Datenschutz als wichtiges Rechtsgut für den Einzelnen

In Deutschland ergibt sich Datenschutz als Grundrecht aus dem Recht auf informationelle Selbstbestimmung gem. Art. 2 Abs. 1 i.V.m. Art. 1 Abs. 1 GG.[1136] Insoweit ist es eng mit der Menschenwürde, aber auch den weiteren Kommunikations- und Partizipationsgrundrechten verbunden.[1137] Für den europäischen Bereich gewährleisten darüber hinaus Art. 8 EMRK und Art. 7, 8 GRCh sowie Art. 16 AEUV das Recht auf Datenschutz.[1138] Diese

---

1135 *Traub*, Schutzprinzip, S. 14.
1136 *Kühling/Seidel/Sivridis*, Datenschutzrecht, Rn. 151.
1137 BVerfGE 65, 1, 43 – Volkszählungsurteil; *Kühling/Seidel/Sivridis*, Datenschutzrecht, Rn. 151 ff.; *Roßnagel*, MMR 2003, 693, 693.
1138 *Jarass*, GRCh Art. 8 Rn. 1 f.; *Kühlung/Seidel/Sivridis*, Datenschutzrecht, S. 7 ff., 17 ff.; *Simitis*, BDSG Einl. Rn. 243 ff.

IV. Begründung des Vorschlags

Rechte erheben den Einzelnen zum Herrn über seine Daten, der selbstbestimmt über deren Umgang entscheidet.[1139]
Daten spiegeln die soziale Wirklichkeit wider und sind daher in vielfacher Weise von Bedeutung.[1140] Das Recht auf Datenschutz steht damit in der Informationsgesellschaft in unmittelbarem Zusammenhang mit der Möglichkeit zur Ausübung weiterer Grundrechte. Neue Technologien ermöglichen neue Formen der Datenverarbeitung und Überwachung – wer in ständiger Furcht vor nachteiligen Folgen seines Handelns leben muss, wird sich jedoch möglichst wenig in der Öffentlichkeit bewegen und in der Konsequenz auf die Ausübung seiner Grundrechte verzichten.[1141] Die technische Entwicklung hat damit die Möglichkeit zur Verzerrung oder gar Veränderung der sozialen Wirklichkeit des Einzelnen erreicht.[1142]

Die positiven Effekte der Datenverarbeitung sind dabei unumstritten, es bedarf jedoch eines geeigneten Rechtsrahmens, um die negativen Effekte zu verhindern oder wenigstens abzumildern.[1143]

In einer repräsentativen Umfrage für den Freiheitsindex 2014 empfanden 61%[1144] der Befragten die Möglichkeit, dass Unternehmen im Internet erhobene personenbezogene Daten weitergeben könnten, als Gefahr für die Freiheit in Deutschland.[1145] Ein effektiver Datenschutz reduziert diese Furcht, stärkt somit die Teilhabemöglichkeiten des Einzelnen an der modernen Demokratie und ist folglich unmittelbar grundrechtsschützend und -relevant.[1146] Er verhindert Fremdbestimmung und garantiert die Selbstbestimmung des Einzelnen in der Informationsgesellschaft.[1147] Seine Gewährleistung hat somit unmittelbare Relevanz für die Würde des Einzel-

---

1139 BVerfGE 65, 1, 41 f. – Volkszählungsurteil; *Jarass*, GRCh Art. 8 Rn. 8; *Pätzold*, in: Karpenstein/Mayer, EMRK Art. 8 Rn. 75 ff.
1140 BVerfGE 65, 1, 44 – Volkszählungsurteil; *Bygrave*, Data Privacy Law, p. 119 f.
1141 BVerfGE 115, 166, 188 – TK-Verbindungsdaten; *Tinnefeld/Buchner/Petri*, Datenschutzrecht, S. 40.
1142 *Tinnefeld/Buchner/Petri*, Datenschutzrecht, S. 50.
1143 *Bull*, NJW 2006, 1617, 1618.
1144 *John Mills Institut für Freiheitsforschung*, Freiheitsindex Deutschland 2014, S. 24.
1145 *John Mills Institut für Freiheitsforschung*, Freiheitsindex Deutschland 2014, S. 24.
1146 *Heckmann*, K&R 2010, 770, 773; *Simitis*, BDSG Einl. Rn. 30; *Tinnefeld/Buchner/Petri*, Datenschutzrecht, S. 40.
1147 *Boehme-Neßler*, NVwZ 2014, 825, 826; *Bull*, NJW 2006, 1617, 1620; *Heckmann*, K&R 2010, 770, 776.

C. Kritik und eigener Lösungsvorschlag

nen.[1148] Dabei handelt es sich nicht nur um eine rechtliche Pflicht des Staates, die Bevölkerung erwartet und befürwortet eine verstärkte regulative Tätigkeit des Staates in Datenschutzbelangen.[1149]

Der Schutz des Einzelnen gegen den Staat ist in diesem Zusammenhang weder ausreichend, noch das zentrale Anliegen.[1150] Vielmehr entstehen Bedrohungen der individuellen Rechte vermehrt aufgrund des Handelns Privater.[1151] Soziale Netzwerke bieten heute Funktionen, die hergebrachterweise staatlichen Stellen vorbehalten waren.[1152] In großem Ausmaß werden daher personenbezogene Daten bei wirtschaftlichen Vorgängen, in diesen Netzwerken und anderen Anlässen preisgegeben oder unwissentlich erhoben und verarbeitet.[1153] Ohne wirksame Datenschutzregelungen besteht somit die Gefahr, dass der Einzelne zum bloßen Objekt der Datenverarbeitung degradiert wird.[1154] Der Staat ist in der Pflicht einer informationellen Fremdbestimmung entgegenzutreten.[1155] Das Recht auf Datenschutz wirkt Missbrauch entgegen und hält somit die Bereitschaft zum Austausch, zum zwischenmenschlichen Kontakt und zur Mitwirkung aufrecht.[1156] Grundsätze wie Zweckbindung, Datensparsamkeit und ein *right to be forgotten* erlangen besondere Bedeutung für eine an der Würde des Einzelnen orientierte Entwicklung der Informationsgesellschaft.[1157]

Nicht zuletzt hängt die Möglichkeit zur Teilhabe am Wirtschaftsleben in großem Ausmaß von der Preisgabe und Verarbeitung personenbezogener Daten ab, die Möglichkeiten einer wirklichen Selbstbeschränkung sind hier faktisch gering.[1158] Die zur Verfügung stehenden personenbezogenen Daten werden auch dazu genutzt, mittels eines Computer-Algorithmus'

1148 BVerfGE 65, 1, 41 – Volkszählungsurteil.
1149 *BITKOM*, Datenschutz, S. 47; *Wittmann/Wittmann/Stahl/Weinfurtner*, Digitalisierung, S. 17.
1150 *Masing*, NJW 2012, 2305, 2306 ff.; *Roßnagel*, MMR 2003, 693, 694; *Wolff/Brink*, Datenschutzrecht, Syst. C Rn. 137 ff.
1151 *Gurlit*, NJW 2010, 1035, 1039; *Masing*, NJW 2012, 2305, 2306 ff.; *Roßnagel*, MMR 2003, 693, 694; *Wolff/Brink*, Datenschutzrecht, Syst. C Rn. 137 ff.
1152 *Weingarten*, Der Spiegel 2015/27, 66, 66.
1153 *Erd*, NVwZ 2011, 19, 19; *Spindler*, GRUR 2013, 996.
1154 BVerfGE 65, 1, 41 ff. – Volkszählungsurteil.
1155 BVerfG, B. v. 17.7.2013 – 1 BvR 3167/08 = NJW 2013, 3086, 3087 – Datenschutz im privaten Versicherungsrecht; *Tinnefeld/Buchner/Petri*, Datenschutzrecht, S. 52.
1156 *Simitis*, FS Simon, S. 511, 511.
1157 *Roßnagel*, MMR 2003, 693, 694.
1158 *Bull*, NJW 2006, 1617, 1622; *Höffe*, FG Büllesbach, S. 257, 258.

einen vermeintlich aussagekräftigen Wahrscheinlichkeitswert über bestimmte Eigenschaften einer Person, wie z.B. deren Bonität, zu errechnen.[1159] Das Nichtvorliegen bestimmter Score-Werte kann zur Versagung benötigter oder erwünschter Leistungen führen, sodass bei einer fehlerhaften Situation im Berechnungsvorgang eine (mindestens) wirtschaftliche Bedrohungssituation entstehen kann.[1160] Das Missbrauchsrisiko dieser Werte ist besonders hoch, sie können benachteiligend, verfälschend oder gar diskriminierend eingesetzt werden.[1161] Ferner kann etwa die berufliche Entwicklung des Einzelnen maßgeblich von seiner Datenhistorie abhängen.[1162] Personenbezogene Daten werden bei Auswahl und Kündigung eines Mitarbeiters zur Entscheidungsfindung herangezogen.[1163] Das Machtverhältnis zwischen den Akteuren wird durch die Anzahl der zur Verfügung stehenden Daten bestimmt. Ohne eine wirksame Regulierung der Datenverarbeitung begünstigt deren Omnipräsenz die (Informations-)Wirtschaft gegenüber dem Einzelnen.[1164] Die Grundbedingungen zur Ausübung der Privatautonomie werden somit gefährdet.

Eine freie Entfaltung der Persönlichkeit ist somit nur möglich, sofern und soweit dem Einzelnen Schutz gegen die zügellose Verarbeitung seiner personenbezogenen Daten zugesichert ist.[1165] Ohne diesen Schutz besteht die Gefahr der Einschüchterung, die zur Aufgabe der Grundrechtsausübung und damit zum Ende der freien Entfaltung der Persönlichkeit führt.[1166] Der Einzelne profitiert vom Schutz des Datenschutzrechts vor der Überforderung, die mit den weitreichenden Möglichkeiten der fortschreitenden Digitalisierung verbunden sein kann.[1167] Indem das Recht der Technik Vorgaben zu einer datenschutzfreundlichen Ausgestaltung macht, kann es zur Aufklärung des einzelnen Nutzers beitragen und dessen Wahlmöglichkeiten hinsichtlich Ausmaß und Umfang der Datenpreisgabe und

---

1159 *Weichert*, ZRP 2014, 168, 168 f.
1160 *Bull*, NJW 2006, 1617, 1617; *Schrems*, Daten, S. 29; *Weichert*, ZRP 2014, 168, 169.
1161 *Lange-Hausstein*, Spiegel Online v. 16.3.2016, http://www.spiegel.de/netzwelt/web/digitale-diskriminierung-luecke-zwischen-algorithmus-und-mensch-a-1082219.html; *Weichert*, ZRP 2014, 168, 168.
1162 *Tinnefeld/Buchner/Petri*, Datenschutzrecht, S. 52.
1163 *Tinnefeld/Buchner/Petri*, Datenschutzrecht, S. 50.
1164 *Gurlit*, NJW 2010, 1035, 1039 f.; *Schrems*, Daten, S. 27 ff.
1165 BVerfGE 65, 1, 41 ff. – Volkszählungsurteil; *Hoeren*, ZRP 2010, 251, 253.
1166 BVerfGE 65, 1, 43 – Volkszählungsurteil; *Simitis*, FS Simon, S. 511, 511, 527.
1167 *Heckmann*, K&R 2010, 770, 774.

C. Kritik und eigener Lösungsvorschlag

-Verarbeitung unterstützen.[1168] Es bedarf daher einer wirksamen Sicherstellung des Rechts auf Datenschutz, um den Einzelnen zur mündigen und selbstbestimmten Ausübung seiner Grundrechte zu befähigen.

Ein wirksamer Datenschutz ist daher ein wesentliches Interesse des Einzelnen. Dieses Recht ist unerlässlich für einen an den Grundsätzen der Menschenwürde orientierten Ausbau der Informationsgesellschaft.[1169] Er ermöglicht ein selbstbestimmtes Leben für den Einzelnen.[1170] Aufgrund dieser Entwicklung kann es auch kein belangloses Datum geben.[1171] Die Regulierung der Verarbeitung personenbezogener Daten erlangt grundlegende Bedeutung in der freiheitlichen Gesellschaft.[1172]

bb) Datenschutz als wichtiges inländisches Rechtsgut und Bestandsgarantie freiheitlicher Demokratie

Der Schutz personenbezogener Daten ist nach dem Grundgesetz als Recht auf informationelle Selbstbestimmung gem. Art. 2 Abs. 1 i.V.m. Art. 1 Abs. 1 GG grundrechtlich geschützt.[1173] Er steht in engem Zusammenhang mit der Würde des Menschen, die nicht zuletzt in der Selbstbestimmung des Einzelnen im Rahmen einer freiheitlich-demokratischen Ordnung ihren Ausdruck findet.[1174] Die Charta der Grundrechte der Europäischen Union gewährleistet das Recht auf Datenschutz gem. Art. 8 GRCh.[1175] Wenngleich die Europäische Menschenrechtskonvention in Art. 8 EMRK das Recht auf Datenschutz nicht *expressis verbis* nennt, so beinhaltet das Recht auf Achtung des Privat- und Familienlebens doch nach ständiger Rechtsprechung des *EGMR* einen derartigen

---

1168 *Heckmann*, K&R 2010, 770, 774.
1169 BVerfGE 65, 1, 41 f. – Volkszählungsurteil; BVerfGE 27, 1, 6 f. – Repräsentativstatistik; *Roßnagel*, MMR 2003, 693, 694.
1170 *Boehme-Neßler*, NVwZ 2014, 825, 826; *Bunge*, ZD_Aktuell 2015, 04635.
1171 BVerfGE 65, 1, 45 – Volkszählungsurteil.
1172 *Rengel*, Privacy, p. 77; *Roßnagel*, MMR 2003, 693, 693.
1173 BVerfGE 65, 1, 41 ff. – Volkszählungsurteil; *Simitis*, BDSG Einl. Rn. 30 ff.; *Taeger/Schmidt*, in: Taeger/Gabel, BDSG Einf. Rn. 27.
1174 BVerfGE 65, 1, 41 ff. – Volkszählungsurteil.
1175 *Jarass*, GRCh Art. 8 Rn. 1.

IV. Begründung des Vorschlags

Schutz.[1176] Der Einzelne, d.h. jede Person, wird gemäß dieser Bestimmungen gegen die unbegrenzte Erhebung, Speicherung, Verwendung und Weitergabe seiner personenbezogenen Daten geschützt.[1177] Er wird zum Herrn über seine Daten erklärt, der selbstbestimmt über deren Preisgabe und Verwendung entscheidet.[1178] Dem liegt die Erkenntnis zu Grunde, dass in der modernen Informationsgesellschaft kein Datum mehr ohne Bedeutung ist.[1179]

In der Informationsgesellschaft ist Kommunikation unerlässlich.[1180] Sie leidet jedoch unter der Angst vor ständiger Überwachung, vor verdeckter Datenerfassung und unbemerktem Datenaustausch, vor der Erstellung von Persönlichkeitsprofilen und den daraus erwachsenden negativen Folgen.[1181] Dies kann dazu führen, dass der Einzelne sich nicht mehr zur Entäußerung in der Öffentlichkeit, Mitwirkung im demokratischen Gemeinwesen und der Ausübung fundamentaler Grundrechte bewegen lässt.[1182] Eine freie und demokratische Gesellschaft lebt aber von der Teilhabe selbstbestimmter Menschen, die ohne einen wirksamen Schutz personenbezogener Daten nicht denkbar ist.[1183] Datenschutzrecht gibt staatlichem wie privatem Handeln eine gesetzliche Ordnung und damit Berechenbarkeit, es schützt vor Einschüchterungseffekten. Ohne einen wirksamen Datenschutz entstünde eine Atmosphäre der Fremdbestimmung und Abhängigkeit.[1184] Die Gewährleistung des Rechtes auf Datenschutz ist damit

---

1176 *Jarass*, GRCh Art. 8 Rn. 1; *Johlen*, in: Tettinger/Stern, GRCh Art. 8 Rn. 17; *Pätzold*, in: Karpenstein/Mayer, EMRK Art. 8 Rn. 75 ff.; *Poullet*, 2 J. Int'l Com. L. & Tech. 141, 142 (2007).
1177 BVerfGE 65, 1, 43 – Volkszählungsurteil; *Jarass*, GRCh Art. 8 Rn. 8; *Pätzold*, in: Karpenstein/Mayer, EMRK Art. 8 Rn. 77.
1178 BVerfGE 65, 1, 41 f. – Volkszählungsurteil; *Jarass*, GRCh Art. 8 Rn. 8; *Simitis*, BDSG Einl. Rn. 31.
1179 BVerfGE 65, 1, 45 – Volkszählungsurteil; *Jarass*, GRCh Art. 8 Rn. 2; *Johlen*, in: Tettinger/Stern, GRCh Art. 8 Rn. 5.
1180 *Bull*, NJW 1617, 1620.
1181 *Kühling/Seidel/Sivridis*, Datenschutzrecht, Rn. 151.
1182 BVerfGE 115, 166, 188 – TK-Verbindungsdaten; BVerfGE 65, 1, 43 – Volkszählungsurteil; *Bowden*, US surveillance, p. 33.
1183 BVerfGE 115, 166, 188 – TK-Verbindungsdaten; BVerfGE 65, 1, 43 – Volkszählungsurteil; *Bygrave*, Data Privacy Law, p. 120; *Kühling/Seidel/Sivridis*, Datenschutzrecht, Rn. 151; *Masing*, NJW 2012, 2305, 2305, 2311; *Roßnagel*, MMR 2003, 693, 694; *Tinnefeld/Buchner/Petri*, Datenschutzrecht, S. 40 f.
1184 *Bull*, NJW 2006, 1617, 1620.

C. Kritik und eigener Lösungsvorschlag

über den Einzelnen hinaus von Relevanz.[1185] Sie ist nicht nur funktionsnotwendig für die Demokratie, mit ihr ist eine Art Bestandsgarantie für den freiheitlich-demokratischen Staat in der Informationsgesellschaft verbunden.[1186]

In der Informationsgesellschaft sind personenbezogene Daten ein relevanter Faktor politischer Einflussnahme.[1187] Die Sicherstellung eines Rechts auf Datenschutz beeinflusst nicht nur, ob jemand am demokratischen Willensbildungsbildungsprozess teilnimmt, sondern kann wesentlichen Einfluss auf die Art und Weise der Rechtsausübung haben.[1188] Meinungsbildung setzt regelmäßig die Informationsbeschaffung voraus, die vielfach im ersten Schritt über Online-Dienste als Mittler von Informationen erfolgt.[1189] Die Meinungsvielfalt und der politische Diskurs sind aufgrund der wirtschaftlichen Bedeutung personenbezogener Daten konkret für diese Dienste gefährdet. Nutzerdaten sollen für die bevorzugte Anzeige von bestimmten Nachrichtenartikeln einzelner Medien ausgewertet und zugleich zur Werbungsoptimierung genutzt werden,[1190] sodass den Medienhäusern aus der selektiven Anzeige einzelner Nachrichten und Meinungen auf ihren Nachrichten-Portalen ein finanzieller Vorteil entsteht. Um die wirtschaftliche Vermarktbarkeit ihrer Dienste zu steigern, nutzen Suchmaschinen ebenfalls sämtliche verfügbaren personenbezogenen Daten zur Bildung von Persönlichkeitsprofilen, um personalisierte Suchergebnisse auszugeben.[1191]

Es besteht die Gefahr, dass aufgrund dieser personalisierten und an der Vermarktbarkeit orientierten Ergebnisausgabe dem Nutzer bestimmte Aspekte vorenthalten oder bevorzugt präsentiert werden, sodass die individuelle Informationsbeschaffung korrumpiert wird.[1192] Meinungsbildung ver-

---

1185 *Bergmann*, Datenschutz, S. 244.
1186 *Bygrave*, Data Privacy Law, p. 120; *Masing*, NJW 2012, 2305, 2305, 2311; *Simitis*, FS Simon, S. 511, 527; *Trojanow/Zeh*, Freiheit, S. 25.
1187 *Boehme-Neßler*, NVwZ 2014, 825, 826; *Ellger*, Datenschutz, S. 65.
1188 BVerfGE 65, 1, 43 – Volkszählungsurteil.
1189 *Boehme-Neßler*, NVwZ 2014, 825, 826; *Paal*, ZRP 2015, 34, 34.
1190 *Hanfeld*, FAZ Online v. 15.05.2015, http://www.faz.net/aktuell/feuilleton/medien/facebook-und-journalismus-13592828.html.
1191 *Bunge*, ZD-Aktuell 2015, 04635.
1192 *Bunge*, ZD-Aktuell 2015, 04635; *Hanfeld*, FAZ Online v. 15.05.2015, http://www.faz.net/aktuell/feuilleton/medien/facebook-und-journalismus-13592828.html.

IV. Begründung des Vorschlags

kommt damit zur Meinungsbestätigung.[1193] In einer Gesellschaft, in der Informationsbeschaffung maßgeblich über das Internet und mit Hilfe von Online-Diensten erfolgt, kann dies die Willensbildung insgesamt gefährden.[1194] Die Ubiquität der Datenverarbeitung beeinflusst somit direkt den politischen Diskurs. Das Datenschutzrecht kann durch geeignete Maßnahmen die Aufgeklärtheit des Einzelnen und damit eine selbstbestimmte Willensbildung und Meinungsvielfalt sicherstellen.[1195] Der Staat ist insoweit in der Pflicht informationelle Fremdbestimmung zu verhindern.[1196] Die Demokratie an sich und die für sie notwendige Meinungsvielfalt werden durch den Datenschutz sichergestellt.[1197] Das Recht auf Datenschutz ist ein Teil des *ordre public*.[1198]

Eine große Mehrheit von 61% der deutschen Bevölkerung geht demgemäß nicht nur von einer staatlichen Pflicht zur Sicherstellung und Durchsetzung gewisser Standards im Internet aus,[1199] sondern es verlangen 72% der deutschen Internetnutzer auch explizit nach strengeren Regeln für den Datenschutz im Internet.[1200] Der moderne freiheitlich-demokratische Staat hat somit ein ureigenes Interesse an einem wirkungsvollen Datenschutzrecht, da er sich durch die Abwesenheit eines solchen ansonsten selbst in Frage stellte.[1201] Der Staat riskierte das Vertrauen seiner Bewohner zu verlieren, deren Grundrechtsposition er nicht zu schützen vermag. Das Vorhandensein von Vertrauen ist jedoch sowohl für die zukünftige Entwicklung der demokratischen Informationsgesellschaft, als auch der digitalen Wirtschaft gleichermaßen von Bedeutung (zur Rolle des Vertrauens siehe schon A. III. 4. b) aa)).[1202] Datenschutz ist daher für die moderne Demo-

---

1193 *Bunge*, ZD-Aktuell 2015, 04635.
1194 *Bunge*, ZD-Aktuell 2015, 04635.
1195 *Bunge*, ZD-Aktuell 2015, 04635.
1196 BVerfG, B. v. 17.7.2013 – 1 BvR 3167/08 = NJW 2013, 3086, 3087 – Datenschutz im privaten Versicherungsrecht; *Tinnefeld/Buchner/Petri*, Datenschutzrecht, S. 52.
1197 *Boehme-Neßler*, NVwZ 2014, 825, 826; *Bygrave*, Data Privacy Law, p. 120; *Simitis*, FS Simon, S. 511, 527.
1198 *Hondius*, 30 NILR 103, 120 (1983).
1199 *DIVSI*, Freiheit versus Regulierung, S. 45.
1200 *BITKOM*, Datenschutz, S. 23 f.
1201 BVerfGE 65, 1, 42 f.– Volkszählungsurteil; *Simitis*, FS Simon, S. 511, 527.
1202 *Albrecht*, DuD 2013, 655, 655; *Boehme-Neßler*, MMR 2009, 439, 440 ff.; *Heckmann*, K&R 2010, 770, 777; *Kühling*, EuZW 2014, 527, 527.

C. Kritik und eigener Lösungsvorschlag

kratie geradezu funktionsnotwendig,[1203] er gewährleistet die freie Willensbildung und sichert die Mitwirkungsbereitschaft der Bevölkerung.[1204] Er verhindert zugleich, dass der Staat insgesamt und seine Schutzfähigkeit im Speziellen in Frage gestellt werden und somit Zerrüttungseffekte der Gesellschaftsordnung eintreten.[1205]

Mit der Gewährleistung des Rechts auf Datenschutz stellt ein Staat somit seine freiheitlich-demokratische Verfasstheit in der Informationsgesellschaft sicher. Es handelt sich somit um ein inländisches Rechtsgut von überragender Bedeutung.

Im vorliegenden Zusammenhang erwachsen Schutzverpflichtungen für das Recht auf Datenschutz speziell für Deutschland insbesondere aus dem Recht auf informationelle Selbstbestimmung gem. Art. 2 Abs. 1 i.V.m. Art. 1 Abs. 1 GG sowie für Deutschland und die EU als Ganzes aus Art. 8 EMRK und Art. 7, 8 GRCh und Art. 16 AEUV.[1206] Der Staat muss den Herausforderungen der entgrenzten Informationsgesellschaft begegnen und für die Sicherstellung eines effektiven Datenschutzes sorgen, der keine bloße Hülle ist, sondern vom Bürger tatsächlich und ungehemmt ausgeübt werden kann.[1207] Insoweit kann sich aus den o.g. Bestimmungen eine extraterritoriale Schutzverpflichtung ergeben: Kann der Staat seiner Schutzverpflichtung nicht in angemessener Weise mit territorialen Regelungen nachkommen, muss er sich global wirkender, d.h. extraterritorialer

---

1203 BVerfGE 115, 166, 188 – TK-Verbindungsdaten; BVerfGE 65, 1, 43 - Volkszählungsurteil; *Bernsdorff*, in: Meyer, GRCh Art. 8 Rn. 13; *Hoffmann-Riem*, JZ 2014, 53, 56; *Roßnagel*, MMR 2003, 693, 693 f.; *Simitis*, BDSG Einl. Rn. 26, 30 ff., 254; *Simitis*, NJW 1971, 673, 682.
1204 *Roßnagel*, MMR 2003, 693, 694.
1205 *Bowden*, US surveillance, p. 33; *Coughlan/Currie/Kindred/Scassa*, Extraterritorial Jurisdiction, p. 62; *Heckmann*, K&R 2010, 770, 774 f.; *Höffe*, FG Büllesbach, S. 257, 258; *Hoffmann-Riem*, JZ 2014, 53, 60 f.; *Kohl*, Jurisdiction, p. 22; *Reed*, Cyberspace, p. 33 f.; *Weingarten*, Der Spiegel 2015/27, 66, 67; *Wolff/Brink*, Datenschutzrecht, Syst. C Rn. 137 ff.
1206 *Bernsdorff*, in: Meyer, GRCh Art. 8 Rn. 19; *Hoffmann-Riem*, JZ 2014, 53, 60 f.; *Kuner*, FS Hustinx, p. 213, 213; *Masing*, NJW 2012, 2305, 2305 ff.; *Poullet*, 2 J. Int'l Com. L. & Tech. 141, 142 (2007); *Schmahl*, JZ 2014, 220, 221, 226; *Simitis*, BDSG Einl. Rn. 246; ; *Spiecker gen. Döhmann/Eisenbarth*, JZ 2011, 169, 172; *Taeger/Schmidt*, in: Taeger/Gabel, BDSG Einf. Rn. 45.
1207 BVerfG, B. v. 17.7.2013 – 1 BvR 3167/08 = NJW 2013, 3086, 3087 – Datenschutz im privaten Versicherungsrecht; *di Fabio*, in: Maunz/Dürig, GG Art. 2 Rn. 190; *Gurlit*, NJW 2010, 1035, 1040; *Masing*, NJW 2012, 2305, 2307 f.; *Roßnagel*, MMR 2003, 693, 694.

IV. Begründung des Vorschlags

Regelungen bedienen.[1208] Darüber hinaus könnte sich eine Verpflichtung zum extraterritorialen Tätigwerden aus Art. 17 des Internationalen Pakts über bürgerliche und politische Rechte in Verbindung mit dem General Comment Nr. 16 des UN-Menschenrechtsausschusses[1209] ergeben. Staaten werden darin dazu angehalten, wirkungsvolle Maßnahmen zur Sicherstellung einer rechtskonformen Datenverarbeitung zu ergreifen. Verpflichtete sind zunächst alle staatlichen Stellen.[1210] Diese Schutzpflicht des Staates erweitert die Bedeutung des Datenschutzrechts auf jene Gefährdungen, die von Privaten ausgehen.[1211]

Datenschutzrechtliche Konflikte entwickeln sich in zunehmendem Maße zwischen Privaten.[1212] Angesichts dieser besonderen Gefährdungslage in der Informationsgesellschaft hat der Staat auch in diesem Verhältnis für effektive Schutzmechanismen zu sorgen um sicherzustellen, dass die Möglichkeiten der Gestaltung, Teilnahme und Entfaltung in der digitalen Welt nicht nur einigen wenigen vorbehalten sind und von allen unbeeinträchtigt genutzt werden können.[1213] Wie dargelegt sind extraterritoriale Maßnahmen derzeit erforderlich, um einen wirkungsvollen Datenschutz sicherzustellen. Zur Erfüllung seines Schutzauftrages verbleiben dem Staat angesichts der digitalen Revolution kaum andere Möglichkeiten. Die Alternativen sind, wie gezeigt, nicht gleich effektiv oder mittelfristig nicht umsetzbar.

1208 *Ewer/Thienel*, NJW 2014, 30, 34; *Hoffmann-Riem*, JZ 2014, 53, 55 ff.; *Schmahl*, JZ 2014, 220, 226; vgl. *Simitis*, BDSG Einl. Rn. 119.
1209 Human Rights Committee, General Comment 16, (Twenty-third session, 1988), Compilation of General Comments and General Recommendations Adopted by Human Rights Bodies, U.N. Doc. HRI/GEN/1/Rev. 1 at 21 (1994), http://www1.umn.edu/humanrts/gencomm/hrcom16.htm; *Rengel*, Privacy, p. 145 f.
1210 *Jarass*, GRCh Art. 8 Rn. 3.
1211 *von Arnauld*, BerDGIR 47, 1, 18; *Jarass*, GRCh Art. 8 Rn. 10, Art. 51 Rn. 41; ; *Spiecker gen. Döhmann/Eisenbarth*, JZ 2011, 169, 172; *Taeger/Schmidt*, in: Taeger/Gabel, BDSG Einf. Rn. 45; Wolff/*Brink*, Datenschutzrecht, Syst. C Rn. 137.
1212 *Hoffmann/Schulz/Borchers*, MMR 2014, 89, 89 f.; *Hoffmann-Riem*, JZ 2014, 53, 53 f.; *Masing*, NJW 2012, 2305, 2307 ff.; *Spiecker gen. Döhmann/Eisenbarth*, JZ 2011, 169, 169; Wolff/*Brink*, Datenschutzrecht, Syst. C Rn. 137 ff.
1213 *von Arnauld*, BerDGIR 47, 1, 18; *Heckmann*, K&R 2010, 770, 773 ff.; *Hoffmann-Riem*, JZ 2014, 53, 56; *Kühling/Seidel/Sivridis*, Datenschutzrecht, Rn. 151 ff.; *Masing*, NJW 2012, 2305 ff., 2307 f.; *Schmahl*, JZ 2014, 220, 221; *Simitis*, BDSG Einl. Rn. 30; *Tinnefeld/Buchner/Petri*, Datenschutzrecht, S. 40; Wolff/*Brink*, Datenschutzrecht, Syst. C Rn. 137.

C. Kritik und eigener Lösungsvorschlag

Die Schutzverpflichtung des Staates gegenüber dem Einzelnen erstreckt sich somit auf Beeinträchtigungen durch Private und umfasst insoweit auch die Sicherstellung des Datenschutzes gegenüber Datenverarbeitern mit Sitz in einem Drittland.[1214] Gegenüber ausländischen Hoheitsträgern sind zudem alle zulässigen Möglichkeiten der Einflussnahme zu ergreifen, die zur extraterritorialen Sicherstellung des Datenschutzes möglich sind.[1215] Für die Ausübung extraterritorialer Regelungshoheit kommt damit eine Anknüpfung an das Schutzprinzip in Betracht.

Besonders für die Europäische Union haben die Ausführungen des *EuGH* im Verfahren Google./.AEPD die Möglichkeit nahegelegt, dass extraterritoriale Regelungshoheit im Datenschutzrecht aufgrund des Schutzprinzips und somit grundsätzlich weltweit beansprucht werden könne.[1216]

Es ist erklärtes Ziel der Union, allen in der Union befindlichen Personen das gleiche Schutzniveau ohne Rücksicht auf das Datenschutzniveau zu gewährleisten und somit die Vorgaben aus Art. 8 EMRK und Art. 7, 8 GRCh und Art. 16 AEUV umzusetzen. Dies gilt besonders vor dem Hintergrund, dass in der EU die Gewährleistung des Datenschutzes in engem Zusammenhang mit der Sicherstellung der demokratischen Struktur der Union insgesamt eingeordnet wird.[1217] Die hierfür zentralen Partizipationsrechte, insbesondere die Meinungsfreiheit gem. Art. 10 EMRK und Art. 11 GRCh, stehen ebenfalls jeder Person zu.

Auf eine extraterritoriale Regelung für das Recht auf Datenschutz kann angesichts der beschriebenen Wechselwirkung zwischen diesen Rechten daher nicht verzichtet werden. Den Staat trifft eine extraterritoriale Handlungs- und Schutzpflicht für dieses wichtige inländische Rechtsgut, die die ungehemmte Ausübung der damit verbundenen Freiheits- und Partizipationsrechte sicherstellen muss. Das bedeutet, dass eine Berücksichtigung der kollidierenden Interessen anderer Staaten nur soweit in Betracht kommt, wie sie der Gewährleistung des Rechts auf Datenschutz nicht abträglich ist.

1214 *Hoffmann-Riem*, JZ 2014, 53, 57, 60 f.; *Jarass,* GRCh Art. 51 Rn. 41.
1215 *Jarass*, GRCh Art. 51 Rn. 5, 41; *Schmahl*, JZ 2014, 220, 226.
1216 EuGH, U. v. 13.05.2014 – Rs C-131/12, Rn. 54, 58 – Google ./. AEPD; zur grds. Möglichkeit der Anknüpfung an das Schutzprinzip für EU-Datenschutzregelungen s. *Kuner*, 18 IJLIT 227, 239 (2010).
1217 *Simitis*, BDSG Einl. Rn. 246.

cc) Das Recht auf Datenschutz als Vereinigung subjektiver und staatlicher Interessen

Für Staat und Bevölkerung ist der Schutz personenbezogener Daten somit in vielfacher Hinsicht von herausragender Bedeutung.[1218] Datenschutz ist einerseits staatliches Interesse, weil der Staat zur Aufrechterhaltung seiner freiheitlich-demokratischen Grundordnung auf die Mitwirkung partizipationsbereiter Bewohner angewiesen ist, die sich in Gleichheit begegnen, die ohne Angst vor Repression und Benachteiligung ihre Persönlichkeit entfalten und ihre Grundrechte wahrnehmen. Andererseits ist Datenschutz Individualinteresse, weil der Einzelne des Rechts auf Datenschutz bedarf, um seine Mitwirkungsmöglichkeit am demokratischen Gemeinwesen zu gewährleisten, aber auch zur freien Entfaltung seiner Persönlichkeit – für sich allein und in der ungehemmten Interaktion mit anderen.[1219] Der Datenschutz steht damit im Zentrum, dieses sich einander bedingenden Verhältnisses zwischen dem Recht des Einzelnen und staatlicher Grundordnung. Im Recht auf Datenschutz vereinigen sich subjektives und staatliches Interesse zu einem gesellschaftlichen Gesamtinteresse. Prägnant ausgedrückt: Ohne Datenschutz keine freien und selbstbestimmten Individuen, ohne freie und selbstbestimmte Individuen keine Demokratie.[1220]

Indem der Staat also das subjektive Recht des Einzelnen auf Datenschutz schützt, schützt er auch seine eigenen Interessen.

b) Schutz wesentlicher wirtschaftlicher Interessen

Von großer Bedeutung ist der Datenschutz zudem für die wirtschaftliche Prosperität eines Staates:[1221] Die Informationsgesellschaft und die mit ihr verbundene Wirtschaft sind nicht nur auf die globale Kommunikation und den damit verbundenen Informationsaustausch angewiesen, sondern auch auf Nutzer, die dem System ihre Daten als Rohstoff zur Verfügung stellen.[1222] Dies funktioniert nur, wenn die Nutzer auf die Sicherung ihrer Per-

---

1218 *Bergmann*, Datenschutz, S. 244.
1219 *Bull*, NJW 2006, 1617, 1618.
1220 *Boehme-Neßler*, DVBl 2015, 1282, 1286 f.
1221 *Wuermeling*, Handelshemmnis Datenschutz, S. 209.
1222 *Boehme-Neßler*, NVwZ 2014, 825, 826; *Härting*, BB 2012, 459, 459.

sönlichkeitsrechte vertrauen können.[1223] Persönliche Begegnung und Beziehung sind klassische vertrauensbildende Faktoren, auf die im digitalen Markt jedoch nicht zurückgegriffen werden kann.[1224] Es kommt beständig zu Kontakten zwischen Personen, die weder sich einander noch ihre Hintergründe kennen.[1225] Dennoch gelten Datenschutzregeln in diesem Zusammenhang oftmals als kostenintensiv und hinderlich für die Entwicklung der Informationswirtschaft.[1226] Tatsächlich ist jedoch das Vertrauen der Nutzer in die Datenschutzumgebung die Grundlage der digitalen Wirtschaft.[1227]

Ein verlässlicher Datenschutz wird in der transnationalen Informationsgesellschaft durch den Verbraucher konsequent nachgefragt.[1228] Vertrauen in die Datenschutzumgebung eines Unternehmens ist ein ausschlaggebender Faktor für die Begründung und Aufrechterhaltung geschäftlicher Beziehungen und damit für die Entwicklung der transnationalen Informationsgesellschaft überhaupt.[1229] Unternehmen sind auf ein hohes Datenschutzniveau angewiesen, um den Verbraucher zur Inanspruchnahme ihrer Dienste und der damit verbundenen Offenbarung personenbezogener Daten zu bewegen.[1230] Angesichts einer nur mangelhaften Gewährleistung von Datenschutz sinkt die Bereitschaft der Verbraucher zur Anmeldung und Nutzung von Online-Services und dem Einkauf im Internet.[1231] Ein mangelndes Vertrauen der Nutzer und eine damit einhergehende gesunkene Bereitschaft der Verbraucher zur Datenpreisgabe hätten jedoch verheerende Auswirkungen auf die moderne Wirtschaft, deren wesentlicher Antrieb der Austausch der Nutzer mit der Wirtschaft und untereinander ist.[1232]

1223 *Härting*, BB 2012, 459, 459.
1224 *Boehme-Neßler*, MMR 2009, 439, 440.
1225 *Boehme-Neßler*, MMR 2009, 439, 440.
1226 *Borchers*, DuD 2006, 721, 721; *Hoeren*, DuD 1996, 542, 542; *Hoeren*, LTO-Spezial DJT 2012, 6, 6.
1227 *Albrecht*, DuD 2013, 655, 655; *Roßnagel*, FG Büllesbach, S. 131, 131 ff.
1228 *Roßnagel*, FG Büllesbach, S. 131, 131.
1229 *Albrecht*, DuD 2013, 655, 655; *Bangemann*, Informationsgesellschaft, S. 18; *Boehme-Neßler*, MMR 2009, 439, 439 ff.; *Roßnagel*, FG Büllesbach, S. 131, 135.
1230 *Albrecht*, DuD 2013, 655, 655; *Tsai/Egelman/Cranor/Acquisti*, 22 Inform. Syst. Res. 254, 255 (2011).
1231 *BITKOM*, Datenschutz, S. 33 f.; *Tsai/Egelman/Cranor/Acquisti*, 22 Inform. Syst. Res. 254, 254 (2011).
1232 Vgl. *Boehme-Neßler*, MMR 2009, 439, 441; *Hoffmann-Riem*, JZ 2014, 53, 53; *Roßnagel*, FG Büllesbach, S. 131, 131, 135.

IV. Begründung des Vorschlags

Die Akzeptanz digitaler Angebote und somit das Wachstum des Informationsmarktes sind folglich besonders vom Datenschutz abhängig.[1233] Er ist kein Innovations- oder Entwicklungshemmnis, sondern ein Standort- und Wettbewerbsvorteil.[1234] US-amerikanische Untersuchungen unterstützen diese These: Kunden kaufen nicht nur bevorzugt bei Händlern, die einen funktionierenden Datenschutz gewährleisten, sondern sind z.T. sogar bereit einen höheren Preis zu bezahlen, sofern sie im Gegenzug in den Genuss eines besseren Datenschutzniveaus kommen.[1235] Ein funktionierender Schutz personenbezogener Daten ist damit von großer ökonomischer Relevanz für die Informationswirtschaft.[1236] Die Sensibilität für das Datenschutzniveau einzelner Wettbewerber ist zwar noch nicht übermäßig deutlich ausgeprägt, sobald sich Angebote jedoch durch ein erkennbar unterschiedliches Datenschutzniveau unterscheiden, sind Konsumenten bereit, auch höhere Kosten im Gegenzug für einen besseren Datenschutz zu akzeptieren.[1237] Ein verlässlich gewährleisteter Datenschutz wird damit zum zukünftigen Standortvorteil für Unternehmen.[1238]

Datenschutz ist erforderlich, um das im Informationsmarkt benötigte Vertrauen zwischen Unternehmen und Verbraucher herzustellen und wirkt sich sogar positiv auf die Kaufentscheidung des Verbrauchers aus.[1239] Die Gewährleistung eines funktionierenden und auf hohem Niveau staatlich abgesicherten Datenschutzes durch Unternehmen wird damit zum Wettbewerbsvorteil gegenüber Mitbewerbern, deren Sitzstaaten keine oder keine ausreichende staatliche Absicherung des Datenschutzes bieten können.[1240] Ein staatlich gewährleistetes hohes Datenschutzniveau stellt sich daher als

---

1233 *Albrecht*, DuD 2013, 655, 655; *Bangemann*, Informationsgesellschaft, S. 18; *Boehme-Neßler*, MMR 2009, 439, 441; *Heckmann*, K&R 2010, 770, 777; *Roßnagel*, FG Büllesbach, S. 131, 131 f.
1234 *Albrecht*, DuD 2013, 655, 657; *Borchers*, DuD 2006, 721, 722; *Bull*, NJW 2006, 1617, 1619; *Hoeren*, DuD 1996, 542, 542 ff.; *Spiecker gen. Döhmann*, 52 CML Rev. 1033, 1056 f. (2015); *Tsai/Egelman/Cranor/Acquisti*, 22 Inform. Syst. Res. 254, 254 ff. (2011).
1235 *Tsai/Egelman/Cranor/Acquisti*, 22 Inform. Syst. Res. 254, 263 (2011).
1236 *Höffe*, FG Büllesbach, S. 257, 257; *Roßnagel*, FG S. Büllesbach, S. 131, 131.
1237 *Tsai/Egelman/Cranor/Acquisti*, 22 Inform. Syst. Res. 254, 263 (2011).
1238 *Albrecht*, DuD 2013, 655, 655; *Polenz*, in: Kilian/Heussen, CHB Teil 13-134 Rn. 64; *Roßnagel*, FG Büllesbach, S. 131, 132.
1239 *Boehme-Neßler*, MMR 2009, 439, 441.
1240 *Albrecht*, DuD 2013, 655, 657; *Polenz*, in: Kilian/Heussen, CHB Teil 13-134 Rn. 64; *Spiecker gen. Döhmann*, 52 CML Rev. 1033, 1056 f. (2015).

C. Kritik und eigener Lösungsvorschlag

Standortvorteil des Staates und Wettbewerbsvorteil des einzelnen Unternehmens mit Sitz in diesem Staat dar.[1241]

Die Bedeutung personenbezogener Daten und somit des Datenschutzes reicht dabei über die IT-bezogene Wirtschaft hinaus,[1242] sodass zur Fortentwicklung und Erhaltung einer funktionierenden Binnenwirtschaft ein natürliches Interesse des Staates an einem effektiven und funktionierenden Datenschutz besteht. Dies gilt auch für Entwicklungsländer, die aufgrund restriktiver Regelung des Datenexports durch viele Industrienationen ein wachsendes Interesse an der Gewährleistung gewisser Datenschutzstandards haben, um am freien internationalen Datenverkehr partizipieren zu können.[1243] Die jüngst erlassenen Regelungen in Südafrika oder Indien sind hierfür ein Beispiel. Selbst in den USA beginnt aufgrund der Bedeutung eines staatlich gewährleisteten Datenschutzes für die Wirtschaft eine langsame Abkehr vom Konzept der Selbstregulierung.[1244] Die Gewährleistung des Schutzes personenbezogener Daten stellt somit ein wesentliches wirtschaftliches Interesse des Staates dar.

Der Schutz personenbezogener Daten und das dadurch geschaffene Vertrauen der Konsumenten sind somit entscheidend für die weitere Entwicklung der digitalen Wirtschaft. Es handelt sich um ein wesentliches wirtschaftliches Interesse des Staates, für das auf Grundlage des Schutzprinzips extraterritoriale Regelungshoheit ausgeübt werden kann.

c) Die datenschutzrechtliche Modifikation

Ziel jedes Lösungsvorschlags für das internationale Datenschutzrecht muss es sein, den Schutz der Betroffenen unter Berücksichtigung der grundsätzlichen Bedeutung des Datenschutzes für die demokratische Informationsgesellschaft zu gewährleisten. Angesichts der ubiquitären und grenzenlosen Datenverarbeitung muss es der Vorschlag ermöglichen, einen global wirkenden Datenschutz sicherzustellen. Hierfür sind im internationalen Datenschutzrecht jedenfalls mittelfristig extraterritoriale Regelungen erforderlich. Extraterritoriale Regelungshoheit auf Grundlage des

---

1241 *Albrecht*, DuD 2013, 655, 655; *Polenz*, in: Kilian/Heussen, CHB Teil 13-134 Rn. 64; *Roßnagel*, FG Büllesbach, S. 131, 132.
1242 *Wuermeling*, Handelshemmnis Datenschutz, S. 209.
1243 Vgl. *Wuermeling*, Handelshemmnis Datenschutz, S. 210.
1244 *Weitzner*, FS Hustinx, p. 199, 208.

Schutzprinzips kann daher zur weltweiten Absicherung eines effektiven Datenschutzes herangezogen werden, solange eine weltweite Datenschutz-Regelung nicht existiert.[1245]

Die Ausübung extraterritorialer Regelungshoheit ist jedoch nicht mehr erforderlich, soweit die Staaten, in denen der extraterritoriale Regelungsanspruch greift, ebenfalls über ein entsprechendes, gleichwertiges Datenschutzniveau verfügen und somit der Anlass für die Beanspruchung der Regelungshoheit entfällt. In der Interessenabwägung gäbe es in diesem Fall kein überwiegendes Interesse mehr für die Ausübung von Hoheitsgewalt auf Grundlage des Schutzprinzips, sodass sie sich als unverhältnismäßig und damit unzulässig darstellte. Ferner ist eine Begrenzung extraterritorialer Regelungshoheit vorzunehmen, um rechtliche und wirtschaftliche Konflikte und Probleme hinsichtlich der Durchsetzbarkeit der aufgestellten Rechtsnormen zu vermeiden.

Das modifizierte Schutzprinzip im Datenschutzrecht lässt somit die Ausübung extraterritorialer Regelungshoheit zu, soweit dies für die Gewährleistung des Datenschutzes als wesentliches staatliches Interesse erforderlich ist, verpflichtet Staaten aber zugleich dazu Rücknahmen für die Fälle vorzusehen, in denen die mit der Auslandserstreckung verfolgten Ziele bereits durch ausländische Gesetze ausreichend abgesichert wurden. Insoweit ist eine Berücksichtigung vergleichbarer gesetzgeberischer Standards anderer Staaten vorgesehen, die auf die Idee einer Harmonisierung des Datenschutzrechts als Alternative zu extraterritorialen Regelungen (siehe A. V. 6.) zurückgeht.

Die Modifikation dient daher der Wahrung der Erforderlichkeit und Verhältnismäßigkeit und ist somit das Ergebnis einer Interessenabwägung. Sie berücksichtigt die Interessen anderer Staaten und vermeidet Konflikte, soweit dies mit dem Regelungsziel vereinbar ist. Die Modifikation erfüllt dabei zwei Funktionen: Zunächst kann mit ihrer Hilfe der Aufbau eines funktionierenden Datenschutz-Regimes in anderen Staaten initiiert und so die internationale Harmonisierung befördert werden.[1246] Die Analyse der gegenwärtigen Situation des internationalen Datenschutzrechts hat gezeigt, dass die Notwendigkeit eines grenzüberschreitenden Datenaustauschs besteht. In der Praxis führt dies zu Jurisdiktions- und Interessen-

---

1245 Vgl. *Höffe*, FG Büllesbach, S. 257, 260.
1246 Vgl. *Höffe*, FG Büllesbach, S. 257, 260, 265; vgl. *Wuermeling*, Handelshemmnis Datenschutz, S. 210.

C. Kritik und eigener Lösungsvorschlag

konflikten, die im Einzelfall durch bilaterale Abkommen aufgelöst werden.

Die datenschutzrechtliche Modifikation des Schutzprinzips beinhaltet zudem das Versprechen an alle anderen Staaten, dass es aufgrund der Rücknahme der extraterritorialen Erstreckung des Anwendungsbereiches nicht zu Jurisdiktions- und Interessenkonflikten kommt und ein freier grenzüberschreitender Datenverkehr sichergestellt wird, sofern ein bestimmtes Datenschutzniveau in diesen Staaten gewährleistet wird. Die Modifikation befriedigt damit sowohl Datenschutz-, als auch ökonomische Interessen.

Die Erfahrungen mit den Bestimmungen der EU zur Datenübermittlung in Drittstaaten belegen, dass derartige Regelungen erfolgreich erheblichen Einfluss auf die Gesetzgebung in anderen Ländern nehmen können.[1247]

Diese Modifikation ist ferner Ausdruck des in der vorhergehenden Untersuchung festgestellten rechtspolitischen Interesses an einem funktionierenden Schutz personenbezogener Daten, das eine zunehmende Anzahl von Staaten eint.[1248] Es besteht in den Fällen, in denen ein entsprechendes Datenschutzniveau geschaffen wurde, schlicht kein Anlass mehr zur Erstreckung des extraterritorialen Anwendungsbereiches des eigenen Rechts. Selbst bei Vorliegen eines hinreichenden Anknüpfungspunktes entfällt damit das Interesse an der Ausübung extraterritorialer Regelungshoheit. Käme es trotz dieses Wegfalls des Regelungsinteresses zu einer Erstreckung des extraterritorialen Anwendungsbereiches eines Datenschutzgesetzes, würde dies keine erforderliche und verhältnismäßige Ausübung von Regelungshoheit im Rahmen der Interessenabwägung und somit eine unzulässige Einmischung in die inneren Angelegenheiten fremder Staaten darstellen. Die Modifikation sichert damit die Verhältnismäßigkeit der Anknüpfung an das Schutzprinzip und sorgt dafür, dass Jurisdiktionskonflikte wo möglich vermieden werden. Es ist geboten, diese Modifikation auch bei der Reichweite des extraterritorialen Regelungsanspruchs zu berücksichtigen.

1247 *Bygrave*, Data Privacy Law, p. 123; *Bygrave*, 47 Sc. St. L. 319, 334 (2004); *Poullet*, 2 J. Int'l Com. L. & Tech. 141, 148 (2007); *Weitzner*, FS Hustinx, p. 199, 210.
1248 Siehe nur UN-Generalversammlung A/RES/69/166 v. 18.12.2014; UN-Generalversammlung A/RES/68/167 v. 18.12.2013; UN-Menschenrechtsrat A/HRC/28/L.27 v. 24.03.2015.

IV. Begründung des Vorschlags

Schließlich trägt die Modifikation der festgestellten Notwendigkeit der Begrenzung extraterritorialer Regelungen Rechnung. Der Einzelstaat verzichtet zur Vermeidung von rechtlichen und wirtschaftlichen Konflikten auf die extraterritoriale Erstreckung des Anwendungsbereiches, soweit es unter Berücksichtigung der staatlichen Schutzpflichten möglich ist. Die mit dem Prinzip ferner angestrebte internationale Harmonisierung sorgt zudem über den Einzelstaat hinaus für den Entfall der Notwendigkeit extraterritorialer Regelungen. Das Prinzip verwirklicht damit die angestrebte Begrenzung.

2. Umsetzungsbeispiel für das modifizierte Schutzprinzip

Eine beispielhafte Umsetzung des modifizierten Schutzprinzips könnte wie folgt aussehen:

§ X – Räumlicher Anwendungsbereich
(1) Dieses Gesetz findet Anwendung auf
a) die Verarbeitung personenbezogener Daten, die durch oder für eine im Inland niedergelassene Stelle erfolgt;
b) die Verarbeitung von gezielt im Inland erhobenen personenbezogenen Daten;
c) die Verarbeitung personenbezogener Daten, die der gezielten Ansprache oder Beobachtung im Inland befindlicher Personen dient.
(2) Dieses Gesetz findet keine Anwendung auf die Verarbeitung personenbezogener Daten durch oder für eine nicht im Inland niedergelassene Stelle, sofern diese ihre Niederlassung in einem Staat mit angemessenem Datenschutzniveau i.S.d. Gesetzes hat und die Verarbeitung nicht im Inland stattfindet.

Das Umsetzungsbeispiel orientiert sich grundsätzlich an den Begrifflichkeiten der Datenschutz-Grundverordnung. Der Begriff der Stelle wird hier weiter verstanden, um sowohl für die Verarbeitung Verantwortliche als auch Auftragsdatenverarbeiter zu erfassen.

Der schutzbasierte Ansatz des Gesetzes kommt zunächst dadurch zum Ausdruck, dass vorliegend die Anwendbarkeit nicht von einem, im Rahmen der Anwendbarkeitskriterien näher zu bestimmenden, ökonomischen Element der Datenverarbeitung abhängt – im Gegensatz zu den untersuchten Bestimmungen der EU (DSGVO), Australiens, Kanadas oder Kaliforniens, die auf dem datenschutzspezifischen Auswirkungsprinzip basieren. Dass der tatsächliche Nachweis des ökonomischen Elements dabei durchaus Schwierigkeiten kann, ist insbesondere an Art. 3 Abs. 2 DSGVO deutlich geworden.

C. Kritik und eigener Lösungsvorschlag

Gleichzeitig hat der schutzbasierte Ansatz den Vorteil, dass eine technikneutrale Formulierung der Anwendbarkeitskriterien möglich ist. Die Verwendung von Mitteln oder Computerressourcen im Inland ist damit, anders als bei den, auf dem Auswirkungsprinzip basierenden, Regelungen der DSRL oder der Datenschutzgesetze von Indien oder Südafrika, nicht mehr entscheidend.

Aufgrund von Abs. 1 lit. a) wird zunächst sichergestellt, dass alle im Inland niedergelassenen Stellen das inländische Datenschutzrecht zu beachten haben, gleichviel an welchem Ort und durch wen oder für wen deren Datenverarbeitung ausgeführt wird. Eine Umgehung inländischen Rechts durch Auslagerung der Datenverarbeitung wird verhindert, ebenso können inländische Stellen nicht als Daten-Oase genutzt werden. Der Vorschlag verhindert somit Missbrauchsgestaltungen effektiv.

Der dargelegten Bedeutung des Rechts auf Datenschutz für den Regelungsstaates entsprechend (siehe C. IV. 1. a) und b)), wird die Verarbeitung von gezielt im Inland erhobenen personenbezogenen Daten ohne Rücksicht auf die dahinterstehende Motivation erfasst. Zunächst werden damit alle personenbezogenen Daten mit einer hinreichend engen Verbindung zum Inland dem Schutz des Gesetzes unterstellt.

Des einschränkenden Kriteriums der gezielten Erhebung im Inland bedarf es, da ein unterschiedsloser Schutz aller personenbezogenen Daten für sich genommen nicht nur übermäßig wäre, sondern für die Verarbeitung personenbezogener Daten, die ausschließlich Vorgänge im Ausland, wie bspw. im Rahmen von Urlaubsreisen, betreffen, kein weitergehendes Regelungsinteresse besteht. Soweit jedoch die im Ausland erhobenen Daten genutzt werden, um auch nach Beendigung des Auslandsaufenthaltes eine gezielte Ansprache oder Beobachtung von mit dem Inland verbundenen Datensubjekten vorzunehmen, greift Abs. 1 lit. c).

Nach Abs. 1 lit. c) wird jede Datenverarbeitung, die der gezielten Ansprache oder Beobachtung im Inland befindlicher Personen dient, dem inländischen Datenschutzrecht unterworfen. Damit wird zunächst der Bedeutung personenbezogener Daten für die Informationswirtschaft Rechnung getragen. Jede gezielte Ansprache oder Beobachtung, die der Teilnahme am inländischen Informationsmarkt dient, unterliegt damit ebenfalls inländischem Datenschutzrecht.

Die Bedeutung dieses Kriteriums geht aber über das ökonomische Element hinaus: Indem nicht nur eine wirtschaftlich motivierte, sondern jede gezielte Ansprache oder Beobachtung erfasst ist, werden insbesondere auch politisch motivierte Datenverarbeitungen einbezogen. Dies berücksichtigt die Bedeutung des Rechts auf Datenschutz für die Willensbildung des Einzelnen und damit die Demokratie insgesamt entsprechend – eine Einbeziehung, die insbesondere Art. 3 DSGVO, aber auch sonst keinem der untersuchten Datenschutzgesetze hinreichend gelingt: Würde bspw. eine politische Organisation mit Sitz in den USA die personenbezogenen Daten eines EU-Bürgers verarbeiten, um diesen gezielt von einer bestimmten politischen Idee zu überzeugen, handelte es sich schon mangels einer Niederlassung nicht um eine Verarbeitung personenbezogener Daten i.S.v. Art. 3 Abs. 1 DSGVO; für eine Anwendbarkeit nach Art. 3 Abs. 2 lit. a) DSGVO fehlte es an dem Angebot von Waren oder Dienstleistungen und ob mit der gezielten politischen Ansprache das Beobachten von Verhalten gemäß Art. 3 Abs. 2 lit. b) DSGVO verbunden ist, erscheint zumindest fraglich.

Insbesondere die Bestimmungen von Abs. 1 lit. b) und c) verdeutlichen die durch den schutzbasierten Ansatz gestiegene Rechtssicherheit für den Betroffenen: Immer dann, wenn seine Daten gezielt von ihm erhoben werden oder eine gezielte Ansprache seiner Person stattfindet, kann er sich der Geltung des ihm vertrauten, inländischen oder eines vergleichbaren ausländischen Datenschutzrechts sicher sein. Diese Sicherheit für den Betroffenen können die untersuchten bestehenden Regelungen nicht bieten.

Grundsätzlich sollen Jurisdiktionskonflikte vermieden werden, eine Rücknahme staatlichen Regelungsanspruchs kann jedoch angesichts der überragenden Bedeutung des Rechts auf Datenschutz und der damit verbundenen Schutzverpflichtungen nur stattfinden, sofern ein wirksamer Datenschutz sichergestellt ist. Eine Rücknahme der extraterritorialen Erstreckung findet dementsprechend für nicht im Inland niedergelassene Stellen gem. Abs. 2 statt, sofern deren Heimatstaat ein angemessenes Datenschutzniveau gewährleistet. Die Begrifflichkeit orientiert sich insoweit an der EU-Gesetzgebung, ist aber nicht entscheidend. Kern der Regelung ist, dass ein substantiell vergleichbares Datenschutzniveau gewährt werden muss, dass die Interessen des Regelungsstaates soweit befriedigt, dass er auf eine Erstreckung des Anwendungsbereiches verzichten kann. Die Feststellung der Angemessenheit eines Datenschutzniveaus sollte durch unabhängige Datenschutz-Behörden stattfinden, um politische Entscheidungen zu vermeiden. Die Sicherstellung der Geltung des Territorialprinzips und damit des Datenschutzrechts für alle Datenverarbeitungen im Inland findet durch Abs. 2 letzter Halbsatz statt.

Auch die beschriebenen Zweifelsfälle hinsichtlich der räumlichen Anwendbarkeit des Datenschutzrechts in Lawson vs. Accusearch und Google

C. Kritik und eigener Lösungsvorschlag

vs. AEPD hätten mit dem vorliegenden Vorschlag vermieden werden können: Im Fall Lawson vs. Accusearch fand jedenfalls eine Verarbeitung von gezielt in Kanada erhobenen personenbezogenen Daten statt, sodass eine Anwendbarkeit gem. Abs. 1 lit. b) des Vorschlags gegeben wäre. Soweit Accusearch das aus diesen Daten zusammengestellte Persönlichkeitsprofil zudem in Kanada angeboten hat, wäre aufgrund der damit verbundenen Teilnahme am kanadischen Informationsmarkt durch die gezielte Ansprache von im Inland befindlichen Personen eine Anwendbarkeit aufgrund von Abs. 1 lit. c) gegeben. Kanadisches Datenschutzrecht wäre somit eindeutig anwendbar.

Im Fall Google vs. AEPD kam es darauf an, ob die Werbeanzeigen vermarktende Google Spain eine hinreichende Anknüpfung zur Europäischen Union darstellt, um die für die Verarbeitung personenbezogener Daten verantwortliche US-amerikanische Google Inc. in den Anwendungsbereich der Datenschutzrichtlinie einzubeziehen. Die Frage hätte bei Anwendung des Umsetzungsbeispiels eindeutig beantwortet werden können. Indem Google Inc. sich durch eine auf Spanien zugeschnittene Version seines Dienstes erkennbar an spanische Nutzer wendet, findet regelmäßig eine Erhebung personenbezogener Daten im Inland, also in diesem Fall Spanien, statt.[1249] Eine Anwendbarkeit nach Abs. 1 lit. b) des Umsetzungsbeispiels wäre somit gegeben. Zudem nehmen Suchmaschinendienste eine wichtige Mittlerfunktion im weltweiten Informationsmarkt ein. Indem Google Inc. seine Dienste für Anfragen aus Spanien bereitstellt und mit Hilfe der Verarbeitung personenbezogener Daten von spanischen Inländern zielgruppengerechte Suchergebnisse erzeugt, nimmt es einerseits eine gezielte Beobachtung im Inland befindlicher Personen statt und wendet sich andererseits durch die Schaltung zielgruppengerechter Werbung im Rahmen der Suchergebnisse ebenso gezielt an dort befindliche Personen. Eine Anwendbarkeit wäre somit zusätzlich nach Abs. 1 lit. c) gegeben.

Die immer wieder diskutierte Anwendbarkeit nationalen Datenschutzrechts auf Facebook bereitete bei Umsetzung des Vorschlags ebenfalls keine Probleme.[1250] Regelmäßig wird man bei einer Teilnahme inländischer Nutzer an diesem Netzwerk von einer Datenerhebung im Inland ausgehen können,[1251] sodass eine Anwendbarkeit gegeben wäre, Abs. 1 lit. b). Face-

---

1249 siehe *Jotzo*, MMR 2009, 232, 236 f. zur vergleichbaren Fragestellung in § 1 Abs. 5 S. 2 BDSG.
1250 zur Diskussion siehe *Hoeren*, ZRP 2010, 251, 252; *Nolte*, ZRP 2011, 236, 239.
1251 *Jotzo*, MMR 2009, 232, 237.

book wendet sich aber auch regelmäßig an Personen im Inland, um sie zur Teilnahme am Netzwerk zu bewegen. Das Gesetz wäre demnach gem. Abs. 1 lit. c) ebenfalls anwendbar.

3. Das „modifizierte Schutzprinzip" garantiert angemessene Ergebnisse

Das modifizierte Schutzprinzip ermöglicht in der Tat eine weitergehende Inanspruchnahme extraterritorialer Regelungshoheit, als das im Vordringen befindliche datenschutzspezifische Auswirkungsprinzip. Weder bedarf es einer vorhersehbaren, substantiellen und unmittelbaren Auswirkung, noch findet eine Beschränkung der Regelungshoheit auf einen besonders eng mit dem Inland verbundenen Personenkreis statt. Das zu datenschutzrechtlichen Zwecken modifizierte Schutzprinzip führt zur Anwendbarkeit unabhängig vom Begehungsort der rechtsverletzenden Datenverarbeitung und der Staatsangehörigkeit des Täters, sodass es leichter zu einem Konflikt mit den Interessen anderer Staaten kommen kann. Zwischen den berechtigten Interessen und Erwartungen der beteiligten Staaten ist unter Berücksichtigung der Art und Ausprägung ihres Verhältnisses zum normierten Sachverhalt und der Vermeidung möglicher Konflikte ein gerechter Ausgleich zu finden.[1252]

Mit Hilfe der Modifikation wird dafür Sorge getragen, dass durch die Ausweitung des Anwendungsbereiches des eines darauf basierenden Datenschutzgesetzes die ökonomischen Interessen, die Datenschutz- und Demokratieinteressen oder die Sicherheits- und Strafverfolgungsinteressen anderer Staaten nicht derart berührt werden, dass eine Ausübung der Regelungshoheit durch den normierenden Staat zu unterbleiben hat.

Wo ein funktionierendes Schutzsystem besteht, greift die Modifikation des Schutzprinzips als Rücknahme der Regelungshoheit und es ist von einer Erstreckung des Anwendungsbereiches abzusehen. Es kommt mangels extraterritorialer Regelung zu keinem Jurisdiktions- und Interessenkonflikt. Besteht ein solches System nicht, wird aus Sicht des Datensubjekts allenfalls ein Mehr an Rechten gewährt.

Das Datenschutzinteresse anderer Staaten wird durch die Ausübung von extraterritorialer Regelungshoheit auf Grundlage des modifizierten

---

[1252] *Volz*, Extraterritoriale Terrorismusbekämpfung, S. 54; *Wildhaber*, in: Schweizerisches Jahrbuch für internationales Recht Bd. XLI 1985, S. 104.

Schutzprinzips nicht beeinträchtigt. Das Demokratieinteresse anderer Staaten kann durch eine Regelung auf der vorgeschlagenen Grundlage insoweit beeinträchtigt werden, als dass eine unterschiedliche Gewichtung der Bedeutung des Rechts auf Datenschutz einerseits und Meinungs- und Informationsfreiheit andererseits vorgenommen wird.[1253]

Ein Recht auf Datenschutz kann in diesem Zusammenhang als Beschränkung der Rede- und Meinungsfreiheit wahrgenommen werden,[1254] die gerade die Freiheit zur Entäußerung von Informationen über Dritte enthält.[1255] Diese Freiheit wird dabei ohne Rücksicht auf den Informationsinhalt gewährt, gleichgültig ob die Angaben zutreffend sind oder nicht.[1256] Dies trifft insbesondere auf die USA und die durch das *First Amendment* geschützte *Freedom of Speech* zu.[1257] Eine Beschränkung dieser Entäußerungsmöglichkeiten durch extraterritoriale Datenschutzregelungen kann daher weniger als Garantie dieser Freiheit, sondern vielmehr als Versuch staatlicher Kontrolle des Informationsflusses und somit Eingriff in die verfassungsmäßig geschützten Rechte wahrgenommen werden.[1258] Der Schutz personenbezogener Daten sei primär nur ein Mittel der Regierung, um Einzelnen ein Recht an die Hand zu geben, das andere davon abhalten soll, sich über sie auszutauschen.[1259] Ließe man derartige Beschränkungen der Freiheit zugunsten des Schutzes personenbezogener Daten zu, ließen sich weitere Beschränkungen der Meinungs- und Redefreiheit sowie weiterer Grundrechte allzu leicht rechtfertigen, argumentieren Kritiker.[1260]

1253 *Cunningham*, 11 Santa Clara J. Int'l L. 421, 443 f. (2013); *Kühling*, EuZW 2014, 527, 532; *Reidenberg*, 52 Stan. L. Rev. 1315, 1342 f. (2000); *Schwartz*, 52 Stan. L. Rev. 1559, 1559 ff. (2000); *Simitis*, 98 Cal. L. Rev. 1989, 1994 (2010); *Spiecker gen. Döhmann*, 52 CML Rev. 1033, 1046 ff. (2015). *Volokh*, 52 Stan. L. Rev. 1049, 1049 ff. (2000).
1254 *Hoeren*, ZD 2014, 325, 325 f.; *Volokh*, 52 Stan. L. Rev. 1049, 1050 ff. (2000).
1255 *Schwartz*, 52 Stan. L. Rev. 1559, 1559 (2000).
1256 *Volokh*, 52 Stan. L. Rev. 1049, 1051 (2000).
1257 *Volokh*, 52 Stan. L. Rev. 1049, 1051 (2000).
1258 *Volokh*, 52 Stan. L. Rev. 1049, 1050 ff. (2000).
1259 *Schwartz*, 52 Stan. L. Rev. 1559, 1561 (2000); *Volokh*, 52 Stan. L. Rev. 1049, 1050 f. (2000).
1260 *Volokh*, 52 Stan. L. Rev. 1049, 1051 (2000).

Diese Argumentation verfängt jedoch nicht, dient das Recht auf Datenschutz doch gerade dem Schutz der Meinungsfreiheit.[1261] Nicht umsonst wurde in den Anfängen des Datenschutzes erwogen, dessen grundrechtlichen Schutz durch eine Herleitung aus der Meinungsfreiheit und nicht aus dem Allgemeinen Persönlichkeitsrecht zu gewährleisten.[1262]
Eine freie und demokratische Gesellschaft zeichnet sich zudem nicht ausschließlich durch eine unbedingte Freiheit der öffentlichen Rede aus, sondern bedarf geeigneter Maßnahmen, die den Prozess der Willensbildung und Meinungsäußerung ebenso absichern, wie die Selbstbestimmung des Einzelnen.[1263] Das Datenschutzrecht garantiert, dass der Einzelne seine gegenwärtige Meinung ohne Furcht vor anschließender Repression äußern kann, verhindert Einschüchterungseffekte und sichert somit zukünftige Meinungsäußerungen ab.[1264] Ein effektiver Datenschutz garantiert in der demokratischen Informationsgesellschaft die Teilhabemöglichkeiten der Bevölkerung und erweist sich daher als unmittelbar grundrechtsschützend.[1265] Die Selbstbestimmung des Einzelnen in der Informationsgesellschaft ist ohne Datenschutz undenkbar, sie befähigt zur mündigen Teilnahme an der demokratischen Informationsgesellschaft.[1266] Datenschutz ist somit kein Widerpart, sondern notwendiges Pendant der freien Rede in einer Demokratie.[1267]
Es handelt sich somit im Kern nicht um gegenläufige Interessen. Die Demokratieinteressen werden insbesondere mit Hinblick auf die Meinungs- und Informationsfreiheit durch das Schutzprinzip grundsätzlich gewahrt, wenn nicht sogar gefördert. Extraterritoriale Regelungen im Datenschutzrecht verstoßen somit bei maßvoller Ausübung der Regelungshoheit somit grundsätzlich nicht gegen die Datenschutz- und Demokratieinteressen anderer Staaten.

1261 UN-Generalversammlung A/RES/69/166 v. 18.12.2014, S. 2; UN-Generalversammlung A/RES/68/167 v. 18.12.2013, S. 1; UN-Menschenrechtsrat A/HRC/28/L.27 v. 24.03.2015, S. 2; *Schwartz*, 52 Stan. L. Rev. 1559, 1563 (2000); *Tinnefeld*, ZD 2015, 22, 25 f.
1262 *Eberle*, DÖV 1977, 306, 307 ff.
1263 *Schwartz*, 52 Stan. L. Rev. 1559, 1563 f. (2000).
1264 BVerfGE 65, 1, 42 f. – Volkszählungsurteil.
1265 *Heckmann*, K&R 2010, 770, 773; *Simitis*, BDSG Einl. Rn. 30; *Tinnefeld/Buchner/Petri*, Datenschutzrecht, S. 40.
1266 *Heckmann*, K&R 2010, 770, 776.
1267 *Eberle*, DÖV 1977, 306, 308 ff.; *Schwartz*, 52 Stan. L. Rev. 1559, 1564 (2000); *Simitis*, FS Simon, S. 511, 527.

C. Kritik und eigener Lösungsvorschlag

Möglich ist jedoch eine Beeinträchtigung der ökonomischen Interessen anderer Staaten. Hierbei ist zunächst an das Wirtschaftsinteresse der datenverarbeitenden Industrie anderer Staaten zu denken: Sie können in den extraterritorialen Anwendungsbereich einbezogen werden, sobald sie durch ihre Geschäftshandlungen die wesentlichen Rechtsgüter und Belange des Regelungsstaates berühren. Die Handlungen privater sind jedoch ebenso regulierungswürdig, wie staatliches Handeln im Bereich des Datenschutzes. Die Tätigkeit der datenverarbeitenden Wirtschaft und insbesondere der großen Konzerne der Informationswirtschaft hat bedeutende Auswirkungen auf das Zusammenleben im Staat der Informationsgesellschaft.[1268] Insoweit ist ihre Regulierung geboten, sobald sie mit den bedeutenden Rechtsgütern des Regelungsstaates in Berührung kommen.

Die Einbeziehung der datenverarbeitenden Wirtschaft kann zudem das Standortinteresse der Staaten beeinträchtigen, deren Möglichkeiten zur Selbstvermarktung als sog. Daten-Oase dadurch eingeschränkt wird.[1269] Genau so wenig, wie Staaten jedoch Konkurrenz durch sog. Steuer-Oasen hinnehmen müssen, sind Beeinträchtigungen nationaler Interessen durch sog. Daten-Oasen zu dulden.

Es kann ferner zu einem Konflikt aufgrund eines unterschiedlichen Staatsverständnisses zwischen Regelungsstaat und von der extraterritorialen Regelung betroffenen Staaten kommen. Insbesondere die US-amerikanische Tradition misstraut staatlicher Regulierung, vertraut stattdessen den Selbstregulierungskräften des Marktes und nimmt den Einzelnen für den Schutz seiner Rechte in Verantwortung.[1270] Regelungen aufgrund des Schutzprinzips können als konträr zu diesem Staatsverständnis und damit als unerwünschte Einmischung verstanden werden. Das Schutzprinzip erlaubt allerdings nur den Schutz wesentlicher staatlicher Interessen und Rechtsgüter sowie der Sicherheit und des Bestands des Staates an sich. Der Schutz dieser wesentlichen Interessen und die Umsetzung der dazu erforderlichen Maßnahmen können nicht verwehrt werden.

Wie gezeigt, ist für die Inanspruchnahme von Regelungshoheit auf Grundlage des modifizierten Schutzprinzips das Datenschutz- und Demokratieinteresse von überragender Bedeutung.

Nicht nur ist der Schutz personenbezogener Daten dabei, zu einem globalen rechtspolitischen Anliegen zu werden und für die nationale Wirt-

---

1268 *Weingarten*, Der Spiegel 2015/27, 66, 66 f.
1269 *Ellger*, Datenschutz, S. 95 f.
1270 *Reidenberg*, 52 Stan. L. Rev. 1315, 1342 f. (2000).

IV. Begründung des Vorschlags

schaft von herausgehobener Bedeutung. Datenschutzregelungen auf Grundlage des modifizierten Schutzprinzips stellen sich für den Regelungsstaat als funktionsnotwendige Bedingung und Bestandsgarantie für den demokratischen Staat in der Informationsgesellschaft dar. Insoweit überwiegt schon das Datenschutz- und Demokratieinteresse des auf Grundlage des modifizierten Schutzprinzips handelnden Staates die ökonomischen Interessen anderer Staaten deutlich.

Ferner ist es von Bedeutung, dass es in absehbarer Zukunft zu keinem globalen Datenschutz-Abkommen oder einer vergleichbaren internationalen Einigung über den Schutz personenbezogener Daten kommen wird. Die derzeitige Aussichtslosigkeit für eine von der internationalen Gemeinschaft getragene Lösung muss aber nicht den völligen Verzicht auf Datenschutz-Standards außerhalb eigener Landesgrenzen bedeuten.[1271] Gegenüber der gänzlichen Abwesenheit eines effektiven Schutzes personenbezogener Daten im Ausland stellt die Durchsetzung eigener Datenschutz-Vorstellung die vorzugswürdige Alternative dar.[1272] Der ohnehin mangels Harmonisierung vorhandene Konflikt kann damit genutzt werden, um durch einen unilateralen Ansatz, also mit Hilfe einer Art „konfrontativem Datenschutzrecht", den Bemühungen für eine Rechtsvereinheitlichung Vorschub zu leisten.[1273] Ein konfrontatives Datenschutzrecht auf Grundlage des modifizierten Schutzprinzips kann aufgrund der harmonisierungsfördernden Modifikation somit Teil einer Bewegung für ein globales Datenschutzrecht auf hohem Niveau sein. Dass mit extraterritorialem Datenschutz zudem ein menschenrechtliches Interesse einer Vielzahl von Staaten befördert wird,[1274] unterstreicht diese Position nur noch.

Das Datenschutzrecht nimmt in der EU eine unmittelbare Gewährleistungsfunktion für deren demokratische Struktur ein.[1275] Dementsprechend bedarf das Datenschutzrecht eines besonders weiten Anwendungsbereiches, um einen wirkungsvollen Schutz der Grundrechte zu gewährleisten.[1276] Das Datenschutzinteresse anderer Staaten wird durch die Aus-

---

1271 *Höffe*, FG Büllesbach, S. 257, 260.
1272 *Höffe*, FG Büllesbach, S. 257, 260, 265.
1273 *von Arnauld*, BerDGIR 47, 1, 23; *Höffe*, FG Büllesbach, S. 257, 260.
1274 Zu diesem gemeinsamen Interesse siehe nur UN-Menschenrechtsrat A/HRC/28/L.27 v. 24.03.2015; UN-Generalversammlung A/RES/69/166 v. 18.12.2014; UN-Generalversammlung A/RES/68/167 v. 18.12.2013.
1275 *Simitis*, BDSG Einl. Rn. 246.
1276 EuGH, U. v. 13.05.2014 – Rs C-131/12, Rn. 53 f., 58 – Google ./. AEPD.

C. Kritik und eigener Lösungsvorschlag

übung von Regelungshoheit nicht maßgeblich berührt oder eingeschränkt. Auf die Strafverfolgungs- und ökonomischen Interessen kann angesichts dieser Bedeutung nur soweit Rücksicht genommen werden, als sie dem wirksamen und umfassenden Schutz personenbezogener Daten nicht entgegenstehen. Dies folgt nicht zuletzt aus der vom *EuGH* festgestellten überragenden Bedeutung der Datenschutzinteressen für die EU.[1277]

Das modifizierte Schutzprinzip sieht die Rücknahme extraterritorialer Regelungshoheit vor, soweit ein angemessenes Datenschutzniveau durch andere Staaten gewährleistet wird und beschränkt somit extraterritoriale Regelungshoheit in Übereinstimmung mit dieser Maßgabe, sofern und soweit es möglich ist. Die datenschutzrechtliche Modifikation sorgt somit für die notwendige Verhältnismäßigkeit im Rahmen der Interessenabwägung.

Aufgrund der Modifikation vermag angesichts der überragenden Bedeutung der Datenschutzinteressen und der vorgesehenen Rücknahme in der Interessenabwägung überzeugen. Ferner ist zu beachten, dass das modifizierte Schutzprinzip nur die Erstreckung des Anwendungsbereiches ermöglicht. Die Durchsetzung im Ausland bleibt dagegen ausgeschlossen.

Darüber hinaus wird kein Staat das Schutzprinzip als Grundlage von Regelungen heranziehen, die keinerlei Aussicht auf Durchsetzung haben, um die eigene Autorität und den Respekt vor dem Gesetz nicht zu verlieren.[1278]

4. Durchsetzung / flankierende Maßnahmen

Die Alternativen zur Ausübung extraterritorialer Regelungshoheit sind entweder nicht praktikabel oder auf absehbare Zeit ohne Aussicht auf Umsetzung. Damit bleibt allerdings das Grundproblem extraterritorialer Regelungen bestehen: die mangelnde Vollzugsmöglichkeit im Ausland. Die zum Teil nur mangelhafte Durchsetzbarkeit muss dabei nicht zwingend ein Nachteil sein.[1279] Das modifizierte Schutzprinzip setzt in seinem inhärenten Bestreben zur Hinwirkung auf ein harmonisiertes internationales Datenschutzrecht auf die konstruktive Kraft des Konflikts, die sich bereits die

---

1277 Vgl. *Spiecker gen. Döhmann*, 52 CML Rev. 1033, 1047 (2015).
1278 *Coughlan/Currie/Kindred/Scassa*, Extraterritorial Jurisdiction, p. 62; *Heckmann*, K&R 2010, 770, 775; *Kohl*, Jurisdiction, p. 22; *Reed*, Cyberspace, p. 33 f.
1279 *Kohl*, Jurisdiction, p. 199 ff.

Europäische Union im Rahmen des Angemessenheits-/Datenexportmodells der Datenschutz-Richtlinie erfolgreich zunutze gemacht hat, um die Rechtslage in anderen Staaten zu beeinflussen und somit auf eine Durchsetzung verzichten zu können.[1280]

Ergänzend sind Rechtshilfeabkommen ein sinnvolles und angemessenes Mittel, um die Durchsetzung eigener Datenschutzbestimmungen im Ausland zu erreichen.[1281] Für die Fälle, in denen der ordentliche Weg eines Rechtshilfeersuchens zur Erlangung personenbezogener Daten nicht eingehalten wird und so eine bewusste Missachtung nationaler Datenschutzinteressen stattfindet,[1282] sind zumindest einige der von *Svantesson* vorgeschlagenen *market destroying measures*[1283] wie die Nichtvollstreckbarkeit von schuldrechtlichen Titeln, das Verbot der Marktteilnahme und ein Kontrahierungsverbot für Inländer ein notwendiges Mittel, um den staatlichen Schutzauftrag durchzusetzen und das Recht auf Datenschutz angemessen zur Geltung zu bringen.

Die von *Svantesson* in diesem Zusammenhang vorgeschlagenen Internetsperren (d.h. die staatlich durchgesetzte Nicht-Erreichbarkeit einzelner Online-Angebote) für Diensteanbieter, die sich nicht an das jeweilige Datenschutzrecht halten, kommen zwar als Durchsetzungsmöglichkeit im Inland grundsätzlich in Betracht. Sie sind jedoch aus o.g. Gründen als bedenklicher Eingriff in die Grundlagen der freien Informationsgesellschaft abzulehnen. Schließlich ist bereits der psychologische Effekt einer bestehenden Regelung auf den Regelungsadressaten nicht zu unterschätzen.[1284]

Eine Änderung dieses zugegebenermaßen nicht befriedigenden Zustandes lässt sich nur erreichen, sofern und soweit man sich anderer Mittel als der Ausübung extraterritorialer Regelungshoheit bedient. Dies ist aber, wie dargelegt, derzeit nicht nur unwahrscheinlich, sondern mit Ausnahme der internationalen Harmonisierung auch nicht wünschenswert. Man wird daher mit gewissen Defiziten auskommen müssen. In Ermangelung einer internationalen Lösung für das Datenschutzrecht bietet daher das modifi-

---

1280 *Cunningham*, 11 Santa Clara J. Int'l L. 421, 431 (2013); *Poullet*, 2 J. Int'l Com. L. & Tech. 141, 145 (2007); *Sobotta*, in: Grabitz/Hilf/Nettesheim, Art. 16 AEUV Rn. 20.
1281 *Brill*, FS Hustinx, p. 179, 186 f.; *Svantesson/Gerry*, 31 Comp. L. & Sec. Rev. 478, 489 ff. (2015).
1282 Siehe *Schultheis*, 9 Brook. J. Corp. Fin. & Com. L. 661, 680 ff. (2015).
1283 *Svantesson*, Extraterritoriality, p. 169.
1284 *Mann*, Studies, p. 1, 29.

C. Kritik und eigener Lösungsvorschlag

zierte Schutzprinzip die Möglichkeit, die Kraft des Konflikts zur Einflussnahme auf Datenverarbeiter und andere Staaten zu nutzen, um sie zur Harmonisierung und Einhaltung bestehenden Datenschutzrechts zu bewegen. Ergänzend bleiben Rechtshilfeabkommen und sanktionierende Maßnahmen im Inland die vorläufig effektivste Lösung zur Durchsetzung eigener Datenschutzbestimmungen.

5. Anwendung des modifizierten Schutzprinzips auf die DSGVO

Schließlich soll geprüft werden, ob der extraterritoriale Anwendungsbereich der DSGVO mit dem hier vorgeschlagenen Modell des modifizierten Schutzprinzips vereinbar wäre.

Um dem gesellschaftlichen Gesamtinteresse am Datenschutz hinreichend Rechnung zu tragen und die Anknüpfung in Art. 3 Abs. 2 entsprechend menschenrechtlich zu akzentuieren, war insbesondere die Ersetzung des Merkmals der Ansässigkeit durch das Merkmal der Betroffenheit des Datensubjekts in der Union als Anwendbarkeitskriterium wichtig. Ferner sollte das im Kriterium des Angebots von Waren oder Dienstleistungen in Art. 3 Abs. 2 lit. (a) enthaltene Element der wirtschaftlichen Motivation der Datenverarbeitung gestrichen werden. Entscheidend für die extraterritoriale Anwendbarkeit sollte sein, ob die Datenverarbeitung der gezielten Ansprache von in der Union befindlichen Datensubjekten dient. Insoweit kann auf den obigen Umsetzungsvorschlag verwiesen werden. Schon jetzt ließe aber jedenfalls die Anknüpfung an die Beobachtung des Verhaltens von in der Union betroffenen Personen gem. Art. 3 Abs. 2 lit. (b) in Verbindung mit dem Regelungsziel der DSGVO eine Heranziehung des modifizierten Schutzprinzips zu.

Problematisch ist allerdings, dass die DSGVO keine Rücknahme der extraterritorialen Erstreckung des Anwendungsbereiches vorsieht. Es mangelt somit an der Modifikation, durch die die konkurrierenden Interessen anderer Staaten entsprechend berücksichtigt werden. Die durchaus vorgesehene Feststellung eines angemessenen Datenschutzniveaus in Drittstaaten, wirkt sich gem. Art. 40 ff. nur auf die Zulässigkeit internationaler Datenübermittlungen aus, ändert aber nichts an der davon unabhängigen Bestimmung des Anwendungsbereiches der DSGVO gem. Art. 3. Dabei liegt der Feststellung der Angemessenheit des datenschutzrechtlichen Schutzniveaus in einem anderen Drittstaat gem. Art. 41 Abs. 2 die umfassende Berücksichtigung des regulatorischen Umfelds der Verarbeitung personenbezogener Daten in diesem Land zugrunde, die u.a. die Rechtsstaatlichkeit, die Achtung der Menschenwürde und Grundfreiheiten, die Datenschutzbestimmungen, die Existenz und wirksame Funktionsweise der Aufsichtsbehörden, die Existenz wirksamer und durchsetzbarer Betroffenenrechte, die Verfügbarkeit wirksamen Rechtsschutzes für den Betroffenen, die Vorschriften für die Weitergabe dieser Daten in ein anderes Drittland, als auch die eingegangenen internationalen Verpflichtungen berücksichtigt. Damit wird im Gegensatz zur bisherigen Regelung in Art. 25 2 DSRL für die Beurteilung der Angemessenheit des Schutzniveaus ein Maßstab geschaffen, der nicht nur allgemein die in dem Drittland geltenden Rechtsnormen berücksichtigt, sondern die die menschenrechtliche und gesamtgesellschaftliche Dimension des Rechts auf Datenschutz einbezieht.

Bei Vorliegen dieser Voraussetzungen kann somit davon ausgegangen werden, dass kein hinreichendes Interesse zur extraterritorialen Erstreckung des Anwendungsbereiches mehr besteht (s.o.). Eine Erstreckung des extraterritorialen Anwendungsbereiches der DSGVO unter Anknüpfung an das modifizierte Schutzprinzips ist somit möglich, erfordert aber eine Akzentuierung des Anwendungsbereiches und eine Umsetzung der hier in diesem Zusammenhang vorgeschlagenen Modifikation.

V. Ausblick

Die Untersuchung hat gezeigt, dass extraterritoriale Regelungen ein zulässiges und sinnvolles Mittel der datenschutzrechtlichen Regulierung darstellen, das in Ermangelung verwirklichungsfähiger Alternativen mittelfristig erforderlich ist. Derartige Regelungen sind jedoch potentiell konfliktträchtig und begegnen Schwierigkeiten bei der Durchsetzung. Die Erforderlichkeit extraterritorialer Regelungen und die weitere Zunahme datenschutzrechtlicher Kollisionen verdeutlichen die Notwendigkeit eines echten Kollisionsrechts für den Datenschutz. Bisherige Regelungen legen vor allem einseitig ihre Anwendbarkeit fest.

Extraterritoriale Regelungen können demnach nur ein Zwischenschritt auf dem Weg zu einem funktionierenden internationalen Datenschutz sein: Benötigt wird ein weltweiter Datenschutzstandard.[1285] Das Datenschutz-

---

1285 *Höffe*, FG Büllesbach, S. 257, 259 f.; *Hoffmann-Riem*, JZ 2014, 53, 62; *Rengel*, Privacy, p. 197.

C. Kritik und eigener Lösungsvorschlag

recht muss sich folglich von einem Recht des Nebeneinanders zu einem gemeinsam geformten Recht des Miteinanders entwickeln.[1286] Dies setzt voraus, dass eine weitere Harmonisierung der inhaltlichen Bestimmungen im Datenschutzrecht stattfindet.

Kurz- oder mittelfristig ist eine internationale Lösung für den Datenschutz nicht zu realisieren.[1287] Gleichwohl bedarf es einer weltweit koordinierten Harmonisierung im Datenschutzrecht, um Chancen der Zusammenarbeit und Entwicklung optimal nutzen zu können.[1288] Wünschenswert wäre eine Lösung auf der Ebene der Vereinten Nationen, sodass einer internationalen Einigung wirkliches Gewicht verliehen würde.[1289] Die Bereitschaft hierzu besteht noch nicht in allen Staaten.

Der ohnehin mangels Harmonisierung vorhandene Konflikt kann jedoch genutzt werden, um durch einen unilateralen Ansatz, also mit Hilfe einer Art „konfrontativem Datenschutzrecht", den Bemühungen für eine Rechtsvereinheitlichung Vorschub zu leisten.[1290] So hat die Beharrlichkeit der Europäischen Union im Zusammenhang mit der Durchsetzung ihres Datenschutzrechts ggü. den nicht-europäischen Datenverarbeitern dazu geführt, dass diese in weiten Teilen zur Konfliktvermeidung ihre Verarbeitungsprozesse nach dem strengen europäischen Datenschutzrecht gestalten.[1291] Ein konfrontatives Datenschutzrecht auf Grundlage des modifizierten Schutzprinzips kann aufgrund der harmonisierungsfördernden Modifikation somit Teil einer Bewegung für ein globales Datenschutzrecht auf hohem Niveau sein.

Bis zur Schaffung eines einheitlichen Datenschutzstandards bzw. eines Datenschutz-Abkommens wird es auf die verbesserte Durchsetzung nationaler Regelungen ankommen.[1292] Gegenseitige Rechtshilfeabkommen können sich als effektives Mittel im Umgang mit multinationalen Datenverarbeitern erweisen.[1293] Die Tatsache, dass mittlerweile mehr als 100 Rechtsordnungen über ein eigenes Datenschutzgesetz verfügen und somit ein weltweites Bewusstsein für den Schutz personenbezogener Daten be-

---

1286 Vgl. *Uerpmann-Wittzack*, AVR 2009, 261, 275.
1287 *Bygrave*, Data Privacy Law, p. 205.
1288 *Weitzner*, FS Hustinx, p. 199, 209.
1289 *Simitis*, BDSG Einl. Rn. 266.
1290 *von Arnauld*, BerDGIR 47, 1, 23; *Höffe*, FG Büllesbach, S. 257, 260.
1291 *Weitzner* FS Hustinx, p. 199, 210.
1292 *Brill*, FS Hustinx, p. 179, 186 ff.; *Weitzner*, FS Hustinx, p. 199, 209 f.
1293 *Brill*, FS Hustinx, p. 179, 186 f.

V. Ausblick

steht, lässt die berechtigte Hoffnung zu, dass diesem globalen Problem langfristig mit einem internationalen Datenschutz-Abkommen begegnet wird. In Folge einer weltweiten Einigung wird die Zusammenarbeit der Staaten bei der Durchsetzung der Datenschutzgrundsätze von entscheidender Bedeutung sein, damit diese wirklich ohne Rücksicht auf die jeweilige Rechtsordnung zur Anwendung gelangen.[1294]

Schließlich wird ein ausschließlich durch Gesetze abgesicherter Datenschutz in der Informationsgesellschaft nicht ausreichen.[1295] Die Absicherung des Datenschutzes mit Hilfe extraterritorialer Regelungshoheit ist nur ein Zwischenschritt, es bedarf zusätzlich gemeinsam mit der Informationswirtschaft zu entwickelnder Maßnahmen, wie z.B. Datenschutz durch Technik (*privacy by design*).[1296] Im Zusammenspiel aus extraterritorialen Regelungen, internationaler Harmonisierung und ergänzenden Maßnahmen der Informationswirtschaft lassen sich ein funktionierender Datenschutz und das notwendige Vertrauen herstellen, die für die Weiterentwicklung einer demokratischen Informationsgesellschaft notwendig sind.

[1294] *Weitzner*, Hustinx, 199, 209 f.
[1295] *Boehme-Neßler*, MMR 2009, 439, 443.
[1296] *Boehme-Neßler*, MMR 2009, 439, 443.

D. Ergebnis in Thesen

Ob nationale Datenschutzgesetze auf extraterritoriale Sachverhalte ausgeweitet werden dürfen und unter welchen Voraussetzungen dies geschehen kann, war weitestgehend ungeklärt. Die vorliegende Arbeit hat die Grundlagen untersucht und die Entwicklungslinien im internationalen Datenschutzrecht analysiert, um Antworten auf diese Fragen geben zu können. Als Zusammenfassung der wichtigsten Ergebnisse der vorliegenden Untersuchung lassen sich folgende allgemeine Rechtsgrundsätze des internationalen Datenschutzrechts festhalten:

I. Extraterritorialer Regelungen im Datenschutzrecht sind erforderlich.

Die Möglichkeiten des grenzüberschreitenden Datenverkehrs und die mit ihm verbundene Ubiquität der Datenverarbeitung haben zur Entstehung der transnationalen Informationsgesellschaft geführt, die von territorialen Strukturen unabhängig ist. Moderne Datenverarbeitung findet daher ohne Rücksicht auf nationale Grenzen statt. Ein Datenschutzrecht, das sich nur auf die Regulierung der Datenverarbeitung im Inland beschränkt, eröffnet Möglichkeiten des Rechtsmissbrauchs und kann einen wirksamen Schutz personenbezogener Daten nicht mehr gewährleisten. Grenzüberschreitender Datenverkehr erfordert grenzüberschreitenden Datenschutz, sodass extraterritoriale Regelungen zur Sicherstellung des Datenschutzes in der Informationsgesellschaft erforderlich sind.

II. Extraterritoriale Regelungen im Datenschutzrecht sind zulässig.

Die Ausübung extraterritorialer Regelungshoheit im Datenschutzrecht ist grundsätzlich zulässig. Sie ist gängige Staatenpraxis im internationalen Datenschutzrecht, die zunehmende Verbreitung findet. Sie unterliegt den üblichen völkerrechtlichen Beschränkungen, namentlich dem Erfordernis einer sinnvollen und hinreichend engen Anknüpfung an den Regelungsstaat, der Beachtung des Nichteinmischungsgebotes und dem Erfordernis einer Interessenabwägung. Eine Tendenz zur Eingrenzung extraterritorialer Regelungshoheit ist nicht ersichtlich, vielmehr finden derartige Regelungen im Datenschutzrecht zunehmend Verbreitung.

D. Ergebnis in Thesen

III. Für den Nachweis einer hinreichend engen Verbindung kommen traditionelle Anknüpfungen in Betracht.

Als zulässige und sinnvolle Anknüpfungen extraterritorialer Regelungen kommen im Datenschutzrecht das Auswirkungsprinzip, das aktive und passive Personalitätsprinzip sowie das Schutzprinzip in Betracht. Das Weltrechtsprinzip ist in Ermangelung einer internationalen Einigung über Inhalt und Stellenwert des Datenschutzrechts nicht geeignet. Am häufigsten findet eine kombinierte Anknüpfung an das Auswirkungs- und Personalitätsprinzip statt.

IV. Anlass extraterritorialer Regelungen im Datenschutzrecht: Staaten lassen sich in drei Gruppen einteilen.

Für die erste Gruppe sind wirtschaftliche Überlegungen der entscheidende Anlass: Aufgrund der Internationalisierung der Informationsmärkte bedarf es extraterritorialer Regelungen, um gleiche Bedingungen für alle Marktteilnehmer und damit einen fairen Wettbewerb zu gewährleisten. Gefährdungen der Grundrechte und des demokratischen Gemeinwesens durch die Ubiquität der Datenverarbeitung veranlassen die zweite Gruppe zur Ausübung extraterritorialer Regelungshoheit. Die dritte Gruppe strebt nach Teilhabe an den internationalen Informationsmärkten, für sie sind derartige Regelungen Vorbedingung zur Gewährleistung eines bestimmten Datenschutzniveaus, das zur Teilnahme am freien grenzüberschreitenden Datenverkehr befähigt.

V. Das datenschutzspezifische Auswirkungsprinzip bildet sich als neue Anknüpfung im internationalen Datenschutzrecht heraus.

In der Praxis des internationalen Datenschutzrechts hat sich die neue Anknüpfung des datenschutzspezifischen Auswirkungsprinzips entwickelt. Es kombiniert personales Element und ökonomisches Element und vereint so Grundzüge von Auswirkungs- und Personalitätsprinzip. Das ökonomische Element trägt der wirtschaftlichen Bedeutung personenbezogener Daten als Währung und Rohstoff der Informationsgesellschaft ebenso Rechnung, wie der Notwendigkeit zur regulatorischen Erfassung aller Teilnehmer eines Informationsmarktes. Das personale Element ist Ausdruck der fundamentalen Bedeutung des Datenschutzes für den Einzelnen in der Informationsgesellschaft, als auch der Schutzpflicht des Staates für seine Angehörigen. Auf Grundlage dieser Anknüpfung lassen sich die Missbrauchsmöglichkeiten durch Daten-Oasen und *forum shop-*

D. Ergebnis in Thesen

   ping wirksam verhindern, es birgt jedoch die Gefahr einer Ökonomisierung des Datenschutzes.

VI. Die Regelungshoheit über den Datenverkehr und den Datenschutz stellt keinen Teil der *domaine réservé* mehr dar.
Aufgrund der zunehmenden Verflechtung der Staaten im internationalen Datenschutzrecht, die ihren Ausdruck in verschiedenen Abkommen und Dokumenten zum Datenschutzrecht findet, ist die Regelungshoheit über den Datenverkehr und den Datenschutz dem *domaine réservé* des Einzelstaates entzogen.

VII. Datenschutz im Spannungsfeld zwischen Ökonomie und Demokratie
Die in der Interessenabwägung zu beachtenden Interessengruppen sind 1. Datenschutz- und Demokratieinteressen, 2. ökonomische Interessen (Markt-, Standort- und Wirtschaftsinteressen) sowie 3. Sicherheits- und Strafverfolgungsinteressen. Jurisdiktionskonflikte ergeben sich insbesondere zwischen der EU und den USA aufgrund einer unterschiedlichen Gewichtung der einzelnen Interessengruppen.

VIII. Es besteht eine Notwendigkeit zur Beschränkung extraterritorialer Regelungen.
Extraterritoriale Regelungen führen zu Interessen- und Jurisdiktionskonflikten und somit zu Unfrieden zwischen den Staaten. Sie bedingen negative Auswirkungen in rechtlicher und wirtschaftlicher Hinsicht und begegnen faktischen Hindernissen bei der Durchsetzbarkeit. Zur Steigerung der Akzeptanz des Rechts ist eine Begrenzung extraterritorialer Regelungsansprüche notwendig.

IX. Mittelfristig bestehen keine Alternativen zur extraterritorialen Regelungshoheit.
Andere zur Verfügung stehende Möglichkeiten zur Absicherung des Datenschutzes in der transnationalen Informationsgesellschaft stellen sich als unzureichend oder mittelfristig nicht umsetzbar dar. Vorerst bedarf es extraterritorialer Regelungen im Datenschutzrecht. Langfristig ist eine internationale Harmonisierung durch ein weltweites Abkommen anzustreben.

X. Langfristig bedarf es globaler Lösungen für den Datenschutz.
Die extraterritoriale Erstreckung des Anwendungsbereiches nationaler Datenschutzgesetze führt zu Jurisdiktionskonflikten, Rechtsunsicherheit, negativen Folgen für die Wirtschaft und Problemen bei der Durchsetzbarkeit. Extraterritoriale Regelungen im Daten-

D. Ergebnis in Thesen

schutzrecht bieten sich somit nur als Übergangslösung an. Langfristig bedarf es globaler Regeln, die den Datenschutz im Rahmen grenzüberschreitender Datenverarbeitung sicherstellen.

XI. Datenschutz als gesamtgesellschaftliches Interesse und Rechtsgut von hoher Bedeutung für die staatliche Grundordnung
Der Datenschutz steht damit im Zentrum, eines sich einander bedingenden Verhältnisses zwischen dem Recht des Einzelnen und staatlicher Grundordnung. Im Recht auf Datenschutz vereinigen sich subjektives und staatliches Interesse zu einem gesellschaftlichen Gesamtinteresse: Ohne Datenschutz keine freien und selbstbestimmten Individuen, ohne freie und selbstbestimmte Individuen keine Demokratie.

XII. Das „modifizierte Schutzprinzip" als bevorzugte Anknüpfung.
In Ermangelung einer absehbaren internationalen Harmonisierung des Datenschutzrechts müssen einzelne Staaten nicht auf die Sicherstellung eines effektiven Datenschutzes in den globalen Kommunikationsnetzen verzichten. Angesichts der herausragenden Bedeutung des Datenschutzes für den Staat und seiner Rolle als wesentliches Rechtsgut für Bevölkerung und Wirtschaft, ist eine Ausübung extraterritorialer Regelungshoheit auf Grundlage eines für datenschutzrechtliche Zwecke modifizierten Schutzprinzips möglich. Dieses Prinzip bietet eine geeignete Grundlage, um wirkungsvollen Grundrechtsschutz in der transnationalen Informationsgesellschaft sicherzustellen. Es beschränkt die Reichweite extraterritorialer Regelungen, soweit möglich. Zudem nutzt es die positive Kraft des durch extraterritoriale Regelungen entstehenden Konflikts, um durch den unilateralen Ansatz eines konfrontativen Datenschutzrechts das Bedürfnis nach einem globalen Datenschutz-Abkommen zu unterstützen. Es kann der Verabschiedung eines derartigen Abkommens somit langfristig zum Durchbruch zu verhelfen.

Relevante Gesetzestexte

I. Australien

Privacy Act 1988[1297]

2A Objects of this Act

The objects of this Act are:
  (a) to promote the protection of the privacy of individuals; and
  (b) to recognise that the protection of the privacy of individuals is balanced with the interests of entities in carrying out their functions or activities; and
  (c) to provide the basis for nationally consistent regulation of privacy and the handling of personal information; and
  (d) to promote responsible and transparent handling of personal information by entities; and
  (e) to facilitate an efficient credit reporting system while ensuring that the privacy of individuals is respected; and
  (f) to facilitate the free flow of information across national borders while ensuring that the privacy of individuals is respected; and
  (g) to provide a means for individuals to complain about an alleged interference with their privacy; and
  (h) to implement Australia's international obligation in relation to privacy.

5B Extra-territorial operation of Act

Agencies
  (1) This Act, a registered APP code and the registered CR code extend to an act done, or practice engaged in, outside Australia and the external Territories by an agency.

[1297] https://www.legislation.gov.au/Details/C2016C00278/.

Note: The act or practice overseas will not breach an Australian Privacy Principe or a registered APP code if the act or practice is required by an applicable foreign law (see sections 6A and 6B).

Organisations and small business operators

(1A) This Act, a registered APP code and the registered CR code extend to an act done, or practice engaged in, outside Australia and the external Territories by an organization, or small business operator, that has an Australian link.

Note: The act or practice overseas will not breach an Australian Privacy Principe or a registered APP code if the act or practice is required by an applicable foreign law (see sections 6A and 6B).

Australian link

(2) An organization or small business operator has an Australian link of the organization or operator is:

(a) an Australian citizen; or

(b) a person whose continued presence in Australia is not subject to a limitation as to time imposed by law; or

(c) a partnership formed in Australia or an external Territory; or

(d) a trust created in Australia or an external Territory; or

(e) a body corporate incorporated in Australia or an external Territory; or

(f) an unincorporated association that has its central management and control in Australia or an external Territory.

(3) An organization or small business operator also has an Australian link if all of the following apply:

(a) the organisation is not described in subsection (2);

(b) the organisation carries on business in Australia or an external Territory;

(c) the personal information was collected or held by the organization or operator in Australia or an external Territory, either before or at the time of the act or practice.

Power to deal with complaints about overseas acts and practices

(4) Part V of this Act has extra-territorial operation so far as that Part relates to complaints and investigation concerning acts and practices to which this Act extends because of subsection (1) or (1A).

Note: This lets the Commissioner take action overseas to investigate complaints and lets the ancillary provisions of Part V operate in that context.

6A Breach of an Australian Privacy Principle

No breach—act or practice outside Australia
(4) An act or practice does not **breach** an Australian Privacy Principle if:
(a) the act is done, or the practice is engaged in, outside Australia and the external Territories; and
(b) the act or practice is required by an applicable law of a foreign country.

6B Breach of a registered APP code

No breach—act or practice outside Australia
(4) An act or practice does not **breach** a registered APP code if:
(a) the act is done, or the practice is engaged in, outside Australia and the external Territories; and
(b) the act or practice is required by an applicable law of a foreign country.

II. Indien

The Information Technology Act[1298]

43A. Where a body corporate, possessing, dealing or handling any sensitive personal data or information in a computer resource which it owns, controls or operates, is negligent in implementing and maintaining reasonable security practices and procedures and thereby causes wrongful loss or wrongful gain to any person, such body corporate shall be liable to pay damages by way of compensation to the person so affected.
Explanation. – For the purposes of this section, -
(i) "body corporate" means any company and includes a firm, sole proprietorship or other association of individuals engaged in commercial or professional activities;

1298 http://deity.gov.in/content/information-technology-act.

(ii) "reasonable security practices and procedures" means security practices and procedures designed to protect such information from unauthorised access, damage, use, modification, disclosure or impairment, as may be specified in an agreement between the parties or as may be specified in any law for the time being in force and in the absence of such agreement or any law, such reasonable security practices and procedures, as may be prescribed by the Central Government in consultation with such professional bodies or associations as it may deem fit;

(iii) "sensitive personal data or information" means such personal information as may be prescribed by the Central Government in consultation with such professional bodies or associations as it may deem fit.

75. Act to apply for offence or contravention commited outside India.

(1) Subject to the provisions of sub-section (2), the provisions of this Act shall apply also to any offence or contravention committed outside India by any person irrespective of his nationality.

(2) For the purposes of sub-section (1), this Act shall apply to an offence or contravention committed outside India by any person if the act or conduct constituting the offence or contravention involves a computer, computer system or computer network located in India.

87. Power of Central Government to make rules.

(1) The Central Government may, by notification in the Official Gazette and in the Electronic Gazette make rules to carry out the provisions of this Act. (…)

III. Kanada

Personal Information Protection and Electronic Documents Act[1299]

Application

4. (1) This Part applies to every organization in respect of personal information that

(*a*) the organization collects, uses or discloses in the course of commercial activities; or

(*b*) is about an employee of the organization and that the organization collects, uses or discloses in connection with the operation of a federal work, undertaking or business.

(2) This Part does not apply to

(*a*) any government institution to which the *Privacy Act* applies;

(*b*) any individual in respect of personal information that the individual collects, uses or discloses for personal or domestic purposes and does not collect, use or disclose for any other purpose; or

(*c*) any organization in respect of personal information that the organization collects, uses or discloses for journalistic, artistic or literary purposes and does not collect, use or disclose for any other purpose.

(3) Every provision of this Part applies despite any provision, enacted after this subsection comes into force, of any other Act of Parliament, unless the other Act expressly declares that that provision operates despite the provision of this Part.

IV. Russland

Deutsche Übersetzung der russischen Verfassung übernommen von Prof. Dr. *Martin Fincke*, Universität Passau, (http://www.constitution.ru/de/part2.htm); englische Übersetzung des russischen Datenschutzgesetzes 152-FZ übernommen von der russischen Datenschutzbehörde, (http://pd.rkn.gov.ru/authority/p146/p164/). Die englische Übersetzung des Änderungsgesetzes 242-FZ wurde übernommen von *Francoise Gilbert*, (http://www.francoisegilbert.com/2015/04/).

1299 http://laws-lois.justice.gc.ca/eng/acts/P-8.6/index.html.

Verfassung der Russischen Föderation

Artikel 24

1. Das Sammeln, Aufbewahren, Verwenden und Verbreiten von Informationen über das Privatleben einer Person sind ohne deren Einwilligung unzulässig.
2. Die Organe der Staatsgewalt und die Organe der örtlichen Selbstverwaltung sowie ihre Amtsträger sind verpflichtet, jedem die Möglichkeit zur Einsicht in Dokumente und Materialien, die unmittelbar seine Rechte und Freiheiten berühren, zu gewährleisten, wenn ein anderes nicht durch Gesetz vorgesehen ist.

Federal Law of 27 July 2006 N 152-FZ on Personal Data

(inkl. der Änderungen durch das *Federal Law of 21. July 2014 N. 242-FZ on Amendments to Certain Legislative Acts of the Russian Federation with regard to the clarification of the processing of persona data in information and telecommunications networks*)

Article 1. Scope of Application of the Federal Law

1. This Federal Law regulates activities related to the processing of personal data by federal state government bodies, state government bodies of constituent entities of the Russian Federation and other state bodies (hereinafter referred to as "state bodies"), by local government bodies (hereinafter referred to as "municipal bodies"), by legal entities and physical persons, both automatically, including in data telecommunications networks, and manually, provided that manual data processing is by its nature similar to automatic data processing, i.e. allows users to search personal data recorded in tangible medium or contained in card-catalogues or other systematized collections of personal data in accordance with the specified algorithm and (or) to have access to such personal data.
2. This Federal Law does not apply to activities related to:
1) personal data processing by individuals exclusively for personal or family needs, provided that such processing does not infringe upon the rights of individuals whose data are being processed;

2) storage, arrangement, registration and use of personal data contained in the files kept by the State Archives of the Russian Federation and in other archive files as envisaged by the Russian laws on the archive system;

3) ceased to be in force on 1 July, 2011;

4) processing of personal data which are referred to state secrecy according to the established procedure.

5) provision by authorised bodies of information on the activities of courts in the Russian Federation in accordance with the Federal law of 22 December, 2008 N 262-FZ "About provision of access to the information on courts' activities in the Russian Federation".

Article 2. Purpose of the Federal Law

The purpose of this Federal Law is to procure the protection of a person's rights and liberties while processing his/her personal data, including the right to privacy, personal and family secrecy.

Article 18. Obligation of an Operator

6. When collecting personal data, including collection via Internet information and telecommunication network, an operator shall provide a record that the organization, accumulation, storage, update and retrieval of personal data of citizens of the Russian Federation is held on databases located within the Russian Federation (…).

Relevante Gesetzestexte

V. Südafrika

Constitution of the Republic of South Africa[1300]

14. Privacy

Everyone has the right to privacy, which includes the right not to have
a. their person or home searched;
b. their property searched;
c. their possessions seized; or
d. the privacy of their communications infringed.

Protection of Personal Information Act, 2013[1301]

Purpose of Act

2. The purpose of this Act is to—
(a) give effect to the constitutional right to privacy, by safeguarding personal information when processed by a responsible party, subject to justifiable limitations that are aimed at—
  (i) balancing the right to privacy against other rights, particularly the right of access to information; and
  (ii) protecting important interests, including the free flow of information within the Republic and across international borders;
(b) regulate the manner in which personal information may be processed, by establishing conditions, in harmony with international standards, that prescribe the minimum threshold requirements for the lawful processing of personal information;
(c) provide persons with rights and remedies to protect their personal information from processing that is not in accordance with this Act; and
(d) establish voluntary and compulsory measures, including the establishment of an Information Regulator, to ensure respect for and to promote, enforce and fulfil the rights protected by this Act.

1300 http://www.gov.za/documents/constitution-republic-south-africa-1996.
1301 http://www.gov.za/sites/www.gov.za/files/37067_26-11_Act4of2013ProtectionOfPersonalInfor_correct.pdf.

Application and interpretation of Act

3. (1) This Act applies to the processing of personal information—
(a) entered in a record by or for a responsible party by making use of automated or non-automated means: Provided that when the recorded personal information is processed by non-automated means, it forms part of a filing system or is intended to form part thereof; and
(b) where the responsible party is—
 (i) domiciled in the Republic; or
 (ii) not domiciled in the Republic, but makes use of automated or non-automated means in the Republic, unless those means are used only to forward personal information through the Republic.
(2) *(a)* This Act applies, subject to paragraph *(b)*, to the exclusion of any provision of any other legislation that regulates the processing of personal information and that is materially inconsistent with an object, or a specific provision, of this Act.

(b) If any other legislation provides for conditions for the lawful processing of personal information that are more extensive than those set out in Chapter 3, the extensive conditions prevail.

(3) This Act must be interpreted in a manner that—
(a) gives effect to the purpose of the Act set out in section 2; and
(b) does not prevent any public or private body from exercising or performing its powers, duties and functions in terms of the law as far as such powers, duties and functions relate to the processing of personal information and such processing is in accordance with this Act or any other legislation, as referred to in subsection (2), that regulates the processing of personal information.
(4) **"Automated means"**, for the purposes of this section, means any equipment capable of operating automatically in response to instructions given for the purpose of processing information.

Transfers of personal information outside Republic

72. (1) A responsible party in the Republic may not transfer personal information about a data subject to a third party who is in a foreign country unless—

(a) the third party who is the recipient of the information is subject to a law, binding corporate rules or binding agreement which provide an adequate level of protection that—
   (i) effectively upholds principles for reasonable processing of the information that are substantially similar to the conditions for the lawful processing of personal information relating to a data subject who is a natural person and, where applicable, a juristic person; and
   (ii) includes provisions, that are substantially similar to this section, relating to the further transfer of personal information from the recipient to third parties who are in a foreign country;
(b) the data subject consents to the transfer;
(c) the transfer is necessary for the performance of a contract between the data subject and the responsible party, or for the implementation of pre-contractual measures taken in response to the data subject's request;
(d) the transfer is necessary for the conclusion or performance of a contract concluded in the interest of the data subject between the responsible party and a third party; or
(e) the transfer is for the benefit of the data subject, and—
   (i) it is not reasonably practicable to obtain the consent of the data subject to that transfer; and
   (ii) if it were reasonably practicable to obtain such consent, the data subject would be likely to give it.
(2) For the purpose of this section—
(a) **"binding corporate rules"** means personal information processing policies, within a group of undertakings, which are adhered to by a responsible party or operator within that group of undertakings when transferring personal information to a responsible party or operator within that same group of undertakings in a foreign country; and
(b) **"group of undertakings"** means a controlling undertaking and its controlled undertakings.

VI. USA

Children's Online Privacy Protection Act of 1998[1302]

15 U.S. Code § 6501 – Definitions

In this chapter:
(1) Child
The term "child" means an individual under the age of 13.
(2) Operator
The term "operator"—
(A) means any person who operates a website located on the Internet or an online service and who collects or maintains personal information from or about the users of or visitors to such website or online service, or on whose behalf such information is collected or maintained, where such website or online service is operated for commercial purposes, including any person offering products or services for sale through that website or online service, involving commerce—
  (i) among the several States or with 1 or more foreign nations;
  (ii) in any territory of the United States or in the District of Columbia, or between any such territory and—
     (I) another such territory; or
     (II) any State or foreign nation; or
  (iii) between the District of Columbia and any State, territory, or foreign nation; but
(B) does not include any nonprofit entity that would otherwise be exempt from coverage under section 45 of this title.
(3) Commission
(…)
(4) Disclosure
The term "disclosure" means, with respect to personal information—
(A) the release of personal information collected from a child in identifiable form by an operator for any purpose, except where such information is provided to a person other than the operator who provides support for the internal operations of the website and does not disclose or use that information for any other purpose; and

---

1302 https://www.law.cornell.edu/uscode/text/15/chapter-91.

(B) making personal information collected from a child by a website or online service directed to children or with actual knowledge that such information was collected from a child, publicly available in identifiable form, by any means including by a public posting, through the Internet, or through—
(i) a home page of a website;
(ii) a pen pal service;
(iii) an electronic mail service;
(iv) a message board; or
(v) a chat room.

(5) Federal agency (...)

(6) Internet

The term "Internet" means collectively the myriad of computer and telecommunications facilities, including equipment and operating software, which comprise the interconnected world-wide network of networks that employ the Transmission Control Protocol/Internet Protocol, or any predecessor or successor protocols to such protocol, to communicate information of all kinds by wire or radio.

(7) Parent (...)

(8) Personal information

The term "personal information" means individually identifiable information about an individual collected online, including—
(A) a first and last name;
(B) a home or other physical address including street name and name of a city or town;
(C) an e-mail address;
(D) a telephone number;
(E) a Social Security number;
(F) any other identifier that the Commission determines permits the physical or online contacting of a specific individual; or
(G) information concerning the child or the parents of that child that the website collects online from the child and combines with an identifier described in this paragraph.

(9) Verifiable parental consent (...)

(10) Website or online service directed to children
(A) In general
The term "website or online service directed to children" means—

(i) a commercial website or online service that is targeted to children; or

(ii) that portion of a commercial website or online service that is targeted to children.

(B) Limitation

A commercial website or online service, or a portion of a commercial website or online service, shall not be deemed directed to children solely for referring or linking to a commercial website or online service directed to children by using information location tools, including a directory, index, reference, pointer, or hypertext link.

(11) Person

The term "person" means any individual, partnership, corporation, trust, estate, cooperative, association, or other entity.

(12) Online contact information

The term "online contact information" means an e-mail address or another substantially similar identifier that permits direct contact with a person online.

California Online Privacy Protection Act

Business and Professions Code Section 22575 – 22579[1303]

22575. (a) An operator of a commercial Web site or online service that collects personally identifiable information through the Internet about individual consumers residing in California who use or visit its commercial Web site or online service shall conspicuously post its privacy policy on its Web site, or in the case of an operator of an online service, make that policy available in accordance with paragraph (5) of subdivision (b) of Section 22577. An operator shall be in violation of this subdivision only if the operator fails to post its policy within 30 days after being notified of noncompliance. (…)

22576. An operator of a commercial Web site or online service that collects personally identifiable information through the Web site or online service from individual consumers who use or visit the commercial Web site or online service and who reside in California shall be in violation of

---

1303 http://leginfo.legislature.ca.gov/faces/codes_displayText.xhtml?lawCode=BPC&division=_8.&title=&part=&chapter=22.&article=.

this section if the operator fails to comply with the provisions of Section 22575 or with the provisions of its

posted privacy policy in either of the following ways: (...)

Privacy Rights for California Minors in the Digital World

Bussiness and Professions Code Section 22580 - 22582[1304]

22580. (a) An operator of an Internet Web site, online service, online application, or mobile application directed to minors shall not market or advertise a product or service described in subdivision (i) on its Internet Web site, online service, online application, or mobile application directed to minors.

(b) An operator of an Internet Web site, online service, online application, or mobile application:

(1) Shall not market or advertise a product or service described in subdivision (i) to a minor who the operator has actual knowledge is using its Internet Web site, online service, online application, or mobile application and is a minor, if the marketing or advertising is specifically directed to that minor based upon information specific to that minor, including, but not limited to, the minor's profile, activity, address, or location sufficient to establish contact with a minor, and excluding Internet Protocol (IP) address and product identification numbers

for the operation of a service.

(2) Shall be deemed to be in compliance with paragraph (1) if the operator takes reasonable actions in good faith designed to avoid marketing or advertising under circumstances prohibited under paragraph (1).

(c) An operator of an Internet Web site, online service, online application, or mobile application directed to minors or who has actual knowledge that a minor is using its Internet Web site, online service, online application, or mobile application, shall not knowingly use, disclose, compile, or allow a third party to use, disclose, or compile, the personal information of a minor with actual knowledge that the use, disclosure, or compilation is for the purpose of marketing or advertising products or services to that minor for a product described in subdivision (i).

[1304] https://leginfo.legislature.ca.gov/faces/codes_displayText.xhtml?lawCode=BPC&division= 8.&title=&part=&chapter=22.1.&article=.

(d) "Minor" means a natural person under 18 years of age who resides in the state.

(e) "Internet Web site, online service, online application, or mobile application directed to minors" mean an Internet Web site, online service, online application, or mobile application, or a portion thereof, that is created for the purpose of reaching an audience that is predominately comprised of minors, and is not intended for a more general audience comprised of adults. Provided, however, that an Internet Web site, online service, online application, or mobile application, or a portion thereof, shall not be deemed to be directed at minors solely because it refers or links to an Internet Web site, online service, online application, or mobile application directed to minors by using information location tools, including a directory, index, reference, pointer, or hypertext link.

(f) "Operator" means any person or entity that owns an Internet Web site, online service, online application, or mobile application. It does not include any third party that operates, hosts, or manages, but does not own, an Internet Web site, online service, online application, or mobile application on the owner's behalf or processes information on the owner's behalf.

(…)

Literaturverzeichnis

Adrian, Angela, How much privacy do clouds provide? An Australian perspective, 29 Comp. L. & Sec. Rev. 48-57 (2013)

Albrecht, Jan Philipp, Uniform Protection by the EU – The EU Data Protection Regulation Salvages Informational Self-determination, in: *Hijmans*, Hielke/*Kranenborg*, Herke (Hrsg.), Data Protection Anno 2014: How to Restore Trust? Contributions in honour of Peter Hustinx, European Data Protection Supervisor (2004-2014), Cambridge 2014, 119-128

Albrecht, Jan Philipp, Starker EU-Datenschutz wäre Standortvorteil, DuD 2013, 655-657

Albrecht, Jan Philipp, Die EU-Datenschutz-Grundverordnung rettet die informationelle Selbstbestimmung!, ZD 2013, 587-591

Altman, Irwin, Privacy Regulation: Culturally Universal or Culturally Specific?, 33 J. Soc. Issues 66-84 (1977)

American Law Institute (Hrsg.), Restatement of the Law, Foreign Relations Law of the United States, 3. Aufl. St. Paul 1987

Ananthapur, Raghunath, India's new Data Protection Legislation: Do the Government's Clarifications suffice?, 8 scripted 318-322 (2011)

Ananthapur, Raghunath, India's new Data Protection Legislation, 8 scripted 192-203 (2011)

Anishchuck, Alexei, Russia passes law to force websites onto Russian servers, Reuters.com v. 4.7.2014, http://in.reuters.com/article/2014/07/04/russia-internet-bill-restrictions-idINL6N0PF3QL20140704

Arnauld, Andreas von, Freiheit und Regulierung in der Cyberwelt: Transnationaler Schutz der Privatsphäre aus der Sicht des Völkerrechts, BerDGIR 47 (2016), 1-30

Arnauld, Andreas von, Völkerrecht, 3. Aufl. Heidelberg 2016

Artikel 29-Datenschutzgruppe, WP 225, 14/EN, Guidelines on the implementation of the Court of Justice of the European Union judgment on "Google Spain and inc v. Agencia Española de Protección de Datos (AEPD) and Mario Costeja González" c-131/121, Brüssel 2014, http://ec.europa.eu/justice/data-protection/article-29/documentation/opinion-recommendation/files/2014/wp225_en.pdf

Artikel 29-Datenschutzgruppe, WP 179, 0836-02/10/DE, Stellungnahme 8/2010 zum anwendbaren Recht, Brüssel 2010, http://ec.europa.eu/justice/data-protection/article-29/documentation/opinion-recommendation/files/2010/wp179_de.pdf

Artikel 29-Datenschutzgruppe, WP 128, 01935/06/DE, Stellungnahme 10/2006 zur Verarbeitung von personenbezogenen Daten durch die Society for Worldwide Interbank Financial Telecommunication (SWIFT), Brüssel 2006, http://ec.europa.eu/justice/data-protection/article-29/documentation/opinion-recommendation/files/2006/wp128_de.pdf

Literaturverzeichnis

Artikel 29-Datenschutzgruppe, WP 56, 5035/01/DE/endg., Arbeitspapier über die Frage der internationalen Anwendbarkeit des EU-Datenschutzrechts bei der Verarbeitung personenbezogener Daten im Internet durch Websites außerhalb der EU, Brüssel 2002, http://ec.europa.eu/justice/data-protection/article-29/documentation/opinion-recommendation/files/2002/wp56_de.pdf

Bäcker, Matthias, Das Grundgesetz als Implementationsgarant der Unionsgrundrechte, EuR 2015, 389-415

Bäcker, Matthias/*Hornung*, Gerrit, EU-Richtlinie für die Datenverarbeitung bei Polizei und Justiz in Europa, ZD 2012, 147-152

Bagaric, Mirko, Privacy is the last thing we need, The Age v. 22.4.2007, http://www.theage.com.au/news/opinion/privacy-is-the-last-thing-we-need/2007/04/21/1176697146936.html

Baier, Jochen, Das Auswirkungsprinzip im Kartellrecht der USA, Baden-Baden 2008

Bangemann, Martin (Hrsg.), Europa und die globale Informationsgesellschaft – Empfehlungen für den Europäischen Rat, Brüssel 1994

Banse, Philip, „Daten sind das neue Öl" – Vom Nutzen riesiger Datenmengen, Deutschlandradio Kultur v. 11.04.2013, http://www.deutschlandradiokultur.de/daten-sind-das-neue-oel.1088.de.html?dram:article_id=243256

Bär, Rolf, Kartellrecht und Internationales Privatrecht, Karlsruhe 1965

Barlow, John Perry, A Declaration of the Independence of Cyberspace v. 08.02.1996, https://www.eff.org/de/cyberspace-independence

Barnitzke, Benno, Microsoft: Zugriff auf personenbezogene Daten in EU-Cloud auf Grund US Patriot Act möglich, MMR-Aktuell 2011, 321103

Bartsch, Hans-Jürgen, Die Entwicklung des internationalen Menschenrechtsschutzes 1991-1993, NJW 1994, 1321-1329

Bauchner, Joshua S., State Sovereignty and the Globalizing Effects of the Internet: A Case Study of the Privacy Debate, 26 Brook. J. Int'l L. 689-722 (2000-2001)

Baumer, David L./*Earp*, Julia B./*Poindexter*, J.C., Internet privacy law: a comparison between the United States and the European Union, 23 Computers & Security 400-412 (2004)

Bayern 2, EU-Datenschutzverordnung – Datenschutz wider Willen v. 15.6.2015, http://www.br.de/radio/bayern2/gesellschaft/notizbuch/datenschutz-eu-europa-gesetz-100.html

Belomestnova, Natalia, The server moves, Rossijskaja gaseta v. 1.9.2015, http://www.rg.ru/2015/09/01/lichdannye.html

Bennett, Colin J./*Parsons*, Christopher A./*Molnar*, Adam, Real and Substantial Connections: Enforcing Canadian Privacy Laws Against American Social Networking Companies, 23 J. L. Inf. & Sci. 50-74 (2014)

Bennett, Colin J./*Parsons*, Christopher A./*Molnar*, Adam, Forgetting, Non-Forgetting and Quasi-Forgetting in Social Networking: Canadian Policy and Corporate Practice, Paper prepared for Computers, Privacy and Data Protection: Reloading Data Protection 2013, http://ssrn.com/abstract=2208098

Literaturverzeichnis

Bennett, Colin J./*Parsons*, Christopher A./*Molnar*, Adam, Real and Substantial Connections: Enforcing Canadian Privacy Law against American Social Networking Companies, Malta 2013, http://ssrn.com/abstract=2226647

Bergmann, Michael, Grenzüberschreitender Datenschutz, Baden-Baden 1985

Binding, Jörn, Grundzüge des Verbraucherdatenschutzrechts der VR China, ZD 2014, 327-336

Binding, Karl, Handbuch des Strafrechts, Erster Band, Leipzig 1885

Birnhack, Michael D., The EU Data Protection Directive: An engine of a global regime, 24 Comp L. & Sec. Rep. 508-520 (2008)

BITKOM – Bundesverband Informationswirtschaft, Telekommunikation und neue Medien e.V. (Hrsg.), Datenschutz im Internet – Eine repräsentative Untersuchung zum Thema Daten im Internet aus Nutzersicht, Berlin 2011, https://www.bitkom.org/Publikationen/2011/Studie/Studie-Datenschutz-im-Internet/BITKOM_Publikation_Datenschutz_im_Internet.pdf

Boadle, Anthony, Brazil to drop local data storage rule in Internet bill, Reuters.com v. 18.3.2014, http://www.reuters.com/article/2014/03/19/us-brazil-internet-idUSBREA2I03O20140319

Boehm, Franziska/*Cole*, Mark D., Vorratsdatenspeicherung und (k)ein Ende?, MMR 2014, 569-570

Boehme-Neßler, Volker, Big Data und Demokratie – Warum Demokratie ohne Datenschutz nicht funktioniert, DVBl 2015, 1282-1287

Boehme-Neßler, Volker, Das Recht auf Vergessenwerden – Ein neues Internet-Grundrecht im Europäischen Recht, NVwZ 2014, 825-830

Boehme-Neßler, Volker, Vertrauen im Internet – Die Rolle des Rechts, MMR 2009, 439-444

Boele-Woelki, Katharina, Internet und IPR: Wo geht jemand ins Netz?, BerDGVR 39 (2000), 307-350

Borchers, Detlef, Datenschutzmanagement als Wettbewerbsfaktor, DuD 2006, 721-724

Bowden, Caspar, The US surveillance programmes and their impact on EU citizens' fundamental rights, Report requested by the European Parliament's Committee on Civil Liberties, Justice and Home Affairs, 2013, http://www.europarl.europa.eu/meetdocs/2009_2014/documents/libe/dv/briefingnote_/briefingnote_en.pdf

Brauck, Markus/*Jung*, Alexander/*Nezik*, Ann-Kathrin, *Schulz*, Thomas, Von A bis Z, Der Spiegel 2015/34, 8-17

Brill, Julia, Bridging the Divide: A perspective on U.S.-EU Commercial Privacy Issues and Transatlantic Enforcement Cooperation, in: *Hijmans*, Hielke/*Kranenborg*, Herke (Hrsg.), Data Protection Anno 2014: How to Restore Trust? Contributions in honour of Peter Hustinx, European Data Protection Supervisor (2004-2014), Cambridge 2014, 179-190

Bull, Hans Peter, Zweifelsfragen um die informationelle Selbstbestimmung – Datenschutz als Datenaskese?, NJW 2006, 1617-1624

Bunge, Felix, Über die kollektive Schutzrichtung des Rechts auf informationelle Selbstbestimmung, ZD-Aktuell 2015, 04635

Literaturverzeichnis

Butler, Petra, The Case for a Right to Privacy in the New Zealand Bill of Rights Act, 11 NZJPIL 213-255 (2013)

Buxbaum, Hannah L., Territory, Territoriality, and the Resolution of Jurisdictional Conflict, 57 Am. J. Comp. L. 631-675 (2009)

Bygrave, Lee A., Privacy Protection in a Global Context – A Comparative Overview, 47 Sc. St. L. 319-348 (2004)

Bygrave, Lee A., Data Privacy Law – An International Perspective, Oxford 2014

Calliess, Christian/*Ruffert*, Matthias (Hrsg.), EUV/AEUV – Das Verfassungsrecht der Europäischen Union mit Europäischer Grundrechtecharta, 4. Aufl. München 2011

Carblanc, Anne, Building Bridges between different approaches of privacy, in: *Bizer*, Johann/*Lutterbeck*, Bernd/*Rieß*, Joachim (Hrsg.), Umbruch von Regelungssystemen in der Informationsgesellschaft – Freundesgabe für Alfred Büllesbach, Stuttgart 2002, 311-319

Cave, Jonathan, Policy and regulatory requirements for a future internet, in: *Brown*, Ian (Editor), Research Handbook on Governance of the Internet, Cheltenham 2013, 143-167

Cheung, Anne S.Y., Location privacy: The challenge of mobile service devices, 30 Comp. L. & Sec. Rev. 41-54 (2014)

Chowdhury, Probir Roy/*Ray*, Ankita, Data Privacy Regime in India: A Comparative Critique, CRi 2011, 165-171

CNET, Congress fears European privacy standards v. 2.1.2002, http://www.cnet.com/news/congress-fears-european-privacy-standards/

Colonna, Liane, Article 4 of the EU Data Protection Directive and the irrelevance of the EU – US Safe Harbor Program?, 4 IDPL 203-221 (2014)

Comparis, Schweizer Daten-Vertrauensindex 2015, November 2015, https://www.comparis.ch/comparis/press/medienmitteilungen/artikel/2015/telecom/daten-vertrauensindex/datensicherheit.aspx

Corbett, Susan, The retention of personal information online: A call for international regulation of privacy law, 29 Comp. L. & Sec. Rev. 246-254 (2013)

Coughlan, Steve/*Currie*, Robert J./*Kindred*, Hugh M./*Scassa*, Teresa, Global Reach, Local Grasp: Constructing Extraterritorial Jurisdiction in the Age of Globalization, Paper for the Law Commission of Canada 2006, http://ssrn.com/abstract=2114298

CRID der Universität Namur, First Analysis of the Personal Data protection Law in India – Final Report, http://ec.europa.eu/justice/policies/privacy/docs/studies/final_report_india_en.pdf

Cunningham, McKay, Diminishing Sovereignty: How European Privacy Law Became International Norm, 11 Santa Clara J. Int'l L. 421-453 (2013)

Data Guidance, India: Privacy Bill will likely reflect EU Directive v. 3.3.2014, http://www.dataguidance.com/dataguidance_privacy_this_week.asp?id=2233

Deutsches Institut für Vertrauen und Sicherheit im Internet, DIVSI U-9 Studie Kinder in der digitalen Welt, April 2015, https://www.divsi.de/wp-content/uploads/2015/06/U9-Studie-DIVSI-web.pdf

Deutsches Institut für Vertrauen und Sicherheit im Internet, DIVSI Studie zu Freiheit versus Regulierung im Internet, Dezember 2013, https://www.divsi.de/wp-content/uploads/2013/12/divsi-studie-freiheit-v-regulierung-2013.pdf

Dietze, Anna von/*Allgrove*, Anne-Marie, Australian privacy reforms – an overhauled data protection regime for Australia, 4 IDPL 326-341 (2014)

Eberle, Carl-Eugen, Datenschutz durch Meinungsfreiheit, DÖV 1977, 306-312

Edwards, Lilian, Privacy, law, code and social networking sites, in: *Brown*, Ian (Editor), Research Handbook on Governance of the Internet, Cheltenham 2013, 309-352

Ehmann, Eugen, Das „Datenschutz-Paket" der Europäischen Kommission – Beginn einer Zeitenwende im europäischen Datenschutz?, jurisPR-ITR 4/2012 Anm. 2

ElAtia, Samira/*Ipperciel*, Donald/*Hammad*, Ahmed, Implications and Challenges to Using Data Mining in Educational Research in the Canadian Context, 35 Can. J. Educ. 101-119 (2012)

Ellger, Reinhard, Der Datenschutz im grenzüberschreitenden Rechtsverkehr: eine rechtsvergleichende und kollisionsrechtliche Untersuchung, Baden-Baden 1990

Enerstvedt, Olga Mironenko, Russian PNR system: Data protection issues and global prospects, 30 Comp. L. & Sec. Rev. 25-40 (2014)

Epping/Hillgruber (Hrsg.), Beck'scher Online-Kommentar GG, Edition 27 München 2015

Erd, Rainer, Datenschutzrechtliche Probleme sozialer Netzwerke, NVwZ 2011, 19-22

Erd, Rainer, Privatsphäre: „Datenschutz droht sich als Fiktion zu erweisen", Zeit Online v. 18.11.2011, http://www.zeit.de/digital/datenschutz/2011-11/spiros-simitis-datenschutz

Eurostat, Haushalte mit häuslichem Internetzugang, letzte Aktualisierung: 22.12.2015

Ewer, Wolfgang/*Thienel*, Tobias, Völker-, unions- und verfassungsrechtliche Aspekte des NSA-Datenskandals, NJW 2014, 30-36

FAZ.NET, Merkel regt globales Datenschutz-Abkommen an FAZ.NET v. 20.7.2013, http://www.faz.net/aktuell/politik/spaehaffaere-merkel-regt-globales-datenschutz-abkommen-an-12288963.html

Fischer-Lescano, Andreas, Völkerrecht im Glasfaserkabel, taz.de v. 15.7.2014, http://www.taz.de/!5037758/

Frazier, Leah E., Extraterritorial Enforcement of PIPEDA: A multi-tiered Analysis, 36 Geo. Wash. Int'l L. Rev. 203-225 (2004)

Geis, Ivo, Internet und Datenschutzrecht, NJW 1997, 288-293

Gerber, David J., Beyond Balancing: International Law Restraints on the Reach of National Laws, 10 Yale J. Int'l. L. 185-221 (1984-1985)

Geremia, Brian, Chapter 336: Protecting Minors' Online Reputations and Preventing Exposure to Harmful Advertising on the Internet, 45 McGeorge L. Rev. 433-443 (2014)

Giurgiu, Andra, Die Modernisierung des europäischen Datenschutzrechts – Was Unternehmen erwartet, CCZ 2012, 226-229

Goede, Marieke de, The SWIFT Affair and the Global Politics of European Security, 50 JCMS 214-230 (2012)

Gola, Peter/*Klug*, Christoph, Die Entwicklung des Datenschutzrechts im zweiten Halbjahr 2013, NJW 2014, 667-672

Gola, Peter, Beschäftigtendatenschutz und EU-Datenschutz-Grundverordnung, EuZW 2012, 332-337

Grabitz, Eberhard/*Hilf*, Meinhard/*Nettesheim*, Martin (Hrsg.), Das Recht der Europäischen Union, Stand 60. Ergänzungslieferung, München 2016

Greenleaf, Graham, Sheherezade and the 101 Data Privacy Laws: Origins, Significance and Global Trajectories, 23 J. L. Inf. & Sci. 4-49 (2014)

Greenleaf, Graham, Data protection in a globalised network, in: *Brown*, Ian (Editor), Research Handbook on Governance of the Internet, Cheltenham 2013, 221-259

Greenleaf, Graham, Promises and illusions of data protection in Indian law, 1 IDPL 47-69 (2011)

Greenleaf, Graham, India's U-turns on data privacy, UNSW Law Research Paper No. 2011-42, http://ssrn.com/abstract=1964013

Greenleaf, Graham, 'Tabula Rasa': 24 Ten reasons why Australian privacy law does not exist, 24 UNSWLJ 262-269 (2001)

Gridl, Rudolf, Datenschutz in globalen Telekommunikationssystemen, Baden-Baden 1999

Groeben, Hans von der/*Schwarze*, Jürgen/*Hatje*, Armin, Europäisches Unionsrecht, 7. Aufl. Baden-Baden 2015

Gunasekara, Gehan, The "final" privacy frontier? Regulating trans-border data flows, 15 IJLIT 362-393 (2007)

Gurlit, Elke, Verfassungsrechtliche Rahmenbedingungen des Datenschutzes, NJW 2010, 1035-1041

Habscheid, Walther J., Territoriale Grenzen der staatlichen Rechtsetzung, BerDGVR 11 (1973), 47-76

Hanfeld, Michael, Facebook und Journalismus – Bitte benutzen Sie den Lieferanteneingang, FAZ.NET v. 15.5.2015, http://www.faz.net/aktuell/feuilleton/medien/facebook-und-journalismus-13592828.html

Härting, Niko, Starke Behörden, schwaches Recht – der neue EU-Datenschutzentwurf, BB 2012, 459-466

Harris, Kamala D., Making Your Privacy Practices Public, Recommendations on Developing a Meaningful Privacy Policy (Attorney General – California Department of Justice), 2014, https://oag.ca.gov/sites/all/files/agweb/pdfs/cybersecurity/making_your_privacy_practices_public.pdf

Harris, Leslie, Hoheitliche Überwachung – gesehen durch ein nationales „Prisma", ZD 2013, 369-370

Heckmann, Dirk, Öffentliche Privatheit – Der Schutz des Schwächeren im Internet, K&R 2010, 770-777

Heller, Christian, Post-Privacy – Prima leben ohne Privatsphäre, München 2011

Henni, Adrian, Neues Gesetzes verbietet Datenspeicherung im Ausland, Russia beyond the headlines v. 20.7.2014, http://de.rbth.com/gesellschaft/2014/07/20/neues_gesetz_verbietet_datenspeicherung_im_ausland_30373.html

Literaturverzeichnis

Herdegen, Matthias, Völkerrecht, 16. Aufl. München 2017

Hoang, Carolyn, In the Middle: Creating a Middle Road Between U.S. and EU Data Protection Policies, 32 J Nat'l Ass'n Admin L Judiciary 811-854 (2012)

Hoeren, Thomas, Datenschutz in der Cloud: Probleme der Werbewirtschaft bei der Auslagerung von Daten auf amerikanische Cloud-Anbieter, in: *Konitzer*, Michael-A. (Hrsg.), Annual Multimedia, Regensburg/Berlin 2015, 24-26

Hoeren, Thomas/*Sieber*, Ulrich/*Holznagel*, Bernd, Handbuch Multimedia-Recht, 44. Ergänzungslieferung München 2017

Hoeren, Thomas, Skriptum Internetrecht, Stand April 2017, http://www.uni-muenster.de/Jura.itm/hoeren/itm/wp-content/uploads/Skriptum_Internetrecht_April_2017.pdf

Hoeren, Thomas, Und der Amerikaner wundert sich... – Das Google-Urteil des EuGH, ZD 2014, 325-326

Hoeren, Thomas, Dateneigentum – Versuch einer Anwendung von § 303a StGB im Zivilrecht, MMR 2013, 486-491

Hoeren, Thomas, Personenbezogene Daten als neue Währung der Internetwirtschaft, WuW 2013, 463

Hoeren, Thomas, Datenschutz als Wettbewerbsvorteil, LTO-Spezial Deutscher Juristentag 2012, 6-7

Hoeren, Thomas/*Giurgiu*, Andra, Der Datenschutz in Europa nach der neuen Datenschutz-Grundverordnung, NWB 2012, 1599-1607

Hoeren, Thomas, Anonymität im Web – Grundfragen und aktuelle Entwicklungen, ZRP 2010, 251-253

Hoeren, Thomas, Zoning und Geolocation – Technische Ansätze zu einer Reterritorialisierung des Internet, MMR 2007, 3-6

Hoeren, Thomas, Datenschutz als Wettbewerbsvorteil, DuD 1996, 542-549

Höffe, Otfried, Daten- und Persönlichkeitsschutz im Zeitalter der Globalisierung – Philosophische Bausteine für eine interkulturelle Begründung, in: *Bizer*, Johann/*Lutterbeck*, Bernd/*Rieß*, Joachim (Hrsg.), Umbruch von Regelungssystemen in der Informationsgesellschaft – Freundesgabe für Alfred Büllesbach, Stuttgart 2002, 257-267

Hoffmann, Christian/*Schulz*, Sönke E./*Borchers*, Kim Corinna, Grundrechtliche Wirkungsdimensionen im digitalen Raum – Bedrohungslagen im Internet und staatliche Reaktionsmöglichkeiten, MMR 2014, 89-95

Hofmann, Rainer/*Boldt*, Nicki, Internationaler Bürgerrechtepakt, Kommentar, Baden-Baden 2005

Hoffmann-Riem, Wolfgang, Freiheitsschutz in globalen Kommunikationsnetzen, JZ 2014, 53-63

Hondius, Frits W., A Decade of International Data Protection, 30 NILR 103-128 (1983)

Hornung, Gerrit, Fluggastdaten-Abkommen mit den USA: Ein gefährlicher Präzedenzfall, ZD-Aktuell 2012, 02879

Hornung, Gerrit, Eine Datenschutz-Grundverordnung für Europa?, ZD 2012, 99-106

Hosein, Gus, Revisiting policy laundering and modern international policy, in: *Brown*, Ian (Editor), Research Handbook on Governance of the Internet, Cheltenham 2013, 260-276

Information Commissioner's Office, Annual Track 2014, Brüssel 2014, https://ico.org.uk/media/about-the-ico/documents/1043485/annual-track-september-2014-individuals.pdf

Interfax, Russian watchdog to consider inspecting Twitter, Russia beyond the headlines v. 29.8.2013, http://rbth.co.uk/news/2013/08/29/russian_watchdog_to_consider_inspecting_twitter_29327.html

Interfax, Senator Gattarov asks Prosecutor General Chaika to check Facebook regarding data use policy, Russia beyond the headlines v. 31.7.2013, http://rbth.co.uk/news/2013/07/31/senator_gattarov_asks_prosecutor_general_chaika_to_check_facebook_regard_28538.html

Interfax, Russian senators want Google to amend user agreement so it complies with Russian Constitution, Russia beyond the headlines v. 10.7.2013, http://rbth.co.uk/news/2013/07/10/russian_senators_want_google_to_amend_user_agreement_so_it_complies_with_27946.html

Ipsen, Knut (Hrsg.), Völkerrecht, 6. Aufl. München 2014

Israel, Esteban/*Boadle*, Anthony, Brazil to insist on local Internet data storage after U.S. spying, Reuters.com v. 28.10.2013, http://www.reuters.com/article/2013/10/28/net-us-brazil-internet-idUSBRE99R10Q20131028

Jacob, Joachim/*Heil*, Helmut, Datenschutz im Spannungsfeld von staatlicher Kontrolle und Selbstregulierung, in: *Bizer*, Johann/*Lutterbeck*, Bernd/*Rieß*, Joachim (Hrsg.), Umbruch von Regelungssystemen in der Informationsgesellschaft – Freundesgabe für Alfred Büllesbach, Stuttgart 2002, 213-223

Jandt, Silke, EuGH stärkt den Schutz der Persönlichkeitsrechte gegenüber Suchmaschinen, MMR-Aktuell 2014, 358242

Jarass, Hans D./*Pieroth*, Bodo, Grundgesetz für die Bundesrepublik Deutschland, 14. Aufl. München 2016

Jarass, Hans D., Charta der Grundrechte der Europäischen Union, 3. Aufl. München 2016

Jensen, Sarah, Irischer High Court legt EuGH Fragen zum Safe Harbor-Abkommen vor, ZD-Aktuell 2014, 04284

Jensen, Sarah, Übermittlung von Nutzerdaten durch Microsoft und Skype in die USA rechtmäßig, ZD-Aktuell 2014, 03875

Joecks, Wolfgang/*Miebach*, Münchener Kommentar zum StGB, Band 1, 3. Aufl. München 2017

John Stuart Mill Institut für Freiheitsforschung e.V., Ergebnisdossier Freiheitsindex Deutschland 2014, Heidelberg 2014

Johnson, Bobbie, Privacy no longer a social norm, says Facebook founder, The Guardian v. 11.1.2010, http://www.theguardian.com/technology/2010/jan/11/facebook-privacy

Johnson, David/*Post*, David, Law And Borders – The Rise of Law in Cyberspace, 48 Stan. L. Rev. 1367-1402 (1996)

Jotzo, Florian, Gilt deutsches Datenschutzrecht auch für Google, Facebook & Co bei grenzüberschreitendem Datenverkehr?, MMR 2009, 232-237

Joyce, Daniel, Privacy in the Digital Era: Human Rights Online?, 16 Melb. J. Int'l L. 270-285 (2015)

JUH/DPA, Streaming-Plattform: Kino.to hilft nicht gegen illegales Streaming, Spiegel Online v. 18.05.2015, http://www.spiegel.de/netzwelt/web/kino-to-sperre-wirkt-nicht-gegen-illegales-streaming-a-1034279.html

Kadelbach, Stefan, Ethik des Völkerrechts unter Bedingungen der Globalisierung, ZaöRV 2004, 1-20

Karg, Moritz, Die Renaissance des Verbotsprinzips im Datenschutz, DuD 2013, 75-79

Karpenstein, Ulrich/*Mayer*, Franz C., EMRK Konvention zum Schutz der Menschenrechte und Grundfreiheiten, 2. Aufl. München 2015

Kegel, Gerhard/*Schurig*, Klaus, Internationales Privatrecht, 9. Aufl. München 2004

Kempen, Bernhard/*Hillgruber*, Christian, Völkerrecht, 2. Aufl. München 2012

Kerr, Orin S., The Next Generation Communications Privacy Act, 162 U. Pa. L. Rev 373-419 (2014)

Kessler, David J./*Ross*, Sue/*Hickok*, Elonnai, A comparative analysis of Indian privacy law and the Asia-Pacific Economic Cooperation cross-border privacy Rules, 26 Nat'l L. Sch. India Rev. 31-61 (2014)

Kilian, Wolfgang/*Heussen*, Benno (Hrsg.), Computerrechts-Handbuch, 33. Ergänzungslieferung München 2017

Kobrin, Stephen J., Safe harbours are hard to find: the trans-Atlantic data privacy dispute, territorial jurisdiction and global governance, 30 RIS 111-131 (2004)

Kohl, Uta, Jurisdiction and the Internet – A Study of Regulatory Competence over Online Activity, Cambridge 2007

Korff, Douwe, Der EG-Richtlinienentwurf über Datenschutz und „anwendbares Recht, RDV 1994, 209-217

Körner-Dammann, Marita, Der zweite Entwurf einer EG-Datenschutz-Richtlinie, RDV 1993, 14-20

Kranig, Thomas/*Peintinger*, Stefan, Selbstregulierung im Datenschutzrecht, ZD 2014, 3-9

Kropholler, Jan, Internationales Privatrecht, 6. Aufl. Tübingen 2006

Kühling, Jürgen, Rückkehr des Rechts: Verpflichtung von „Google & Co." zu Datenschutz, EuZW 2014, 527-532

Kühling, Jürgen/*Seidel*, Christian/*Sivridis*, Anastasios, Datenschutzrecht, 3. Aufl. Heidelberg 2015

Kuner, Christopher, Foreign Nationals and Data Protection Law: A Transatlantic Analysis, in: *Hijmans*, Hielke/*Kranenborg*, Herke (Hrsg.), Data Protection Anno 2014: How to Restore Trust? Contributions in honour of Peter Hustinx, European Data Protection Supervisor (2004-2014), Cambridge 2014, 213-224

Literaturverzeichnis

Kuner, Christopher, The European Union and the Search for an International Data Protection Framework, 2 GroJIL 55-71 (2014)

Kuner, Christopher/*Cate*, Fred H./*Millard*, Christopher/*Svantesson*, Dan Jerker B., The extraterritoriality of data privacy laws – an explosive issue yet to donate, 3 IDPL 147-148 (2013)

Kuner, Christopher, Transborder Data Flows and Data Privacy Law, Oxford 2013

Kuner, Christopher, Data Protection Law and International Jurisdiction on the Internet (Part 2), 18 IJLIT 227-247 (2010)

Kuner, Christopher, Data Protection Law and International Jurisdiction on the Internet (Part 1), 18 IJLIT 176-193 (2010)

Kuschewsky, Monika (General Editor), Data Protection & Privacy, London 2012

Lakshmi, Rama, India data privacy rules may be too strict for some U.S. companies, The Washington Post v. 21.5.2011, http://www.washingtonpost.com/business/india-data-privacy-rules-may-be-too-strict-for-some-us-companies/2011/05/18/AF9QJc8G_story.html

Lang, Markus, Reform des EU-Datenschutzrechts, K&R 2012, 145-151

Lange-Hausstein, Christian: Lücke im Recht: Vom Algorithmus diskriminiert, Spiegel Online v. 16.3.2016, http://www.spiegel.de/netzwelt/web/digitale-diskriminierung-luecke-zwischen-algorithmus-und-mensch-a-1082219.html

Lavranos, Nikolaos, Datenschutz in Europa, DuD 1996, 400-408

Leutheusser-Schnarrenberger, Sabine, Zur Reform des europäischen Datenschutzrechts, MMR 2012, 709-710

Linsmeier, Petra/*Mächtle*, Cathrin, Abwerbeverbote und Kartellrecht, NZKart 2015, 258-263

Lobo, Sascha, Werbung als Überwachungsdisziplin, Spiegel-Online v. 1.10.2014, http://www.spiegel.de/netzwelt/web/sascha-lobo-ueber-werbung-im-internet-a-994764.html

Lodder, Arno R., When there can be everywhere: On the cross-border use of WhatsApp, Pandora, and Grindr, 5.2 EJLT 1-16 (2014)

Loring, Tracie B., An Anlaysis of the Informational Privacy Protection Afforded by the European Union and the United States, 37 Tex. Int'l L. J. 421-460 (2002)

Luck, Russel, POPI – Is South Africa keeping up with international trends?, De Rebus 2014/4, 44-46

Ma, Qian/*Roth*, Berrit, Kundendatenschutz in der Volksrepublik China, RIW 2014, 355-361

Magolego, Nthupang, Personal data on the Internet – can POPI protect you?, De Rebus 2014/11, 20-22

Maizière, Thomas de, Das Netz – Raum der Chancen und der Freiheit, Frankfurter Allgemeine Zeitung vom 18. August 2013, S. 6

Mann, Frederick August, The Doctrine of Jurisdiction in International Law, in: *Mann*, Studies in International Law, Oxford 1973, 1-139

Mann, Frederick August, The Doctrine of International Jurisdiction Revisited after Twenty Years, in: Recueil des cours, Band 186 (1984-III), Den Haag 1985, 9-116

Manyika, James/*Lund*, Susan/*Bughin*, Jacques/*Woetzel*, Jonathan/*Stamenov*, Kalin/*Dhringra*, Dhruv, Digital Globalization: The New Era of Global Flows, http://www.mckinsey.com/business-functions/mckinsey-digital/our-insights/digital-globalization-the-new-era-of-global-flows

Marberth-Kubicki, Annette, Der Beginn der Internet-Zensur – Zugangssperren durch Access-Provider, NJW 2009, 1792-1796.

Masing, Johannes, Herausforderungen des Datenschutzes, NJW 2012, 2305-2312

Maspoli, Nino, Datenschutzexperte Jan Philipp Albrecht im Gespräch: „Wir tragen den Agenten mit uns herum"; Neue Zürcher Zeitung v. 10.10.2014, http://www.nzz.ch/digital/jan-philipp-albrecht-interview-1.18401257

Maunz, Theodor/*Dürig*, Günter, Grundgesetz, Stand 79. Ergänzungslieferung München 2016

McClennan, Jennifer/*Schick*, Vadmin, „O, Privacy" Canada's Importance in the Development of the International Data Privacy Regime, 38 Geo. J. Int'l L. 669-693 (2007)

Meessen, Karl Matthias, Völkerrechtliche Grundsätze des internationalen Kartellrechts, Baden-Baden 1975

Meng, Werner, Extraterritoriale Jurisdiktion im öffentlichen Wirtschaftsrecht, Berlin 1994

Meng, Werner, Regen über die Jurisdiktion der Staaten im amerikanischen Restatement (Third) of Foreign Relations Law, AVR 1989, 156-194

Mennacher, Robert, Das Schutzprinzip in den neueren Gesetzen und Entwürfen Italiens, Spaniens, Österreichs, Deutschlands und der Schweiz, Babenhausen 1932

Meyer, Jürgen (Hrsg.), Charta der Grundrechte der Europäischen Union, 4. Aufl. Baden-Baden 2014

Millard, Christopher/*Kuner*, Christopher/*Cate*, Fred/*Svantesson*, Dan/*Lynskey*, Orla, Internet Balkanization gathers pace: is privacy the real driver?, 5 IDPL 1-2 (2015)

Miller, Claire Cain, Revelations of N.S.A. Spying Cost U.S. Tech Companies, The New York Times v. 21.3.2014, http://www.nytimes.com/2014/03/22/business/fallout-from-snowden-hurting-bottom-line-of-tech-companies.html?smid=tw-share&_r=0

Miller, Samuel F., Prescriptive Jurisdiction over Internet Activity: The Need to Define and Establish the Boundaries of Cyberliberty, 10 Ind. J. Global Legal Stud. 227-254 (2003)

Moerel, Lokke, SWIFT Revisited – When Do The Directive and The Proposed Regulation Apply?, in: *Hijmans*, Hielke/*Kranenborg*, Herke (Hrsg.), Data Protection Anno 2014: How to Restore Trust? Contributions in honour of Peter Hustinx, European Data Protection Supervisor (2004-2014), Cambridge 2014, 159-172

Müller, Jörg P./*Wildhaber*, Luzius, Praxis des Völkerrechts, 3. Aufl. Bern 2001

Nägele, Thomas/*Jacobs*, Sven, Rechtsfragen des Cloud Computing, ZUM 2010, 281-292

Narayanan, Vineeth, Harnessing the Cloud: International Law Implications of Cloud-Computing, 12 Chi. J. Int'l L. 783-809 (2011-2012)

Literaturverzeichnis

Naughton, John, Geschäftsmodell: Überwachung, Der Freitag v. 28.8.2014, https://ww w.freitag.de/autoren/the-guardian/geschaeftsmodell-ueberwachung

Neethling, Johann, Features of the Protection of Personal Information Bill, 2009 and the law of delict, 75 THRHR 241-255 (2012)

Neuhaus, Joseph E., Power to Reverse Foreign Judgments: The British Clawback Statute Under International Law, 81 Colum. L. Rev. 1097-113 (1981)

Neuner, Robert, Internationale Zuständigkeit, Mannheim 1929

Nolte, Norbert, Zum Recht auf Vergessen im Internet – Von digitalen Radiergummis und anderen Instrumenten, ZRP 2011, 236-240

Nordmeier, Carl Friedrich, Cloud Computing und Internationales Privatrecht – Anwendbares Recht bei der Schädigung von in Datenwolken gespeicherten Daten, MMR 2010, 151-156

Obwexer, Walter, Der Beitritt der EU zur EMRK: Rechtsgrundlagen, Rechtsfragen und Rechtsfolgen, EuR 2012, 115-149

Orthwein, Matthias/*Rücker*, Katrin Anna, Kann Europa von Kalifornien Datenschutz lernen?, DuD 2014, 613-618

Paal, Boris, Vielfaltsicherung im Suchmaschinensektor, ZRP 2015, 34-38

Pichler, Rufus, Internationale Zuständigkeit im Zeitalter globaler Vernetzung, München 2008

Piltz, Carlo, Der räumliche Anwendungsbereich europäischen Datenschutzrechts, K&R 2013, 292-297

Poullet, Yves, Transborder Data Flows and Extraterritoriality: The European Position, 2 J. Int'l Com. L. & Tech. 141-153 (2007)

Prantl, Heribert, Spiros Simitis – „Datenschutz muss auch im Internet greifen", Süddeutsche Zeitung v. 17.5.2010, http://www.sueddeutsche.de/digital/spiros-simitis-da tenschutz-muss-auch-im-internet-greifen-1.479161

Rainie, Lee/*Kiesler*, Sara/*Kang*, Rougu/*Madden*, Mary, Anonymity, Privacy, and Security Online, Pew Research Center, Washington 2013, http://www.pewinternet.org/ files/old-media//Files/Reports/2013/PIP_AnonymityOnline_090513.pdf

Redaktion Beck-Aktuell, Europaparlament fordert wegen NSA-Abhörskandal Aussetzung des SWIFT-Abkommens, becklink 1029276

Redaktion Beck-Aktuell, EU-Kommission: USA verstoßen gegen Swift-Abkommen zu Bankdaten-Speicherung, becklink 1011890

Redaktion Beck-Aktuell, EU-Kommission und USA verständigen sich auf neues Abkommen zur Übermittlung europäischer Bankdaten, becklink 1001714

Redaktion EuZW, SWIFT-Abkommen: Datenschützer warnen vor Ratifizierung, EuZW 2010, 86

Redaktion MMR-Aktuell, Die virtuelle Schengen-Grenze, MMR-Aktuell 2011, 318026

Redaktion ZD-Aktuell, EU-Rat: Fortschritte bei der DS-GVO, ZD-Aktuell 2014, 04096

Redaktion ZD-Aktuell, Ergebnisse der 35. Internationalen Datenschutzkonferenz, ZD-Aktuell 2013, 03746

Redaktion ZD-Aktuell, EuGH: Schlussanträge zum Recht auf Vergessen im Internet, ZD-Aktuell 2013, 03639

Reed, Chris, Making Laws for Cyberspace, Oxford 2012

Reidenberg, Joel R., E-Commerce and Trans-Atlantic Privacy, 38 Hous. L. Rev. 717-749 (2001)

Reidenberg, Joel R., Resolving Conflicting International Data Privacy Rules in Cyberspace, 52 Stan. L. Rev. 1315-1371 (2000)

Reinbold, Fabian, Mitmach-Demokratie im Netz: Wirklich Neuland, Spiegel-Online v. 28.6.2013, http://www.spiegel.de/politik/deutschland/liquid-friesland-und-digital e-demokratie-in-deutschland-a-908028.html

Rengel, Alexandra, Privacy in the 21st Century, Leiden 2013

Reuters/DPA-AFX, Russische Daten dürfen Russland nicht mehr verlassen, FAZ.NET v. 4.7.2014, http://www.faz.net/aktuell/politik/russische-daten-duerfen-russland-nic ht-mehr-verlassen-13028717.html

Reuters, Russische Daten nur noch auf einheimischen Servern, Handelsblatt v. 4.7.2014, http://www.handelsblatt.com/politik/international/neues-gesetz-ab-2016 -russische-daten-nur-noch-auf-einheimischen-servern/10155706.html

Ribeiro, John, Outsourcing to India May Not Be Affected by Privacy Rules, PCWorld v. 1.7.2011, http://www.pcworld.com/article/234889/article.html

Richter, Andrei, Russische Föderation – Personenbezogene Daten sind nur in Russland zu speichern, IRIS 2014-8:1/35

Rieß, Joachim, Globalisierung und Entgrenzung des Rechts, in: *Bizer*, Johann/*Lutterbeck*, Bernd/*Rieß*, Joachim (Hrsg.), Umbruch von Regelungssystemen in der Informationsgesellschaft – Freundesgabe für Alfred Büllesbach, Stuttgart 2002, 253-256

Rogall-Grothe, Cornelia, Ein neues Datenschutzrecht für Europa, ZRP 2012, 193-196

Rogosch, Patricia Maria, Die Einwilligung im Datenschutzrecht, Baden-Baden 2013

Roos, Anneliese, Core principles of data protection law, 39 Comp. & Int'l L. J. S. Afr. 102-130 (2006)

Roßnagel, Alexander/*Kroschwald*, Steffen, Was wird aus der Datenschutz-Grundverordnung?, ZD 2014, 495-500

Roßnagel, Alexander, 20 Jahre Volkszählungsurteil, MMR 2003, 693-694

Roßnagel, Alexander, Marktwirtschaftlicher Datenschutz – eine Regulierungsperspektive, in: *Bizer*, Johann/*Lutterbeck*, Bernd/*Rieß*, Joachim (Hrsg.), Umbruch von Regelungssystemen in der Informationsgesellschaft – Freundesgabe für Alfred Büllesbach, Stuttgart 2002, 131-150

Rudolf, Walter, Territoriale Grenzen der staatlichen Rechtsetzung, BerDGVR 11 (1973), 7-45

Ryngaert, Cedric, Jurisdiction in international law, Oxford 2008

Salaria, Talha, India: Data Privacy Legislation, CRi 2013, 61

Savelyev, Alexander, Russia's new personal data localization regulations: A step forward or a self-imposed sanction? 32 Comp. L. & Sec. Rev. 128-145 (2016)

Schaar, Peter, Lässt sich die globale Internetüberwachung noch bändigen?, ZRP 2013, 214-216

Savigny, Friedrich Carl von, System des heutigen Römischen Rechts, Achter Band, Berlin 1849

Literaturverzeichnis

Schaub, Martin, Zur völkerrechtlichen Zulässigkeit des amerikanischen Editionsbefehls an die UBS im Streit um die Kundendaten, ZaöRV 2011, 807-824

Schmahl, Stefanie, Effektiver Rechtsschutz gegen Überwachungsmaßnahmen ausländischer Geheimdienste?, JZ 2014, 220-228

Schmahl, Stefanie, Zwischenstaatliche Kompetenzabgrenzung im Cyberspace, AVR 2009, 284-327

Schneider, Jochen/*Härting*, Niko, Wird er Datenschutz nun endlich internettauglich?, ZD 2012, 199-203

Schöbener, Burkhard (Hrsg.), Völkerrecht – Lexikon zentraler Begriffe und Themen, Heidelberg 2014

Schrems, Max, Kämpf um deine Daten, Wien 2014

Schröder, Christian/*Spies*, Axel, USA: Vorlage von E-Mails an US-Behörden, die auf Servern im Inland gespeichert sind – Neue Gefahren für US-Clouds?, ZD-Aktuell 2014, 03194

Schultheis, Ned, Warrants in the Clouds: How Extraterritorial Application of the Stored Communications Act Threatens the United States Cloud Storage Industry, 9 Brook. J. Corp. Fin. & Com. L. 661-693 (2015)

Schultz, Thomas, Carving up the Internet: Jurisdiction, Legal Orders, and the Private/Public International Law Interface, 19 Eur. J. Int'l L. 799-839 (2008)

Schwartz, Paul M./*Solove*, Daniel J., Reconciling Personal Information in the United States and the European Union, 102 Cal. L. Rev. 877-916 (2014)

Schwartz, Paul M., Free Speech vs. Information Privacy: Eugene Volokh's First Amendment Jurisprudence, 52 Stan. L. Rev. 1559-1572 (2000)

Schwarze, Jürgen, Die Jurisdiktionsabgrenzung im Völkerrecht, Baden-Baden 1994

Scott, Christopher, Our Digital Selves: Privacy Issues in Online Behavioural Advertising, 17 Appeal: Rev. Current L. & L. Reform 63-82 (2012)

Shtykina, Alisa, Google hands over user information to Russian authorities, Russia beyond the headlines v. 31.1.2013, http://rbth.co.uk/business/2013/01/31/google_hands_over_user_information_to_russian_authorities_22377.html

Simitis, Spiros (Hrsg.), Bundesdatenschutzgesetz, 8. Aufl. Baden-Baden 2014

Simitis, Spiros, Privacy – An Endless Debate?, 98 Cal. L. Rev. 1989-2005 (2010)

Simitis, Spiros, Datenschutz – eine notwendige Utopie, in: *Kiesow*, Rainer Maria/*Ogorek*, Regina/*Simitis*, Spiros, Summa – Dieter Simon zum 70. Geburtstag, Frankfurt 2005, 511-527

Simitis, Spiros, Die EU-Datenschutz-Richtlinie – Stillstand oder Anreiz?; NJW 1997, 281-288

Simitis, Spiros, Chancen und Gefahren der Datenverarbeitung, NJW 1971, 673-682

Solotych, Stefanie, Russische Föderation, WiRO 2006, 313-315

South African Law Reform Commission, Discussion Paper 109 – Privacy and Data Protection, Pretoria 2006, http://www.justice.gov.za/salrc/dpapers/dp109.pdf

Spiecker genannt Döhmann, Indra, A new framework for information markets: Google Spain, 52 CML. Rev. 1033-1058 (2015)

Literaturverzeichnis

Spiecker genannt Döhmann, Indra, Kommunikation als Herausforderung: Neue Wege für den Datenschutz, AnwBl 2011, 256-258

Spiecker genannt Döhmann, Indra/*Eisenbart*, Markus, Kommt das „Volkszählungsurteil" nun durch den EuGH? Der Europäische Datenschutz nach Inkrafttreten des Vertrages von Lissabon, JZ 2011, 169-177

Spies, Axel, EU/US-Datenübermittlungen: Neuer Datenschutzschild – wie sieht er aus und wie geht es weiter?, ZD-Aktuell 2016, 04992.

Spies, Axel, USA: Zusätzliche Anforderungen für die Online-Verarbeitung von personenbezogenen Daten in Kalifornien, ZD-Aktuell 2013, 03739

Spies, Axel, Keine „Genehmigungen" mehr zum USA-Datenexport nach Safe Harbor?, ZD 2013, 535-538

Spies, Axel, USA: Regierung stellt neue Datenschutz-Prinzipien vor – Consumer Privacy Bill of Rights, ZD-Aktuell 2012, 02788

Spies, Axel, USA: Cloud Computing – Schwarze Löcher im Datenschutzrecht, MMR 2009/5, XI-XII

Spindler, Gerald, Datenschutz- und Persönlichkeitsrechte im Internet – der Rahmen für Forschungsaufgaben und Reformbedarf, GRUR 2013, 996-1004

Spitzer, Patrick, Das Datenschutzgesetz 2007 der RF: Wie steht es um den Schutz personenbezogener Daten in Russland heute, OstEuR 2010, 1-18

Squires, Jerome, Google Spain SL v Agencia Española de Proteccion de Datos (European Court of Justice, C-131/12, 13 May 2014), 35 Adel. L. Rev. 463-471 (2014)

Stauder, Clemens, Indien – Drittstaat mit angemessenem Datenschutzniveau?, ZD 2014, 188-192

Stein, Pamela, South Africa's EU style Data Protection Law, 10 Without Prejudice 48-49 (2012)

Stein, Torsten/*Buttlar*, Christian von, *Kotzur*, Markus, Völkerrecht, 14. Aufl. München 2017

Steinke, Gerhard, Data privacy approaches from US and EU perspectives, 19 Telematics and Informatics 193-200 (2002)

Stoddart, Jennifer/*Denham*, Elizabeth, Leading by Example – Key Developments in the First Seven Years of the Personal Information and Electronic Documents Act (PIPEDA), Office of the Privacy Commissioner of Canada 2008, https://www.priv.gc.ca/information/pub/lbe_080523_e.pdf

Strauss, Jared/*Rogerson*, Kenneth S., Policies for online privacy in the United States and the European Union, 19 Telematics and Informatics 173-192 (2002)

Svantesson, Dan Jerker B./*Gerry*, Felicity, Access to extraterritorial evidence: The Microsoft cloud case and beyond, 31 Comp. L. & Sec. Rev. 478-489 (2015)

Svantesson, Dan Jerker B., Sovereignty in international law – how the internet (maybe) changed everything, but not for long, 8 Masaryk U. J. L. & Tech. 137-155 (2014)

Svantesson, Dan Jerker B., A "layered approach" to the extraterritoriality of data privacy laws, 3 IDPL 278-286 (2013)

Literaturverzeichnis

Svantesson, Dan Jerker B., The Extraterritoriality of EU Data Privacy Law – Its Theoretical Justification and Its Practical Effect on U.S. Businesses, April 2013, http://works.bepress.com/dan_svantesson/55

Svantesson, Dan Jerker B., Extraterritoriality in Data Privacy Law, Copenhagen 2013

Svantesson, Dan Jerker B., Fundamental Policy Considerations for the Regulation of Internet Cross-Border Privacy Issues, Policy & Internet 2011/3, Article 7

Swanson, Steven R., Google Sets Sail: Ocean-Based Server Farms and International Law, 43 Conn. L. Rev. 709-751 (2011)

Taeger, Jürgen, Die Entwicklung des IT-Rechts 2013, NJW 2013, 3698-3704

Taeger, Jürgen/*Gabel*, Detlev (Hrsg.), Kommentar zum BDSG, 2. Aufl. Frankfurt a.M. 2013

Tettinger, Peter J./*Stern*, Klaus (Hrsg.), Kölner Gemeinschaftskommentar zur Europäischen Grundrechte-Charta, München 2006

The Economic Times, India asks EU to declare it a data secure country, 17.10.2012 v. http://articles.economictimes.indiatimes.com/2012-10-17/news/34525409_1_flow-of-sensitive-data-india-under-data-protection-india-and-eu

Tinnefeld, Marie-Theres, Meinungsfreiheit durch Datenschutz, ZD 2015, 22-26

Tinnefeld, Marie-Theres/*Buchner*, Benedikt/*Petri*, Thomas, Einführung in das Datenschutzrecht, 5. Aufl. München 2012

Toy, Alan, Cross-Border and Extraterritorial Application of New Zealand Data Protection Laws to Online Activity, 24 NZULR 222-238 (2010)

Traub, Michael, Das universelle Schutzprinzip und das Prinzip der identischen Norm, als ein regulierender Faktor der staatlichen Strafkompetenz, Breslau 1913

Trojanow, Ilija/*Zeh*, Juli, Angriff auf die Freiheit, 2. Aufl. München 2011

Tsai, Janice Y./*Egelman*, Serge/*Cranor*, Lorrie/*Acquisti*, Alessandro, The Effect of Online Privacy Information on Purchasing Behavior: An Experimental Study, 22 Inf. Sys. Res. 254-268 (2011)

Tselikov, Andrey, The Tightening Web of Russian Internet Regulation, November 2014, Berkman Center Research Publication No. 2014-15, http://papers.ssrn.com/sol3/papers.cfm?abstract_id=2527603

Uerpmann-Wittzack, Robert, Internetvölkerrecht, AVR 2009, 261-283

Ulbricht, Volker, Der grenzüberschreitende Datenschutz im Europa- und Völkerrecht, CR 1990, 602-609

Ustaran, Eduardo, The Scope of Application of EU Data Protection Law and Its Extraterritorial Reach, in: *Ismail*, Noriswadi/*Yong Cieh*, Edwin Lee (Editors), Beyond Data Protection, Berlin 2013, 135-156

Vitzthum, Wolfgang Graf/*Proelß*, Alexander (Hrsg.), Völkerrecht, 7. Aufl. Berlin 2016

Voigt, Paul, Weltweiter Datenzugriff durch US-Behörden, MMR 2014, 158-161

Voigt, Paul/*Klein*, David, Deutsches Datenschutzrecht als „blocking statute"?, ZD 2013, 16-20

Volokh, Eugene, Freedom of Speech and Information Privacy: The Troubling Implications of a Right to Stop People From Speaking About You, 52 Stan. L. Rev. 1049-1124 (2000)

Volz, Markus, Extraterritoriale Terrorismusbekämpfung, Berlin 2007

Voskamp, Friederike/*Kipker*, Dennis-Kenji/*Yamato*, Richard, Grenzüberschreitende Datenschutz-Regulierung im Pazifik-Raum, DuD 2013, 452-456

Wade, Ariel E., A New Age of Privacy Protection: A Proposal For an International Personal Data Privacy Treaty, 42 Geo. Wash. Int'l L. Rev. 659-685 (2010)

Wadhawan, Julia, Digitale Nomaden – Vier Stunden, mehr nicht!, Zeit Online v. 18.02.2016, http://www.zeit.de/2016/06/digitale-nomaden-arbeit-arbeitszeit-home-office-schiff

Ward, Burke T./*Sipior*, Janice C., The Internet Jurisdiction Risk of Cloud Computing, 27 Inform. Syst. Manage. 334-339 (2010)

Weber, Martina, EG-Datenschutz-Richtlinie, CR 1995, 297-303

Weber, Rolf H., Transborder data transfers: concepts, regulatory approaches and new legislative initiatives, 3 IDPL 117-130 (2013)

Weichert, Thilo, Scoring in Zeiten von Big Data, ZRP 2014, 168-171

Weingarten, Susanne, Der neue Souverän, Der Spiegel 2015/27, 66-67

Weitzner, Daniel, Privacy for a Global Information Society: High Standards, Global Cooperation, Flexibility for the Future, in: *Hijmans*, Hielke/*Kranenborg*, Herke (Hrsg.), Data Protection Anno 2014: How to Restore Trust? Contributions in honour of Peter Hustinx, European Data Protection Supervisor (2004-2014), Cambridge 2014, 199-212

Wellmann, Richard, Russische Föderation: Speicherung personenbezogener Daten; hochqualifizierte Spezialisten, IStR-LB 2015, 62

Wieczorek, Mirko, Der räumliche Anwendungsbereich der EU-Datenschutz-Grundverordnung, DuD 2013, 644-649

Wildhaber, Luzius, Jurisdiktionsgrundsätze und Jurisdiktionsgrenzen im Völkerrecht, in: Schweizerisches Jahrbuch für internationales Recht, Band XLI, Zürich 1985, 99-109

Wittmann, Michael/*Wittmann*, Georg/*Stahl*, Ernst/*Weinfurtner*, Stefan, Digitalisierung der Gesellschaft, Studie Regensburg 2013, http://www.ibi.de/files/Studie_Digitalisierung-der-Gesellschaft.pdf

Wolff, Heinrich Amadeus/*Brink*, Stefan (Hrsg.), Datenschutzrecht in Bund und Ländern, München 2013

Wuermeling, Ulrich, Handelshemmnis Datenschutz, Köln 2000

Zekoll, Joachim, Jurisdiction in Cyberspace, in: *Handl*, Günther/*Zekoll*, Joachim/*Zumbansen*, Peer (Hrsg.), Beyond Territoriality: Transnational Legal Problems in an Age of Globalization, Leiden 2012, 341-369

Ziegenhain, Hans-Jörg, Extraterritoriale Rechtsanwendung und die Bedeutung des Genuine-Link-Erfordernisses, München 1992